2017
理论卷 商经法
鄢梦萱 刘安琪 编著 | 厚大出品

中国政法大学出版社

序言
XUYAN

自 2010 年始，本商经讲义正式出版，每版均会在教学信息反馈基础上有所调整。但 2017 年注定是变革的一年，为应对考试变化，本书进行了规模最大的一次改版。在您打开本书正文以前，我们先了解一下商、经、知产学科的特点和趋势。

一、怎么考?

商法主干为 8 大法，经济法主干为 7 类共计 21 法，知识产权法主干为 3 法。

商法、经济法、知识产权部分，属于分值大，难度相对低的学科，是考生们抢分拔高的蓝海，要得到足够重视。

自 2012 年始，商法分值在 50~53 分波动，每年 1 道案例分析计 18 分；经济法 2015、2016 年下降至 27 分；知识产权法题量没有变化（均为 7 题），分值为 10 分或 11 分（统计未含《海商法》①）。这样一来，商、经、知产的总分值为 90 分左右，接近整体考查分值的 1/6。别看每个法 1 题、2 题的题量，都极为不起眼，但总分值不容小觑!

综观近年的考查情况，本部分试题难度稳定，趋势明显："民商结合，通盘考虑"。

1. "考新"。遵循"新法必考"。如商法集中于《公司法修正案》的变化点、《公司法解释（三）》（2010）、《公司法解释（二）》（2008）、《破产法解释（一）》（2011）、《破产法解释（二）》（2013）、《保险法解释（二）》（2013）、《保险法解释（三）》（2015）、专利法《最高人民法院关于审理侵犯专利权纠纷案件应用法律若干问题的解释（二）》（2016）。2016 年真题中《保险法解释（三）》《专利法》新增考点均有考察。

2. "考重"。《公司法》重量级持续上升，一法独大。但某些部门法考查力度渐微，如 2014、2015 年均无《个人独资企业法》《中外合资经营企业法》试题。

3. "案例"。案例考查是法律职业资格考试的改革方向，商经知目前已经鲜明地体现出"案例为王"的特点，2016 年司考经济法真题中两道题目来自最高人民法院指导案例（合川桃片案、橄榄油标签案），两道题目来自国家工商总局竞争执法公告（燃气公司滥用市场支配地位案、会计师事务所分割销售市场案），还有社会热点的橱柜致幼儿死亡案、预付话费有效期案，均作为真题的直接来源。商法中根据万科案例对公司董事会、股东大会制度进行了重点考查。

4. "考全"。近年"民商结合"是明显趋势。如对合同效力判断、和第三人关系等，商法的案例分析题目更是走上"综合"之路。虽然案例分析以"公司"为主体，但已经

---

① 《海商法》绝大多数内容均被国际经济法所涵盖，如货物运输、共同海损等，请大家以国际经济法讲授为准。

跨越《公司法》，联合《物权法》《合同法》《担保法》《民事诉讼法》《破产法》，考查一个公司的一生一世。这种高难度的综合性考查趋势，更需要我们关注知识的系统性和对比性。

5. 轮考。尤其是经济法的一些部门法，"轮考"现象突出。如《审计法》，仅于 2004 年、2009 年、2015 年、2016 年四次被涉及，其余年份处于"休眠期"；《个人所得税法》和《企业所得税法》也并非年年被临幸。

6. 有偏题。由于该部分内容繁杂，每年总有偏僻生疏的知识点出现，但一般每年 4 题左右。

二、怎么学？

1. 建立体系与发现规律。

与刑法、民法，有总则与分则这样清晰的体系不同，商、经、知是诸多部分法的集合。这就要求我们要主动对其体系进行搭建：

第一步，建立第一层级的宏观体系。即商法体系、经济法体系、知识产权法体系。

第二步，建立第二层级的中观体系。即梳理每个部门法内容，构建该法每个知识块之间的联系，建立其内部体系。

第三步，建立第三层级的微观体系。即在每个知识块内，梳理其核心要素、重点。

在三个层次体系的统领下，进行学习，可以解决经常遇到的"学了就忘""食而不化"问题。

2. 理解在先，记忆在后。

不同于理论法学，本学科是根植于现实经济运行和商业行为中的法律规范。许许多多精彩的案例为我们呈现出商法、经济法和知识产权法的规范或原理。比如，王老吉和加多宝之争，是典型的商标争议和经典反不正当竞争法案例；万科宝能华润之争，是精彩纷呈的公司法人治理结构大戏和股权之争。

3. 对部门法分层对待。

确定商法、经济法和知识产权法的复习边界，是学习该学科并取得好成绩的第一要务。

（1）第一层次：《公司法》《合伙企业法》《竞争法》（双反）《劳动法》系列、《著作权法》，建议"全面复习"，因上述法分值高，考查细致。

（2）第二层次：近年新法、新司法解释需全面复习。特别掌握"新旧不同"。

（3）其他部门法，如《证券法》《银行法》《土房法》等部分，建议删繁就简，过滤一些考查概率小的知识点，尤其是自己难以理解的知识点。

三、怎么用？

商经学科 2017 年度的教学总体思路为："重基础、拎重点、抓实务；悟真题、多模拟"。本书要解决的是"重基础、拎重点"部分，和 2017 年厚大超级系统强化课程配套使用，并配套免费视频课件。

1. 授课时间：该阶段自 2017 年 3、4 月份开始，是考生首次全面系统接触商、经、知产的具体部门法，是整个复习备考最关键的阶段。

2. 授课方法：在授课中，我们会详细讲解重点和难点，力求扫清理解中的盲区。但是，该阶段，会放弃一些单纯依赖记忆、无难度的知识点。

3. 授课目标：考生对各部门法重点制度能够理解、运用，并能实际分析问题。

4. 本书改版介绍：

（1）增强知识的体系化。本书通过总表、结构图、总结表格等多种方式，增强各部门法之间的体系，以及各法内部知识点的关联性和逻辑性。

（2）表述准确、直接。通过辅助图形、小案例等方式，直击考点，增强理解性，使考生一目了然。

（3）优化易混淆点的对比、总结。

（4）调整重点。根据 2016 年考试题目，调整各部门法考查方向。

（5）微博互动。及时解答和图书、授课相关问题。

请关注微博：

商经法鄂梦萱　　　商经刘安琪

理想和成就之间的那一段距离，只有靠热情才能跨越。相信自己有成功的能力！最后衷心祝各位考生朋友心想事成，司考成功！

鄂梦萱　刘安琪

2016 年 10 月 20 日

目　录

商　法

2016 年商法总计 52 分，包含案例分析 1 道 18 分。分值近年均在 50 分上下波动。其考查特点可概括为"考新、考重、考综合"。

1. **考新——新司法解释；《公司法修正案》。**

近年，商法非常明显地加大了"考新"的力度。包括《公司法修正案》的变化点、《公司法解释（二）（三）》（2008；2011）、《破产法解释（一）（二）》（2011；2013）、《保险法解释（二）（三）》（2013；2015）。

2. **考重——重要制度。**

商法"考重"特征明显，体现在下列方面：

（1）《公司法》"一法独大"，分值占到商法一半左右，2013 年~2016 年均出现了《公司法》案例分析。但 2012 年~2016 年均未考查中外合资、中外合作、外资企业法。

（2）《公司法》的考查没有偏离基本制度和重要制度。小概率涉及生僻知识点（如"上市公司独立董事"仅在试题中出现过 1 次）。仍强调大家备考时，掌握一个部门法的基础制度、重点制度、特有制度。

3. **考综合——知识的系统性、对比性。**

近年，商法案例分析出题角度更加综合，跨越《公司法》《物权法》《合同法》《担保法》《民事诉讼法》《破产法》。公司法的案例题均属于高难度的综合题，不仅涉及公司法本身的重要制度，也和实践中的热点相联系。

［商法体系］

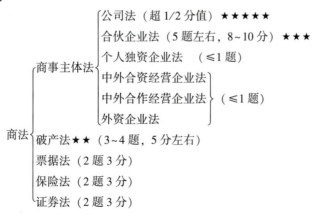

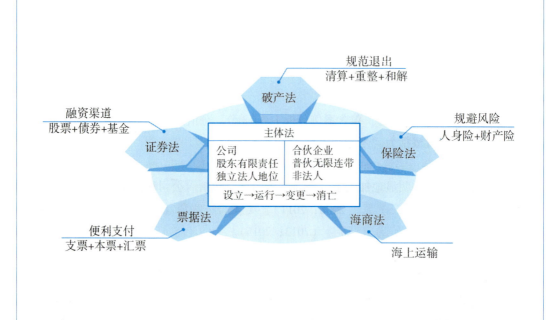

规范退出
清算+重整+和解

破产法

融资渠道
股票+债券+基金

证券法

规避风险
人身险+财产险

保险法

主体法	
公司	合伙企业
股东有限责任	普伙无限连带
独立法人地位	非法人
设立→运行→变更→消亡	

票据法

便利支付
支票+本票+汇票

海商法

海上运输

第 1 章　公司法

提示: 《公司法》2015年为28分，2016年为36分，是商法中的龙头老大。

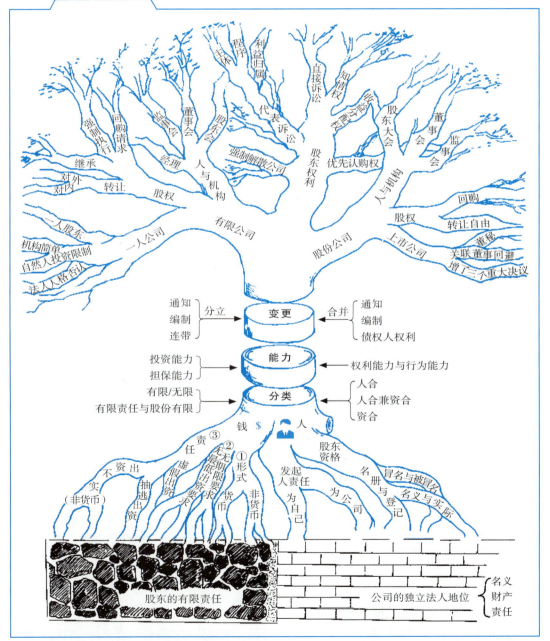

第一节 概述

一、公司概述

（一）公司的概念和特征

公司＝法人+社团性+企业。公司是企业法人，有独立的法人财产，享有法人财产权。公司以其全部财产对公司的债务承担责任。

公司具有下列特征：

1. 公司具有法人性。

（1）公司须依法设立；

（2）公司须有自己的名称、组织机构和场所；

（3）公司以自己的名义从事民商事活动；

（4）公司独立承担民事责任。

2. 公司具有社团性。

（1）公司通常由 2 个或 2 个以上股东出资组成；

（2）一人公司、国有独资公司，虽然只有一个股东，但其仍然是组织体，仍然体现了社团性。

3. 公司具有营利性。

（1）公司的宗旨是获取利润，为了谋求经济利益。

（2）该项特征，使得"公司"区别于"非营利法人"。如，慈善组织。

（二）公司的权利能力和行为能力

公司的权利能力	公司的行为能力
（1）营业执照签发之日，为公司权利能力取得之时。 （2）注销登记之日，为公司权利能力丧失之时。 （3）公司不享有专属于自然人的生命权、健康权、婚姻权、继承权、隐私权等。 （4）公司的权利能力受限于经营范围，具有差异性。	（1）内部实现方式：行为能力对内必须通过公司的法人机关来形成和表示，其法人机关包括：股东会（股东大会）、董事会、监事会。 （2）外部实现方式：公司的对外行为，由法定代表人来实施，其后果由公司承受。

设立登记——营业执照签发之日　　　　　清算　　　　注销登记

始于　　　　　　　　　　　　　　　　　　　　　　终于

二者具有一致性：（1）同时产生；（2）同时终止；（3）范围和内容一致；（4）公司权利能力所受到的限制，也同样适用于公司行为能力。

二、公司的分类

（一）以股东的责任范围为标准

以股东的责任范围为标准，分为无限责任公司、两合公司、股份两合公司、股份有限公司和有限责任公司。

1. 无限责任公司、两合公司、股份两合公司。（我国公司法无此分类）

2. 有限责任公司，是指股东以其认缴出资额为限对公司承担责任，公司以其全部资产对公司债务承担责任的公司。

3. 股份有限公司，是指公司全部资本分为等额股份，股东以其所认购的股份对公司承担责任，公司以其全部资产对公司债务承担责任的公司。

（二）以公司股份转让方式为标准

以股份是否可以自由转让和流通为标准，分为封闭式公司、开放式公司。

1. 封闭式公司，是指股份不能在证券市场上自由转让的公司。如，有限责任公司。

2. 开放式公司，是指可以按法定程序公开招股，股东人数通常无法定限制、公司的股份可以在证券市场公开自由转让的公司。如，股份公司中的上市公司。

（三）以公司的信用基础为标准

以信用基础为标准，分为人合公司、资合公司、人合兼资合公司。

1. 人合性，是指公司的经营活动以股东个人信用而非公司资本的多寡为基础。人合公司的对外信用主要取决于股东个人的信用状况，故人合公司的股东之间通常存在特殊的人身信任或人身依附关系。（我国《公司法》无完全人合性公司）

2. 资合性，是指公司的经营活动以公司的资本规模为企业的信用基础。资合公司的对外信用和债务清偿保障主要取决于公司的资本总额以及现有财产状况。

3. 在我国，有限责任公司属于以人合为主但兼具资合性质的公司；股份公司中上市公司是典型的资合公司，但其非上市公司仍具有一定的人合性质。

（四）以公司之间的关系为标准

以公司之间的关系为标准，可以分为总（本）公司和分公司；母公司和子公司。

1. 总—分公司。

（1）总公司（本公司），是指依法设立并管辖公司全部组织的具有企业法人资格的总机构。

（2）分公司，是指在业务、资金、人事等方面受本公司管辖而不具有法人资格的分支机构。

（3）分公司不具有法人资格，其民事责任由公司承担。分公司应当向公司登记机关申请登记，领取营业执照。所以是独立诉讼主体，可成为独立原被告。

2. 母—子公司。

（1）母公司，是指拥有其他公司一定数额的股份或根据协议能够控制、支配其他公司的人事、财务、业务等事项的公司。

（2）子公司，是指一定数额的股份被另一公司控制或依照协议被另一公司实际控制、支配的公司。

（3）子公司具有法人资格，依法独立承担民事责任。但涉及公司利益的重大决策或重大人事安排，仍要由母公司决定。

例　梦菲公司欲单独出资设立一家子公司甲。张某认为，甲公司的财产所有权属于梦菲公司，但可以由甲公司独立使用。是否正确？（错。甲公司享有独立的财产所有权）

> 📋 笔记♣
> 1. 分公司：有营业执照；是独立诉讼主体；非法人，不能独立担责。
> 2. 子公司：有营业执照；是独立诉讼主体；法人，可以独立担责。
> 3. 有限公司：人资两合性。
> 4. 非上市股份公司：资合为主，兼有人合；上市公司：资合公司。

三、股东有限责任—公司法人人格否认

1. 股东有限责任（股东除承担出资义务外，不再对公司承担任何其他责任）。即，有限责任公司的股东以其认缴的出资额为限对公司承担责任；股份有限公司的股东以其认购的股份为限对公司承担责任。（实缴资本≤认缴资本）

2. 公司法人人格否认制度。

人格否认制度，即债权人可以向股东直接求偿。理论上称为"公司法人人格否认"（大陆法系）或"股东的直索责任""刺破公司面纱"（英美法）。要点为：

（1）前提是股东有滥权行为。即，股东滥用公司法人独立地位和股东有限责任，逃避债务，严重损害公司债权人利益的，应当对公司债务承担连带责任。

（2）下列情况在实践中会被认定为"滥用"：①股东存在虚假陈述。②人格混同。公司成为股东的"另一个自我"。③空壳经营。将公司主要的人、财、物、主要业务等脱离另行组成新公司独立经营，导致原公司彻底地沦为一个"空壳"。④股东操纵公司，如，挪用公司财产、以公司名义从事非法活动牟利等。

（3）滥权股东和公司承担连带责任。即，由滥用有限责任和独立法人地位，逃避债务的股东承担连带责任。

例　美国 Sanborn 法官在 1905 年的美国诉密尔沃基冷藏运输公司（U. S. v. Milwaukee Refrigerator Transit Co.）一案中首创该原则。判决中指出："就一般规则而言，公司应该被看作法人而具有独立的人格，除非有足够的相反的理由出现，然而公司的法人特性如被作为损害公共利益、使非法行为合法化、保护欺诈或为犯罪抗辩的工具，那么，法律上则应该将公司视为无权利能力的数人组合体。"

四、公司法的性质

私法（主）+强行性规范（辅）	实体法（主）+程序法（辅）	组织法（主）+行为法（辅）
(1) 首先，私法自治和权利保障的理念是公司法的最高理念。如，取消了法定最低注册资本额限制，采取认缴资本制。 (2) 其次，包含强行性规范。如，章程中的必要记载事项、董事和高级管理人员任职资格的要求等。	(1) 首先，规定权利、义务的内容和范围等实体法规。 (2) 其次，规定了相关主体必须遵守的法定程序。如，股东会的召开程序，股份公司董事会的议事规则等。	(1) 首先，公司法是一种商事组织法。如，公司设立制度、公司意思机关和代表机关的确立等。 (2) 其次，规定与公司组织具有直接关系的公司行为。如，公司股权转让行为、公司对外担保行为等。

第二节 🎧 公司的设立

> 📑 **提示**
>
> 本节在考试中比重大，重点包括：设立三要素"人、钱、章程"；设立中公司的民事行为；股东出资方式；出资瑕疵的法律后果等。

一、设立制度概述

公司设立，是指发起人依照法定条件和程序，为组建公司并取得法人资格而必须采取和完成的法律行为。

1. 公司设立，属于多方法律行为，其目的是"公司成立"。（但一人有限责任公司和国有独资公司的设立行为属于单方法律行为）

2. 公司成立，是一种事实状态，或出资人设立公司行为的法律后果，取得营业执照标志着公司成立。

3. 公司设立方式。分为两种：发起设立和募集设立。

发起设立（简便）	募集设立（复杂）
公司的全部股份或首期发行的股份由发起人自行认购而设立公司的方式。	（1）由发起人认购公司应发行股份的一部分。（≥公司股本总额的35%） （2）其余股份向社会公开募集或者向特定对象募集而设立公司。
（1）有限公司，只能采取发起设立的方式。 （2）股份公司，可采取发起设立，也可采取募集设立。	

4. 公司设立登记。是指公司设立人按法定程序向公司登记机关申请，经公司登记机关审核并记录在案，以供公众查阅的行为。

设立登记机关	各级工商行政管理机关
设立登记申请人	（1）有限公司：由全体股东指定的代表或共同委托的代理人作为申请人； （2）国有独资公司：应由国家授权投资机构或国家授权的部门作为申请人； （3）股份公司：应由董事会作为申请人。
公司名称预先核准	（1）设立公司应当向公司登记机关申请公司名称的预先核准； （2）预先核准的公司名称保留期为6个月； （3）在保留期内不得用于从事经营活动，不得转让。
设立申请文件	（1）设立登记申请书； （2）全体股东指定代表或者共同委托代理人的证明； （3）公司章程；

续表

设立登记机关	各级工商行政管理机关
设立申请文件	（4）股东的主体资格证明或者自然人身份证明； （5）载明公司董事、监事、经理的姓名、住所的文件以及有关委派、选举或者聘用的证明； （6）公司法定代表人任职文件和身份证明； （7）企业名称预先核准通知书； （8）公司住所证明； （9）其他。
设立登记的法律效力	公司登记机关发给《企业法人营业执照》。营业执照签发日期为公司成立日期。

5. 公司名称。包括四要素：行政区划+字号+行业或者经营特点+组织形式。如，北京小米科技信息技术有限责任公司。

（1）私营企业可以使用投资人姓名作字号。

（2）汉语拼音字母（外文名称中使用的除外）、数字，不得作为字号。

（3）历史悠久、字号驰名的企业、外商投资企业等类型，可以无行政区划。

6. 公司住所。是公司法律关系的中心地域，凡涉及公司债务之清偿、诉讼之管辖、书状之送达均以此为标准。

（1）公司以其主要办事机构所在地为住所。

（2）公司住所可与其生产经营场所一致，也可以不一致。

二、发起人

（一）概念

1. 发起人，是为设立公司而签署公司章程、向公司认购出资或者股份并履行公司设立职责的人。自然人、法人、非法人组织、国家均可以作为公司的发起人。

2. 发起人应当签订发起人协议，明确各自在公司设立过程中的权利和义务。

3. 发起人之间属于合伙性质的关系，其权利、义务、责任适用合伙的有关规定。

4. 发起人的人数。

（1）有限公司。发起人人数为1~50人；可设立一人有限公司；无国籍要求；无住所要求。

（2）股份公司。发起人人数为2~200人；无国籍要求；半数以上的发起人在中国境内有住所；必须认购股份。

（二）发起人责任★

1. "设立中公司"性质为发起人之间的合伙。从设立开始到公司最终成立这一阶段，称为"设立中公司（筹备组）"。

2. 设立阶段的合同、侵权问题。

	情形	原则	例外
（1）	发起人为设立公司以自己名义对外签订合同。	发起人承担。	（公司知情，则公司承担）即，公司成立后对上述合同予以确认，或者已经实际享有合同权利或者履行合同义务，合同相对人请求公司承担合同责任的，法院应予支持。
（2）	发起人以设立中公司名义对外签订合同。	公司承担。	（为自己利益+相对人知情，发起人担责）即，公司成立后有证据证明发起人利用设立中公司的名义为自己的利益与相对人签订合同，公司以此为由主张不承担合同责任的，人民法院应予支持，但相对人为善意的除外。
（3）	公司设立过程中，发起人因履行公司设立职责造成他人损害（侵权）。	公司成立后：受害人请求公司承担侵权赔偿责任。	公司未成立：受害人请求全体发起人承担连带赔偿责任。
		公司或者无过错的发起人承担赔偿责任后，可以向有过错的发起人追偿。	
（4）	公司不能成立时（设立失败）。	公司因故未成立，全体或者部分发起人对设立公司行为所产生的费用和债务承担连带清偿责任。	

例　大明等人拟设立梦菲有限公司，依据发起人协议大明负责租赁公司所需仓库。大明为方便签订合同遂以自己名义与甲签订仓库租赁合同。（1）原则上，该仓库租赁合同如果发生租金等纠纷，无论梦菲公司是否成立，甲均可请求大明承担清偿责任。（2）如果增加条件："梦菲公司使用了该仓库"。此时就该仓库租赁合同纠纷，甲可以请求梦菲公司承担合同责任，也可以请求大明承担合同责任。

> **笔记♣**
> 合同：谁签名，谁担责；若得利，也负责；若失败要连带。
> 侵权：成立找公司；失败找发起人。

三、股东的出资规则

股东出资，是公司财产的最初来源，形成公司独立的法人财产。股东可以货币出资，也可以非货币财产出资。

（一）货币出资
1. 股东以货币出资的，应当将货币足额存入公司在银行开设的账户。
2. 货币出资没有金额限制。（1元钱可以设立公司）
3. 可用违法所得货币出资。即，以贪污、受贿、侵占、挪用等违法犯罪所得的货币出资后取得股权的，对违法犯罪行为予以追究、处罚时，应当采取拍卖或者变卖的方式处置其股权。

（二）非货币财产出资

1. 实物出资。如，房屋、车辆、设备、原材料等出资。

总要求	（1）可以用货币估价并可以依法转让的非货币财产，可作价出资。 （2）所有权换股权。即，缴资时应当依法办理财产权的转移手续，即以实物所有权出资。 （3）法定评估。即，股东以非货币财产出资的，应当评估作价，核实财产，不得高估或者低估作价。
以不享有处分权的财产出资	出资人以不享有处分权的财产出资，当事人之间对于出资行为效力产生争议的，法院可以参照"无权处分→善意取得"的规定予以认定。（《物权法》第106条①） （1）原则上，原所有权人有权追回。 （2）符合善意取得条件，拟设立的公司（受让人）可取得该物的所有权： 　①公司（受让人）受让该不动产或者动产时是善意的； 　②公司（受让人）以合理价格受让； 　③转让的不动产或者动产依照法律规定应当登记的已经登记，不需要登记的已经交付给公司。（可现实交付、简易交付、指示交付等） （3）但如果是无权处分人占有脱离物，受让人不能善意取得。如，盗赃物、遗失物、漂流物、埋藏物等，不适用善意取得。 （4）公司（受让人）善意取得后，原所有权人有权向该出资人（即无处分权人）请求赔偿损失。
不动产等交付和过户分离②	（1）以房屋、土地使用权或者需要办理权属登记的知识产权等财产出资： 　［交付未过户：交付享权］当事人可在指定的合理期间内办理权属变更手续；自其实际交付时享有相应股东权利。
	（2）［过户未交付：交付享权］公司或者其他股东主张其向公司交付，自其实际交付时享有相应股东权利。

---

① 《物权法》第106条：无处分权人将不动产或者动产转让给受让人的，所有权人有权追回；除法律另有规定外，符合下列情形的，受让人取得该不动产或者动产的所有权：

（一）受让人受让该不动产或者动产时是善意的；

（二）以合理的价格转让；

（三）转让的不动产或者动产依照法律规定应当登记的已经登记，不需要登记的已经交付给受让人。受让人依照前款规定取得不动产或者动产的所有权的，原所有权人有权向无处分权人请求赔偿损失。当事人善意取得其他物权的，参照前两款规定。

② 《公司法解释（三）》第10条：出资人以房屋、土地使用权或者需要办理权属登记的知识产权等财产出资，已经交付公司使用但未办理权属变更手续，公司、其他股东或者公司债权人主张认定出资人未履行出资义务的，人民法院应当责令当事人在指定的合理期间内办理权属变更手续；在前述期间内办理了权属变更手续的，人民法院应当认定其已经履行了出资义务；出资人主张自其实际交付财产给公司使用时享有相应股东权利的，人民法院应予支持。

出资人以前款规定的财产出资，已经办理权属变更手续但未交付给公司使用，公司或者其他股东主张其向公司交付、并在实际交付之前不享有相应股东权利的，人民法院应予支持。

例 小熊在其父去世后，伪造其父遗嘱，将本应当由哥哥大熊继承的一套房屋归自己所有。随后，小熊以该房屋出资与他人设立梦菲公司。那么，该房屋所有权归谁？（小熊的出资行为属于"无权处分"，如果梦菲公司符合"善意取得"条件时，房屋的所有权归公司）

2. 土地使用权出资。

因土地所有权不能转让，故仅能以土地使用权出资。	
要求1：出让地	（1）只有以出让方式获得的国有土地使用权可以出资； （2）出资人以划拨土地使用权出资，公司、其他股东或者公司债权人主张认定出资人未履行出资义务的，法院应当责令当事人在指定的合理期间内办理土地变更手续；逾期未办理的，法院应当认定出资人未依法全面履行出资义务。
要求2：无权利负担	（1）以设定权利负担的土地使用权出资，公司、其他股东或者公司债权人主张认定出资人未履行出资义务的，法院应当责令当事人在指定的合理期间内解除权利负担； （2）逾期未解除的，法院应当认定出资人未依法全面履行出资义务。

3. 股权出资。

股权出资，是指出资人以其对另一公司享有的股权设立公司。如，甲等人计划设立天际有限责任公司，甲拟以其持有的君则有限公司20%的股权作为设立天际公司的出资。

股权出资条件		瑕疵补正措施
（1）	出资的股权由出资人合法持有并依法可以转让。	①不符合左列第（1）（2）（3）项的规定，……人民法院应当责令该出资人在指定的合理期间内采取补正措施，以符合上述条件。 ②逾期未补正的，人民法院应当认定其未依法全面履行出资义务。
（2）	出资的股权无权利瑕疵或者权利负担。	
（3）	出资人已履行关于股权转让的法定手续。	
（4）	出资的股权已依法进行了价值评估。	①股权出资时未依法评估作价，……人民法院应当委托具有合法资格的评估机构对该财产评估作价。 ②评估确定的价额显著低于公司章程所定价额的，人民法院应当认定出资人未依法全面履行出资义务。

📋 **笔记** ♣

股权出资规则＝合法性＋无瑕疵＋手续全＋已评估。

（三）禁止的出资形式

不得以劳务、信用、自然人姓名、商誉、特许经营权或者设定担保的财产等作价出资。

四、出资瑕疵的法律责任

股东出资瑕疵，包括股东出资违约、出资虚假评估、抽逃出资、增资时出资瑕疵等情形。

（一）出资违约

1. 出资违约类型。

（1）货币，未按期足额存入公司在银行开设的账户。如，张某在设立协议中承诺出资款10万元3个月内缴足，现到期只缴纳2万。

（2）非货币财产，股东未办理其财产权的转移手续，即动产未交付，不动产未过户。如，王某承诺以房屋出资，但迟迟不办理房屋登记过户手续，此为"非货币财产的出资违约"。

2. 法律责任。

对其他发起人—违约责任	对公司—补足+连带	对债权人—未出资本息范围内+ 一次责任+补充赔偿+连带
当发起人未出资或未足额出资时，该出资瑕疵的股东应当向已按期足额缴纳出资的其他发起人承担违约责任。	（1）股东未履行或者未全面履行出资义务，公司或者其他股东请求其向公司依法全面履行出资义务的，法院应予支持。 （2）公司的发起人与该出资瑕疵股东承担连带责任。（不含后加入公司的股东） （3）其他发起人承担责任后，可以向被告股东追偿。	（1）公司债权人请求未履行或者未全面履行出资义务的股东在未出资本息范围内对公司债务不能清偿的部分承担补充赔偿责任的，法院应予支持。 （2）未履行或者未全面履行出资义务的股东已经承担上述责任，其他债权人提出相同请求的，法院不予支持。 （3）公司的发起人与该出资瑕疵股东承担连带责任。（不含后加入公司的股东） （4）其他发起人承担责任后，可以向被告股东追偿。

> 📖 笔记
>
> 1. 瑕疵股东和公司的关系：发起人与被告股东承担连带责任。该"连带责任"是向公司承担。
>
> 2. 瑕疵股东和债权人的关系：前提是"公司不能清偿"时；该"连带责任"是向债权人承担。

（二）出资不实

1. 出资不实类型。

（1）非货币财产虚假高估。即，出资的非货币财产的实际价额显著低于公司章程所定价额。如，甲以设备作价出资30万元。现查明，甲作为出资的机器设备出资时仅值15万元，资产评估机构虚假评估。

（2）客观贬值不担责。即，出资人以符合法定条件的非货币财产出资后，因市场变化或者其他客观因素导致出资财产贬值，公司、其他股东或者公司债权人请求该出资人承担补足出资责任的，法院不予支持。但是，当事人另有约定的除外。

（3）出资人以非货币财产出资，未依法评估作价，公司、其他股东或者公司债权人请求认定出资人未履行出资义务的，人民法院应当委托具有合法资格的评估机构对该财产评估作价。评估确定的价额显著低于公司章程所定价额的，人民法院应当认定出资人未依法全面履行出资义务。

2. 法律责任。

对其他发起人—无违约责任	对公司—补足+连带	对债权人
出资不实（虚假评估）的发起人无需对其他股东承担违约责任。	和上述"出资违约"对公司的责任相同。	（1）股东对债权人的责任：未出资本息范围内+一次责任+补充赔偿+连带。（和上述"出资违约"对债权人的责任相同） （2）中介机构对债权人的责任：承担资产评估、验资或者验证的机构因其出具的评估结果、验资或者验证证明不实，给公司债权人造成损失的，除能够证明自己没有过错的外，在其评估或者证明不实的金额范围内承担赔偿责任。

（三）抽逃出资①

1. 抽逃出资类型。公司成立后，公司、股东或者公司债权人以相关股东的行为符合下列情形之一且损害公司权益为由，请求认定该股东抽逃出资的，法院应予支持：

（1）制作虚假财务会计报表虚增利润进行分配；

（2）通过虚构债权债务关系将其出资转出；

（3）利用关联交易②将出资转出；

（4）其他未经法定程序将出资抽回的行为。

2. 垫付出资人不担责。是指第三人代垫资金协助发起人设立公司，代垫出资人无需和抽逃出资的股东承担连带责任。

例　发起人大熊以100万元现金出资，该笔资金系由其朋友贝贝代垫。在公司成立一周时，大熊虚构合同将100万元通过公司付给贝贝。大熊构成抽逃出资，但贝贝和公司并无直接关系，其无需对公司承担连带清偿责任。

---

① 严格说来，"抽逃出资"不属于"出资瑕疵"，因为"抽逃"是在公司成立后股东通过违法手段将出资抽回。但因为"抽逃出资"和"出资不足""出资不实"在法律责任承担上有很多相似之处，所以本书将其放在"股东出资瑕疵"部分，请大家一并掌握。

② 关联关系，是指公司控股股东、实际控制人、董事、监事、高级管理人员与其直接或者间接控制的企业之间的关系，以及可能导致公司利益转移的其他关系。但是，国家控股的企业之间不仅仅因为同受国家控股而具有关联关系。

3. 法律责任。

对其他发起人—无违约责任	对公司—返还+连带	对债权人—抽逃出资本息范围内+补充赔偿+连带+一次责任
抽逃出资股东无需对其他股东承担违约责任。	股东抽逃出资，公司或者其他股东可请求其向公司返还出资本息，协助抽逃出资的其他股东、董事、高级管理人员或者实际控制人对此承担连带责任。	（1）公司债权人请求抽逃出资的股东在抽逃出资本息范围内对公司债务不能清偿的部分承担补充赔偿责任； （2）协助抽逃出资的其他股东、董事、高级管理人员或者实际控制人对此承担连带责任； （3）抽逃出资的股东已经承担上述责任，其他债权人提出相同请求的，人民法院不予支持。

（四）增资时的出资瑕疵

1. 概念。增资瑕疵，是指公司成立后，股东在公司增资时未履行或者未全面履行出资义务，即股东不按照增资协议缴纳出资额。

2. 法律责任。

（1）该增资瑕疵股东对公司承担补足出资的责任。

（2）公司债权人请求增资瑕疵股东在未出资本息范围内对公司债务不能清偿的部分承担补充赔偿责任。

（3）上述公司、债权人可请求未尽《公司法》第147条第1款①规定的义务而使出资未缴足的董事、高级管理人员承担相应的责任。董事、高级管理人员承担责任后，可以向被告股东追偿。

（4）注意！其他股东无需承担连带责任。因为"增资"是在公司成立之后追加注册资本时发生，此时其他发起人已经完成组建公司的任务。所以当公司增资，某一股东未履行或未全面履行出资义务时，其他股东无需承担连带责任。并且增资是由公司组织，所以当董事会、高管有过错使得增资不到位的情况下，董事、高管承担相应的责任。

> 📖 **易混淆点**　设立时出资瑕疵 VS 增资瑕疵
>
> | 设立时，出资瑕疵股东 | 成立后，增资瑕疵股东 |
> |---|---|
> | （1）对其他股东：有违约责任。
（2）对公司：补足+连带。（发起人+该股东连带）
（3）对债权人：未出资本息+补充赔偿+连带+一次责任。（发起人之间连带） | （1）对其他股东：无违约责任。
（2）对公司：其他股东无需承担责任。
（3）对债权人：未尽忠实勤勉义务的董事、高管承担相应责任。 |

---

① 《公司法》第147条第1款：董事、监事、高级管理人员应当遵守法律、行政法规和公司章程，对公司负有忠实义务和勤勉义务。

（五）对出资（含抽逃、增资）瑕疵股东的限权

1. 对股东限权：新剩利。即，股东未履行或者未全面履行出资义务或者抽逃出资，公司可根据章程或者股东会决议对其利润分配请求权、新股优先认购权、剩余财产分配请求权等股东权利作出相应的合理限制。

2. 进行"相应的合理限制"。是指依照该股东的实缴出资比例享有上述权利。

例 某公司有三个股东注册资本为 100 万元。甲乙缴足了出资，丙认缴注册资本的 50%，但实际缴纳 30 万元。此时资本实际数为 80 万元，丙的实缴出资比例为：$30 \div 80 = 37.5\%$。所以丙应当按 37.5% 的比例来分红。

3. 未出，全抽逃→有限公司可解除股东资格。即，有限公司的股东未履行出资义务或者抽逃全部出资：

（1）经公司催告缴纳或者返还，该股东在合理期间内仍未缴纳或者返还出资，公司可以以股东会决议解除该股东的股东资格。

（2）法院在判决时应当释明，公司应当及时办理法定减资程序或者由其他股东或者第三人缴纳相应的出资。

（3）在办理法定减资程序或者其他股东或者第三人缴纳相应的出资之前，公司债权人请求相关当事人承担相应责任的，法院应予支持。

4. 未缴股款→股份公司另行募集。即，股份公司认股人未按期缴纳所认股份的股款，经公司发起人催缴后在合理期间内仍未缴纳的，发起人可以对该股份另行募集。认股人延期缴纳股款给公司造成损失，公司可请求该认股人承担赔偿责任。

5. 出资不适用诉讼时效抗辩。

（1）公司股东未履行或者未全面履行出资义务或者抽逃出资，公司或者其他股东请求其向公司全面履行出资义务或者返还出资，被告股东以诉讼时效为由进行抗辩的，人民法院不予支持。

（2）公司债权人的债权未过诉讼时效期间，其请求未履行或者未全面履行出资义务或者抽逃出资的股东承担赔偿责任，被告股东以出资义务或者返还出资义务超过诉讼时效期间为由进行抗辩的，人民法院不予支持。

6. 瑕疵股权的转让，受让人明知要连带。

（1）受让人对此知道或者应当知道，公司可请求该股东履行出资义务，受让人对此承担连带责任。

（2）受让人对此知道或者应当知道，公司债权人可同时请求受让人对此承担连带责任。

（3）受让人根据上述规定承担责任后，可向该未履行或者未全面履行出资义务的股东追偿。但是，当事人另有约定的除外。

五、公司章程

公司章程，是指公司所必备的，规定公司名称、宗旨、资本、组织机构等对内对外事务的基本法律文件。

设立公司必须依法制定公司章程。所以，章程是公司设立的必备条件之一，在公司设立登记时必须提交公司登记机关进行登记。

1. 章程的订立。

（1）共同订立，由全体股东或发起人共同起草、协商制定公司章程；

（2）部分订立，由部分成员起草、制定公司章程，而后再经其他股东或发起人签字同意的制定方式。如，募集设立的股份公司，发起人制订公司章程，之后提交创立大会讨论。

2. 章程的内容。

	有限公司	股份公司
绝对记载事项（法律规定公司章程中必须记载的事项）	［宽松］ （1）公司名称和住所； （2）公司经营范围； （3）公司注册资本； （4）公司股东的姓名或名称； （5）股东的出资方式、出资额和出资时间； （6）公司的机构及其产生办法、职权、议事规则； （7）公司法定代表人； （8）股东会会议认为需要规定的其他事项。	［严格］ （1）公司名称和住所； （2）公司经营范围； （3）公司设立方式； （4）公司股份总数、每股金额和注册资本； （5）发起人的姓名或者名称、认购的股份数、出资方式和出资时间； （6）董事会的组成、职权和议事规则； （7）公司法定代表人； （8）监事会的组成、职权和议事规则； （9）公司利润分配办法； （10）公司的解散事由和清算办法； （11）公司的通知和公告办法； （12）股东大会会议认为需要规定的其他事项。
相对记载事项	（1）是指法律列举某些事项，但是否记入章程，全由章程制定者决定； （2）相对记载事项，非经载明于章程，不生效力。	
任意记载事项	是指法律无明文规定，且不违反强行法之规定和公序良俗之原则的事项。如，公司的存续期限，可自行决定。	

3. 章程的效力。章程约束下列对象：

（1）	约束公司	章程要写明公司名称、经营范围；公司依其章程规定的办法产生公司组织机构。
（2）	约束股东	①包括：起草制定公司章程的股东+后加入公司的股东。 ②例如：股东依据章程规定行使表决权、依照章程规定的出资期限缴纳所认缴的出资等。
（3）	约束董事、监事、高级管理人员	如，有限公司董事长的产生办法由章程规定等。

4. 越权行为有效。即，公司超越章程的限制而从事的经营活动，只要该行为未违反法律、行政法规的规定，则该行为有效。

第三节 🎧 公司的资本

一、资本一般规定

1. 注册资本，是指公司在设立时筹集的、由章程载明的、经公司登记机关登记注册的资本。

2. 公司资本原则。

	理论上—三项原则	我国《公司法》态度
(1)	资本确定原则—公司设立时应在章程中载明公司资本总额，并由发起人认足或募足，否则公司不能成立。	①不再严守该原则。②体现在：取消注册资本实缴制；取消一般公司的法定验资。
(2)	资本维持原则—公司在其存续过程中，应当经常保持与其资本额相当的财产。	①贯彻该原则。②体现在：股东在公司成立后原则上不得退股；股票发行价格不得低于股票面值；法定公积金制度等。
(3)	资本不变原则—公司资本总额一旦确定，非经法定程序不得任意变动。	我国主要对资本的减少作出严格限制。

> 📋 **易混淆点 ♣**
>
> 1. 资产，是公司现有的全部财产（资产＝负债+所有者权益）。公司以其全部资产（而不是注册资本）对外承担债务清偿责任。
>
> 2. 资本，一般是指在公司登记机关登记的全体股东认缴的出资额。

二、我国公司资本制度

2013 年我国公司资本制度修改，降低公司设立门槛，减少对公司自治事项的干预。即，实行股东（发起人）自主约定认缴出资额、出资方式等，并由股东对缴纳出资情况真实性、合法性负责的制度。

1. 原则—认缴资本制。

(1) 注册资本为在公司登记机关登记的全体股东认缴的出资额。①有限公司：注册资本=全体股东认缴的出资额；②发起设立的股份公司：注册资本=全体发起人认购的股本总额。

(2) 不需要法定验资。

(3) 无货币出资比例限制；无出资期限要求；无最低注册资本要求。

2. 例外—实缴资本制。

(1) 对于募集设立的股份公司、银行、证券公司和保险公司要求实缴（实收）注册资本，即公司成立时，全部注册资本必须实缴到位。银行等特殊类型公司仍保留注册资本最低限额。（注册资本=实缴实收资本）

(2) 与实缴资本制相配套，要求对股东出资必须法定验资。

3. **均适用的规则**。

（1）**法定评估**。对作为出资的非货币财产应当评估作价，核实财产，不得高估或者低估作价。法律、行政法规对评估作价有规定的，从其规定。

（2）**注册资本作为工商登记事项**。

（3）**注册资本记载于公司营业执照中**。但，营业执照不标注"实缴资本"。

第四节 🎧 公司的股东

一、股东的资格

（一）股东的概念

1. 股东，是指向公司出资、持有公司股份、享有股东权利和承担股东义务的人。股东是对公司法上的出资人的特别称谓。

2. 股东可以是自然人、法人、非法人组织，还可以是国家。

3. 法律对股东并无行为能力的要求，理论上股东可以是限制行为能力人或无行为能力人。

（二）股东资格的取得

（1）股东名册	效力	记载于股东名册的股东，可以依股东名册主张行使股东权利。所以，股东名册是股东身份或资格的法定证明文件。
	记载事项	①股东的姓名或者名称及住所； ②股东的出资额； ③出资证明书编号。 所以，股东名册是关于股东的基本情况，无需记载公司的相应情况。
（2）工商登记	效力	①公司应当将股东的姓名或者名称向公司登记机关登记； ②登记事项发生变更的，应当办理变更登记。未经登记或者变更登记的，不得对抗第三人；（无"善意"二字） ③工商登记机关记载的股东名单与股东名册记载有冲突的： 　a. 对公司内部而言：以股东名册为准； 　b. 对外部而言：以工商登记为准。
（3）出资证明书	效力	①有限责任公司成立后，应当向股东签发出资证明书； ②出资证明书由公司盖章，其性质为"证权证书"； ③出资证明书≠股东资格的取得。因为出资只是获得股东资格的方式之一，还可以通过转让、继承等方式取得股东资格。
	记载事项	①公司名称； ②公司成立日期； ③公司注册资本； ④股东的姓名或者名称、缴纳的出资额和出资日期； ⑤出资证明书的编号和核发日期。

> **📑 记忆点 ♣**
>
> 1. 股东名册是**股东身份或资格**的法定证明文件。
> 2. **姓名（名称）**向工商局登记。
> 3. 未经工商登记或者变更登记的，**不得对抗第三人**。
> 4. 公司**成立后**，签出资证明书，**证权证书**。

（三）"一股二卖"问题

1. 概念。一股二卖，是指股权转让后尚未向公司登记机关办理变更登记，原股东将仍登记于其名下的股权转让、质押或者以其他方式处分的行为。

例

> 叶某是甲有限公司的股东，今年初将股权转让给刘某，甲公司股东名册已经变更为刘某。但甲公司未向工商局办理股东变更登记。同年 8 月，叶某又将上述股权转让给了王某。此即"一股二卖"问题。
> （1）叶某和刘某：股权转让合同有效；
> （2）叶某和王某：股权转让合同有效；
> （3）王某符合"善意取得条件"，可取得股东资格；
> （4）刘某的损害：叶某及相关人承担赔偿责任。

2. **第二次处分股权行为，参照《物权法》善意取得处理**。

（1）无处分权人将股权转让给受让人的，所有权人有权追回。

（2）符合下列情形的，受让人取得该股权：①受让人是善意的；②以合理的价格转让；③履行了股权转让的相关手续。

3. **对第一次受让股东的救济：相应赔偿**。即，原股东处分股权造成受让股东损失，受让股东请求原股东承担赔偿责任，对于未及时办理变更登记有过错的董事、高级管理人员或者实际控制人承担相应责任的，人民法院应予支持；受让股东对于未及时办理变更登记也有过错的，可以适当减轻上述董事、高级管理人员或者实际控制人的责任。

（四）股东资格诉讼

股东资格纠纷，均**以公司为被告**，与案件争议股权有利害关系的人作为第三人参加诉讼。

二、实际出资人与名义股东

（一）概念

1. 名义股东（显名股东），是指登记于股东名册及公司登记机关的登记文件，但事实上并没有向公司出资的人。从形式上而言，名义股东是公司的股东。

2. 实际出资人（实际股东），是实际出资并实际享有股东权利，但其姓名或者名称并未记载于公司股东名册及公司登记机关的登记文件的人，也即公司的真实出资人。

例　李一与其妻正在闹离婚，为避免纠纷遂与其弟李三商定，由李三出面与高、曾设立梦菲公司，二人约定由李一出资且投资权益归李一。即，李一是实际出资人，李三是名义股东，二人形成"代持股"关系。

（二）实际股东—名义股东的关系

1. 代持股协议有效。即，有限责任公司的实际出资人与名义出资人订立合同，约定由实际出资人出资并享有投资权益，以名义出资人为名义股东，实际出资人与名义股东对该合同效力发生争议的，如无《合同法》第52条①规定的情形，人民法院应当认定该合同有效。

2. 投资权益属于"实际出资人"。即，实际出资人与名义股东因投资权益的归属发生争议，实际出资人以其实际履行了出资义务为由向名义股东主张权利的，人民法院应予支持。名义股东以公司股东名册记载、公司登记机关登记为由否认实际出资人权利的，人民法院不予支持。

（三）实际出资人—公司的关系

实际出资人浮出水面，要履行股权转让手续。即，实际出资人未经公司其他股东半数以上同意，请求公司变更股东、签发出资证明书、记载于股东名册、记载于公司章程并办理公司登记机关登记的，人民法院不予支持。

（四）名义股东—善意第三人的关系

《公司法解释（三）》第25条第1款："名义股东将登记于其名下的股权转让、质押或者以其他方式处分，实际出资人以其对于股权享有实际权利为由，请求认定处分股权行为无效的，人民法院可以参照物权法第106条的规定处理。"

要点：

1. 名义股东的股权转让、质押等合同有效。名义股东是在工商登记机关登记的股东，基于公示公信，受让人当然相信名义股东是公司股东，所以股权转让、质押等合同有效。

2. 名义股东处分股权，定性为"有权处分"。从形式上而言，名义股东是公司的股东。因此名义股东的处分股权行为，定性为"有权处分"。

3. 受让人需符合"善意取得"之条件。如，名义股东处分其名下股权时，如果股权的受让人明知转让人为名义股东、背后尚有实际股东之事实，仍然与名义股东签订股权转让协议受让股权的，则其为恶意，不能取得股权。

4. 在受让人善意取得的情况下，名义股东处分股权造成实际出资人损失的，实际出资人可以请求名义股东承担赔偿责任。

---

① 《合同法》第52条：有下列情形之一的，合同无效：

（一）一方以欺诈、胁迫的手段订立合同，损害国家利益；

（二）恶意串通，损害国家、集体或者第三人利益；

（三）以合法形式掩盖非法目的；

（四）损害社会公共利益；

（五）违反法律、行政法规的强制性规定。

（五）名义股东—债权人的关系

1. 名义股东对公司债权人承担补充赔偿责任。即，公司债权人以名义股东未履行出资义务为由，请求其对公司债务不能清偿的部分在未出资本息范围内承担补充赔偿责任，股东以其仅为名义股东而非实际出资人为由进行抗辩的，人民法院不予支持。（因为就债权人而言，他只能依据工商登记判断，即判断为名义股东出资瑕疵）

2. 名义股东向债权人承担赔偿责任后，向实际出资人追偿的，人民法院应予支持。

[总结]

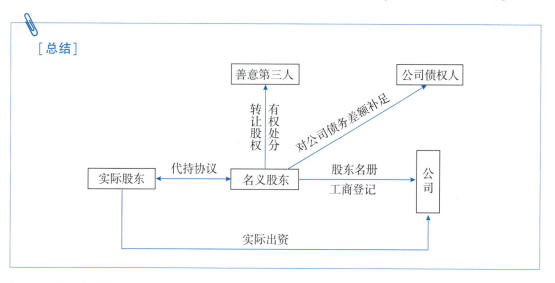

易混淆点♣

1.《物权法》"善意取得"制度是针对动产或者不动产，即"无权处分物权，第三人善意取得"制度。

2.《公司法》是解决"处分股权"。"股权"和"物权"的性质完全不同。在名义股东转让股权问题上，其一，名义股东从形式上是公司的股东，所以定性为"有权处分"；其二，"实际出资人"真正出资才形成股权，为了兼顾实际股东的利益，仍要求受让人满足"善意取得"的条件。注意《公司法解释（三）》第25条措辞是"参照物权法第106条的规定处理"。（而非参照"定性"）

三、冒名股东

1. 概念。冒名股东是指冒用他人名义出资并将该他人作为股东在公司登记机关登记，被冒名人对此不知情。

2. 处理。

（1）冒用他人名义出资并将该他人作为股东在公司登记机关登记的，冒名登记行为人应当承担相应责任；

（2）公司、其他股东或者公司债权人以未履行出资义务为由，请求被冒名登记为股东的承担补足出资责任或者对公司债务不能清偿部分的赔偿责任的，人民法院不予支持。

四、股东的权利和义务

（一）概述

1. 股东权，是股东通过出资所形成的权利。出资者通过向公司出资，以丧失其出资财产的所有权为代价，换取股权成为公司股东，即"所有权换股权"。股东权具有下列特征：

（1）股东权内容具有综合性。

（2）是股东通过出资所形成的权利。

（3）是一种社员权。社员权是一种独立类型的权利，包括财产权和管理参与权。社员权谓之权利，其实更像一种资格或权限。其是与法律主体的财产权、人身权、知识产权相并列的权利类型。

2. 股东权的原则。

（1）有限责任原则。是指股东仅以认缴的出资额为限对公司承担责任。

（2）平等原则。是指"同股同权"，股东根据其对公司的出资额的比例来具体享有权利和负担义务。该原则并非是按股东人数的划一平等。

（二）股东权的内容

《公司法》第 4 条："公司股东依法享有资产收益、参与重大决策和选择管理者等权利。"

股东权中的财产权（自益权）	（1）发给股票或其他股权证明请求权； （2）股份转让权； （3）股息红利分配请求权，即资产收益权； （4）优先认购新股权； （5）公司剩余财产分配权。
股东权中的管理参与权（共益权）	（1）股东会临时召集请求权或自行召集权； （2）出席股东会并行使表决权，即参与重大决策权和选择管理者的权利； （3）对公司财务的监督检查权，会计账簿的查阅权； （4）公司章程和股东会、股东大会会议记录、董事会会议决议、监事会会议决议的查阅权和复制权，但股份有限公司的股东没有复制权； （5）权利损害救济权，股东代表诉讼权； （6）公司重整申请权； （7）对公司经营的建议与质询权。
［关系］ 依权利行使目的为标准，可分为自益权、共益权： （1）自益权，是指股东专为自己利益行使的权利，一般属于财产性的权利。 （2）共益权，是指股东为自己利益同时也为公司利益而行使的权利。是公司事务参与权，一般为非财产性权利。	

（三）股东的义务

作为公司股东，应当根据出资协议、公司章程和法律、行政法规的规定，履行相应的义务。这些义务主要包括：

股东的共同义务	（1）出资义务。这是股东最主要的义务。 （2）参加股东会会议的义务。 （3）不干涉公司正常经营的义务。即，股东依据章程规定的关于股东会（股东大会）权限以及公司法规定的股东权利行使权利，不得干涉董事会、经理、监事会的正常工作。 （4）不得滥用股东权利的义务。
控股股东、实际控制人的特别义务	（1）不得滥用控股股东的地位，损害公司和其他股东的利益。 （2）不得利用其关联关系损害公司利益。 （3）控股股东或实际控制人滥用股东权利或者利用关联关系损害公司或其他股东利益的，应当承担赔偿责任。

1. 控股股东，是指：

（1）其出资额占有限公司资本总额 50% 以上或者其持有的股份占股份公司股本总额 50% 以上的股东；

（2）出资额或者持有股份的比例虽然不足 50%，但依其出资额或者持有的股份所享有的表决权已足以对股东会、股东大会的决议产生重大影响的股东。

2. 实际控制人，是指虽不是公司的股东，但通过投资关系、协议或者其他安排，能够实际支配公司行为的人。

3. 关联关系，是指公司控股股东、实际控制人、董事、监事、高级管理人员与其直接或者间接控制的企业之间的关系，以及可能导致公司利益转移的其他关系。但是，国家控股的企业之间不仅仅因为同受国家控股而具有关联关系。

五、股东代表诉讼制度

（一）概述

股东代表诉讼，又称派生诉讼、股东代位诉讼，是指当公司的合法权益受到不法侵害而公司却怠于起诉时，股东以自己的名义起诉，所获赔偿归于公司的一种诉讼制度。

1. 该项诉讼制度的功能：

（1）救济功能，通过股东提起代表诉讼的方式，使公司及时获得经济赔偿或其他救济，保护公司的合法权益。

（2）预防功能。

2. 诉讼原因为公司利益受到内部人侵害。即，诉讼原因并非股东个人权利受到侵害或个人利益发生纠纷，而是公司的利益受到内部人的损害，但公司无法救济或者怠于救济。就法律关系而言，事实上与股东个人无直接权利义务关系，能够提起诉讼的股东所依据的实体意义上的诉权不专属于某个股东，而是属于公司。

3. 诉讼后果归公司。即，股东代表诉讼的后果，由公司承担，归于公司，而不是归于提起诉讼的股东。（理论上，胜诉结果归于公司；败诉结果则归于提起诉讼的股东。简单了解）

> 📑 **易混淆点** ♣
>
> 　1. 股东直接诉讼，被侵害的是股东个人权利和利益。
>
> 　2. 股东代表诉讼，公司利益和股东个人利益事实上都受到了损害，但公司是直接的受害人，股东是间接的受害人。

（二）具体规则

1. 诉讼原因。董事、监事、高级管理人员执行公司职务时违反法律、行政法规或者公司章程的规定，给公司造成损失的，应当承担赔偿责任。或者，他人侵犯公司合法权益，给公司造成损失。

2. 救济步骤。

[第1步－股东向公司提请求] 有限责任公司的股东、股份有限公司连续180日以上单独或者合计持有公司1%以上股份的股东，可以书面请求公司相应机关向法院提起诉讼。

（1）股东资格：①有限公司，股东无限制，没有持股比例、持股时间的要求。②股份公司，股东满足"180日+1%以上股份"的要求。③对同一事实其他股东也可以提起代表诉讼，并且在诉讼中也无法排除其他股东的介入。

（2）交叉请求规则。一般情形，股东的书面请求要满足：①董事（高管）害公司→股东向监事会请求。②监事害公司→股东向董事会请求。①

[第2步－公司直接诉讼] 若公司相应机关（董事会或监事会）接受股东上述书面请求，则公司提起诉讼。（原告为"公司"，被告为"侵权人"）

[第3步－股东代表诉讼] 监事会、不设监事会的有限责任公司的监事，或者董事会、执行董事收到前款规定的股东书面请求后拒绝提起诉讼，或者自收到请求之日起30日内未提起诉讼，或者情况紧急、不立即提起诉讼将会使公司利益受到难以弥补的损害的，前款规定的股东有权为了公司的利益以自己的名义直接向人民法院提起诉讼。

3. 特殊情形。

他人侵犯公司合法权益，给公司造成损失的，上述股东可以依照前述规定向人民法院提起诉讼。

例 刘某是甲有限责任公司的董事长。任职期间，多次利用职务之便，指示公司会计将资金借贷给一家主要由刘某的儿子投资设立的乙公司，造成甲公司重大损失。对此，持有甲公司股权0.5%的股东王某十分不满。请分析：王某可以采取何种救济手段？

　[提示：（1）王某应当向甲公司监事会提出书面请求。（2）甲公司监事会怠于起诉或拒绝起诉刘某时，王某可以自己名义提起股东代表诉讼。]

---

　① 《公司法》第151条第1款：董事、高级管理人员有本法第149条规定的情形的，有限责任公司的股东、股份有限公司连续180日以上单独或者合计持有公司1%以上股份的股东，可以书面请求监事会或者不设监事会的有限责任公司的监事向人民法院提起诉讼；监事有本法第149条规定的情形的，前述股东可以书面请求董事会或者不设董事会的有限责任公司的执行董事向人民法院提起诉讼。

第五节 🎧 公司的董事、监事、高级管理人员

一、任职资格

公司董事、监事和高级管理人员对于公司的经营管理负有重要责任，公司法对他们的任职资格有严格的限制性条件。

高级管理人员，是指公司的经理、副经理、财务负责人，上市公司董事会秘书和公司章程规定的其他人员。

	正面规定	对董事、监事、高级管理人员的国籍、住所、年龄上限均没有限制。
任职资格	反面规定×5	有下列情形之一的，不得担任公司的董事、监事、高级管理人员： （1）无民事行为能力或者限制民事行为能力。 　　无民事行为能力是指：①不满10周岁的未成年人；②不能辨认自己行为的精神病人。 　　限制民事行为能力是指：①10周岁以上的未成年人；②不能完全辨认自己行为的精神病人。 （2）经济犯罪+5年。即，因贪污、贿赂、侵占财产、挪用财产或者破坏社会主义市场经济秩序，被判处刑罚，执行期满未逾5年，或者因犯罪被剥夺政治权利，执行期满未逾5年。 （3）经营者个人责任+3年。即，担任破产清算的公司、企业的董事或者厂长、经理，对该公司、企业的破产负有个人责任的，自该公司、企业破产清算完结之日起未逾3年。 （4）担任因违法被吊销营业执照、责令关闭的公司、企业的法定代表人，并负有个人责任的，自该公司、企业被吊销营业执照之日起未逾3年。 （5）个人所负数额较大的债务到期未清偿。
违反后果		（1）公司违反上述规定选举、委派董事、监事或者聘任高级管理人员的，该选举、委派或者聘任无效。 （2）董事、监事、高级管理人员在任职期间出现上述所列情形的，公司应当解除其职务。

例1 甲公司董事候选名单中有一人王某，但王某因担任企业负责人犯重大责任事故罪于2011年6月被判处有期徒刑，2014年刑满释放。王某所犯重大责任事故罪并非经济犯罪，虽然执行期满未逾5年，但王某可以担任公司董事。

例2 乙公司董事候选名单中有一人李某，李某与他人共同投资设立梦菲公司，现仍持有梦菲公司70%股权，梦菲公司因违法被吊销营业执照。该例中，李某是"股东"，并非梦菲公司法定代表人，所以李某可以担任公司董事。

二、义务

董、监、高共同义务	正面规定	（1）遵守法律、行政法规和公司章程，对公司负有忠实义务和勤勉义务； 　　（踏踏实实干事，老老实实做人） （2）股东会或者股东大会要求董事、监事、高级管理人员列席会议的，董事、监事、高级管理人员应当列席并接受股东的质询。

续表

董、监、高 共同义务	反面规定	（1）不得利用职权收受贿赂或者其他非法收入； （2）不得侵占公司的财产。
董事、高管 的特定 义务×8		（因监事无经营权，故无下列限制） 董事、高级管理人员不得有下列行为： （1）挪用公司资金； （2）将公司资金以其个人名义或者以其他个人名义开立账户存储； （3）违反公司章程的规定，未经股东会、股东大会或者董事会同意，将公司资金借贷给他人或者以公司财产为他人提供担保； （4）违反公司章程的规定或者未经股东会、股东大会同意，与本公司订立合同或者进行交易； （5）未经股东会或者股东大会同意，利用职务便利为自己或者他人谋取属于公司的商业机会，自营或者为他人经营与所任职公司同类的业务； （6）接受他人与公司交易的佣金归为己有； （7）擅自披露公司秘密； （8）违反对公司忠实义务的其他行为。
违反义务 的法律责任		（1）公司有归入权。即，董事、高级管理人员违反经营义务所得的收入应当归公司所有。 （2）应对公司赔偿。即，董事、监事、高级管理人员执行公司职务时违反法律、行政法规或者公司章程的规定，给公司造成损失的，应当承担赔偿责任。

第六节 🎧 公司的财务与会计制度

公司财务会计制度主要包括两个内容：一是财务会计报告制度，即公司应当依法编制财务会计报表和制作财务会计报告。二是收益分配制度，即公司的年度分配，应当依照法律规定及股东会的决议，将公司利润用于缴纳税款、提取公积金和公益金以及进行红利分配。

一、公司的财务会计报告

（一）财务会计报告的内容（了解）

（1）资产负债表	反映公司在某一特定日期财务状况的报表。（静态的财务状况）
（2）损益表（利润表）	反映公司一定期间的经营成果及其分配情况的报表。（动态的营业盈亏的实际情况）
（3）会计报表附注	便于会计报表使用者理解会计报表的内容，而对会计报表的编制基础、编制依据、编制原则和方法及主要项目等所作的解释。
（4）财务情况说明书	对公司财务状况作进一步说明和补充的文书。

（二）财务报告的查阅与提供

	有限公司	股份公司
查阅复制★	（1）股东有权查阅、复制公司章程、股东会会议记录、董事会会议决议、监事会会议决议和财务会计报告。 （2）股东可以要求查阅公司会计账簿。 　　［1—书面请求］股东要求查阅公司会计账簿的，应当向公司提出书面请求，说明目的。 　　［2—公司可拒绝］公司有合理根据认为股东查阅会计账簿有不正当目的，可能损害公司合法利益的，可以拒绝提供查阅，并应当自股东提出书面请求之日起15日内书面答复股东并说明理由。 　　［3—股东可起诉］公司拒绝提供查阅的，股东可以请求人民法院要求公司提供查阅。	股东有权查阅公司章程、股东名册、公司债券存根、股东大会会议记录、董事会会议决议、监事会会议决议、财务会计报告，对公司的经营提出建议或者质询。
提供	有限公司应当按照公司章程规定的期限将财务会计报告送交各股东。	（1）股份公司的财务会计报告应当在召开股东大会年会的20日前置备于本公司，供股东查阅。 （2）公开发行股票的股份有限公司必须公告其财务会计报告。

二、公司的收益分配制度

（一）公司收益分配顺序

〔图示〕公司收益分配顺序

公司利润必须依法定顺序分配。顺序为：

1. 纳税与弥补亏损。《企业所得税法》第 18 条："企业纳税年度发生的亏损，准予向以后年度结转，用以后年度的所得弥补，但结转年限最长不得超过 5 年。" 所以，公司纳税年度的收入总额–不征税收入（免税收入）–各项扣除–允许弥补的以前年度亏损＝应纳税所得额。

2. 提取公积金。（见下文）

3. 支付股利。在公司弥补亏损和提取公积金后，所余利润应分配给股东。

有限公司	约定优先	全体股东可约定不按照出资比例分取红利或者不按照出资比例优先认缴出资。
	实缴补充	（1）无约定时，公司弥补亏损和提取公积金后所余税后利润，股东按照实缴的出资比例分取红利。 （2）公司新增资本时，股东有权优先按照实缴的出资比例认缴出资。
股份公司	约定优先	股份公司章程可以规定不按持股比例分配。
	实持补充	（1）无约定时，公司弥补亏损和提取公积金后所余税后利润，股份公司按照股东持有的股份比例分配。 （2）股东大会或者董事会在公司弥补亏损和提取法定公积金之前向股东分配利润的，股东必须将违反规定分配的利润退还公司。 （3）公司持有的本公司股份不得分配利润。

（二）公积金制度

公积金又称储备金，是指公司为增强自身财产能力，扩大生产经营和预防意外亏损，依法从公司利润中提取的款项。

类型	法定公积金	（1）公司分配当年税后利润时，应当提取利润的 10% 列入法定公积金。 （2）法定公积金累计额为注册资本的 50% 以上的，可以不再提取。 （3）法定公积金转为资本时，所留存的该项公积金不得少于转增前注册资本的 25%。
	资本公积金	（1）溢价款。 （2）依财政部门规定列入资本公积金的其他收入。
	任意公积金	（1）经股东会或股东大会决议提取任意公积金。 （2）任意公积金的提取比例由股东会或者股东大会决定。
用途	［用途 1］公司积金用于弥补公司的亏损；但是，资本公积金不得用于弥补公司的亏损。	
	［用途 2］公积金可以用于扩大公司生产经营规模。	
	［用途 3］可转为增加公司资本。但，留存的法定公积金不得少于转增前注册资本的 25%。（无需考虑任意公积金的数额）	

例 某股份公司现有注册资本为 3000 万，公司现有法定公积金 1000 万，任意公积金 500 万，现该公司拟以公积金 500 万增资派股。

方案 1. 将法定公积金 200 万、任意公积金 300 万转为公司资本［可行，（1000-200）÷3000>25%］；

方案 2. 将法定公积金 300 万、任意公积金 200 万转为公司资本［不可，（1000-300）÷3000<25%］。

第七节 🎧 公司的变更、合并、分立

一、公司的变更

公司的变更，是指公司设立登记事项中某一项或某几项的改变。包括公司名称、住所、法定代表人、注册资本、公司形式等的变更。

1. 公司变更设立登记事项，应当向原公司登记机关申请变更登记。
2. 未经核准变更登记，公司不得擅自改变登记事项。

变更种类	法律规则
名称 法定代表人 经营范围	（1）公司应当自变更决议或决定作出之日起 30 日内申请变更登记。 （2）变更经营范围涉及法律、行政法规或者国务院决定规定在登记前须经批准的项目的，应当自国家有关部门批准之日起 30 日内申请变更登记。
住所	（1）变更住所跨公司登记机关辖区的，应当在迁入新住所前向迁入地公司登记机关申请变更登记。 （2）迁入地公司登记机关受理的，由原公司登记机关将公司登记档案移送迁入地公司登记机关。
章程	（1）由董事会提出修改公司章程的提议。 （2）由股东会（大会）表决通过。①有限公司修改公司章程的决议，必须经代表 2/3 以上表决权的股东通过；②股份公司修改公司章程的决议，必须经出席股东大会的股东所持表决权的 2/3 以上通过。 （3）章程变更后，董事会应向工商局申请变更登记。
增加注册资本	（1）增加注册资本的，应当自变更决议或者决定作出之日起 30 日内申请变更登记。 （2）若法定公积金转增为注册资本的，留存的法定公积金不少于转增前公司注册资本的 25%。 （3）有限公司股东认缴新增资本的出资和股份公司的股东认购新股，应当分别依照公司法设立有限公司缴纳出资和设立股份公司缴纳股款的有关规定执行。

续表

变更种类	法律规则
减少注册资本	减少注册资本的，应当自公告之日起45日申请变更登记，并应当提交公司在报纸上登载公司减少注册资本公告的有关证明和公司债务清偿或者债务担保情况的说明。
类型变更	（1）需要股东会（大会）决议。 （2）有限公司→股份公司。 　①符合设立股份公司的条件；在规定的期限内向公司登记机关申请变更登记，并提交有关文件。 　②折合的实收股本总额不得高于公司净资产额。 （3）股份公司→有限公司，符合有限公司设立的条件；在规定的期限内向公司登记机关申请变更登记，并提交有关文件。
股东和股权变更	（1）有限责任公司变更股东的，应当自变更之日起30日内申请变更登记，并应当提交新股东的主体资格证明或者自然人身份证明。 （2）有限责任公司的自然人股东死亡后，其合法继承人继承股东资格的，公司应当依照前款规定申请变更登记。 （3）有限责任公司的股东或者股份有限公司的发起人改变姓名或者名称的，应当自改变姓名或者名称之日起30日内申请变更登记。
合并、分立	（1）因合并、分立而解散的公司，应当申请注销登记。 （2）因合并、分立而新设立的公司，应当申请设立登记。 （3）因合并、分立而存续的公司，其登记事项发生变化的，应当申请变更登记。 （4）公司合并、分立的，应当自公告之日起45日申请登记。

二、公司的合并、分立

1. 公司合并，是指两个或两个以上的公司，订立合并协议，依照公司法的规定，不经过清算程序，直接结合为一个公司的法律行为。

2. 公司分立，是指一个公司通过依法签订分立协议，不经过清算程序，分为两个或两个以上公司的法律行为。

		合并	分立
分类	（1）	吸收合并。是指一个公司吸收其他公司，被吸收的公司解散。（A＋B＝A）（A→变更登记；B→注销登记）	派生分立。是指一个公司的一部分业务分立出去成立另一个公司，原公司继续存在。（A＝A＋B）（A→变更登记；B→设立登记）
	（2）	新设合并。是指两个以上公司合并设立一个新的公司，合并各方解散。（A＋B＝C）（A与B→注销登记；C→设立登记）	新设分立。是指一个公司分立为多个公司，原公司解散。（A＝B＋C）（A→注销登记；B和C→设立登记）

续表

		合并	分立
程序	(1)	股东会（大会）决议。	
	(2)	编制资产负债表及财产清单。（无需进行法定清算）	
	(3)	公司均应当自作出合并决议之日起10日内通知债权人，并于30日内在报纸上公告。（无公告次数要求）	
	(4)	合并程序中，债权人自接到通知书之日起30日内，未接到通知书的自公告之日起45日内，可以要求公司清偿债务或者提供相应的担保。	分立程序中，债权人不可要求清偿债务或提供担保。
	(5)	合并时，合并各方的债权债务，应当由合并后存续的公司或者新设的公司承继。	①公司分立前的债务由分立后的公司承担连带责任。 ②但是，公司在分立前与债权人就债务清偿达成的书面协议另有约定的除外。

第八节　公司的解散、清算

一、公司的解散

（一）概述

公司解散，是指已成立的公司基于一定合法事由而使公司消灭的法律行为。

解散原因分为三大类：一般解散；强制解散；股东请求解散。

一般解散	强制解散	股东请求法院解散★ （详见下文）
(1) 公司章程规定的营业期限届满或者公司章程规定的其他解散事由出现时。 (2) 股东会或者股东大会决议解散。 (3) 因公司合并或者分立解散。	(1) 主管机关决定解散。 (2) 责令关闭。公司违反法律、行政法规被主管机关依法责令关闭的，应当解散。 (3) 被吊销营业执照或者被撤销。	出现公司僵局状态，且公司经营管理发生严重困难，持有公司全部股东表决权10%以上的股东，可以请求法院解散公司。

例　草莓公司章程规定经营期限10年，到2017年5月1日止。现到期可导致公司解散，此为"一般解散"。甲国有独资公司被国家授权投资的机构作出解散的决定，甲公司应解散，此为"强制解散"。

（二）股东请求法院解散公司★

《公司法》第182条："公司经营管理发生严重困难，继续存续会使股东利益受到重大损失，通过其他途径不能解决的，持有公司全部股东表决权10%以上的股东，可以请求人民法院解散公司。"

1. 股东请求法院解散公司的理由。

股东可请求法院解散公司的理由	股东无权请求法院解散公司的理由
(1) 公司持续 2 年以上无法召开股东会或者股东大会，公司经营管理发生严重困难的； (2) 股东表决时无法达到法定或者公司章程规定的比例，持续 2 年以上不能作出有效的股东会或者股东大会决议，公司经营管理发生严重困难的； (3) 公司董事长期冲突，且无法通过股东会或者股东大会解决，公司经营管理发生严重困难的； (4) 经营管理发生其他严重困难，公司继续存续会使股东利益受到重大损失的情形。（兜底条款）	(1) 股东以知情权、利润分配请求权等权益受到损害为由； (2) 以公司亏损、财产不足以偿还全部债务为由； (3) 以公司被吊销企业法人营业执照未进行清算为由。

2. 股东请求法院解散公司的诉讼。

要点	法律规则
原告	(1) 单独或合计持有公司全部股东表决权 10% 以上的股东。 (2) 其他股东可以申请以共同原告或第三人身份参加诉讼。
被告	(1) 解散公司诉讼，应当以公司为被告。 (2) 原告以其他股东为被告一并提起诉讼的，法院应当告知原告将其他股东变更为第三人。 (3) 原告坚持不予变更的，法院应当驳回原告对其他股东的起诉。
案由	股东提起解散公司诉讼，同时又申请法院对公司进行清算的，法院对其提出的清算申请不予受理。
保全	股东提起解散公司诉讼时，向法院申请财产保全或者证据保全的，在股东提供担保且不影响公司正常经营的情形下，法院可予以保全。
调解	(1) 法院审理解散公司诉讼案件，应当注重调解。 (2) 当事人协商同意由公司或者股东收购股份，或者以减资等方式使公司存续，且不违反法律、行政法规强制性规定的，法院应予支持。 (3) 经法院调解公司收购原告股份的，公司应当自调解书生效之日起 6 个月内将股份转让或者注销。 (4) 股份转让或注销前，原告不得以公司收购其股份为由对抗公司债权人。

二、公司的清算

清算是终结已解散公司的一切法律关系，处理公司剩余财产的程序。

除公司因合并或分立解散无须清算外，以及因破产适用破产清算程序外，因其他原因解散的公司都应当按下述规则进行清算。

（一）清算概述

清算分类	（1）	自行清算	公司应当在解散事由出现之日起 15 日内成立清算组，开始自行清算。有限责任公司的清算组由股东组成；股份有限公司的清算组由董事或者股东大会确定的人员组成。
	（2）	指定清算	①债权人申请法院指定清算：a. 公司解散逾期（>15 日）不成立清算组的；b. 清算组成立但故意拖延清算的；c. 违法清算可能严重损害债权人或者股东利益的。 ②债权人申请法院指定清算时，清算组成员可以从下列人员或者机构中产生：a. 公司股东、董事、监事、高级管理人员；b. 律师事务所、会计师事务所、破产清算事务所等社会中介机构；c. 上述社会中介机构中具备相关专业知识并取得执业资格的人员。 ③具有上述情形，而债权人未提起清算申请，股东可申请法院指定清算组对公司进行清算。
清算组职权	（1）	清产	①清算组负责清理公司财产，编制资产负债表和财产清单。 ②自行清算的，清算方案应当报股东会或者股东大会决议确认。 ③法院组织清算的，清算方案应当报法院确认。 ④未经确认的清算方案，清算组不得执行。
	（2）	清税	①清缴公司所欠税款。 ②清缴清算过程中产生的税款。
	（3）	清债	①清算组应当自成立之日起 10 日内通知债权人，并于 60 日内在报纸上公告。 ②债权人应当自接到通知书之日起 30 日内，未接到通知书的自公告之日起 45 日内，向清算组申报其债权。 ③在申报债权期间，清算组不得对债权人进行清偿。
	（4）	顺序	清算顺序为：清算费用→职工债权→税款→公司债务→按照股东的出资比例或持有的股份比例向股东分配。
	（5）	诉讼	①清算期间，公司存续，但不得开展与清算无关的经营活动。 ②公司依法清算结束并办理注销登记前，有关公司的民事诉讼，应当以公司的名义进行。 ③公司成立清算组的，由清算组负责人代表公司参加诉讼；尚未成立清算组的，由原法定代表人代表公司参加诉讼。
	（6）	注销登记	①公司清算程序终结，是指清算报告经股东会、股东大会或者人民法院确认完毕。 ②清算组申请注销公司登记，公告公司终止。

（二）清算过程中的法律责任

清算过程中公司存续，但如果股东、董事等违法引起公司财产流失贬值，导致债权人利益受到损害，则债权人可以主张股东、董事等对公司债务承担清偿责任。［《公司法解释（二）》相关规定］

1. ［情形 1］未成立清算组。

有限公司的股东、股份公司的董事和控股股东未在法定期限内成立清算组开始清算，导致公司财产贬值、流失、毁损或者灭失，债权人主张其在造成损失范围内对公司债务承担赔偿责任的，人民法院应依法予以支持。

2. ［情形 2］无法清算。

有限公司的股东、股份公司的董事和控股股东因怠于履行义务，导致公司主要财产、账册、重要文件等灭失，无法进行清算，债权人主张其对公司债务承担连带清偿责任的，人民法院应依法予以支持。

3. ［情形 3］解散后，恶意处置公司财产。

有限公司的股东、股份公司的董事和控股股东，以及公司的实际控制人在公司解散后，恶意处置公司财产给债权人造成损失，或者未经依法清算，以虚假的清算报告骗取公司登记机关办理法人注销登记，债权人主张其对公司债务承担相应赔偿责任的，人民法院应依法予以支持。

4. ［情形 4］解散后，未清算即注销公司。

（1）公司解散应当在依法清算完毕后，申请办理注销登记。公司未经清算即办理注销登记，导致公司无法进行清算，债权人主张有限公司的股东、股份公司的董事和控股股东，以及公司的实际控制人对公司债务承担清偿责任的，人民法院应依法予以支持。

（2）公司未经依法清算即办理注销登记，股东或者第三人在公司登记机关办理注销登记时承诺对公司债务承担责任，债权人主张其对公司债务承担相应民事责任的，人民法院应依法予以支持。

5. 公司解散时，股东尚未缴纳的出资均应作为清算财产，不受诉讼时效、出资期限的限制。

第九节　🎧　有限责任公司

> 📖 **提示**
>
> 1. 重点：股权转让规则；股东会会议规则与职权；董事会组成与职权；经理职权。
> 2. 难点：股东会、董事会、经理、监事会职权有很多规则相似，易混淆。

一、概述

1. 概念。有限责任公司（简称有限公司），是指股东以其认缴的出资额为限对公司承担责任，公司以其全部资产对公司债务承担责任的企业法人。

2. 特征。

（1）有限公司是人合性为主兼有资合性的公司，具有"人资两合性"。①

（2）设立人数有限制。有限公司由 50 个以下股东出资设立。（1~50 人）

（3）股东承担有限责任。即股东以认缴的出资额为限对公司承担责任。

（4）设立手续和公司机关简易化。（这是相对于股份公司而言）

（5）具有封闭性。是指股东持有的股权（股份）不能在证券市场上自由转让。

二、有限公司的设立

全部内容参见本章第二节"公司的设立"。

三、股权转让

公司成立后，股东不可抽回出资。所以股权转让，实质是股东退出公司的方式之一。

（一）股权对内转让

有限责任公司的股东之间可以相互转让其全部或者部分股权。

1. 股东之间可以自由转让股权。无需通知其他股东或取得其他股东同意。（股东之间，随便转自由转）

2. 可以是转让部分股权，也可以是转让全部股权。在转让部分股权的情况下，转让方仍保留股东身份，只是转让方与受让方各自的股权比例发生变化而已。在全部转让的情况下，转让方退出公司。

（二）股权对外转让

1. 股东向股东以外的第三人转让股权，应当经其他股东过半数的同意。如，甲公司股东总数为 11 人，张三拟将其股权转让给非股东李四，除张三外还有股东 10 人，此时需要至少6 人同意。而非以股东持有的股权数计算。

2. 内部征求意见的程序。

（1）股东应当就股权转让事项书面形式通知其他股东，征求其他股东的同意。

（2）其他股东接到书面通知之日起满 30 日未予答复的，则视为其同意转让方对外转让股权。

（3）其他股东半数以上不同意转让的，不同意的股东应当购买该转让的股权；② 不购买的，视为同意转让。

3. 其他股东的优先购买权。

（1）经股东同意转让的股权，在同等条件下，其他股东有优先购买权。

（2）"同等条件"，主要是指股权转让的价格，但也包括转让的其他条件，如支付方式、

---

① 人合性，是指公司的经营活动以股东个人信用而非公司资本的多寡为基础的公司。故股东之间通常存在特殊的人身信任或人身依附关系。

　资合性，是指公司的经营活动以公司的资本规模为企业的信用基础。

② 依据官方教材（三大本）观点，若不同意对外转让的股东购买该股权时，股权转让价格应当由购买方与转让方通过协商确定；不能协商确定的，可以聘请第三人对股权价格进行评估，按评估的价格转让。

支付期限以及其他由转让方提出的合理条件。如，第三人拟一次付清股款 10 万元，而另一股东也同意支付 10 万元，但要分 10 期付清，此处就不是"同等条件"。

（3）如果其他股东中有两个或两个以上的股东都愿意受让该转让的股权，应当通过协商确定各自受让的比例；若协商不成，则按照转让时各自的出资比例行使优先购买权。

4. 章程优先。即，章程中对股权转让有不同规定的，从其约定。如，章程可规定，其他股东不享有优先购买权；也可以规定其他股东享有优先购买权的具体条件和行使优先购买权的程序。

〔**图例**〕股权对外转让

```
              ┌ 其他股东过半数同意 ┌ 股东主张优先购买权 ┌ 协商行使
              │                  │                  └ 按实缴出资比例行使
              │                  └ 股东未主张优先购买权
通知 ─────────┼ 30 天内未答复的，视为同意转让
              │
              └ 其他股东半数以上不同意 ┌ 不同意的股东应当购买
                                    └ 不同意又不购买的，视为同意
```

📖 **笔记** ♣　股权对外转让

1. 章程优先。
2. 人数过半同意；不同意则买，不买即同意转。
3. 同等条件下其他股东可优先购买。

（三）离婚时关于股权的分割

法院审理离婚案件，涉及分割夫妻共同财产中以一方名义在有限责任公司的出资额，另一方不是该公司股东的，按以下情形分别处理：［《婚姻法解释（二）》第 16 条］

	夫妻态度	公司其他股东态度	法院的处理
（1）	夫妻协商一致	过半数股东同意、其他股东明确表示放弃优先购买权的。	该股东的配偶可以成为该公司股东。
（2）	夫妻协商一致	过半数股东不同意转让，但愿意以同等价格购买该出资额的。	法院可以对转让出资所得财产进行分割。
（3）	夫妻协商一致	过半数股东不同意转让，也不愿意以同等价格购买该出资额的。	视为其同意转让，该股东的配偶可以成为该公司股东。

例　熊大是甲有限公司的股东，2017 年熊大与其妻协议离婚。在离婚协议中约定，熊大所持股权的 50% 补偿给其妻。想一想，熊妻能否依据该离婚协议，取得熊大一半的股权？（不能）

（四）强制执行程序导致的股权转让

1. 法院依强制执行程序转让股东的股权时，应当通知公司及全体股东。但不需要公司或股东"同意"。

2. 其他股东在同等条件下有优先购买权。

3. 其他股东自法院通知之日起满 20 日不行使优先购买权的，视为放弃优先购买权。第三人（债权人）可以通过强制执行措施受让该股权。

4. 股权因强制执行转让后，公司应当注销原股东的出资证明书，向新股东签发出资证明书，并相应修改公司章程和股东名册中有关股东及其出资额的记载。

5. 对公司章程的该项修改无需再由股东会表决。

例　股东张三因买房向好友李四借款 10 万元，借款到期张三不能偿还。如果张三败诉，而此时的张三除了蓝莓公司股权外已经一无所有。李四遂可申请法院强制执行张三的股权。

（五）股东的股权收购请求权（纵向收购）

1. 股权收购请求权，是指法定情况下，对股东会决议投反对票的股东可以请求公司按照合理的价格收购其股权。

2. 要点。

有下列情形之一的，对股东会该项决议投反对票的股东可以请求公司按照合理的价格收购其股权：

（1）公司连续 5 年不向股东分配利润，而公司该 5 年连续盈利，并且符合本法规定的分配利润条件的；

（2）公司合并、分立、转让主要财产的；

（3）公司章程规定的营业期限届满或者章程规定的其他解散事由出现，股东会会议通过决议修改章程使公司存续的。

3. 自股东会会议决议通过之日起 60 日内，股东与公司不能达成股权收购协议的，股东可以自股东会会议决议通过之日起 90 日内向人民法院提起诉讼。（先协商，再诉讼）

　📖 **笔记♣**

　1. 公司收购股权的条件：55 合分转，该死不死改章程。

　2. 程序：60 日内协商，90 日内诉讼。

（六）股权继承

根据《公司法》第 75 条："自然人股东死亡后，其合法继承人可以继承股东资格；但是，公司章程另有规定的除外。"需掌握：

1. 股权继承限定于自然人股东。

2. 股权继承采取章程优先原则。如，甲公司章程可以规定，本公司股东死亡后，其继承人不到 18 岁不能继承股东资格。

四、组织机构-职权

（一）概述

1. 公司的组织机构包括股东会（股东大会）、董事会、监事会。但是，一人公司不设股东会；国有独资公司组织机构为"唯一股东、董事会、监事会"。

2. 股东会由全体股东组成，是公司的权力机构，但不是常设的公司机构，而仅以会议形式存在，只有在召开股东会会议时，股东会才作为公司机关存在。

3. 董事会是公司的日常经营决策机关，享有业务执行权和日常经营的决策权。董事会对股东会负责。

4. 监事会专司监督职能，监督的对象是董事和经理。监事会对股东会负责。

5. 三者关系为：

（1）董事会、监事会对股东会负责；

（2）监事会的地位与董事会平等，二者无隶属关系。

〔**图示**〕"三会"关系

（二）职权

1. 股东会、董事会、经理的职权。

	股东会（股东大会） （宏观）	董事会 （中观）	经理 （微观）
（1）地位	权力机构	日常经营决策机构	主持公司的生产经营管理工作
（2）相互关系	审议批准董事会、监事会（监事）的报告	召集股东会会议，向股东会报告工作，执行股东会决议	可列席董事会会议，组织实施董事会决议
（3）战略规划	决定公司的经营方针①和投资计划②	决定公司的经营计划和投资方案 ①投资方案，是落实"投资计划"，由董事会（或授权经理）具体实施 ②公司对外签投资合同，商定洽谈投资事宜，均是董事会（经理）的职权	组织实施公司年度经营计划和投资方案

---

① 所谓"经营方针"，有的公司很虚，如经营方针为"多元化全方位""立足主业开拓发展""质量第一，以质取胜"等；有的公司经营方针非常具体，将经营方针以手册明确，分解为基本经营方针、年度经营方针等。

② "投资"，仅为公司业务中一部分，投资形式多种多样。如，委托理财、股权投资（甲公司购买他人持有的股权或对其他公司进行增资）、证券投资（公司通过证券交易所买卖其他上市交易的股票、基金等）。依据我国公司法，"投资计划"由股东会（股东大会）决定。

续表

	股东会（股东大会）（宏观）	董事会（中观）	经理（微观）
（4）人事权	①选举和更换非由职工代表担任的董事、监事，决定有关董事、监事的报酬事项 ②不包括选举更换经理、董事长 （董、监）	①决定聘任或者解聘公司经理及其报酬事项 ②并根据经理的提名决定聘任或者解聘公司副经理、财务负责人及其报酬事项 （高管）	①提请聘任或者解聘公司副经理、财务负责人 ②决定聘任或者解聘除应由董事会决定聘任或者解聘以外的负责管理人员 （中层）
（5）重大决策董事会制定方案，股东会审议/决议	审议（或作出决议） ①年度财务预算方案、决算方案 ②利润分配方案和弥补亏损方案 ③增加或者减少注册资本 ④合并、分立、变更公司形式、解散和清算	制订方案①	无
（6）债券发行	对发行公司债券作出决议	无	无
（7）修改章程	修改公司章程	无	无
（8）机构设置	无	决定公司内部管理机构的设置	拟订公司内部管理机构设置方案
（9）制度制定	无	制定公司的基本管理制度	制定公司的具体规章
（10）其他	章程规定的其他职权	章程规定的其他职权	董事会授予的其他职权

2. 监事会的职权（见下文）。

五、股东会会议制度

（一）股东会会议分类、召集

	会议分类	召集程序
（1）	首次会议。公司成立后的第一次会议。	①由出资最多的股东召集和主持。 ②召开15日以前通知全体股东。（但章程或者全体股东约定优先） ③出席会议的股东应当在会议记录上签名。

---

①　制订，指创制拟定。"订"有"拟"的意思，多强调行为的过程。如"中国要不要制订破产法，一时成为大家讨论的热点话题"。制订≠制定。"制定"是经过一定程序定出法律、规章、政策等。"定"指决定、使确定，多强调行为的结果。如国务院制定了《国民经济和社会发展第十个五年计划纲要》。

续表

	会议分类	召集程序
(2)	定期会议。依据章程规定时间召开。	①召开 15 日以前通知全体股东。(但章程或者全体股东约定优先) ②出席会议的股东应当在会议记录上签名。① 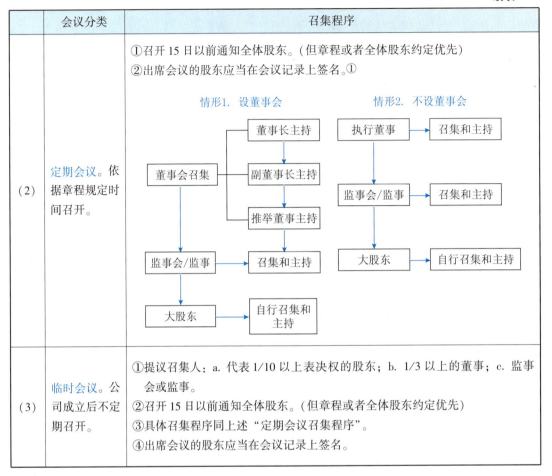
(3)	临时会议。公司成立后不定期召开。	①提议召集人:a. 代表 1/10 以上表决权的股东;b. 1/3 以上的董事;c. 监事会或监事。 ②召开 15 日以前通知全体股东。(但章程或者全体股东约定优先) ③具体召集程序同上述"定期会议召集程序"。 ④出席会议的股东应当在会议记录上签名。

> 📘 **易混淆点** 提议召集权 VS 自行召集主持权
>
> 1. 提议召集权。代表 1/10 以上表决权的股东,有权提议召开临时会议。仅仅"提议",召集程序仍由董事会召集、董事长主持等。
>
> 2. 自行召集主持权。行使该项股东权包括两方面:
>
> (1) 程序有要求:董事会、监事会不召集和主持股东会;
>
> (2) 股东资格有要求:代表 1/10 以上表决权的股东,才可以自行召集和主持。

---

① 《公司法》第 40 条:有限责任公司设立董事会的,股东会会议由董事会召集,董事长主持;董事长不能履行职务或者不履行职务的,由副董事长主持;副董事长不能履行职务或者不履行职务的,由半数以上董事共同推举一名董事主持。

有限责任公司不设董事会的,股东会会议由执行董事召集和主持。

董事会或者执行董事不能履行或者不履行召集股东会会议职责的,由监事会或者不设监事会的公司的监事召集和主持;监事会或者监事不召集和主持的,代表 1/10 以上表决权的股东可以自行召集和主持。

（二）股东会的表决规则

股东会的表决规则，是为了解决股东会讨论某一议案时，何种情况为议案通过，何种情况为不能通过。要点为：

1. 股东会会议由股东按照出资比例行使表决权；但是，公司章程另有规定的除外。

（1）有限公司股东享有更多的意思自治，强制性规范较少，所以章程可以对决议方式另行规定。如，甲有限公司章程可以规定"本公司股东会采取一人一票的表决方式"。

（2）章程无另外规定时，采取"资本多数决"方式。如，张三在乙有限公司的出资比例为60%，则在公司股东会决议时，张三就该事项的表决权为60%。此种表决方式和股东人数无关，可称为"靠钱说话"。

2. 表决程序。

（1）股东会的议事方式和表决程序，除本法有规定的外，由公司章程规定。

（2）作出修改公司章程、增加或者减少注册资本的决议，以及公司合并、分立、解散或者变更公司形式的决议，必须经代表2/3以上表决权的股东通过。（法定表决，而非章程规定）

3. 股东以书面形式一致表示同意的，可以不召开股东会会议，直接作出决定，并由全体股东在决定文件上签名、盖章。

> 📖 **笔记** 有限公司表决
> 1. 一般事项，章程优先；重大事项，靠钱说话。
> 2. 章程资本合分散，变更形式66.7（2/3以上表决权）。

（三）决议的效力

股东会（大会）、董事会决议的效力，我国采取三分法，即有效决议、可撤销决议、无效决议。

		情形	处理
有效决议		略	略
无效决议	（1）	股东会或者股东大会、董事会的决议内容违反法律、行政法规的无效。	股东可提起决议无效之诉，由法院宣告该决议无效。
	（2）	作出决议的主体不合法，也会导致决议无效。	
可撤销决议	（1）	作出决议的程序违法。	股东可以自决议作出之日起60日内，请求法院撤销。
	（2）	作出决议的程序违反章程。	
	（3）	决议的内容违反章程。	

1. 股东依照前述规定提起诉讼的，法院可以应公司的请求，要求股东提供相应担保。

2. 公司根据股东会或者股东大会、董事会决议已办理变更登记的，人民法院宣告该决议无效或者撤销该决议后，公司应当向公司登记机关申请撤销变更登记。

例　梦菲公司股东会分配本年度利润时，未缴税未提取法定公积金即向股东分红。该决议即
违反了"收益依法定顺序分配"，属于决议内容违反了法律强制性规定。

（四）利害关系股东表决权的排除

1. 公司向其他企业投资或者为他人提供担保。

（1）决议机构：股董决。即，依照公司章程的规定，由董事会或者股东会、股东大会决议。

（2）公司章程对投资或者担保的总额及单项投资或者担保的数额有限额规定的，不得超
过规定的限额。

2. 公司为公司股东或者实际控制人提供担保。

（1）必须经股东会或者股东大会决议。因为"内部人"易于滥用权利干涉公司，导致实
践中"滥保"问题突出。为了防止内部人控制，规定此种决议由股东会或者股东大会作出。

（2）利害关系股东表决权被排除。即，股东或者受前款规定的实际控制人支配的股东，
不得参加前款规定事项的表决。该项表决由出席会议的其他股东所持表决权的过半数通过。

例　飞豹公司执行董事张三碍于情面，自己决定以飞豹公司名义给其好友李四担任董事长的
神马公司在银行的贷款出具了一份担保函。想一想，该担保函效力如何？（此担保是
"为他人担保"，因为神马和飞豹之间没有持股控股关系。张三又是执行董事，他以飞豹
公司出具的担保函有效）

六、董事会的会议制度

（一）董事会的组成

有限公司的董事会		
组成	（1）	非由职工代表担任的董事，由股东会选举和更换；报酬由股东会决定。
	（2）	两个以上的国有企业或者其他两个以上的国有投资主体投资设立的有限责任公司，其董事会成员中应当有公司职工代表。
	（3）	董事会设董事长1人，可以设副董事长。董事长、副董事长的产生办法由公司章程规定。（章定）
	例外	但是，股东人数较少或者规模较小的有限责任公司，① 可以设1名执行董事，不设立董事会。执行董事可以兼任公司经理。
任期		每届任期≤3年。董事任期届满，连选可以连任。
		董事任期届满未及时改选，或者董事在任期内辞职导致董事会成员低于法定人数的，在改选出的董事就任前，原董事仍应履行董事职务。
人数		董事会人数：3~13人。

例　甲公司章程规定董事共有11人，现董事张三在任期内辞职，此时甲公司董事还剩10人，
高于法定人数3人。那么张三辞职后不需要履行董事职务。因为甲公司董事会可以正常
开会表决。

---

① 至于"股东人数较少"或"规模较小"的判断标准，《公司法》并未规定，故实践中有较大的
意思自治的余地。

（二）董事会会议的召集程序和议事规则（了解）

召集程序	议事规则
召集主持人为：董事长→副董事长→董事。（即：董事会会议由董事长召集和主持；董事长不能履行职务或者不履行职务的，由副董事长召集和主持；副董事长不能履行职务或者不履行职务的，由半数以上董事共同推举一名董事召集和主持）	（1）董事会决议的表决，实行一人一票。（人头主义） （2）有限公司董事会的议事方式和表决程序，除本法有规定的外，由公司章程规定。 （3）董事会应当对所议事项的决定作成会议记录，出席会议的董事应当在会议记录上签名。

七、经理

1. 经理是"辅助执行机关"，即董事会的辅助机关。经理对董事会负责，列席董事会会议。经理由董事会决定聘任或者解聘。
2. 根据公司章程规定，经理可以作为公司的法定代表人。
3. 经理属于公司的高级管理人员。
4. 董事、高级管理人员（包括经理）不得兼任监事。
5. 经理的职权。

类型	经理职权
组织实施权	（1）主持公司的生产经营管理工作，组织实施董事会决议； （2）组织实施公司年度经营计划和投资方案。
机构设置、管理制度、具体规章	（1）拟订公司内部管理机构设置方案； （2）拟订公司的基本管理制度； （3）制定公司的具体规章。
人事权	（1）提请聘任或者解聘公司副经理、财务负责人；（不可直接聘高管） （2）决定聘任或者解聘除应由董事会决定聘任或者解聘以外的负责管理人员。（可直接聘公司中层）

八、监事会

1. 监事会专司监督职能，是经营规模较大的有限公司的常设监督机构。监事会对股东会负责，其监督的对象是董事和经理。
2. 股东人数较少和规模较小的有限责任公司，可设1~2名监事，不设立监事会。董事、高级管理人员不得兼任监事。

组成	监事会成员不得少于3人（≥3人）	（1）股东代表（由股东会选举和更换）。 （2）职工代表（由职工民主选举产生），职工代表的比例不得低于1/3，具体比例由公司章程规定。 （3）监事会设主席1人，由全体监事过半数选举产生。 （4）董事、高级管理人员不得兼任监事。

续表

职权	检查、调查权	（1）检查公司财务。 （2）发现公司经营情况异常，可以进行调查；必要时，可以聘请会计师事务所等协助其工作，费用由公司承担。 （3）行使职权所必需的费用，由公司承担。
	和股东会的关系－提议、召集主持	（1）提议召开临时股东会会议。 （2）在董事会不履行本法规定的召集和主持股东会会议职责时召集和主持股东会会议。 （3）向股东会会议提出提案。
	和董事会的关系—监督权	（1）对董事、高级管理人员执行公司职务的行为进行监督。 （2）对违反法律、行政法规、公司章程或者股东会决议的董事、高级管理人员提出罢免的建议。 （3）当董事、高级管理人员的行为损害公司的利益时，要求董事、高级管理人员予以纠正。 （4）对董事、高级管理人员提起诉讼。（即股东代表诉讼制度） （5）监事可以列席董事会会议，并对董事会决议事项提出质询或者建议。
任期		（1）任期法定每届为3年。（=3年。注意：董事任期不超过3年） （2）监事任期届满，连选可以连任。 （3）监事任期届满未及时改选，或者监事在任期内辞职导致监事会成员低于法定人数的，在改选出的监事就任前，原监事仍应当依照法律、行政法规和公司章程的规定，履行监事职务。（和董事规定相同）

九、一人有限责任公司

（一）概念和特征

一人有限责任公司，是指由一名股东（自然人或法人）持有公司的全部出资的有限责任公司。其特征为：

1. 股东为一人，股东可以是自然人也可以是法人。一人公司的股东为法人时，其设立的一人公司就是通常所称的全资子公司。

2. 一人公司只能是有限责任公司。我国不允许只有一个股东的股份有限公司。

3. 股东对公司债务承担有限责任。（这是一人公司和个人独资企业的本质区别）

4. 由于只有一个股东，故一人公司不具有"人合性"。

（二）一人公司的再投资

［自然人—子绝孙］

1. 一个自然人只能投资设立一个一人有限责任公司。

2. 上述自然人设立的一人有限责任公司不能投资设立新的一人有限责任公司。

3. 对法人股东再投资没有限制。

例1 张三独资设立甲公司，此时张三可以和李四等人再设立梦菲公司。因为梦菲公司不是一人公司，所以张三可成为该公司的股东。

例2 张三独资设立甲公司，此时张三还可以同时设立个人独资企业。因为个人独资企业的投资人要承担无限责任，不会损害债权人利益。

例3 万达集团股份有限公司 可以设立 若干全资子公司，法律没有限制。如，襄阳万达广场投资有限公司、沈阳万达房地产有限公司等均为万达集团全资子公司。

（三）一人公司的人格混同

1. ［原则—公司对债权人担责］一人公司的性质为有限责任公司。所以一人公司的股东仍承担有限责任。即，股东以其出资为限对公司的债务承担清偿责任。

2. ［例外—人格混同，股东连带］一人有限责任公司的股东不能证明公司财产独立于股东自己财产的，应当对公司债务承担连带责任。也就是如果发生公司财产与股东个人财产的混同，进而发生公司人格与股东个人人格的混同。此时，股东须对公司债务承担连带责任，公司的债权人可以将公司和公司股东作为共同债务人进行追索。

例 甲公司独资设立乙有限公司，现查明两个公司的经营地址、电话号码及管理从业人员完全相同，甲公司名下的土地、厂房及两部汽车均由乙公司无偿使用，日常费用则由乙公司支付，并且两公司的财务账目均由乙公司的会计人员负责制作。该案最终认定两公司之间存在人格混同。

🔖 **易混淆点**

1. 一人公司，股东出现 财产混同 时，该股东对一人公司债务承担 无限连带 责任。

2. 一人公司，股东仅仅是 出资瑕疵（未出资、未足额出资等），尚未出现财产混同等情形，该股东对公司债务不能清偿的部分，在未出资或抽逃出资的本息范围内承担 补充赔偿责任。

（四）一人公司的组织机构

一人公司的组织机构简化，体现在：

1. 不设股东会。
2. 董事会、监事会不是法定必须机构。
3. 可由一人股东自任董事、经理，也可聘用他人担任董事、经理。
4. 重大事项采取书面形式。股东作出本法第 37 条第 1 款①所列决定时，应当采用书面形

---

① 《公司法》第 37 条第 1 款：股东会行使下列职权：

（一）决定公司的经营方针和投资计划；

（二）选举和更换非由职工代表担任的董事、监事，决定有关董事、监事的报酬事项；

（三）审议批准董事会的报告；

（四）审议批准监事会或者监事的报告；

（五）审议批准公司的年度财务预算方案、决算方案；

（六）审议批准公司的利润分配方案和弥补亏损方案；

（七）对公司增加或者减少注册资本作出决议；

（八）对发行公司债券作出决议；

（九）对公司合并、分立、解散、清算或者变更公司形式作出决议；

（十）修改公司章程；

（十一）公司章程规定的其他职权。

式，并由股东签字后置备于公司。

十、国有独资公司

（一）概念和特征

国有独资公司，是指国家单独出资、由国务院或者地方人民政府授权本级人民政府国有资产监督管理机构履行出资人职责的有限责任公司。

国有独资公司的特征为：

1. 是有限责任公司。国家在出资范围内承担有限责任，公司本身具有独立的法人财产权。在国有独资公司中没有特殊规定的，适用有限责任公司的规定。

2. 股东唯一。国有独资公司不设股东会，即国有资产监督管理机构以唯一股东的身份行使股东会的职权。所以，国有独资公司在性质上属于一人公司。

3. 股东法定。即国有独资公司的股东只能是国家，只能由国家单独出资设立，国有资产监督管理机构代行股东权利。

> **混淆点** 国有独资公司 VS 国有企业
>
> 1. 国有企业中，国家是所有人，行使所有权，企业只有经营管理权。如，国营黄河机器制造厂、国营西安昆仑机械厂、国营新兴仪器厂。
>
> 2. 国有独资公司中，国家是出资人，享有股东权；国有独资公司是独立法人，独立承担责任。如，国资委下的大量集团公司均为国有独资公司；中国核工业集团公司；中国黄金集团公司；中国盐业总公司等。

（二）组织机构

组织机构	要点
权力机构	（1）不设股东会，由国有资产监督管理机构行使股东会职权。 （2）国有资产监督管理机构可以授权董事会行使股东会的部分职权，决定公司的重大事项。 （3）但合并、分立、解散、增加或减少注册资本和发行公司债券，必须由国有资产监督管理机构决定。 （4）重要的国有独资公司合并、分立、解散、申请破产的，应当由国有资产监督管理机构审核后，报本级人民政府批准。
执行机构——董事会	（1）董事会是执行机关，也是法定必设机关。 （2）董事会的组成： ①由国有资产监督管理机构委派。 ②董事会中的职工代表，通过职工代表大会民主选举产生。 ③董事长、副董事长由国有资产监督管理机构从董事会成员中指定。
任职限制	（1）经国有资产监督管理机构同意，董事会成员可以兼任经理。 （2）国有独资公司的董事长、副董事长、董事、高级管理人员，未经国有资产监督管理机构同意，不得在其他有限责任公司、股份有限公司或者其他经济组织兼职。

续表

组织机构	要点
监督机构—监事会	（1）成员不得少于 5 人（≥5 人），其中职工代表的比例不得低于 1/3，具体比例由公司章程规定。 （2）组成： ①监事会成员由国有资产监督管理机构委派。 ②职工代表由公司职工代表大会选举产生。 ③监事会主席由国有资产监督管理机构从监事会成员中指定。

第十节　股份有限公司

一、概述

股份有限公司（简称股份公司），是指其全部资本分为等额股份，股东以其所持股份为限对公司承担责任，公司以其全部资产对公司的债务承担责任的企业法人。

特征为：

1. 是典型的资合公司。但是股份公司中的非上市公司仍具有一定的人合性质。

2. 公司资本股份化、证券化。是指股份公司全部资本分为等额股份，每股金额相等，由发起人或股东认购并持有，也即股份作为公司资本的基本单位。

3. 股东承担有限责任。

4. 是公开公司，具有开放性和社会性。（开放性，是指可以按法定程序公开招股，股东人数通常无法定限制，公司的股份可以在证券市场公开自由转让）

5. 股份公司组织机构法定。

二、股份公司的设立

（一）发起设立

发起设立，是指由发起人认购公司应发行的全部股份而设立公司。

1. 发起设立的条件，包括发起人资格、发起人的出资方式等内容，均参见本章第二节"公司的设立"。

2. 发起设立的程序。

（1）注册资本。采取发起设立方式设立的，注册资本为在公司登记机关登记的全体发起人认购的股本总额。在发起人认购的股份缴足前，不得向他人募集股份。（法律、行政法规以及国务院决定对股份有限公司注册资本实缴、注册资本最低限额另有规定的，从其规定）

（2）发起人应当签订发起人协议，明确各自在公司设立过程中的权利和义务。

（3）以发起设立方式设立股份有限公司的，发起人应当书面认足公司章程规定其认购的股份，并按照公司章程规定缴纳出资。以非货币财产出资的，应当依法办理其财产权的转移手续。发起人不依照前述规定缴纳出资的，应当按照发起人协议承担违约责任。

（4）发起人认足公司章程规定的出资后，应当选举董事会和监事会，由董事会向公司登记机关报送公司章程以及法律、行政法规规定的其他文件，申请设立登记。

（二）募集设立 ★

募集设立，是指由发起人认购公司应发行股份的一部分，其余股份向社会公开募集或者向特定对象募集而设立公司。

1. 注册资本。

（1）募集方式设立的，注册资本为在公司登记机关登记的实收股本总额。

（2）发起人认购的股份不得少于公司股份总数的35%；但是，法律、行政法规另有规定的，从其规定。

2. 发起人向社会公开募集股份，必须公告招股说明书，并制作认股书。

3. 发起人向社会公开募集股份，应当由依法设立的证券公司承销，签订承销协议。

4. 发起人向社会公开募集股份，应当同银行签订代收股款协议。（证券公司—承销协议；银行—代收协议）

5. 以募集方式设立股份公司公开发行股票的，还应当向公司登记机关报送国务院证券监督管理机构的核准文件。

6. 验资及召开创立大会。

（1）法定验资。即，发行股份的股款缴足后，必须经依法设立的验资机构验资并出具证明。

（2）30日内召开创立大会。即，发起人应当自股款缴足之日起30日内主持召开公司创立大会。

（3）创立大会应有代表股份总数过半数的发起人、认股人出席，方可举行。

（4）创立大会的职权：①审议发起人关于公司筹办情况的报告；②通过公司章程；③选举董事会、监事会成员；④审核公司的设立费用、发起人用于抵作股款的财产的作价；⑤发生不可抗力或者经营条件发生重大变化直接影响公司设立的，可以作出不设立公司的决议。

（5）创立大会对上述事项作出决议，必须经出席会议的认股人所持表决权过半数通过。

7. 股本抽回。发起人、认股人缴纳股款或者交付抵作股款的出资后，除（1）未按期募足股份、（2）发起人未按期召开创立大会或者（3）创立大会决议不设立公司的情形外，不得抽回其股本。

8. 申请设立登记。董事会应于创立大会结束后30日内，向公司登记机关申请设立登记。

> 📖 **笔记**
>
> 1. 股本抽回情形：未缴足、未召开、不设立。
> 2. 创立大会职权：审报告、审费用、定章程、选举人、可决定不设立公司。

〔图示〕募集设立程序

```
发起人认购股份 → 公告 → 签订协议 → 召开创立大会 → 设立登记
     ↓            ↙  ↘      ↙    ↘       ↙   ↘         ↓
   ≥35%        招股  认股   承销  代收股   发起  认股    董事会申请
               说明  书     协议  款协议   人    人
               书
```

三、组织机构——股东大会

股份公司的组织机构是法定的"三会"制：股东大会、董事会、监事会。

（一）股东大会的性质（和有限公司相同）

（二）股东大会的职权（同有限公司）

（三）股东大会会议的分类、召集

分类	召开事由	通知程序	召集主持程序
股东大会	股东大会应当每年召开一次。	(1) 会议召开时间、地点、审议事项，于会议召开20日前通知各股东。 (2) 不得对通知中未列明的事项作出决议。 (3) 发行无记名股票的，应当于会议召开30日前公告会议召开的时间、地点和审议事项。	(1) 股东大会会议由董事会召集，董事长主持。 (2) 董事长不能履行职务或者不履行职务的，由副董事长主持；副董事长不能履行职务或者不履行职务的，由半数以上董事共同推举1名董事主持。 (3) 董事会不能履行或者不履行召集股东大会会议职责的，监事会应当及时召集和主持。
临时会议	有下列情形之一的，应当在2个月内召开临时股东大会： (1) 董事人数不足公司法规定人数或者公司章程所定人数的2/3时。 (2) 公司未弥补的亏损达实收股本总额1/3时。 (3) 单独或者合计持有公司10%以上股份的股东请求时。（此为提议召集权） (4) 董事会认为必要时。 (5) 监事会提议召开时。 (6) 公司章程规定的其他情形。	(1) 会议召开15日前通知各股东。（临会，提前15日通知） (2) 不得对通知中未列明的事项作出决议。	(4) 监事会不召集和主持的，连续90日以上单独或者合计持有公司10%以上股份的股东可以自行召集和主持。（90日+10%） (5) 主持人、出席会议的董事应当在会议记录上签名。 (6) 会议记录应当与出席股东的签名册及代理出席的委托书一并保存。

例 甲股份公司章程规定董事人数为12人，现在由于辞职等原因，实际董事人数为8人。此时公司是否需要召开临时股东大会？〔提示：不需要。"不足"不包含本数，也就是少于8人（12×2/3）时，才需要召开临时会议〕

（四）股东大会的表决规则

1. 股东出席股东大会会议，所持每一股份有一表决权。

（1）表决权代理。是指股东可以委托代理人出席股东大会会议，代理人应当向公司提交股东授权委托书，并在授权范围内行使表决权。

（2）公司持有的本公司股份没有表决权。

2. 累积投票制。（非强制规则）①

（1）累积投票制，是指股东大会选举董事或者监事时，每一股份拥有与应选董事或者监事人数相同的表决权，股东拥有的表决权可以集中使用。

（2）股东大会选举董事、监事，可以依照公司章程的规定或者股东大会的决议，实行累积投票制。

3. 决议规则。

（1）股东大会作出决议，必须经出席会议的股东所持表决权过半数通过。

（2）但是，股东大会作出修改公司章程、增加或者减少注册资本的决议，以及公司合并、分立、解散或者变更公司形式的决议，必须经出席会议的股东所持表决权的 2/3 以上通过。（章程资本合分散，变更形式 667）

（3）为本公司股东或者实际控制人提供担保：①股东或者受前款规定的实际控制人支配的股东，不得参加前款规定事项的表决。②该项表决由出席会议的其他股东所持表决权的过半数通过。

4. 临时提案。

（1）单独或者合计持有公司 3% 以上股份的股东，可以在股东大会召开 10 日前提出临时提案并书面提交董事会；

（2）董事会应当在收到提案后 2 日内通知其他股东，并将该临时提案提交股东大会审议；

（3）临时提案的内容应当属于股东大会职权范围，并有明确议题和具体决议事项。

---

①　累积投票制是非强制性规则。是否采取累积投票的计算规则，根据章程的规定或者股东大会的决议实行。其意义在于限制大股东或控股股东对董事、监事选举过程的控制与操纵，有利于保护中小股东的利益。该制度中，股东拥有的表决权可以集中使用，这样中小股东可以联合将自己的票数集中起来投向某一个人，从而使持股比例不够高的股东有机会选出代表自己利益的董事、监事。如，梦菲股份公司要选 5 名董事，公司股份共 1000 股，股东共 10 人。甲是第一大股东持有 510 股（51%），张三等其余 9 名股东共计持有 490 股（49%）。

（1）传统资本多数决情况下，甲一股独大，他自己说了算（因为已经超过 51% 表决权），其他股东均无决定权。

（2）如果采取累积投票制时，因为要选 5 名董事，表决权的总数 = 1000 股×5 人 = 5000 票，甲拥有的票数 = 510 股×5 = 2550 票；张三等其他 9 名股东合计拥有 = 490 股×5 = 2450 票。理论上，张三等联合股东可以使自己的 2 名董事当选。

大股东甲	张三等 9 小股东联合	结果
2550÷4 = 637（甲要 4 席）（甲在董事会想占 4 席，则甲在每 1 个董事席位上，有 637 个表决权）	2450÷1 = 2450（联合要 1 席）（小股东集中全部表决权，投到自己满意的 1 个董事，则该董事可得 2450 票）	董事会中，小股东联合可占 1 席
2550÷3 = 850（甲要 3 席）	2450÷2 = 1225（联合要 2 席）	董事会中，小股东联合可占 2 席
2550÷2 = 1275（甲要 2 席）	2450÷3 = 816（联合要 3 席）	小股东无法得到 3 席
2550÷1 = 2550（甲要 1 席）	2450÷4 = 612（联合要 4 席）	小股东无法得到 4 席

5. 股东大会应当对所议事项的决定作成会议记录，主持人、出席会议的董事应当在会议记录上签名。会议记录应当与出席股东的签名册及代理出席的委托书一并保存。

> 📑 **笔记**
>
> 1. 一般事项：出席会议+表决权过半数。
> 2. 章程资本合分散变更形式：出席会议+2/3 表决权。
> 3. 为本公司担保：该股东表决权排除+出席会议其他股东+表决权过半数。

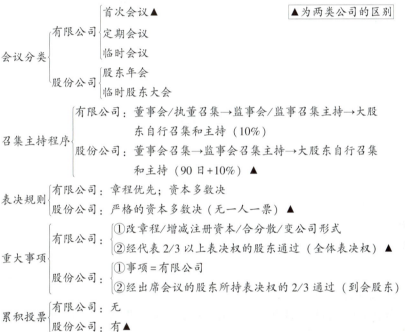

[**总结**] 股份公司的股东会议 VS 有限公司的股东会议

```
                                        ┌ 首次会议▲              ▲为两类公司的区别
                         ┌ 有限公司 ┤ 定期会议
                         │          └ 临时会议
会议分类 ┤
                         └ 股份公司 ┌ 股东年会
                                    └ 临时股东大会

               ┌ 有限公司：董事会/执董召集→监事会/监事召集主持→大股
               │           东自行召集和主持（10%）
召集主持程序 ┤
               └ 股份公司：董事会召集→监事会召集主持→大股东自行召集
                           和主持（90 日+10%）▲

               ┌ 有限公司：章程优先；资本多数决
表决规则 ┤
               └ 股份公司：严格的资本多数决（无一人一票）▲

               ┌ 有限公司：①改章程/增减注册资本/合分散/变公司形式
               │           ②经代表 2/3 以上表决权的股东通过（全体表决权）▲
重大事项 ┤
               └ 股份公司：①事项=有限公司
                           ②经出席会议的股东所持表决权的 2/3 通过（到会股东）

               ┌ 有限公司：无
累积投票 ┤
               └ 股份公司：有▲
```

四、组织机构——董事会（含经理）

董事会是公司的业务执行机关，享有业务执行权和日常经营的决策权。董事会对股东会负责。经理被称为"辅助执行机关"，由董事会决定聘任或者解聘。

（一）董事会性质（略，和有限公司相同）

（二）董事会的职权（略，和有限公司相同）

（三）董事会的组成

		股份公司董事会	有限公司董事会
人数		5~19 人	3~13 人
组成	（1）	由股东代表出任董事。	同

续表

		股份公司董事会	有限公司董事会
组成	(2)	可以有职工代表。（非必要）	两个以上国有主体投资设立的有限公司及国有独资公司，董事会中应当有职工代表。
	(3)	董事长，由董事会以全体董事的过半数选举产生。（法定）	董事长的产生办法由章程规定。（章定）
任期		任期章程规定，但每届任期不得超过 3 年。董事任期届满，连选可以连任。 董事任期届满未及时改选，或者董事在任期内辞职导致董事会成员低于法定人数的，在改选出的董事就任前，原董事仍应当依照法律、行政法规和公司章程的规定，履行董事职务。	

（四）董事会的会议召集规则

1. 董事会每年度至少召开 2 次会议，每次会议应当于会议召开 10 日前通知全体董事和监事。

2. 召集主持人。董事长召集和主持董事会会议，检查董事会决议的实施情况。

3. 提议召集权。代表 1/10 以上表决权的股东、1/3 以上董事或者监事会，可以提议召开董事会临时会议。董事长应当自接到提议后 10 日内，召集和主持董事会会议。（注意：上述人员也可提议召集临时股东会议）

4. 董事会会议应有过半数的董事出席方可举行。

（五）董事会的会议表决规则

1. 董事会决议的表决实行一人一票。

2. 董事会作出决议，必须经全体董事的过半数通过。如，甲股份公司董事共有 10 人，6 人出席可举行董事会，并且董事会决议要 6 人通过才为有效。

3. 董事会会议，应由董事本人出席；董事因故不能出席，可以书面委托其他董事代为出席，委托书中应载明授权范围。

4. 董事会应当对会议所议事项的决定作成会议记录，出席会议的董事应当在会议记录上签名。

5. 董事会的决议违反法律、行政法规或者公司章程、股东大会决议，致使公司遭受严重损失的，参与决议的董事对公司负赔偿责任。但经证明在表决时曾表明异议并记载于会议记录的，该董事可以免除责任。

五、组织机构——监事会

监事会是股份公司必设的监察机构。监事会对股东大会负责，并向其报告工作。监事会的地位与董事会平等，二者在组织结构上并无隶属关系，监事会监督的对象是董事和经理。

1. 监事会的性质：同有限公司。（略）

2. 监事会的职权：同有限公司。（略）

3. 监事会的组成：同有限公司。（略）

4. 监事会的会议制度：除了监事会会议的召开频率不同，其余内容（如，议事方式、任期、表决程序等）与有限公司规定均相同。

📑 对比　监事会组成、会议制度

监事会	国有独资公司	有限公司	股份公司
人数	≥5人	（1）监事会≥3人 （2）不设监事会的，可设1~2名监事	必设监事会≥3人
组成	（1）国资委委派+职工代表 （2）监事会主席：国资委从监事会成员中指定	（1）股东代表+职工代表（≥1/3） （2）监事会主席：全体监事过半数选举产生	
会议召开	监事会每年度至少召开一次会议		监事会每6个月至少召开一次会议
议事方式和表决程序	（1）监事会决议应当经半数以上监事通过 （2）监事会应当对所议事项的决定作成会议记录，出席会议的监事应当在会议记录上签名 （3）除本法有规定的外，由公司章程规定		
任期	（1）每届3年，连选可以连任（＝3年） （2）监事未及时改选或辞职，导致监事会成员低于法定人数的，在新监事就任前，原监事仍要履行监事职务		
兼任禁止	董事、高管不得兼任监事		

六、股份发行与转让

（一）股份与股票

1. 股份公司全部资本分为等额股份，每股金额相等，由发起人或股东认购并持有，也即股份作为公司资本的基本单位。

2. 股票是股份的表现形式，也是股份公司签发的证明股东所持股份的凭证。在性质上，股票为"证权证券"。（有限公司向股东签发出资证明书，性质为"证权证书"）

3. 股票的分类。

理论分类	内容	
额面股；无额面股	（1）	额面股：是指股票票面表示一定金额的股份（我国均为额面股）
	（2）	无额面股：又称为比例股，是指股票票面不表示一定金额，只表示其占公司资本总额一定比例的股份（我国无此类型）

续表

理论分类		内容
记名股；无记名股	（1）	公司向发起人、法人发行的股票，应当为记名股票，并应当记载该发起人、法人的名称或者姓名，不得另立户名或者以代表人姓名记名
	（2）	对社会公众发行的股票，可以为记名股票，也可以为无记名股票
表决权股；无表决权股；限制表决权股		略

（二）股票的发行规则

1. 股票的发行，实行公平、公正的原则，同种类的每一股份应当具有同等权利。

2. 股票发行价格可以平价发行、溢价发行；但不允许折价发行。

3. 股份公司成立后，即向股东正式交付股票。

4. 股票的发行条件。（详见《证券法》）

（三）股份转让的限制

对场所的限制		转让股份必须在依法设立的证券交易场所进行，或者按照国务院规定的其他方式进行。
锁定期限制	（1）	对发起人的限制： 发起人持有的本公司股份，自公司成立之日起1年内不得转让。
	（2）	对原始股的限制： 公司公开发行股份前已发行的股份，自公司股票在证券交易所上市交易之日起1年内不得转让。
	（3）	对董监高的限制： ①董、监、高应当向公司申报所持有的本公司的股份及其变动情况。 ②在任职期间每年转让的股份不得超过其所持本公司股份总数的25%。 ③所持本公司股份自公司股票上市交易之日起1年内不得转让。 ④离职后半年内，不得转让其所持有的本公司股份。 ⑤公司章程可以对公司董、监、高转让其所持有的本公司股份作出其他限制性规定。
公司回购	（1）	［原则］公司不得收购本公司股份。
	（2）	［例外］出现下列情形之一的，公司可以回购本公司股份： ①减少公司注册资本。（经股东大会决议；自收购之日起10日内注销） ②与持有本公司股份的其他公司合并。（经股东大会决议；6个月内转让或者注销） ③将股份奖励给本公司职工。（经股东大会决议；不得超过本公司已发行股份总额的5%；用于收购的资金应当从公司的税后利润中支出；所收购的股份应当在1年内转让给职工） ④股东因对股东大会作出的公司合并、分立决议持异议，要求公司收购其股份的，应当在6个月内转让或者注销。

续表

质权限制	公司不得接受本公司的股票作为质押权的标的。 （因为"接受本公司的股票作为质押权的标的"是一种公司变相回购股份的行为，所以被禁止）

> 📑 **笔记**
>
> 1. 发起人：锁定期成立1年/上市1年。
> 2. 董监高：每年≤25%；锁定期为上市1年/离职后半年。
> 3. 公司奖励回购股份：≤5%；1年内转让。

例　甲上市公司在成立6个月时召开股东大会，决定与乙公司联合开发房地产，并要求乙公司以其持有的甲公司股份作为履行合同的质押担保。上述甲公司股东大会的决议即为"接受本公司的股票作为质押权的标的"，所以不符合法律规定。

七、上市公司

上市公司，是指其股票在证券交易所上市交易的股份公司。所以上市公司是"股份公司"中的一部分。

（一）股东大会特殊规则

上市公司在1年内购买、出售重大资产或者担保金额超过公司资产总额30%的，应当由股东大会作出决议，并经出席会议的股东所持表决权的2/3以上通过。

（二）董事会特殊规则

1. 上市公司设立独立董事，具体办法由国务院规定。

（1）独立董事，是指不在公司担任除董事外的其他职务，并与其所受聘的上市公司及其主要股东不存在可能妨碍其进行独立客观判断关系的董事。

（2）独立董事原则上最多在5家上市公司兼任独立董事，并确保有足够的时间和精力有效地履行独立董事的职责。

（3）上市公司董事会成员中应当至少包括1/3的独立董事，其中至少包括1名会计专业人士。

（4）任期。独立董事每届任期与该上市公司其他董事任期相同，任期届满，连选可以连任，但是连任时间不得超过6年。独立董事连续3次未亲自出席董事会会议的，由董事会提请股东大会予以撤换。

（5）下列人员不得担任独立董事：①在上市公司或者其附属企业任职的人员及其直系亲属（如，父母、子女等）、主要社会关系（如，兄弟姐妹、儿媳女婿、兄弟姐妹的配偶、配偶的兄弟姐妹等）；②直接或间接持有上市公司已发行股份1%以上或者是上市公司前10名股东中的自然人股东及其直系亲属；③在直接或间接持有上市公司已发行股份5%以上的股东单位或者在上市公司前5名股东单位任职的人员及其直系亲属；④最近1年内曾经具有前三项所列举情形的人员；⑤为上市公司或者其附属企业提供财务、法律、咨询等服务的人员；⑥公司章程规定的其他人员；⑦中国证监会认定的其他人员。

2. 上市公司设立董事会秘书。负责公司股东大会和董事会会议的筹备、文件保管以及公司股东资料的管理，办理信息披露事务等事宜。董事会秘书属于公司高级管理人员。

3. 利害关系董事表决权排除。

（1）上市公司董事与董事会会议决议事项所涉及的企业有关联关系的，不得对该项决议行使表决权，也不得代理其他董事行使表决权。

（2）该董事会会议由过半数的无关联关系董事出席即可举行，董事会会议所作决议须经无关联关系董事过半数通过。

（3）出席董事会的无关联关系董事人数不足3人的，应将该事项提交上市公司股东大会审议。

> 📄 **笔记**　独立董事
>
> 　5家6年；1/3+1名会计专业人士；连续3次不到会可撤换。

第 **2** 章 合伙企业法

提示：近年该法常和民法结合，难度有所上升。

（1）对比—如"合伙企业"和"公司"的有关制度；"有限合伙企业"和"普通合伙企业"的差异；否则容易混淆，也非常容易失分。

（2）综合—本法中的"事务执行规则""合伙人的权利""合伙企业或合伙人个人债务""合同效力"等知识，均和民法紧密相关。

知 识 结 构 图

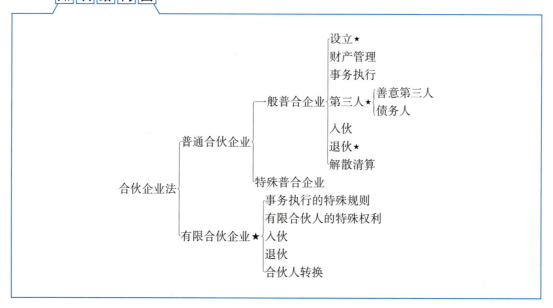

第一节 普通合伙企业

一、概念和特征

普通合伙企业，是指由普通合伙人订立合伙协议，并依据合伙协议共同出资、共同经营、共担风险、共享收益，对合伙企业债务按规定承担责任的营利性组织。其特征为：

1. 合伙企业成立的法律基础是合伙协议。合伙企业必须要有书面合伙协议。

2. 由全体普通合伙人共同出资、共同经营。

若普通合伙人相互之间无共同经营之目的与行为，则纵使有某种利益上的关联，也非合伙。如约定一方为另一方设定担保不参与经营，此非合伙企业关系。

3. 由全体普通合伙人共负盈亏，共担风险。

4. 全体普通合伙人对企业债务承担无限连带责任。

二、设立

（一）有符合要求的合伙人

1. 普通合伙企业须有2个以上合伙人。

2. 合伙人为自然人的：

（1）应当具有完全民事行为能力。无民事行为能力人和限制民事行为能力人不能成为合伙企业的创始合伙人，也不能成为普通合伙人。

（2）法律、行政法规禁止从事营利性活动的人，不得成为合伙企业的合伙人。如，国家公务员、法官、检察官及警察。

3. 合伙人为法人、其他组织的：黑5类，不能当普合。

即，法人、其他组织可设立普通合伙企业和有限合伙企业。但是，国有独资公司、国有企业、上市公司以及公益性的事业单位、社会团体不得成为普通合伙人。

例　张某设立一个人独资企业，该个人独资企业是否可以入伙普通合伙企业？如果张某设立
　　一人有限责任公司，该一人公司是否可以再入伙普通合伙企业？（均可以）

> **📖 易混淆点**
>
> | 《公司法》第15条："公司可以向其他企业投资；但是，除法律另有规定外，不得成为对所投资企业的债务承担连带责任的出资人。"
本条但书"除法律另有规定外"，即《合伙企业法》是另有规定的，公司可以成为普通合伙人。 | 《合伙企业法》第2条第1款："本法所称合伙企业，是指自然人、法人和其他组织依照本法在中国境内设立的普通合伙企业和有限合伙企业。" |
> | --- | --- |

（二）有书面合伙协议

1. 设立合伙企业必须要有书面的合伙协议。

2. 合伙协议经全体合伙人签名、盖章后生效。合伙协议的修改或补充应当经过全体合伙人一致同意，但合伙协议另有约定的除外。（有约定从约定，无约定一致同意）

（三）有合伙人缴付的出资

普通合伙企业设立时的出资规则：无数额、无形式、无期限（三无）。

无数额	没有最低注册资本的规定。有合伙人认缴或者实际缴付的出资即可。
无形式	（1）出资形式灵活。普通合伙人可以用货币、实物、知识产权、土地使用权或者其他财产权利出资，也可以用劳务出资。如，合伙人甲可以用实物的使用权出资，乙可以用自己的烹调手艺等出资。 （2）出资的评估方式灵活。（非强制评估） 　①可以由全体合伙人协商作价。 　②可以由全体合伙人委托法定评估机构评估作价。 合伙人以劳务出资的，其评估办法由全体合伙人协商确定。

续表

无期限	合伙人可以分期缴付出资。
违约责任	（1）未按期足额缴纳的，应当承担补缴义务，并对其他合伙人承担违约责任。 （2）普通合伙人未履行出资义务的，经其他合伙人一致同意，可以决议将其除名。

（四）有名称和生产经营场所

1. 普通合伙企业名称中应当标明"普通合伙"字样。

2. 合伙企业可以在其企业名称中使用"公司"字样。①

3. 企业名称可以使用投资人姓名作字号。

4. 有经营场所和从事合伙经营的必要条件。

三、财产、财产份额

（一）合伙企业财产

1. 财产范围。合伙企业财产包括合伙存续期间合伙人的出资和所有以合伙企业名义取得的收益和依法取得的其他财产。

2. 财产的性质。合伙企业不享有法人资格，不形成统一的法人财产所有权，故合伙财产的性质比法人财产更为复杂。需要分类讨论。

	财产类型	财产性质
（1）	以现金或明确以财产所有权出资的	由全体合伙人共有。
（2）	以土地使用权、房屋使用权、商标使用权、专利使用权等权利出资的	合伙企业只享有使用和管理权。对于此类出资，在合伙人退伙或者合伙企业解散时，合伙人有权要求返还原物。
（3）	合伙期间经营积累的财产归合伙人共有	①此处合伙财产的共有，是共同共有还是按份共有，学界有不同观点。依据"三大本"，这种共有理解为按份共有。 ②理论上，这种份额表现为一种潜在的份额，即该份额在企业存续期间并无意义，只有在分配利润、退伙、企业解散分配剩余财产时，份额比例才具有实际意义。

3. 财产的管理与使用。

（1）在合伙企业清算前，合伙人不得请求分割合伙企业的财产；但是，本法另有规定的除外。（另有规定，是指合伙人退伙时可以请求分割）

（2）合伙人在合伙企业清算前私自转移或者处分合伙企业财产的，合伙企业不得以此对抗善意第三人。

---

① "三大本"的解释是：公司法并未规定非公司企业不能使用"公司"字样，且使用"公司"字样并不当然表明企业的责任形式，而且我国事实上也存在除有限责任公司和股份有限公司以外的其他企业采用"公司"字样的现象，所以，合伙企业可以在其企业名称中使用"公司"字样。此处考试时要以"三大本"为准。（但我国明确规定，个人独资企业的名称中不得使用"有限""有限责任"或者"公司"字样。见《个人独资企业登记管理办法》第6条第2款）

（二）合伙人的财产份额的转让

1. 财产份额。本法没有对"财产份额"加以解释。通说认为，财产份额的法律性质为抽象形态的权利，而非具体形态的财产。

（1）财产份额属于一种抽象的权利。它脱离具体财产形态而抽象存在，不以任何特定之物为权利客体。

（2）财产份额属于合伙人的一项权利财产，既包括合伙人依照出资数额或合伙协议约定的比例分配利益和分担亏损的份额，还包含合伙人参与企业经营管理的权利特性。

（3）财产份额代表了合伙人的身份。谁享有财产份额，谁就具有合伙人的资格。

2. 财产份额的内部转让。合伙人之间转让在合伙企业中的全部或者部分财产份额时，应当通知其他合伙人。

3. 财产份额的对外转让。

财产份额对外转让，实质是合伙人之间的变更。因为普通合伙企业具有极强的"人合性"，要求合伙人之间需要彼此相互信任和了解，所以本法对普通合伙人财产份额转让规定了严格规则。如，张三是甲普通合伙企业的合伙人，现张三将自己的全部财产份额通过协议转让给朋友李四。通过这种方式，可以达到张三退出合伙企业，李四新加入甲合伙企业的目的。

（1）除合伙协议另有约定外，合伙人向合伙人以外的人转让其在合伙企业中的全部或者部分财产份额时，须经其他合伙人一致同意。

（2）同等条件下，其他合伙人有优先购买权。

易混淆点1

1. 擅自处分合伙企业财产。

处分标的为合伙企业的财产（出资＋收益＋其他财产）；私自处分合伙企业财产的行为，合伙企业不得以此对抗善意第三人。

2. 擅自处分"财产份额"。

处分标的是合伙人在合伙企业中享有的财产份额；除合伙协议另有约定外，未经一致同意的转让，第三人不可取得"财产份额"，仅可向转让的合伙人取得损害赔偿的请求权。

易混淆点2

合伙财产份额转让 VS 股权转让（《公司法》第71条）[①]

	（普合）财产份额转让	（股东）股权转让
（1）	对外转让财产份额，需经其他合伙人一致同意；同等条件下，其他合伙人享有优先购买权	股东对外转让股权，需经其他股东过半数同意；同等条件下，其他股东享有优先购买权
（2）	无推定购买的规定	对外转让股权时，不同意转让的股东应当购买，不购买的视为同意；超过30日未答复的，视为同意
（3）	合伙人之间转让财产份额：应当通知其他合伙人	股东之间转让股权：随便转自由转

[①] 《公司法》第71条：有限责任公司的股东之间可以相互转让其全部或者部分股权。股东向股东以外的人转让股权，应当经其他股东过半数同意。……其他股东半数以上不同意转让的，不同意的股东应当购买该转让的股权；不购买的，视为同意转让。……

（三）离婚时财产份额的分割

财产份额与股权类似，代表合伙人资格。财产份额的受让人可获得合伙人身份。所以《婚姻法解释（二）》第17条未直接按照"夫妻共同财产均分"来处理离婚时合伙份额的分割。

法院审理离婚案件，涉及分割夫妻共同财产中以一方名义在合伙企业中的出资，另一方不是该企业合伙人的，当夫妻双方协商一致，将其合伙企业中的财产份额全部或者部分转让给对方时，按以下情形分别处理：

1. 其他合伙人一致同意的，该配偶依法取得合伙人地位；

2. 其他合伙人不同意转让，在同等条件下行使优先受让权的，可以对转让所得的财产进行分割；

3. 其他合伙人不同意转让，也不行使优先受让权，但同意该合伙人退伙或者退还部分财产份额的，可以对退还的财产进行分割；

4. 其他合伙人既不同意转让，也不行使优先受让权，又不同意该合伙人退伙或者退还部分财产份额的，视为全体合伙人同意转让，该配偶依法取得合伙人地位。

（四）合伙人财产份额的出质

1. 合伙人以其在合伙企业中的财产份额出质的，须经其他合伙人一致同意。

原因为，在出质人（合伙人）不能履行债务时，债权人可以要求就财产份额优先受偿，债权人通过受让合伙企业财产份额成了新的合伙人，这会影响普通合伙企业的"人合性"。为防止"人合性"被破坏，故要求"以财产份额出质的，须经其他合伙人一致同意"。

2. 未经其他合伙人一致同意的财产份额出质，其行为无效，由此给善意第三人造成损失的，由行为人依法承担赔偿责任。（第三人不可善意取得财产份额的质权）

例　某普通合伙企业共有3名合伙人张三、李四、丁福。现丁福因个人原因向非合伙人钟冉借钱，作为担保方式，丁福将自己的合伙财产份额出质给钟冉。请判断：①就该出质行为，张三、李四均享有一票否决权；②该合伙财产份额质权，须经合伙协议记载与工商登记才能生效；③在丁福伪称已获张三、李四同意，而钟冉又是善意时，钟冉善意取得该质权。（提示：①对；②错；③错。改编自2013/3/92题）

> 📑 **笔记**
> 1. 一致同意：财产份额对外转让；出质。
> 2. 通知：财产份额内部转让。
> 3. 离婚：或一致同意；或优先受让；或同意退伙；或推定同意。

四、事务执行、表决规则

合伙企业事务执行，是指为实现合伙目的而进行的合伙企业的业务活动。（类似于公司董事会经营管理权）

（一）事务执行规则

合伙人对执行合伙事务享有同等的权利。但是基于提高效率的原因，合伙事务的执行方式灵活多样。

1. 事务执行方式。

（1）共同执行。即由全体合伙人共同执行。

（2）单独执行。即由各合伙人分别单独执行合伙事务。

（3）委托执行。即委托一个合伙人执行合伙事务或者委托数个合伙人执行合伙事务。

2. 事务执行人的性质。

（1）对外代表合伙组织。

（2）其执行合伙事务所产生的收益归合伙企业，所产生的费用和亏损由合伙企业承担。

3. 事务执行中的权利。

（1）代表权。事务执行人对外代表合伙组织，其他合伙人不再执行合伙事务。

（2）监督权。不执行合伙事务的合伙人有权监督执行事务合伙人执行合伙事务的情况；执行事务合伙人应当定期向其他合伙人报告事务执行情况以及合伙企业的经营和财务状况。（非执行人有此权）

（3）查阅权。合伙人为了解合伙企业的经营状况和财务状况，有权查阅合伙企业会计账簿等财务资料。（合伙人均有此权，包括执行人+非执行人）

（4）撤销权。受委托执行合伙事务的合伙人不按照合伙协议或者全体合伙人的决定执行事务的，其他合伙人可以决定撤销该委托。

（5）异议权。分别执行的，执行事务合伙人可以对其他合伙人执行的事务提出异议。（仅执行人有此权）

4. 合伙事务执行中的禁、限行为。

（1）禁止同业竞争。是指普通合伙人不得自营或者同他人合作经营与本合伙企业相竞争的业务。

（2）限制自我交易。是指除合伙协议另有约定或者经全体合伙人一致同意外，普通合伙人不得同本合伙企业进行交易。

例1 大熊是梦菲打印科技厂（普通合伙企业）的事务执行人，梦菲厂是生产激光打印机通用硒鼓行业的龙头企业之一。现大熊又设立一人公司，业务和梦菲厂重合。此时大熊构成"同业竞争"，被禁止。

例2 小熊为某食品加工的普通合伙企业的事务执行人。小熊将自家生产的大豆、玉米、芝麻等产品销售给该合伙企业。该情况小熊构成"自我交易"。但如果合伙协议另有约定或者经全体合伙人一致同意，上述交易合法。

（二）决议规则

1. 一般事项的表决。

（1）按照合伙协议约定的表决办法进行。

（2）合伙协议未约定或者约定不明确的，实行合伙人一人一票并经全体合伙人过半数通过的表决办法。

（3）本法对合伙企业的表决办法另有规定的，从其规定。即下文"全票决事项"。

2. 重大事项的全票决。除合伙协议另有约定外，合伙企业的下列事项应当经全体合伙人一致同意：

（1）改变合伙企业的名称；

（2）改变合伙企业的经营范围、主要经营场所的地点；

（3）处分合伙企业的不动产；

（4）转让或者处分合伙企业的知识产权和其他财产权利；

（5）以合伙企业名义为他人提供担保；

（6）聘任合伙人以外的人担任合伙企业的经营管理人员。

> 📑 **笔记**
>
> 1. 一般事项。约定优先；无约定时：一人一票+过半数。
>
> 2. 重大事项。"三改三卖"：改名改地改范围；卖房卖人卖担保。

（三）普通合伙企业利润分配与亏损分担

1. 分配顺序。合伙企业的利润分配、亏损分担，按照合伙协议的约定办理；合伙协议未约定或者约定不明确的，由合伙人协商决定；协商不成的，由合伙人按照实缴出资比例分配、分担；无法确定出资比例的，由合伙人平均分配、分担。

该顺序为：约定 —→ 协商 —→ 实缴出资比例 —→ 平分

2. 不得约定事项：合伙协议不得约定将全部利润分配给部分合伙人或者由部分合伙人承担全部亏损。

五、与第三人的关系

（一）合伙企业与善意第三人的关系

1. 内部限制不对外。即合伙企业对合伙人执行合伙事务以及对外代表合伙企业权利的限制，不得对抗善意第三人。

2. 擅自处理有效。即合伙人对必须经全体合伙人一致同意始得执行的事务擅自处理：

（1）该合伙人给合伙企业或者其他合伙人造成损失的，承担赔偿责任。

（2）第三人善意时，事务执行人擅自执行合伙事务的民事行为对外是有效的，其他合伙人亦应为此对外承担法律责任。

（3）合伙企业及其他合伙人对外承担责任后，有权要求该事务执行人赔偿。（合同有效，内部追偿）

例 事务执行人张三以合伙企业的名义将企业的不动产转让给外人李四，该处分行为并没有事先征得全体合伙人的同意，如果李四为善意，则合伙企业仍要对李四承担合同责任。

（二）合伙企业与债务人的关系

1. 合伙企业承担首位责任。即合伙企业对其债务，应先以其全部财产进行清偿。

2. 普通合伙人承担补充责任。即（1）合伙企业不能清偿到期债务的，合伙人承担无限连带责任。所以，合伙人对于合伙企业债务的清偿责任，属于补充性责任。（2）合伙人由于承担无限连带责任，清偿数额超过其亏损分担比例的，有权向其他合伙人追偿。

合伙企业财产清偿 —→ 普通合伙人无限连带 —→ 合伙人内部追偿

（三）合伙人个人债务的清偿

个人债务，是指合伙人发生的与合伙企业无关的债务。其处理规则为：

1. 禁抵销禁代位。即，合伙人发生与合伙企业无关的债务，相关债权人不得以其债权抵销其对合伙企业的债务；也不得代位行使合伙人在合伙企业中的权利。如，合伙人张三因买房向李四（非合伙人）借款10万，同时李四尚欠该合伙企业货款10万。①该债权债务不得抵销。①②二人商定，张三不用还李四10万元，但同意李四取代张三成为新合伙人，也不允许。

2. 可收益清偿可被强执。即，合伙人的自有财产不足清偿其与合伙企业无关的债务的情况下：

（1）该合伙人可以其从合伙企业中分取的收益用于清偿；

（2）债权人也可以依法请求法院强制执行该合伙人在合伙企业中的财产份额用于清偿。

①该债权人不得自行执行。

②法院强制执行合伙人的财产份额时，应当通知全体合伙人。此时，无需其他合伙人同意，因为是司法程序引起的财产份额转让。

③其他合伙人有优先购买权。

④其他合伙人未购买，又不同意将该财产份额转让给他人的，依照本法第51条②的规定为该合伙人办理退伙结算，或者办理削减该合伙人相应财产份额的结算。

3. 双重优先原则。

在债务清偿中，若同时存在合伙企业债务和合伙人个人债务（如，合伙人张三因个人原因欠非合伙人小四10万元，同时该合伙企业欠小五原材料款10万元），通说采用"双重优先原则"。指合伙财产优先用于清偿合伙债务，个人财产优先用于清偿个人债务，即合伙人个人的债权人优先于合伙企业的债权人从合伙人的个人财产中得到清偿，合伙企业的债权人优先于合伙人个人的债权人从合伙财产中得到清偿。（我国对此问题未规定，但实践中依照"双重优先原则"处理相关的纠纷）

六、入伙与退伙

（一）入伙

入伙，是指在合伙企业存续期间，合伙人以外的第三人加入合伙企业并取得合伙人资格的行为。

1. 普通合伙人入伙的条件。

（1）新合伙人入伙，除合伙协议另有约定外，应当经全体合伙人一致同意，并依法订立书面入伙协议。(一致同意+书面协议；协议优先)

---

① 抵销权，依照《合同法》第99条第1款规定：当事人互负到期债务，该债务的标的物种类、品质相同的，任何一方可以将自己的债务与对方的债务抵销，但依照法律规定或者按照合同性质不得抵销的除外。

② 《合伙企业法》第51条：合伙人退伙，其他合伙人应当与该退伙人按照退伙时的合伙企业财产状况进行结算，退还退伙人的财产份额。退伙人对给合伙企业造成的损失负有赔偿责任的，相应扣减其应当赔偿的数额。

退伙时有未了结的合伙企业事务的，待该事务了结后进行结算。

（2）原合伙人应当向新合伙人如实告知原合伙企业的经营状况和财务状况。因为新合伙人对入伙前的合伙企业债务要与原合伙人承担连带责任。

2. 入伙的法律后果。

（1）入伙人取得合伙人的资格。

（2）入伙的新合伙人与原合伙人享有同等权利，承担同等责任。入伙协议另有约定的，从其约定。

（3）新合伙人对入伙前合伙企业的债务承担无限连带责任。**注意**：入伙协议中关于入伙人债权债务承担的约定不得对抗善意第三人，但对内具有效力。

（二）退伙原因

退伙，是指在合伙存续期间，合伙人资格的消灭。退伙一般基于以下原因：

1. 自愿退伙。

情形	原因	处理
约定合伙期限	（1）协议约定的退伙事由出现； （2）全体合伙人一致同意退伙； （3）发生难以继续参加合伙的事由； （4）其他合伙人严重违反合伙协议约定的义务。	法定事由出现→可退伙。
未约定经营期限	无理由限制，不给事务执行造成不利影响。	提前30日通知→可退伙。

2. 法定退伙。

情形	原因	处理
当然退伙×5	合伙人有下列情形之一的，当然退伙： （1）作为合伙人的自然人**死亡**或者被依法宣告死亡； （2）**个人丧失偿债能力**； （3）作为合伙人的法人或者其他组织依法被吊销营业执照、责令关闭、撤销，或者被宣告破产； （4）法律规定或者合伙协议约定合伙人必须具有相关资格而丧失该资格； （5）合伙人在合伙企业中的**全部财产份额**被人民法院强制执行。	退伙**事由实际发生之日**为退伙生效日。
丧失完全行为能力×2	合伙人被依法认定为无民事行为能力人或者限制民事行为能力人的。	（1）经其他合伙人一致同意，可以依法转为有限合伙人，普通合伙企业依法转为有限合伙企业； （2）其他合伙人未能一致同意的，该无民事行为能力或者限制民事行为能力的合伙人退伙； （3）**退伙事由实际发生之日**为退伙生效日。

续表

情形	原因	处理
除名退伙×4	（1）未履行出资义务； （2）因故意或者重大过失给合伙企业造成损失； （3）执行合伙事务时有不正当行为； （4）发生合伙协议约定的事由。	（1）退伙生效日：被除名人接到除名通知之日，除名生效，被除名人退伙； （2）被除名人对除名决议有异议的，可以自接到除名通知之日起30日内，向法院起诉。

（三）退伙时的结算规则

1. 依据退伙时状况结算。即退伙时，其他合伙人应当与该退伙人按照退伙时的合伙企业财产状况进行结算，退还退伙人的财产份额。退伙时有未了结的合伙企业事务的，可以待该事务了结后再进行结算。（退伙结算≠清算）

2. 退伙人赔偿损失。即退伙人对给合伙企业造成的损失负有赔偿责任的，可以相应扣减其应当赔偿的数额。

3. 退还办法可约定。即退伙人在合伙企业中财产份额的退还办法，由合伙协议约定或者由全体合伙人决定，可以退还货币，也可以退还实物。

4. 退伙人分担亏损。即退伙时合伙企业的财产少于合伙企业债务，则退伙人应当根据合伙协议的约定或者本法第33条①的规定分担亏损。（约定→协商→实缴→平分）

5. 承担无限连带责任。即退伙时，对基于其退伙前的原因发生的合伙企业债务，普通合伙人仍应与其他合伙人一起承担无限连带责任。

（四）死亡退伙的特殊规定

1. 合伙人死亡或者被宣告死亡的，对该合伙人在合伙企业中的财产份额享有合法继承权的继承人，按照合伙协议的约定或者经全体合伙人一致同意，从继承开始之日起，取得合伙人资格。

（1）继承人享有合法继承权。如，合伙人张三被其妻故意杀害死亡，此时张妻丧失继承权，故张妻无法取得合伙人资格。但如果是张妻失手杀死张三，则张妻没有丧失继承权。②

（2）按照协议的约定或者经一致同意。所以即使是合法继承人，虽然可以继承遗产（如，房屋、汽车等），但普通合伙人资格涉及合伙企业的"人合性"，所以不能直接继承普通合伙人的资格。

2. 有下列情形之一的，合伙企业应当向合伙人的继承人退还被继承合伙人的财产份额：

---

① 《合伙企业法》第33条：合伙企业的利润分配、亏损分担，按照合伙协议的约定办理；合伙协议未约定或者约定不明确的，由合伙人协商决定；协商不成的，由合伙人按照实缴出资比例分配、分担；无法确定出资比例的，由合伙人平均分配、分担。

合伙协议不得约定将全部利润分配给部分合伙人或者由部分合伙人承担全部亏损。

② 《继承法》第7条：继承人有下列行为之一的，丧失继承权：

（一）故意杀害被继承人的；

（二）为争夺遗产而杀害其他继承人的；

（三）遗弃被继承人的，或者虐待被继承人情节严重的；

（四）伪造、篡改或者销毁遗嘱，情节严重的。

（1）继承人不愿意成为合伙人；

（2）法律规定或者合伙协议约定合伙人必须具有相关资格，而该继承人未取得该资格；

（3）合伙协议约定不能成为合伙人的其他情形。

3. 继承人为无民事行为能力人或者限制民事行为能力人的，经全体合伙人一致同意，可以依法成为有限合伙人，普通合伙企业依法转为有限合伙企业。全体合伙人未能一致同意的，合伙企业应当将被继承合伙人的财产份额退还该继承人。（或转或退）

4. 如果继承人没有成为合伙人，则该继承人无需对合伙企业债务承担连带责任。《继承法》第 33 条第 1 款规定："继承遗产应当清偿被继承人依法应当缴纳的税款和债务，缴纳税款和清偿债务以他的遗产实际价值为限。超过遗产实际价值部分，继承人自愿偿还的不在此限。"

第二节 🎧 特殊的普通合伙企业

一、概念

《合伙企业法》第 55 条第 1 款："以专业知识和专门技能为客户提供有偿服务的专业服务机构，可以设立为特殊的普通合伙企业。"

要点为：

1. 专业知识技能+有偿专业服务机构=特殊普合。该类企业名称中标明"特殊普通合伙"字样，以区别于普通合伙企业。（Limited Liability Partnership，又称为有限责任合伙）

2. 合伙人责任承担采取特殊规则。但在执行合伙事务、合伙人与第三人关系、入伙、退伙等方面，都与普通合伙企业的规定相同。

3. 应当建立执业风险基金、办理职业保险。执业风险基金用于偿付合伙人执业活动造成的债务。执业风险基金应当单独立户管理。具体管理办法由国务院规定。

4. 非企业专业服务机构依据有关法律采取合伙制（非合伙企业形式）的，其合伙人承担责任的形式可以适用本法关于特殊的普通合伙企业合伙人承担责任的规定。

二、债务承担的特殊规则

特殊的普通合伙适用于以专门知识和技能为客户提供有偿服务的机构。这些领域因为专业性强，合伙人在向客户提供专业服务时，个人的知识、技能、职业道德、经验等往往起着决定性的作用，合伙人个人的独立性极强。而其他合伙人对该合伙人的业务可能并不熟悉，所以一刀切地采用"合伙人承担无限连带责任"不符合现实需求。

特殊普通合伙企业的债务承担规则为：

［规则1］一个合伙人或者数个合伙人在执业活动中因故意或者重大过失造成合伙企业债务的：

1. 合伙企业承担首位责任。即合伙企业的债务先以合伙企业财产承担。

2. 无限（连带）责任+财产份额为限责任。即当合伙企业财产不足清偿的债务部分，故意/重大过失的合伙人应当承担无限责任或者无限连带责任，其他合伙人以其在合伙企业中的财产份额为限承担责任。

3. 以合伙企业财产对外承担责任后，该合伙人应当按照合伙协议的约定对给合伙企业造成的损失承担赔偿责任。

　　［规则 2］合伙人在执业活动中<u>非因</u>故意或者重大过失造成的合伙企业债务以及合伙企业的其他债务，由全体合伙人承担无限连带责任。（和一般普通合伙企业债务承担规则相同）

第三节 🎧 有限合伙企业

一、概念

　　有限合伙企业（Limited Partnership），是指由普通合伙人和有限合伙人组成，普通合伙人对合伙企业债务承担无限连带责任，有限合伙人<u>以其认缴的出资额为限</u>对合伙企业债务承担责任的合伙企业形式。本法第 60 条规定："有限合伙企业及其合伙人适用本章规定；本章未作规定的，适用本法第二章第一节至第五节关于普通合伙企业及其合伙人的规定。"

二、设立

合伙人	(1) 由 <u>2~50 个以下</u>合伙人设立；但是，法律另有规定的除外。 (2) 有限合伙企业中至少有 1 个普通合伙人和至少有 1 个有限合伙人。<u>(1+1)</u> (3) 国有独资公司、国有企业、上市公司以及公益性的事业单位、社会团体<u>可以成为</u>有限合伙人。
出资	(1) 有限合伙人可以货币、实物、知识产权、土地使用权或者其他财产权利作价出资。 (2) <u>有限合伙人不得以劳务出资</u>。（这是有限合伙人与普通合伙人在出资方式上的唯一差别） (3) 对有限合伙企业中的普通合伙人，出资无限制。
合伙人协议	除需要记载普通合伙企业协议应当载明的事项外，还要载明： (1) 有限合伙人入伙、退伙的条件、程序以及相关责任。 (2) 有限合伙人和普通合伙人相互转变程序。
名称	(1) 名称中应当标明"有限合伙"字样。 (2) 其他要求和普通合伙企业相同。

三、事务执行规则

（一）执行人

　　1. 有限合伙企业<u>由普通合伙人</u>执行合伙事务。执行事务合伙人可以要求在合伙协议中确定执行事务的报酬及报酬提取方式。

　　2. 有限合伙人的下列行为不视为执行合伙事务。即<u>有限合伙人有以下权利</u>：

人事权	可参与决定普通合伙人入伙、退伙。
经营建议	(1) 对企业的经营管理提出建议。 (2) 参与选择承办有限合伙企业审计业务的会计师事务所。 (3) 依法为本企业提供担保。

续表

维护自身利益	(1) 对涉及自身利益的情况，可查阅企业财务会计账簿等财务资料。 (2) 获取经审计的有限合伙企业财务会计报告。 (3) 在有限合伙企业中的利益受到侵害时，向有责任的合伙人主张权利或者提起诉讼。
代位诉讼	执行事务的合伙人怠于行使权利时： (1) 有限合伙人可督促其行使权利。 (2) 或者为了本企业的利益以自己的名义提起诉讼。

（二）有限合伙企业的利润亏损分担

有限合伙企业	普通合伙企业
第69条："有限合伙企业不得将全部利润分配给部分合伙人；但是，合伙协议另有约定的除外。"	第33条第2款："（普合）合伙协议不得约定将全部利润分配给部分合伙人或者由部分合伙人承担全部亏损。"

[区别-全部利润]
(1) 普通合伙企业的全部利润不能由部分合伙人分享。
(2) 有限合伙协议中可以约定"全部利润分配给部分合伙人"。
[相同-全部亏损]
普通合伙企业+有限合伙企业，均不能约定"全部亏损由部分合伙人分担"。

四、与第三人的关系

（一）有限合伙企业债务的清偿
1. 有限合伙企业承担首位责任。即企业的债务应先以合伙企业的全部财产进行清偿。
2. 无限（连带）责任+有限责任。即当合伙财产不足以清偿合伙债务时：
(1) 由普通合伙人承担无限连带责任；
(2) 有限合伙人以其认缴的出资额为限对合伙企业债务承担责任。

（二）有限合伙人个人债务的清偿
有限合伙人的自有财产不足以清偿其与合伙企业无关的债务时，可以采取下列两种清偿方式：
1. 收益清偿。即该合伙人可以以其从有限合伙企业中分取的收益用于清偿。
2. 强执份额。债权人也可以请求法院强制执行该合伙人在有限合伙企业中的财产份额。
(1) 法院强制执行有限合伙人的财产份额时，应当通知全体合伙人。
(2) 在同等条件下其他合伙人有优先购买权。

（三）表见普通合伙
1. 概念。是指第三人有理由相信有限合伙人为普通合伙人并与其交易的行为。顾名思义，该"有限合伙人"给交易对方造成他是"普通合伙人"的表面现象。

2. 法律责任。

（1）就该笔交易而言，该有限合伙人对该笔交易承担与普通合伙人同样的责任。连带责任的主体是"该有限合伙人+普通合伙人"。排除了"其他有限合伙人"，因为其他有限合伙人并非企业事务执行人，对企业的经营无管理权，所以仍以出资为限承担有限责任。

（2）对该有限合伙企业而言，有限合伙人未经授权以有限合伙企业名义与他人进行交易，给有限合伙企业或者其他合伙人造成损失的，该有限合伙人应当承担赔偿责任。

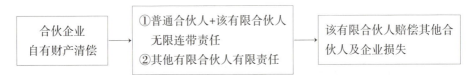

例　某合伙协议规定甲、乙为普通合伙人，丙、张三为有限合伙人。某日，张三为合伙企业运送石材，路遇法院拍卖房屋，张三想替合伙企业竞买该房，于是以合伙企业的名义将石材质押给徐某，借得 20 万元，竞买了房子。想一想，徐某的债权若得不到实现，应当向谁主张连带责任？（提示：徐某应当向甲、乙、张三主张。该例中的张三在理论上被称为"表见普通合伙人"）

五、有限合伙人的特殊性

有限合伙人与普通合伙人在行为规则上有很大差异，请对比掌握。

〔**图示**〕有限合伙人 VS 普通合伙人

行为	有限合伙人	普通合伙人
自我交易	有限合伙人可以同本有限合伙企业进行交易；但是，合伙协议另有约定的除外。（自由，约定除外）	相对禁止，约定除外。
同业竞争	有限合伙人可以自营或者同他人合作经营与本有限合伙企业相竞争的业务；但是，合伙协议另有约定的除外。（自由，约定除外）	绝对禁止。
财产份额的外部转让	（1）按照协议约定转让，提前 30 天通知。 （2）其他合伙人无优先购买权。	（1）对外转让，一致同意，约定除外。 （2）其他合伙人有优先购买权。
财产份额的出质	有限合伙人可以将其在有限合伙企业中的财产份额出质；但是，合伙协议另有约定的除外。（自由，约定除外）	必须经其他合伙人一致同意；不可善意取得。
对企业债务的承担	以其认缴的出资额为限。	无限连带责任。
入伙	对入伙前合伙企业的债务，以其认缴的出资额为限承担责任。	对入伙前合伙企业的债务，承担无限连带责任。
	新合伙人入伙，应当经全体合伙人一致同意，并依法订立书面入伙协议。（二者程序相同）	

续表

行为	有限合伙人	普通合伙人
退伙后，对企业债务的承担	对基于其退伙前的原因发生的有限合伙企业债务，有限合伙人以其退伙时从有限合伙企业中取回的财产承担责任。	对基于其退伙前的原因发生的合伙企业债务，普通合伙人承担无限连带责任。
退伙理由①	（1）死亡或被宣告死亡：当然退伙。	同
	（2）★个人丧失偿债能力：不得退伙。	个人丧失偿债能力，当然退伙。
	（3）作为合伙人的法人或者其他组织依法被吊销营业执照、责令关闭、撤销，或者被宣告破产：当然退伙。	同
	（4）合伙人丧失相关资格：当然退伙。	同
	（5）全部财产份额被法院强制执行：当然退伙。	同
	（6）★有限合伙人丧失民事行为能力：不得退伙。	普通合伙人丧失民事行为能力：或转为有限合伙人，或者退伙。
	（7）★有限合伙人死亡，继承人可以直接继承资格。	普通合伙人死亡，其继承人不能当然取得合伙人资格。（须一致同意）

六、有限合伙与普通合伙的转化

在合伙企业内部，合伙人之间可以相互转换。即，普通合伙人可以转变为有限合伙人，有限合伙人可以转变为普通合伙人。要点为：

1. 一致同意。除合伙协议另有约定外，普通合伙人转变为有限合伙人，或者有限合伙人转变为普通合伙人，应当经全体合伙人一致同意。

2. ［转变①有合→普合］有限合伙人转变为普通合伙人的，对其作为有限合伙人期间有限合伙企业发生的债务承担无限连带责任。

例　张三原为有限合伙人，现转变为普通合伙人，即由轻→重。该种转换，并无必要区分企业债务的发生时间，因为张三转换后的身份已经是普通合伙人，他对企业全部债务均要承担无限连带责任。

3. ［转变②普合→有合］普通合伙人转变为有限合伙人的，对其作为普通合伙人期间合伙企业发生的债务承担无限连带责任。

例　李四原是普通合伙人，现觉得企业经营风险太大，无限连带责任过于严厉，拟转变为有限合伙人。即由重→轻。李四对其身份转为"有限合伙人"之后的企业债务，只承担有

---

① 《合伙企业法》第78条：有限合伙人有本法第48条第1款第（一）项、第（三）项至第（五）项所列情形之一的，当然退伙。［第48条：合伙人有下列情形之一的，当然退伙：……（二）个人丧失偿债能力；……］

限责任；而对转换之前的企业债务，由于当时李四仍是普通合伙人，故仍承担无限连带责任。

4. ［转变③普合疯→有合］普通合伙人被依法认定为无民事行为能力人或者限制民事行为能力人的，经其他合伙人一致同意，可以依法转为有限合伙人，普通合伙企业依法转为有限合伙企业。（或转或退）

5. ［转变④继承人疯→有合］（普通合伙企业）合伙人的继承人为无民事行为能力人或者限制民事行为能力人的，经全体合伙人一致同意，可以依法成为有限合伙人，普通合伙企业依法转为有限合伙企业。全体合伙人未能一致同意的，合伙企业应当将被继承合伙人的财产份额退还该继承人。（或转或退）

6. ［转变⑤解散或转普合］有限合伙企业仅剩有限合伙人的，应当解散；有限合伙企业仅剩普通合伙人的，转为普通合伙企业。

第四节　🎧 合伙企业的解散与清算

一、合伙企业的解散事由

合伙企业有下列情形之一的，应当解散：

1. 合伙期限届满，合伙人决定不再经营；
2. 合伙协议约定的解散事由出现；
3. 全体合伙人决定解散；
4. 合伙人已不具备法定人数满 30 天；
5. 合伙协议约定的合伙目的已经实现或者无法实现；
6. 依法被吊销营业执照、责令关闭或者被撤销；
7. 法律、行政法规规定的其他原因。

二、清算规则

合伙企业解散，应当由清算人进行清算。

1. 清算人组成。

（1）清算人由全体合伙人担任。

（2）经全体合伙人过半数同意，可以自合伙企业解散事由出现后 15 日内指定一个或者数个合伙人，或者委托第三人，担任清算人。

（3）自合伙企业解散事由出现之日起 15 日内未确定清算人的，合伙人或者其他利害关系人可以申请人民法院指定清算人。（合伙人担任/第三人担任/法院指定清算）

2. 债权保护。清算人自被确定之日起 10 日内将合伙企业解散事项通知债权人，并于 60 日内在报纸上公告。债权人应当自接到通知书之日起 30 日内，未接到通知书的自公告之日起 45 日内，向清算人申报债权。

3. 清算期间，合伙企业存续，但不得开展与清算无关的经营活动。

4. 清偿顺序。合伙企业财产在支付清算费用和职工工资、社会保险费用、法定补偿金以及缴纳所欠税款、清偿债务后的剩余财产，依照本法第 33 条第 1 款①的规定进行分配。

（顺序为：清算费用→职工债权→税→债→合伙人分配）

5. 清算结束，清算人应当编制清算报告，经全体合伙人签名、盖章后，在 15 日内向企业登记机关报送清算报告，申请办理合伙企业注销登记。

三、合伙企业注销后债务的承担

1. 合伙企业注销后，原普通合伙人对合伙企业存续期间的债务仍应承担无限连带责任。

2. 合伙企业不能清偿到期债务的，债权人可以依法向人民法院提出破产清算申请，也可以要求普通合伙人清偿。

3. 合伙企业依法被宣告破产的，普通合伙人对合伙企业债务仍应承担无限连带责任。

> 📑 **笔记**
>
> 普通合伙人自始至终无限连带：含新入伙；合伙期间；退伙后；企业注销后、破产后。

---

① 《合伙企业法》第 33 条第 1 款：合伙企业的利润分配、亏损分担，按照合伙协议的约定办理；合伙协议未约定或者约定不明确的，由合伙人协商决定；协商不成的，由合伙人按照实缴出资比例分配、分担；无法确定出资比例的，由合伙人平均分配、分担。

第3章 个人独资企业法

商法

提示：本法内容简单，分值不高，年均≤1题。

一、概念和特征

1. 概念。

个人独资企业，是指在中国境内设立，由一个自然人投资，财产为投资人个人所有，投资人以其个人财产对企业债务承担无限责任的经营实体。

2. 特征。

(1) 投资人为一个自然人，并且应当具有完全民事行为能力。

(2) 个人独资企业的全部财产为投资人个人所有。投资人对企业的经营与管理事物享有绝对的控制与支配权，不受任何其他人的干预。

(3) 个人独资企业的投资人以其个人财产对企业债务承担无限责任。

(4) 个人独资企业不具有法人资格，其性质属于非法人组织。尽管独资企业有自己的名称或商号，并以企业名义从事经营行为和参加诉讼活动，但它不具有独立的法人地位。

> 📊 **易混淆点** 个人独资企业 VS 一人公司 VS 普合
>
> | 个人独资企业 | 一人公司 | 普通合伙企业 |
> |---|---|---|
> | 非法人组织 | 企业法人；有限责任公司 | 非法人组织 |
> | 1个自然人出资设立 | 1个自然人或者1个法人出资 | 2人以上，可为自然人、法人、其他组织出资 |
> | 投资人承担无限责任 | 股东承担有限责任 | 合伙人之间承担无限连带责任 |
>
> (1) 个人独资企业→合伙企业；合伙企业→个人独资企业：可直接办理变更登记
> (2) "个人独资企业"与"公司"：不能直接变更，需先解散注销，再办理设立登记
> (3) "合伙企业"与"公司"：不能直接变更，需先解散注销，再办理设立登记

二、具体制度

(一) 设立

1. 有合格的投资人。

(1) 投资人只能是1个自然人，并有完全民事行为能力。

（2）法律、行政法规禁止从事营利性活动的人，不得作为投资人申请设立个人独资企业。如，法官、检察官、人民警察、其他国家公务员。

（3）投资人对企业财产享有所有权。

（4）投资人的有关权利可以依法进行转让或继承。

2. 有合法的企业名称。《个人独资企业登记管理办法》第 6 条第 2 款规定："个人独资企业的名称中不得使用'有限''有限责任'或者'公司'字样。"

3. 有投资人申报的出资。只需要"申报的出资"，所以无法定资本最低限额等规定。

4. 固定的生产经营场所和必要的生产经营条件。

5. 有必要的从业人员。

6. 分支机构的设立：

（1）个人独资企业设立分支机构，应当由投资人或者其委托的代理人向分支机构所在地的登记机关申请登记，领取营业执照。

（2）分支机构经核准登记后，应将登记情况报该分支机构隶属的个人独资企业的登记机关备案。

（3）分支机构的民事责任由设立该分支机构的个人独资企业承担。

（二）与第三人的关系

1. 投资人对个人独资企业债务承担无限责任。

2. 投资人在申请企业设立登记时明确以其家庭共有财产作为个人出资的，应当依法以家庭共有财产对企业债务承担无限责任。

3. 投资人对受托人或者被聘用的人员职权的限制，不得对抗善意第三人。

4. 企业解散后，原投资人对个人独资企业存续期间的债务仍应承担偿还责任，但债权人在 5 年内未向债务人提出偿债请求的，该责任消灭。

（三）事务管理

1. 个人独资企业事务管理的三种形式。

自行管理	即由投资人本人对本企业的经营事务直接进行管理	
委托管理	即投资人委托其他具有民事行为能力的人负责企业的事务管理	（1）投资人与受托人或者与被聘用的人签订书面合同 （2）投资人对受托人或者被聘用的人员职权的限制，不得对抗善意第三人 （3）受托人或受聘管理人员管理企业事务时违反双方订立的合同，给投资人造成损害的，应承担民事赔偿责任
聘任管理	即投资人聘用其他具有民事行为能力的人负责企业的事务管理	

2. 委托或者聘用的管理人员的禁止行为。

禁非法行为×4	（1）不得利用职务上的便利，索取或者收受贿赂； （2）不得利用职务或者工作上的便利侵占企业财产； （3）不得挪用企业的资金归个人使用或者借贷给他人； （4）不得泄露本企业的商业秘密。

续表

禁擅自行为×5	(1) 不得擅自将企业资金以个人名义或者以他人名义开立账户储存； (2) 不得擅自以企业财产提供担保； (3) 未经投资人同意，不得从事与本企业相竞争的业务； (4) 未经投资人同意，不得同本企业订立合同或者进行交易； (5) 未经投资人同意，不得擅自将企业商标或者其他知识产权转让给他人使用。

例　张某设立个人独资企业，委托朋友李四为分支机构负责人，李四是否可以从事与个人独资企业总部相竞争的业务？是否可以将自己的货物直接出卖给分支机构？经张某同意，李四是否可以分支机构财产为其弟李小明提供抵押担保？（提示：未经张某同意，李四不可同业竞争；不可自我交易。但经过张某同意，李四可设定担保）

（四）解散与清算

解散事由×3	(1) 投资人决定解散
	(2) 投资人死亡或者被宣告死亡，无继承人或者继承人决定放弃继承
	(3) 被依法吊销营业执照
清算人	(1) 投资人自行清算
	(2) 债权人申请人民法院指定清算人进行清算
债务清偿顺序	个人独资企业解散的，财产应当按照下列顺序清偿：所欠职工工资和社会保险费用→所欠税款→其他债务

第 **4** 章　外商投资企业法

提示：本章在司法考试中分值不高，年均＜1题。

第一节　中外合资经营企业法

一、概念和特征

中外合资经营企业，是指中国合营者与外国合营者依照中华人民共和国法律的规定，在中国境内共同投资、共同经营，并按投资比例分享利润、分担风险及亏损的企业。其特征包括：

1. 组织形式为有限责任公司，具有法人资格。
2. 中外各方依照出资比例分享利润，分担亏损，回收投资。该种合营称为股权式合营。
3. 外方合营者的出资比例一般不得低于25%。（外方≥25%）
4. 合资企业不设股东会，其最高权力机构为董事会。董事的资格不得违反公司法关于董事任职条件的规定。

二、具体制度

（一）设立

1. 合营者。外方不限（可为外国的公司、企业、其他经济组织或者个人）；但中方不包括中国公民个人（中方合营者仅为中国的公司、企业或者其他经济组织）。
2. 设立前审批程序。在中国境内设立合营企业，经国务院对外经济贸易主管部门审查批准，发给批准证书。
3. 设立登记机关。合资企业办理开业登记，应当在收到审批机关发给的批准证书后30天内，向工商行政管理机关办理登记手续。
4. 中外合营企业的协议、合同和章程经审批机构批准后生效，其修改时同。[①]

例　中国海天公司与A国小宇公司拟成立一家中外合资经营企业，并签署了合资合同与章程，但海天公司迟迟未向主管机关报批。如最终未能获得审批机关的批准，则双方之间的合资合同效力如何？（提示：合同未生效。该合同并非"无效合同"）

---

①　协议，是合资各方对设立合资企业的某些要点和原则达成一致意见而订立的文件。

合同，是为设立合资企业就相互权利义务关系达成一致意见而订立的文件。

章程，是按照合资企业合同规定的原则，经合资各方一致同意，规定合资企业的宗旨、组织原则和经营管理方法等事项的文件。

（二）出资方式

出资评估	以实物、工业产权、专有技术、场地使用权作为出资的，其作价（1）由合资各方按照公平合理的原则协商确定，或者（2）聘请合资各方同意的第三者评定。	
出资期限	（1）合营各方应当按照合同规定的期限缴清各自的出资额。 （2）逾期未缴或者未缴清的，应当按合同规定支付迟延利息或者赔偿损失。 （3）各方仍然未按期缴付出资的，有权撤销批准证书。	
注册资本	（1）	实行认缴资本制。
	（2）	注册资本可以用人民币表示，也可以用合营各方约定的一种可自由兑换的外币表示。
	（3）	注册资本中，外国合营者的投资比例一般不低于25%。（外方≥25%）
	（4）	在合营经营期间均不得减少其注册资本。但是因投资总额和生产经营规模等发生变化，确需减少的，须经审批机构批准。
财务会计	（1）	编报的财务会计报告应当折算为人民币。
	（2）	会计记录使用外国文字记载时，应当同时用中文记载。
外方以非货币出资	（1）	外方以非货币作为出资的，应报审批机关批准。
	（2）	技术和设备要符合：①必须是适合我国需要的先进技术和设备；②作价不得高于国际市场的价格；③应当报审批机构批准。
	（3）	工业产权或者专有技术出资，要符合下列条件之一：①能显著改进现有产品的性能、质量，提高生产效率的；②能显著节约原材料、燃料、动力的。
	（4）	以工业产权或专有技术作为出资，应将专利证书或者商标注册证书的复印件、有效状况及其技术特性、实用价值、作价的计算依据、与中国合资者签订的作价协议等有关文件，作为合资合同的附件。
中方以场地使用权出资	情形1	场地使用权未作为中国合资者出资的一部分：（1）合资企业应向中国政府缴纳场地使用费；（2）场地使用费在开始用地的5年内不调整，以后因情况变化确需调整的，调整的间隔期应当不少于3年。
	情形2	场地使用权作为中国合资者出资的一部分：（1）其作价金额应与取得同类场地使用权所应缴纳的使用费相同；（2）场地使用费在合同的有效期限内不得调整。

（三）股权转让

1. 合营一方向第三者转让其全部或者部分股权的，须经合营他方同意，并报审批机构批准，向登记管理机构办理变更登记手续。

2. 合营一方转让其全部或者部分股权时，合营他方有优先购买权。

3. 合营一方向第三者转让股权的条件，不得比向合营他方转让的条件优惠。

4. 违反上述规定的，其转让无效。

（四）组织机构

1. 中外合营企业不设立股东会。

2. 董事会。

（1）董事会为权力机构。董事会的职权是按合营企业章程规定，讨论决定合营企业的一切重大问题。

（2）董事长和副董事长由合营各方协商确定或由董事会选举产生。中外合营者的一方担任董事长的，由他方担任副董事长。正副总经理（或正副厂长）由合营各方分别担任。（一方正职，另一方副职）

（3）董事会人数不得少于3人，任期为4年，可连任。

（4）董事会会议每年至少召开1次，应当有2/3以上董事出席方能举行。董事不能出席的，可以出具委托书委托他人代表其出席和表决。

（5）董事长为法定代表人。（法定代表人唯一，经理不可为法定代表人）

（五）合营双方纠纷解决方式

1. 仲裁采自愿原则，既可向中国的仲裁机构，也可向其他国际性仲裁机构提交仲裁。

2. 诉讼为专属管辖，只能向中国法院起诉，并且只能适用中国法律。

3. 应聘请中国的注册会计师、律师。

4. 应向中国境内的保险公司投保。

第二节　中外合作经营企业法

一、概念和特征

中外合作经营企业，是指外国的企业和其他经济组织或者个人（以下简称外国合作者）按照平等互利的原则，同中华人民共和国的企业或者其他经济组织（以下简称中国合作者）在中国境内共同举办的企业形式。

特征为：

1. 中外合作经营企业属于契约式的合营企业。中外合作者的投资或提供的合作条件，并不折算成股份，均由合作企业合同约定。

2. 组织形式具有多样性。

（1）中外合作企业符合中国法律关于法人条件的规定，具有法人资格的，组织形式为有限责任公司。

（2）不具有法人资格的，为合伙关系。即该类中外合作经营企业对外承担连带责任，内部关系依据合作合同处理。

二、具体制度

1. 在取得中国法人资格的合作企业中，外国合作者的投资一般不低于合作企业注册资本的25%。在不具有法人资格的合作企业中，对合作各方向合作企业投资或者提供合作条件的具体要求，由商务部规定。（《中外合作经营企业法实施细则》第18条第3款）

2. 外国合作者可以先行收回投资。先行收回投资的批准机关为财税机关。先行收回投资的办法：加速固定资产折旧；扩大外国投资者的利润分配比例和产品分配比例。

3. 中外合作者用作投资或者合作条件的借款及其担保，由各方自行解决。

4. 合作各方应当以其自有的财产或者财产权利作为投资或者合作条件，对该投资或者合作条件不得设置抵押权或者其他形式的担保。

例　某一中外合作企业，中方出资中的 30 万美元为现金，由中方向银行借贷，合作企业以设备提供担保，则此种方式违法。正确做法是，中方以自己的设备（而非该中外合作企业的设备）提供担保。

5. 中外合作企业的管理形式有董事会制、联合管理制、委托管理制。

（1）董事会或联合管理委员会为权力机构，成员不得少于 3 人，董事或者委员由合作各方自行委派或者撤换。

（2）董事不能出席的，可以委托他人代表其出席和表决。

（3）中外合作者的一方担任董事长、主任的，副董事长、副主任由他方担任。

第三节　外资企业法

1. 概念。外资企业，是指依照中国有关法律在中国境内设立的全部资本由外国投资者投资的企业，不包括外国的企业和其他经济组织在中国境内的分支机构。

2. 特征。

（1）外资企业的全部资本是由外国投资者投资的，相应的，企业的全部利润归外国投资者，风险和亏损也由外国投资者独立承担。外国投资者可以是公司、企业以及其他经济组织或者个人。

（2）外资企业依中国法律在中国境内设立，是具有中国国籍的企业。

3. 组织形式分两种情况：

（1）外资企业中，符合中国法律关于法人条件的，取得法人资格，为有限责任公司。

（2）外资企业为其他责任形式的，外国投资者对企业的责任适用中国法律、法规的规定。

4. 出资方式。

《外资企业法实施细则》第 25 条就出资方式作出了规定。要点为：

（1）外国投资者可以用可自由兑换的外币出资。

（2）经审批机关批准，外国投资者也可以用其从中国境内举办的其他外商投资企业获得的人民币利润出资。

（3）用机器设备作价出资。需要满足：①该机器设备应当是外资企业生产所必需的设备；②该机器设备的作价不得高于同类机器设备当时的国际市场正常价格。

5. 用工业产权、专有技术出资。需要满足：该工业产权、专有技术应当为外国投资者所有。

6. 外国投资者缴付出资的期限应当在设立外资企业申请书和外资企业章程中载明。

第 章　企业破产法

提示：破产法年均题量3题，题目难度较大。试题偏重理论，强调理解。
（1）重点掌握2011和2013年出台的两个《破产法司法解释》；（2）案例分析中，有"公司法+破产法"趋势；（3）掌握本法特殊制度：如破产管理人、别除权、取回权、破产抵销权、破产债权、债务人财产的范围、破产清偿顺序等。

知 识 结 构 图

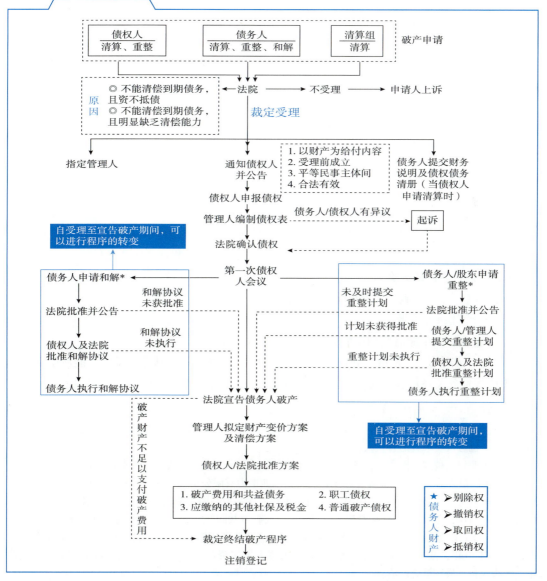

债权人
清算、重整

债务人
清算、重整、和解

清算组
清算

破产申请

原因
◎ 不能清偿到期债务，且资不抵债
◎ 不能清偿到期债务，且明显缺乏清偿能力

法院 —— 不受理 —— 申请人上诉

裁定受理

指定管理人

通知债权人并公告
债权人申报债权
管理人编制债权表
法院确认债权
第一次债权人会议

1. 以财产为给付内容
2. 受理前成立
3. 平等民事主体间
4. 合法有效

债务人提交财务说明及债权债务清册（当债权人申请清算时）

债务人/债权人有异议 —— 起诉

自受理至宣告破产期间，可以进行程序的转变

债务人申请和解*
法院批准并公告
债权人及法院批准和解协议
债务人执行和解协议

和解协议未获批准
和解协议未执行

债务人/股东申请重整*
法院批准并公告
债务人/管理人提交重整计划
债权人及法院批准重整计划
债务人执行重整计划

未及时提交重整计划
计划未获得批准
重整计划未执行

法院宣告债务人破产

自受理至宣告破产期间，可以进行程序的转变

管理人拟定财产变价方案及清偿方案
债权人/法院批准方案

1. 破产费用和共益债务　　2. 职工债权
3. 应缴纳的其他社保及税金　　4. 普通破产债权

★ 债务人财产
➢ 别除权
➢ 撤销权
➢ 取回权
➢ 抵销权

破产财产不足以支付破产费用

裁定终结破产程序

注销登记

第一节 🎧 破产法基本制度

> 📑 **提示**
>
> 　　本节包括大量理论和具体制度，要重点理解掌握。

一、适用范围和适用程序

　　1. 适用范围。本法适用于企业法人。但企业法人以外的组织（如，合伙企业）的清算，属于破产清算的，参照适用《破产法》规定的程序。①

　　2. 破产案件的司法程序包括三种：和解、重整和破产清算。

　　（1）破产重整（重整），是我国引自英美法系的一项破产保护制度，利害相关人通过积极拯救濒临经营困境的企业，防止债务人企业进入破产清算程序，以帮助债务人摆脱经营困境、恢复营业能力。（重在挽救，避免死亡）②

　　（2）破产和解（和解），是指为避免破产清算，债务人企业与债权人会议达成以让步方法了结债务的协议。可以这么理解，破产和解制度提供的是债权人妥协的程序机制，给债务人创造了复苏的条件。

　　（3）破产清算（清算），是指由破产管理人对破产财产进行清算、评估、处理，并按照规定的程序和规则对破产财产进行分配，最终目的是企业注销。③

二、破产原因★★

（一）概念

　　破产原因，是债务人企业能否适用破产程序所依据的特定法律事实。它是法院进行破产宣告所依据的特定事实状态。它也是法院受理债务人申请破产程序的实质条件。

（二）破产原因的分类

　　根据《破产法》，破产原因可做如下分类：

　　1. 不能清偿+资不抵债。

　　即"企业法人不能清偿到期债务，并且资产不足以清偿全部债务。"

　　（1）"不能清偿"，是指下列情形同时存在的，人民法院应当认定债务人不能清偿到期债务：①债权债务关系依法成立；②债务履行期限已经届满；③债务人未完全清偿债务。

---

　　① 《合伙企业法》第 92 条：合伙企业不能清偿到期债务的，债权人可以依法向人民法院提出破产清算申请，也可以要求普通合伙人清偿。

　　合伙企业依法被宣告破产的，普通合伙人对合伙企业债务仍应承担无限连带责任。

　　② 中国最大的光伏生产企业——无锡尚德太阳能电力有限公司（无锡尚德），在 2013 年 3 月 20 日被无锡中院裁定实施破产重整。无锡尚德通过了重整方案：包括引入战略投资者，注入流动资金，债务以打折方式清偿，原出资人 100%股权无偿划转等。在各方共同努力下，无锡尚德获得重整成功。

　　③ 沈阳市防爆器械厂于 1986 年 8 月被宣告破产，成为我国第一家破产的公有制企业。据资料，该厂连续亏损 10 年，截至 1984 年底，该厂仅有 5 万多元固定资产，但所欠外债高达 48 万多元，亏损严重，无法挽救，最终被破产清算。

（2）**判断是否"不能清偿"，只能针对债务人本身**。如果相关当事人以对债务人的债务负有连带责任的人未丧失清偿能力为由，主张债务人不具备破产原因的，法院应不予支持。

（3）"资不抵债"，是指债务人资产不足以清偿全部债务。即债务人的资产负债表，或者审计报告、资产评估报告等显示其全部资产不足以偿付全部负债的，应当认定债务人资产不足以清偿全部债务，但有相反证据足以证明债务人资产能够偿付全部负债的除外。

（4）出现该类破产原因，**可选择或者重整；或者和解；或者清算程序**。（3选1）

2. **不能清偿+明显缺乏清偿能力**。即"企业法人不能清偿到期债务，并且明显缺乏清偿能力的"。

（1）不能清偿。（同上）

（2）明显缺乏清偿能力。是指，**出现下列情形之一的**，应当认定其明显缺乏清偿能力：

①因资金严重不足或者财产不能变现等原因，无法清偿债务；

②法定代表人下落不明且无其他人员负责管理财产，无法清偿债务；

③经人民法院强制执行，无法清偿债务；

④长期亏损且经营扭亏困难，无法清偿债务；

⑤导致债务人丧失清偿能力的其他情形。

（3）出现该类破产原因，可选择或者**重整；或者和解；或者清算程序**。（3选1）

3. **企业法人有明显丧失清偿能力可能性**。

（1）是指虽然尚未出现不能清偿的客观事实，但已经出现经营危机。

（2）出现该类破产原因，**仅能启动重整程序**。

[**总结**] 破产原因

法院支持的申请破产的理由	法院不支持的异议理由
（1）不能清偿到期债务+资不抵债；（3选1） （2）不能清偿到期债务+明显缺乏清偿能力；（3选1） （3）有明显丧失清偿能力的可能。（重整）	（1）以负有连带责任的人未丧失清偿能力为由，主张债务人不具备破产原因的，法院应不予支持； （2）以申请人未预先交纳诉讼费用为由，对破产申请提出异议的，法院不予支持； （3）以债务人未提交相关财务材料为由，法院不得拒绝受理破产申请。即，如果债务人在申请时未提交财产状况说明等材料，在受理破产申请后，人民法院应当责令债务人依法提交其财产状况说明、债务清册、债权清册、财务会计报告等有关材料，债务人拒不提交的，人民法院可以对债务人的直接责任人员采取罚款等强制措施。

三、破产案件的申请程序

破产申请，是指破产申请人依法向人民法院请求裁定债务人适用破产程序的行为。但是，破产申请不是破产程序开始的标志，破产程序的开始以**法院受理**为准。

（一）破产申请人

1. 债务人申请。★

申请主体	债务人。
申请前提	债务人须出现破产原因。
启动程序	（1）不能清偿到期债务+资不抵债→重整、和解、破产清算申请（3选1）。 （2）不能清偿到期债务+明显缺乏清偿能力→3选1。 （3）有明显丧失清偿能力的可能性→重整。
提交材料	（1）破产申请书和有关证据。 （2）财产状况说明、债务清册、债权清册、有关财务会计报告、职工安置预案以及职工工资的支付和社会保险费用的缴纳情况。（若未提交，不影响破产案件的申请和受理，可在受理后补交）

2. 债权人申请。★

申请主体	债权人。
申请前提	债务人不能清偿到期债务。（因债权人是外部人，无需证明债务人出现破产原因）
启动程序	可以选择破产清算、重整的申请。（2选1）
提交材料	（1）应当提交债务人不能清偿到期债务的有关证据。 （2）债权人的债权：①须为具有给付内容的请求权；②须为法律上可强制执行的请求权；③须为已到期的请求权。

3. 清算人申请。

申请主体	负有清算责任的人。
申请前提	企业法人已解散但未清算或者未清算完毕，资产不足以清偿债务。
启动程序	清算。（由自主清算转为破产清算）
宣告破产	清算人提出破产申请后，法院应当受理并于受理时宣告债务人破产。

（二）债权人提出破产申请的审查时限★

债权人提出申请，自法院收到破产申请→法院作出受理裁定的最长时间为 37 日（5+7+10+15）。具体包括：

1. 通知期≤5 日。即法院应当自收到申请之日起 5 日内通知债务人。

2. 异议期≤7 日。即债务人对申请有异议的，应当自收到法院的通知之日起 7 日内向法院提出。

3. 审理期≤10 日。即法院应当自异议期满之日起 10 日内裁定是否受理。

4. 裁定受理延期≤15 日。即有特殊情况需要延长受理期限的（如，债权人人数众多、债权债务关系复杂等情况），经上一级法院批准，可以延长 15 日。

5. 送达期≤5 日。即法院受理破产申请的：（1）应当自裁定作出之日起 5 日内送达申请人（即债权人）。同时，（2）法院自裁定作出之日起 5 日内送达债务人。（3）债务人应当自裁定送达之日起 15 日内，向人民法院提交财产状况说明、债务清册、债权清册、有关财务会计报告以及职工工资的支付和社会保险费用的缴纳情况。

> 📝 **笔记**
>
> 5 通 7 异 10 裁定；特情上批延 15。

〔图示〕债权人申请破产程序之流程

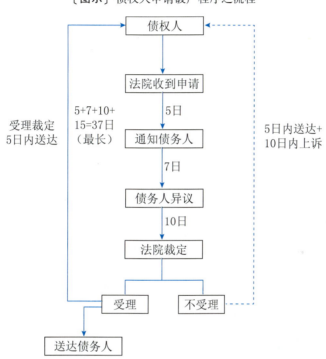

（三）债务人/清算人提出破产申请的审查时限

此情形，从法院收到破产申请→法院作出受理裁定的最长时间为 30 日（15+15）：

1. 审理期≤15 日。即，人民法院应当自收到破产申请之日起 15 日内裁定是否受理。（因该类申请由债务人提出，所以无"通知债务人期限，债务人异议期"）

2. 延期≤15 日。即，有特殊情况需要延长裁定受理期限的，经上一级人民法院批准，可以延长 15 日。

3. 送达期≤5 日。法院受理破产申请的，应当自裁定作出之日起 5 日内送达申请人（即债务人）。债务人应当自裁定送达之日起 15 日内，向人民法院提交财产状况说明、债务清册、债权清册、有关财务会计报告以及职工工资的支付和社会保险费用的缴纳情况。

（四）破产申请的撤回、驳回

1. 受理裁定作出前可撤回。即，

（1）法院受理破产申请前，申请人可以请求撤回申请。

（2）法院对于申请人提出的撤回申请的请求，有权审查，并以裁定的形式决定是否准许其撤回申请。

（3）法院准许申请人撤回破产申请的，在撤回之前已经支出的费用由破产申请人承担。

2. 不符合破产原因的可裁定驳回，可上诉。即，

（1）法院受理破产申请后至破产宣告前，经审查发现债务人不符合破产原因的，可以裁定驳回申请。

（2）申请人对裁定不服的，可以自裁定送达之日起 10 日内向上一级法院提起上诉。

3. 作出不受理破产申请的裁定，可上诉。即，

（1）应当自裁定作出之日起 5 日内送达申请人并说明理由。

（2）申请人对裁定不服的，可以自裁定送达之日起 10 日内向上一级法院提起上诉。

> 📖 笔记
>
> 仅 2 个裁定可提起上诉：①驳回破产申请的裁定；②不受理破产申请的裁定。

（五）申请人向上一级法院提出破产申请

1. 具体情形包括：

（1）申请人提出破产申请，有管辖权法院未接收；

（2）或者管辖法院未向申请人出具收到申请及所附证据的书面凭证；

（3）或者管辖法院未在法定期限内作出是否受理的裁定。

2. 上一级法院的处理：

（1）上一级法院接到破产申请后，应当责令下级法院依法审查并及时作出是否受理的裁定；

（2）下级法院仍不作出是否受理裁定的，上一级法院可以径行作出裁定；

（3）上一级法院裁定受理破产申请的，可以同时指令下级法院审理该案件。

四、破产案件的受理程序

破产案件的受理，又称立案，是指法院在收到破产案件申请后，认为申请符合法定条件而予以接受，并由此开始破产程序的司法行为。法院裁定受理破产申请，是破产程序开始的标志。

具体而言，法院作出的破产受理裁定会产生下列影响：

（1）	指定管理人	法院裁定受理破产申请的，应当同时指定管理人。
（2）	个别清偿无效	债务人对个别债权人的债务清偿无效→由管理人按清偿方案统一清偿。
（3）	应向管理人清偿/返还	①债务人的债务人或者财产持有人应当向管理人清偿债务或者交付财产。②债务人的债务人或者财产持有人故意违反前款规定向债务人清偿债务或者交付财产，使债权人受到损失的，不免除其清偿债务或者交付财产的义务。

续表

(4)	双方<u>均未履行完毕</u>的双务合同，由<u>管理人</u>决定	①管理人对破产申请受理前成立而债务人和对方当事人均未履行完毕的合同有权决定解除或者继续履行，并通知对方当事人。 ②管理人自破产申请受理之日起 2 个月内未通知对方当事人，或者自收到对方当事人催告之日起 30 日内未答复的，视为解除合同。 ③管理人决定继续履行合同的，对方当事人应当履行；但是，对方当事人有权要求管理人提供担保。管理人不提供担保的，视为解除合同。
(5)	保全解除/执行中止	①有关债务人财产的保全措施（冻结、扣押、查封）应当解除。 ②执行程序应当中止。
(6)	诉讼/仲裁中止	已经开始而尚未终结的有关债务人的民事诉讼或者仲裁应当中止；在管理人接管债务人的财产后，该诉讼或者仲裁继续进行。
(7)	统一管辖	破产程序开始后，有关债务人的民事诉讼，只能向受理破产申请的法院提起。

例　草莓公司和甲因房屋买卖纠纷，甲向西安市碑林区法院提起诉讼。2013 年 8 月诉讼中，碑林区法院查封草莓公司的涉案房屋。2015 年 1 月，西安市中院受理草莓公司的破产申请。想一想，2015 年 3 月（破产受理后），碑林区法院是否可以委托拍卖行拍卖查封的涉案房屋？（提示：不可以。破产受理后，保全措施应当解除。甲与其他债权人一样，依破产程序申报破产债权）

五、破产管理人

破产管理人，是法律为实现破产程序的目的而设定的履行法定职能的专门机构。要点为：

产生		(1) 法院指定产生。即，法院裁定受理破产申请的，应当同时指定管理人。 　　①管理人执行职务，向法院报告工作；管理人辞去职务应当经人民法院许可。 　　②管理人要接受债权人会议和债权人委员会的监督。 (2) 债权人申请更换。即，债权人会议认为管理人不能依法、公正执行职务或者其他不能胜任职务情形的，可以申请法院予以更换。
管理人的资格	积极资格（可担任）	(1) 清算组。清算组可担任管理人。 (2) 中介机构。如，律师事务所。 (3) 个人。个人担任管理人的，应当参加执业责任保险。
	消极资格（不可担任）	(1) 因故意犯罪受过刑事处罚。（不包含过失犯罪） (2) 曾被吊销相关专业执业证书。 (3) 与本案有利害关系。如，亲属关系、债权债务关系、雇佣关系、合伙关系等。具体内容还需要相应司法解释明确。 (4) 法院认为不宜担任管理人的其他情形。

续表

管理人的职责	［职责1］对债务人财产的管理	（1）接管债务人的财产。 （2）调查债务人财产状况，制作财产状况报告。 （3）管理和处分债务人的财产。 （4）对债务人在破产程序前的不正当财产处分行使撤销权和追回权。 （5）在破产宣告后，拟订破产变价方案。 （6）拟订和执行破产分配方案。
	［职责2］对债务人经营管理权的接管	（1）接管债务人印章和账簿、文书等资料。 （2）决定债务人的内部管理事务。 （3）决定债务人的日常开支和其他必要开支。 （4）在第一次债权人会议召开之前，决定继续或者停止债务人的营业。 （5）代表债务人参加诉讼、仲裁或者其他法律程序。 （6）提议召开债权人会议。 （7）接受债权申报、调查职工债权和编制债权表。 （8）决定待履行合同的解除或继续履行。 （9）破产程序终结时，办理破产人的注销登记。 （10）其他。

六、破产费用和共益债务

（一）破产费用

1. 概念。破产费用，是指破产程序开始后，为破产程序的进行而需支付的费用。

2. 破产费用包括：

（1）破产案件的诉讼费用；

（2）管理、变价和分配债务人财产的费用；

（3）管理人执行职务的费用、报酬和聘用工作人员的费用。

（二）共益债务

1. 概念。共益债务，是指法院受理破产申请后，为全体债权人的共同利益而负担的债务。债权人一方与之相对应的权利为共益债权。

2. 共益债务包括：

（1）因管理人或者债务人请求对方当事人履行双方均未履行完毕的合同所产生的债务；

（2）债务人财产受无因管理所产生的债务；

（3）因债务人不当得利所产生的债务；

（4）为债务人继续营业而应支付的劳动报酬和社会保险费用以及由此产生的其他债务；

（5）管理人或者相关人员执行职务致人损害所产生的债务；

（6）债务人财产致人损害所产生的债务。

（三）清偿原则

清偿原则可概括为外部按顺序，内部按比例。具体为：

1. 随时清偿。即破产费用和共益债务由债务人财产随时清偿。

2. **破产费用优先清偿**。即债务人财产不足以清偿所有破产费用和共益债务的，先行清偿破产费用。

3. **内部比例清偿**。即债务人财产不足以清偿所有破产费用或者共益债务的，按照比例清偿。

4. **不足清偿破产费用，程序终结**。即债务人财产不足以清偿破产费用的，管理人应当提请人民法院终结破产程序。人民法院应当自收到请求之日起 15 日内裁定终结破产程序，并予以公告。

例　希尔纺织厂被法院受理破产。

（1）现查明，债务人财产 10 万元。破产费用 18 万元，共益债务 40 万元（财产<破产费用）→破产程序终结，共益债务不再清偿。但现破产费用有 3 项，每 1 项均为 6 万元，就内部这 3 项，各按照 1/3 的比例清偿。即每项破产费用可得清偿 3.33 万元。

（2）若企业债务人财产 10 万元。破产费用 8 万元，共益债务 8 万元（财产<破产费用+共益债务）→先还破产费用，余下财产 2 万元，再清偿共益债务。

七、债务人财产的范围★★

（一）概述

《破产法》第 30 条："破产申请受理时属于债务人的全部财产，以及破产申请受理后至破产程序终结前债务人取得的财产，为债务人财产。"

下列财产属于债务人财产	下列财产不属于债务人财产
（1）货币、实物、债权、股权、知识产权、用益物权等财产和财产权益； （2）债务人已依法设定担保物权的特定财产； （3）债务人对按份享有所有权的共有财产的相关份额，或者共同享有所有权的共有财产的相应财产权利，以及依法分割共有财产所得部分，均应认定为债务人财产； （4）依法执行回转的财产； （5）破产程序受理后债务人财产的增值；（孳息、不动产增值、退税款、租金等） （6）管理人行使追回权对应的财产； （7）管理人行使撤销权对应的财产。	（1）取回权对应的财产； （2）债务人在所有权保留买卖中尚未取得所有权的财产； （3）所有权专属于国家且不得转让的财产； （4）其他依照法律、行政法规不属于债务人的财产。

（二）追回权

1. **管理人对出资瑕疵股东行使追回权**。

（1）管理人代表债务人提起诉讼，可主张出资人向债务人依法缴付未履行的出资或者返还抽逃的出资本息。

（2）上述未缴纳出资不受章程规定的缴纳期限，或者违反出资义务超过诉讼时效的影响。

（3）发起人、负有监督股东履行出资义务的董事、高级管理人员，或者协助抽逃出资的其他股东、董事、高级管理人员、实际控制人等，应当对股东违反出资义务或者抽逃出资承担相应责任。

（4）债权人通过债权人会议或者债权人委员会，要求管理人向债务人的出资人等追收债务人财产，管理人无正当理由拒绝追收，债权人会议可申请法院更换管理人。

2. 管理人对管理层"非正常收入+侵占财产"行使追回权。

（1）债务人的董事、监事和高级管理人员利用职权从企业获取的非正常收入和侵占的企业财产，管理人应当追回。

（2）非正常收入，是指债务人出现破产原因①，其董事、监事和高级管理人员利用职权获取的收入：①绩效奖金；②普遍拖欠职工工资情况下获取的工资性收入；③其他非正常收入。

（3）处理。

绩效奖金	管理人追回绩效奖金后，董、监、高管，因返还绩效奖金形成的债权→作为普通破产债权清偿。
工资性收入	（1）按照该企业职工平均工资计算的部分→作为拖欠职工工资清偿； （2）高出该企业职工平均工资计算的部分→作为普通破产债权清偿。 （≤平均工资→工资清偿顺序；＞平均工资→普通破产债权顺序）
其他非正常收入	董、监、高管，返还其他非正常收入形成的债权→作为普通破产债权清偿。
侵占财产	侵占的企业财产由管理人追回。

（三）撤销权

当企业生产经营已经陷入困境，但尚未被法院受理破产，此时有可能出现该企业恶意处分财产而损害债权人利益的举动。如，甲公司2016年12月被法院受理破产，其于2016年10月份无偿转让企业财产或突击全额清偿乙公司的债权。此类破产前交易行为有可能导致甲公司财产难以保全或者个别债权人抢先受偿。为了保护相关人的利益免受债务人企业恶意损害以及为了实现债权人之间的公平受偿，破产法规定了撤销权制度。

［第一类］可撤销的欺诈破产行为。

法院受理破产申请前1年内（此时陷于"濒临破产"境地），涉及债务人财产的下列行为，管理人有权请求撤销	
可撤销情形×5	**特殊情况**
（1）无偿转让财产的→可撤销	—
（2）以明显不合理的价格进行交易的→可撤销	交易撤销后，买卖双方应当依法返还从对方获取的财产或者价款。对于债务人应返还受让人已支付价款所产生的债务，列为共益债务

---

① 破产原因，即"企业法人不能清偿到期债务，并且资产不足以清偿全部债务或者明显缺乏清偿能力的，依照本法规定清理债务。"

续表

（3）	对没有财产担保的债务提供财产担保的→可撤销	—
（4）	对未到期的债务提前清偿的→可撤销	①该债务在破产申请受理前已经到期的，不予撤销 ②但是，该清偿行为发生在破产申请受理前6个月内且债务人出现破产原因的情形，可以撤销（详见下文）
（5）	放弃债权的→可撤销	—

（1）管理人行使撤销权的后果
　　①债务人所实施的交易行为失去效力
　　②管理人行使撤销权对应的财产，列入债务人财产
（2）管理人未依法行使撤销权的，债权人可请求撤销债务人上述行为并将因此追回的财产归入债务人财产①

〔图示〕可撤销的提前清偿

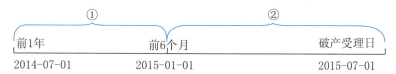

甲公司是债务人企业，图中①+②=受理破产申请前1年内；图中②=破产申请受理前6个月内。

[A] 清偿日在①时间段内

1. 个别提前清偿已经到期的债务→有效清偿。如，某笔债务在2014年8月1日到期，现甲在2014年8月20日的清偿有效。

2. 个别提前清偿未到期的债务：（分情况）

①债务到期日在破产受理后（到期日迟于2015-07-01）→可撤销清偿。

②债务到期日在破产受理日之前（到期日早于2015-07-01）→有效清偿。

[B] 清偿日在②段+债务人出现破产原因时，债务人提前清偿未到期债务→可撤销

---

① 《破产法解释（二）》第13条：破产申请受理后，管理人未依据企业破产法第31条的规定请求撤销债务人无偿转让财产、以明显不合理价格交易、放弃债权行为的，债权人依据合同法第74条等规定提起诉讼，请求撤销债务人上述行为并将因此追回的财产归入债务人财产的，人民法院应予受理。

相对人以债权人行使撤销权的范围超出债权人的债权抗辩的，人民法院不予支持。

［第二类］可撤销的个别清偿行为。①

原则上，个别清偿无效	(6个月+破产原因+个别清偿到期债权=可撤销) 法院受理破产申请前6个月内，债务人已经有破产原因②情形，仍对个别债权人（此处指"已到期"债权人）进行清偿的，管理人有权请求撤销	
特殊的有效清偿	但是在上述时间段内，若个别清偿已到期债务，可使债务人财产受益，该种清偿有效不可撤销。具体而言，可细分为下列情况	
有效清偿×5		例外情况
(1)	对以自有财产设定担保物权的（已到期）债权进行的个别清偿，不予撤销	但是，债务清偿时担保财产的价值低于债权额除外（如，债权额100万元，抵押物价值50万元）
(2)	债务人经诉讼、仲裁、执行程序对债权人进行的个别清偿，不予撤销	但是，债务人与债权人恶意串通损害其他债权人利益的除外（应撤销）
(3)	债务人为维系基本生产需要而支付水费、电费等的，不予撤销	—
(4)	债务人支付劳动报酬、人身损害赔偿金，不予撤销	—
(5)	使债务人财产受益的其他个别清偿，不予撤销	—

［第三类］无效的欺诈破产行为。

涉及债务人财产的下列行为无效：

1. 为逃避债务而隐匿、转移财产的；

2. 虚构债务或者承认不真实的债务的。

此种情形，债务人恶意更大，"隐匿、转移财产；虚构债务或者承认不真实的债务"行为在任何情况下均为法律所禁止。因此，作为无效行为，无时间限制，即无论其何时发生均为无效，任何人在任何时候均得主张其无效。

八、取回权★★

（一）概念和特征

取回权，是指从管理人接管的财产中取回不属于债务人的财产的请求权。其特征为：

1. 取回权是对特定物的返还请求权。以特定物为请求标的，以该物的原物返还为请求内容。

2. 取回权的发生依据是物权关系，是以物权为基础的请求权。

3. 取回权不参加债权申报，取回权人不参加债权人会议，而由权利人个别行使权利。

4. 物权人应当向管理人主张取回权。

① 《破产法》第32条：人民法院受理破产申请前6个月内，债务人有本法第2条第1款规定的情形，仍对个别债权人进行清偿的，管理人有权请求人民法院予以撤销。但是，个别清偿使债务人财产受益的除外。

② 破产原因，即"企业法人不能清偿到期债务，并且资产不足以清偿全部债务或者明显缺乏清偿能力的，依照本法规定清理债务。"

（二）一般取回权行使规则

<table>
<tr>
<td rowspan="20">以取回原物为原则</td>
<td>（1）</td>
<td colspan="2">一般取回权</td>
</tr>
<tr>
<td>①</td>
<td colspan="2">行使取回权的前提</td>
</tr>
<tr>
<td></td>
<td colspan="2">a. 所有权归属他人。即受理破产申请后，债务人占有的不属于债务人的财产，该财产的权利人可以通过管理人取回。但是，法律另有规定的除外。（重整时，应当按照合同约定行使取回权）
b. 权利人行使取回权应支付相关运输、保管等费用，未支付的，保管人可拒绝其取回。</td>
</tr>
<tr>
<td>②</td>
<td colspan="2">行使时间★</td>
</tr>
<tr>
<td></td>
<td colspan="2">应在破产财产变价方案或和解协议、重整计划草案提交债权人会议表决之前。上述期限后主张取回相关财产的，应当承担延迟行使取回权增加的相关费用。</td>
</tr>
<tr>
<td>③</td>
<td colspan="2">对不易保管财产的提存</td>
</tr>
<tr>
<td></td>
<td colspan="2">对债务人占有的权属不清的鲜活易腐等不易保管的财产或者不及时变现价值将严重贬损的财产，管理人及时变价并提存变价款后，有关权利人可就该变价款行使取回权。</td>
</tr>
<tr>
<td>④</td>
<td colspan="2">债务人占有的他人财产被违法转让给第三人★</td>
</tr>
<tr>
<td></td>
<td>（情形1）第三人善意取得，权利人无法取回的：</td>
<td>（情形2）第三人支付对价但未善意取得，原权利人取回财产的，对第三人已支付对价的处理：</td>
</tr>
<tr>
<td></td>
<td>a. 转让行为发生在破产申请受理前的，原权利人因财产损失形成的债权，作为普通破产债权清偿。</td>
<td>a. 转让行为发生在破产申请受理前的，作为普通破产债权清偿。</td>
</tr>
<tr>
<td></td>
<td>b. 转让行为发生在破产申请受理后的，因管理人或者相关人员执行职务导致原权利人损害产生的债务，作为共益债务清偿。</td>
<td>b. 转让行为发生在破产申请受理后的，作为共益债务清偿。</td>
</tr>
<tr>
<td>⑤</td>
<td colspan="2">债务人占有的他人财产毁损、灭失</td>
</tr>
<tr>
<td></td>
<td>（情形1）获得的保险金、赔偿金、代偿物尚未交付给债务人，或者代偿物虽已交付给债务人但能与债务人财产予以区分的：</td>
<td>（情形2）保险金、赔偿金已经交付给债务人，或者代偿物已经交付给债务人且不能与债务人财产予以区分的：</td>
</tr>
<tr>
<td></td>
<td rowspan="2">权利人可主张取回就此获得的保险金、赔偿金、代偿物。</td>
<td>a. 财产毁损、灭失发生在破产申请受理前的，权利人因财产损失形成的债权，作为普通破产债权清偿。</td>
</tr>
<tr>
<td></td>
<td>b. 财产毁损、灭失发生在破产申请受理后的，因管理人或者相关人员执行职务导致权利人损害产生的债务，作为共益债务清偿。</td>
</tr>
<tr>
<td>（2）</td>
<td colspan="2">对在途标的物的取回权</td>
</tr>
<tr>
<td>①</td>
<td colspan="2">前提</td>
</tr>
</table>

续表

以取回原物为原则		货物尚在运输途中。即，法院受理破产申请时，出卖人已将买卖标的物向作为买受人的债务人发运，债务人尚未收到且未付清全部价款。
	②	行使时间★
		a. 在途时可取回。即，出卖人可以取回在运途中的标的物。但是，管理人可以支付全部价款，请求出卖人交付标的物。
		b. 在途时出卖人主张。即出卖人通过：通知承运人或者实际占有人中止运输、返还货物、变更到达地，或者将货物交给其他收货人等方式，对在运途中标的物主张了取回权但未能实现；或者在货物未达管理人前已向管理人主张取回在运途中标的物→在买卖标的物到达管理人后，出卖人仍可向管理人主张取回。
	③	到达后主张取回权的后果
		不支持到达后再主张取回权。即，出卖人对在运途中标的物未及时行使取回权，在买卖标的物到达管理人后向管理人行使在运途中标的物取回权的，管理人不应准许。（此时处理为：出卖人就所欠价款可以申报债权）

例 麦琪运输公司从 AA 汽车租赁公司租赁 10 辆货车，现麦琪公司占有该 10 辆汽车。2015 年 1 月麦琪公司破产。管理人发现下列情况：

［情形 1］（1）2014 年 6 月，麦琪公司将上述 10 辆汽车出售给 BB 公司，此属于"无权处分"行为，若 BB 公司符合"善意+对价+权属转移"，则 BB 公司取得该 10 辆汽车的所有权。想一想，AA 公司该怎么办？（提示：原权利人 AA 公司作为普通债权人，向麦琪公司申报债权）

（2）若 BB 公司已付车款，可是汽车还没交付此事就被发现了。想一想，AA 公司该怎么办？BB 公司该怎么办？（提示：原权利人 AA 公司可以取回上述 10 辆汽车。BB 公司作为普通债权人，其价款损失应当向麦琪公司申报债权）

［情形 2］2015 年 6 月，麦琪公司的管理人将租赁的上述汽车出售给 CC 公司。如果 CC 公司符合"善意+对价+权属转移"。想一想，AA 公司该怎么办？（提示：该转让行为发生在麦琪公司被受理破产之后，AA 公司的损失可作为共益债务得到清偿）

（三）基于所有权保留买卖协议的取回

定义	所有权保留买卖：当事人在买卖合同中约定买受人未履行支付价款或者其他义务的，标的物的所有权属于出卖人
取回权	债务人在所有权保留买卖中尚未取得所有权的财产，不应认定为债务人财产
取回权的行使时间	（1）应当在破产财产变价方案或者和解协议、重整计划草案提交债权人会议表决前向管理人提出 （2）权利人在上述期限后主张取回相关财产的，应当承担延迟行使取回权增加的相关费用
原则	破产管理人有权决定继续履行或解除合同

续表

处理方式	破产方	继续履行		解除合同	
		原则	例外	原则	例外
	卖方破产	买方应当按约付款	(1) 买方违约或非法处分标的物的，卖方管理人可主张取回 (2) 但买方已付款75%或第三人善意取得的，无法取回 (3) 卖方管理人可主张买方付款，要求赔偿	(1) 卖方取回原物 (2) 买方以已履行相关义务或已不当处分标的物抗辩的，抗辩无效 (3) 买受人已支付价款列为共益债务	买受人违约的，已支付价款列为普通破产债权
	买方破产	要求卖方交付标的物，买方及时支付对价（支付义务在破产申请受理时视为到期）	(1) 买方未履约或不当处分标的物的，卖方可主张取回 (2) 买方付款达75%的，或第三方善意取得的除外；卖方可要求买方继续履行或赔偿，列为共益债务	卖方主张取回标的物，买方要求返还价款	(1) 卖方取回的标的物价值减损的，卖方可扣减价款后向买方返还 (2) 买方支付价款不足以弥补卖方损失的，卖方相应债权列为共益债务

九、破产抵销权★★

破产抵销权，是指破产债权人在破产受理前对债务人负有债务的，无论其债权与所负债务种类是否相同，也不论该债权债务是否到期或者附有条件，均可以向破产管理人主张用该债权抵销其对债务人所负的债务。

（一）破产抵销权的行使

1. 破产抵销权的前提是互有债权债务。如，麦琪物流公司欠 AA 服装公司 10 万元货款，AA 公司也欠麦琪公司 10 万元运费。现麦琪公司被受理破产，则二者的债权债务可以相互抵销。

2. 应以债权申报为必要条件。债权人需向管理人提出破产抵销的主张。

3. 破产抵销权不受债权债务种类、期限的限制。下列情况，债权人均可主张破产抵销权：

（1）破产申请受理时，债务人对债权人负有的债务尚未到期；

（2）破产申请受理时，债务人对债权人负有的债务尚未到期；

（3）双方互负债务标的物种类、品质不同。

4. 破产抵销权只能由债权人提出。即，管理人不得主动抵销债务人与债权人的互负债务，但抵销使债务人财产受益的除外。

　　只能由债权人单项抵销的原因在于，债务人进入破产程序后，对债务人而言，两笔债权偿还方式和受偿比例不同：债权人对债务人享有的债权应当进行债权申报，最后按统一清偿比例受偿，若清偿比例为10%，意味着债务人仅需实际偿还10万元，即可了结100万元的债务；而债权人对债务人的负债，需要及时、足额清偿。如图中所示，若不进行抵销，实际效果是，债权人向债务人偿还100万元，而债务人仅需偿还债权人10万元。其他债权人可就债务人收回的资金进行清偿。若管理人主张抵销，则使债务人财产受损，从而也损害了其他债权人的受偿权。

　　5. 破产抵销权自管理人收到通知之日起生效。

　　（1）无异议→收到通知抵销生效。即，管理人收到债权人提出的主张债务抵销的通知后，经审查无异议的，抵销自管理人收到通知之日起生效。

　　（2）有异议→3个月起诉。管理人对抵销主张有异议的，应当在约定的异议期限内或者自收到主张债务抵销的通知之日起3个月内向法院提起诉讼。无正当理由逾期提起的，法院不予支持。

　　（3）驳回→收到通知抵销生效。法院判决驳回管理人提起的抵销无效诉讼请求的，该抵销自管理人收到主张债务抵销的通知之日起生效。

　　6. 行使抵销权后，未抵销的债权列入破产债权。

例　甲煤矿拥有乙钢厂普通债权40万元，现乙钢厂被宣告破产，清算组查明甲尚欠乙20万元运费未付。清算组预计乙钢厂的破产清偿率为50%。想一想，甲行使抵销权后拥有多少（万元）破产债权？（提示：可抵销的债权为20万，所以甲还有20万元破产债权）

　　（二）破产抵销权的限制（禁止抵销）

　　［禁抵销1］股东出资额≠债务人欠股东之债。

　　1. 债务人股东因欠缴债务人的出资或者抽逃出资对债务人所负的债务，与债务人对其负有的债务→禁止抵销。

　　2. 债务人股东滥用股东权利或者关联关系损害公司利益对债务人所负的债务，与债务人对其负有的债务→禁止抵销。

例　2016年1月麦琪公司被受理破产，张三是麦琪公司的股东但仍拖欠出资额10万元。现查明2014年8月，麦琪公司和张三签订购货协议，麦琪公司尚欠张三货款10万元。想一想，张三欠麦琪公司的出资款和该公司欠张三的货款，二者能否抵销？［提示：（1）出资不受诉讼时效抗辩限制，张三需缴付全部出资款；（2）麦琪公司欠张三的货款为债权债务关系，受诉讼时效限制。二者性质不同不能抵销］

　　［禁抵销2］债务人的债务人在破产申请受理后取得他人对债务人的债权的，不得抵销。

形成时间	互负债权债务产生于破产受理后。
提出时间	债权人在破产受理后，向破产管理人主张抵销。

续表

处理规则	（1）原则	债务人的债务人（即，次债务人）在破产申请受理后取得他人对债务人的债权的→不得抵销。
	（2）例外	具有上述不得抵销情形的债权人，主张以其对债务人特定财产享有优先受偿权的债权，与债务人对其不享有优先受偿权的债权抵销→允许抵销。
	（3）例外的例外	但是用以抵销的债权大于债权人享有优先受偿权财产价值的除外→禁止抵销。

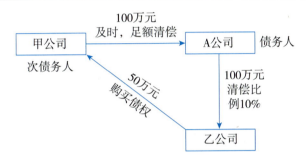

例　1. （1）A公司是债务人企业，其破产清偿率是10%；（2）甲公司欠A公司100万元，则甲是"债务人A的债务人"；（3）A还欠乙公司100万元，则乙是"债务人A的债权人"。当A被宣告破产后，其符合法律的清偿规则应为：A还乙10万元；甲还A100万元。

　　2. 但是，如果在A公司被受理破产后（时间点很重要），甲以50万元的价格购买了"乙对A的100万元债权"。则甲有双重身份：（1）甲本是A的债务人；（2）现在，甲又成为A的债权人。二者形成互负债权债务关系。

　　3. 如果允许"甲和A"的互负债权债务抵销。则甲无需向A支付100万元，这样会影响其他债权人的利益→所以禁止抵销。

　　［禁抵销3］互负债权债务属于恶意突击形成→禁止抵销。（有例外）

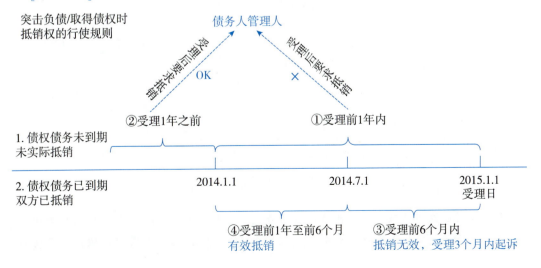

1. 债权人突击负债。

（1）债权人已知债务人有不能清偿到期债务或者破产申请的事实，对债务人负担债务的，禁止抵销。（突击负债时间为破产前 1 年内）

（2）但是，上述债权人因为法律规定或者有破产申请 1 年前（早于 2014.1.1）所发生的原因而负担债务的除外→允许抵销。

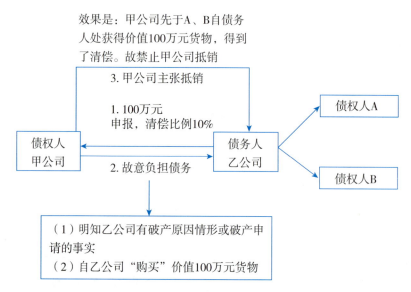

效果是：甲公司先于A、B自债务人处获得价值100万元货物，得到了清偿。故禁止甲公司抵销

3.甲公司主张抵销

1.100万元
申报，清偿比例10%

债权人甲公司

2.故意负担债务

债务人乙公司

债权人A

债权人B

（1）明知乙公司有破产原因情形或破产申请的事实
（2）自乙公司"购买"价值100万元货物

2. 次债务人突击取得债权。

（1）债务人的债务人（即次债务人）已知债务人有不能清偿到期债务或者破产申请的事实，对债务人取得债权的，禁止抵销。（突击负债时间为破产前 1 年内）

（2）但是，次债务人因为法律规定或者有破产申请 1 年前（早于 2014.1.1）所发生的原因而取得债权的除外。

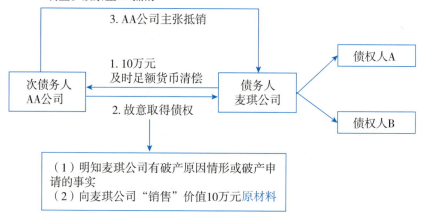

效果是：AA公司本应偿还10万元现金，现"偿还"了原材料，损害其他债权人利益。故禁止AA抵销

3.AA公司主张抵销

1.10万元
及时足额货币清偿

次债务人AA公司

2.故意取得债权

债务人麦琪公司

债权人A

债权人B

（1）明知麦琪公司有破产原因情形或破产申请的事实
（2）向麦琪公司"销售"价值10万元原材料

例 麦琪公司已经申请破产，但尚在法院审查是否受理期内。（1）AA 公司尚欠麦琪公司 10 万元货款，AA 公司即次债务人。（2）AA 公司现在已知麦琪申请破产，又将自己

的原材料出售给麦琪，因该合同现麦琪欠 AA10 万元货款。这样，AA 又成为麦琪的债权人。（3）法律推断 AA 出售原材料的行为仅仅是为了行使破产抵销权做准备，是恶意的，故禁止抵销。

3. 债务人个别抵销无效。

破产申请受理前 6 个月内（③时间段），债务人有破产原因情形，仍以抵销方式对上述突击负债或突击取得债权的个别债权人清偿的：管理人可在破产申请受理之日起 3 个月内（2015. 01. 01 ~ 04. 01）向法院提起诉讼，主张该抵销无效。→个别清偿无效。即：

形成时间	互负债权债务形成于③时间段内；且明知。
到期时间	（1）该恶意突击形成的互负债权债务，在破产受理前已经到期。 （2）债务人已经出现现实破产原因。
清偿时间	破产申请受理前 6 个月内，以抵销方式个别清偿。（此时本可依据民法抵销，但在破产预期情形下，仍禁止）
处理规则	管理人在破产申请受理之日起 3 个月内，可向法院提起诉讼，主张该抵销无效。

十、债权申报★

（一）债权申报的期限

1. 30 日 ~ 3 个月。债权人应当在法院确定的债权申报期内向管理人申报债权。债权申报期限自法院发布受理破产申请公告之日起计算，最短不得少于 30 日，最长不得超过 3 个月。

2. 可以补充申报。即，在法院确定的债权申报期限内，债权人未申报债权的，可以在破产财产最后分配前补充申报。

（1）如果破产程序已经终结，债权人未申报的债权，不能再得到清偿，成为永久履行不能的权利。

（2）对已经分配的破产企业的财产，不可追回分配。

（3）审查和确认补充申报的债权所需费用，由补充申报人承担。

3. 未申报债权的后果。

（1）（限权）在重整程序中，未申报债权在重整计划执行期间不得行使权利，在重整计划执行完毕后，可以按照重整计划规定的同类债权的清偿条件行使。

（2）（限权）在和解程序中，未申报债权在和解协议执行期间不得行使权利，在和解协议执行完毕后，可以按照和解协议规定的清偿条件行使权利。

（二）债权申报的一般规定

1. 是以财产给付为内容的请求权。如，给付标的为劳务或者不作为的请求权，不能申报。但是，因它们的不履行或者不适当履行而产生的赔偿请求权，为可申报的债权。

2. 是法院受理破产申请前成立的对债务人享有的债权。至于债权的到期时间，不影响申报资格。根据破产法的规定，未到期的债权，在破产案件受理时视为已到期。

3. **是平等民事主体之间**的请求权。如，对债务人的罚款等财产性行政处罚，不得申报。

4. **是合法有效的债权**。如，诉讼时效已经届满的债权，不得申报。

（三）可申报债权

1. **有担保的债权**可以申报。破产法规定，债权人申报债权时，应当书面说明债权的数额和有无财产担保，并提交有关证据。所以，有担保的债权可以申报。

2. **未到期的债权**可以申报。因为未到期债权在破产申请受理时视为到期。

3. **待定债权**可以申报。即附条件、附期限的债权和诉讼、仲裁未决的债权，债权人可以申报。

4. **连带债务人**可以申报。

（1）连带责任的每一个债务人均负有清偿全部债务的义务，如果一人已经清偿了全部债务，该人有权向其他连带债务人追偿应当承担的份额。

（2）**以现时偿还权申报债权**：债务人的保证人或者其他连带债务人已经代替债务人清偿债务的，以其对债务人的求偿权申报债权。

（3）**以将来偿还权申报债权**：债务人的保证人或者其他连带债务人尚未代替债务人清偿债务的，以其对债务人的将来求偿权申报债权。但是，债权人已经向管理人申报全部债权的除外。

（4）**分别申报**：连带债务人数人被裁定适用本法规定的程序的，其债权人有权就全部债权分别在各破产案件中申报债权。

〔图例〕

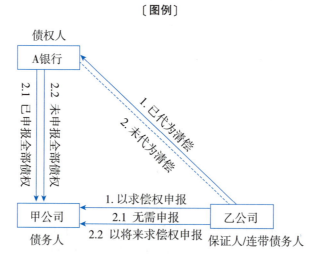

例 甲向 A 贷款 100 万元，乙为该笔贷款的保证人（或是连带债务人），现甲被法院受理破产。（1）如果由甲全额清偿 A 银行的 100 万元，难上加难。（2）但，乙是正常经营企业，A 当然可以要求乙偿还。那么，依据民法原理，乙向 A 银行偿还后，乙可以向甲追偿。（3）但甲破产，所以乙可以向甲的管理人申报债权。"连带债务人申报"，是指图中甲、乙二者的关系。

5. **待履行合同相对人的赔偿请求权**。依照《破产法》第18条①的规定解除合同的，对方当事人以因合同解除所产生的损害赔偿请求权可以申报债权。

6. **票据付款人的请求权**可以申报。即，破产债务人是票据的出票人，该票据的付款人继续付款或者承兑的，付款人以由此产生的请求权申报债权。

7. **利息请求权**。附利息的债权自破产申请受理时起停止计息。破产申请受理前的利息，随本金一同申报。

（四）不可作为债权申报事项

1. 诉讼时效已经届满的债权、无效债权，均不得申报。

2. 破产费用、共益债务，性质不是债权，不得申报。

3. 取回权，性质是物权，不得申报。

4. **罚金、罚款、违约金**，性质不是债权，不得申报。

5. 债权人参加债权人会议的费用，不得申报。如，差旅费等不作为债权申报。

6. **职工债权不必申报**，由管理人调查后列出清单并予以公示。

职工债权，是指债务人所欠职工的工资和医疗、伤残补助、抚恤费用，所欠的应当划入职工个人账户的基本养老保险、基本医疗保险费用，以及法律、行政法规规定应当支付给职工的补偿金。

[总结] 破产债权申报种类	
可申报债权	不可申报的权利
（1）有担保的债权； （2）未到期的债权； （3）附条件、附期限的债权； （4）诉讼、仲裁未决的债权； （5）连带债务人可以现时/将来偿还权申报债权； （6）待履行合同相对人的赔偿请求权； （7）票据付款人的请求权； （8）利息请求权。	（1）诉讼时效已经届满的债权； （2）无效债权； （3）破产费用、共益债务； （4）取回权； （5）罚金、罚款、违约金； （6）债权人参加债权人会议的费用； （7）职工债权。（无需申报）

---

① 《破产法》第18条：人民法院受理破产申请后，管理人对破产申请受理前成立而债务人和对方当事人均未履行完毕的合同有权决定解除或者继续履行，并通知对方当事人。管理人自破产申请受理之日起2个月内未通知对方当事人，或者自收到对方当事人催告之日起30日内未答复的，视为解除合同。……

十一、债权人会议、债权人委员会

（一）概述

		债权人会议	债权人委员会
性质		是全体债权人参加破产程序并集体行使权利的决议机构。	是代表债权人会议行使监督权利的机构，是否设立债权人委员会由债权人会议决定。
组成	（1）	依法申报债权的债权人为债权人会议的成员。	由债权人会议选任的债权人代表和 1 名债务人的职工代表或者工会代表组成。应当经法院书面决定认可。（委员会＝债权人+职工）
	（2）	应当有债务人的职工和工会代表参加，对有关事项发表意见。	债权人委员会成员不得超过 9 人。（≤9人）
召集程序	（1）	［首次］由法院召集，自债权申报期限届满之日起 15 日内召开。	—
	（2）	［以后］在法院认为必要时，或者管理人、债权人委员会、占债权总额 1/4 以上的债权人向债权人会议主席提议时召开。	—
表决规则		双重多数决。即由出席会议的有表决权的债权人过半数通过，并且其所代表的债权额占无财产担保债权总额的 1/2 以上。但是，本法另有规定的除外。	—

（二）职权

		管理人	债权人会议	债权人委员会
职权	债务人财产	调查、管理、处分权。 （1）接管债务人的财产、印章和账簿、文书等资料； （2）调查债务人财产状况，制作财产状况报告； （3）管理和处分债务人的财产。	通过权。即， （1）通过债务人财产的管理方案； （2）通过破产财产的变价方案； （3）通过破产财产的分配方案。	监督权。即， （1）监督债务人财产的管理和处分； （2）监督破产财产分配。
	经管权	对债务人经营管理权的接管	—	—

续表

	管理人	债权人会议	债权人委员会
关系	(1) 提议召开债权人会议； (2) 管理人要接受债权人会议和债权人委员会的监督。	(1) 申请法院更换管理人，审查管理人的费用和报酬； (2) 监督管理人； (3) 选任和更换债权人委员会成员。	管理人实施下列行为，应当及时报告债权人委员会： (1) 涉及土地、房屋等不动产权益的转让； (2) 探矿权、采矿权、知识产权等财产权的转让； (3) 对债权人利益有重大影响的其他财产处分行为； (4) 管理人拟通过清偿债务或者提供担保取回质物、留置物，或者与质权人、留置权人协议以质物、留置物折价清偿债务等方式，进行对债权人利益有重大影响的财产处分行为的，应当及时报告债权人委员会。未设立债权人委员会的，管理人应当及时报告人民法院。

第二节　重整程序

> **提示**
>
> 　　本节重点：重整程序中的特殊问题；重整原因；重整申请人；重整协议的通过和生效；重整执行不能。

一、重整的申请★

　　1. 重整原因，即可引起重整程序产生的"破产原因"。具体包括：（参见本章第 1 节）

　　(1) 不能清偿到期债务，并且资产不足以清偿全部债务→可申请重整、和解、清算。

　　(2) 不能清偿到期债务，并且明显缺乏清偿能力→可申请重整、和解、清算。

　　(3) 明显丧失清偿能力的可能性→仅可申请重整。

　　2. 重整申请人。具体包括：（参见本章第 1 节）

　　(1) 债务人可以直接向法院申请进行重整。

　　(2) 债权人可以直接向法院申请对债务人进行重整。

二、重整期间★

（一）概述

重整期间，自法院裁定债务人重整之日起至重整程序终止。包括：重整计划提交阶段+重整计划通过阶段。

1. 重整计划提交阶段：6+3。即，（1）债务人或者管理人应当自法院裁定债务人重整之日起 6 个月内，同时向法院和债权人会议提交重整计划草案。（2）有正当理由的，法院可以裁定延期 3 个月。（3）债务人或者管理人未按期提出重整计划草案的，法院应当裁定终止重整程序，并宣告债务人破产。

2. 重整计划通过阶段：无期限。即从重整计划草案提交时起，到债权人会议表决后人民法院裁定批准或不批准重整计划并终止重整程序。该期间没有法定期限。

重整期间包括：①+②阶段；③阶段，提出/审查重整申请

（二）重整期间对营业保护的特别规定

1. 债务人可自行管理财产和营业事务。（管理人监督）

（1）在重整期间，经债务人申请法院批准，债务人可以在管理人的监督下自行管理财产和营业事务。

（2）已接管债务人财产和营业事务的管理人应当向债务人移交财产和营业事务。管理人的职权由债务人行使。

2. 对债务人的特定财产享有的担保权暂停行使。

限制优先权行使的目的，是为保证债务人不因担保财产的执行而影响企业重整进行，特别是在对债务人经营所必需的机器设备、设施等设定担保的情况下。同时，为了给对特定财产享有的担保权以必要的保护，《破产法》第 75 条同时还规定，担保物有损坏或者价值明显减少的可能，足以危害担保权人权利的，担保权人可以向人民法院请求恢复行使担保权。

3. 债务人或者管理人为继续营业而借款的，可以为该借款设定担保。

4. 取回权人要求取回的，应当符合事先约定的条件。

债务人合法占有的他人财产，该财产的权利人在重整期间要求取回的，应当符合事先约定的条件。如，麦琪公司租赁 AA 公司 10 辆汽车，现麦琪公司破产重整。也许所租赁的这些汽车直接关系到麦琪公司能否继续营业，也就是重整能否成功。所以，在重整期间，AA 公司能否取回汽车，要依据原租赁合同的条件。

5. 债务人的出资人不得请求投资收益分配。

6. 管理层禁转股权。即，债务人的董事、监事、高级管理人员不得向第三人转让其持有的债务人的股权。但是，经法院同意的除外。

（三）重整计划

1. 重整计划内容。

概念。重整计划，是债务人、债权人和其他利害关系人在协商基础上就债务清偿和企业拯救作出的安排。			
内容	（1）	关于债权的方案	①债权分类方案。重整计划草案的债权分类办法： 　a. 担保物权人组。 　b. 职工债权组。 　c. 所欠税款。 　d. 普通债权。 ②债权调整、受偿方案。同组的债权，原则上应按同等条件受偿。 　如，债权延期偿付、减免利息、减免本金清偿额、债权转换为股权等。
	（2）	关于企业营业振兴的方案	①债务人的经营方案。 ②有利于债务人重整的其他方案。
	（3）	关于重整计划执行的方案	①重整计划的执行期限。 ②重整计划执行的监督期限。

2. 重整计划需"分组表决，法院批准"。

（1）	召集债权人会议		法院自收到重整计划草案之日起30日内召开债权人会议。对重整计划草案进行表决。
（2）	债权分组表决	①	依照重整计划草案中的债权分类，债权人会议分组。
		②	组内双重多数决。即，出席会议的同一表决组的债权人过半数同意重整计划草案，并且其所代表的债权额占该组债权总额的2/3以上的，即为该组通过重整计划草案。
		③	各表决组均通过重整计划草案时，重整计划即为通过。
（3）	法院批准重整		①自重整计划通过之日起10日内，债务人或者管理人应当向人民法院提出批准重整计划的申请。 ②法院经审查认为符合本法规定的，应当自收到申请之日起30日内裁定批准，终止重整程序，并予以公告。 ③经法院裁定批准的重整计划，对债务人和全体债权人均有约束力。

3. 重整计划未通过时的强行批准。

企业重整不仅关系到债权人的利益，而且关系到其他利害关系人的利益和社会公共利益，因此，面对个别表决组出于自身利益而拒绝通过重整计划的情形，需要法律进行理性权衡。《破产法》第87条①规定了重整计划未通过时的强行批准制度。具体说，就"未通过重整计划草案的表决组"，处理分为两个步骤：

第1步	协商基础上的再次表决	（1）债务人或者管理人可以同未通过重整计划草案的表决组协商，该表决组可以在协商后再表决一次。 （2）但是，双方协商的结果不得损害其他表决组的利益。
第2步	符合法定条件时，可强行批准	（1）前提： 　①拒绝再次表决或者再次表决仍未通过重整计划草案。 　②但重整计划草案符合第87条规定条件的。 　③债务人或者管理人可以申请法院批准重整计划草案。 （2）处理： 　法院经审查后，可裁定批准重整计划方案，终止重整程序。

（四）重整程序终止

出现下列情况，法院裁定终止重整程序，重整期间结束：

［情形1］法院裁定终止重整程序+恢复经营
法院经审查认为重整计划符合本法规定的，终止重整程序，企业开始执行重整计划。

［情形2］法院裁定终止重整程序+宣告破产	
（1）	债务人或者管理人未按期提出重整计划草案的。
（2）	重整计划草案未获得通过且未获得强行批准，或者已通过的重整计划未获得批准的。

---

① 《破产法》第87条：部分表决组未通过重整计划草案的，债务人或者管理人可以同未通过重整计划草案的表决组协商。该表决组可以在协商后再表决一次。双方协商的结果不得损害其他表决组的利益。

未通过重整计划草案的表决组拒绝再次表决或者再次表决仍未通过重整计划草案，但重整计划草案符合下列条件的，债务人或者管理人可以申请人民法院批准重整计划草案：

（一）按照重整计划草案，本法第82条第1款第（一）项所列债权就该特定财产将获得全额清偿，其因延期清偿所受的损失将得到公平补偿，并且其担保权未受到实质性损害，或者该表决组已经通过重整计划草案；（即担保物权）

（二）按照重整计划草案，本法第82条第1款第（二）项、第（三）项所列债权将获得全额清偿，或者相应表决组已经通过重整计划草案；（即职工债权、税）

（三）按照重整计划草案，普通债权所获得的清偿比例，不低于其在重整计划草案被提请批准时依照破产清算程序所能获得的清偿比例，或者该表决组已经通过重整计划草案；

（四）重整计划草案对出资人权益的调整公平、公正，或者出资人组已经通过重整计划草案；

（五）重整计划草案公平对待同一表决组的成员，并且所规定的债权清偿顺序不违反本法第113条的规定；

（六）债务人的经营方案具有可行性。

人民法院经审查认为重整计划草案符合前款规定的，应当自收到申请之日起30日内裁定批准，终止重整程序，并予以公告。

续表

	出现下列情形，经管理人或者利害关系人请求：	
	①	重整期间，债务人的经营状况和财产状况继续恶化，缺乏挽救的可能性。
（3）	②	重整期间，债务人有欺诈、恶意减少债务人财产或其他显著不利于债权人的行为。
	③	重整期间，由于债务人的行为致使管理人无法执行职务。
	④	债务人不能执行或者不执行重整计划的。

三、重整计划的执行阶段

法院经审查认为重整计划符合本法规定的，终止重整程序，企业开始执行重整计划。

执行人	（1）重整计划由债务人负责执行。 （2）在监督期内，由管理人监督重整计划的执行；债务人应当向管理人报告重整计划执行情况和债务人财务状况。	
执行	（1）	执行完毕（成功）→不再清偿
	即按照重整计划减免的债务，自重整计划执行完毕时起，债务人不再承担清偿责任。	
	（2）	执行不能（失败）
	①	债务人：宣告破产。即，债务人不能执行或者不执行重整计划的，法院经管理人或者利害关系人请求，应当裁定终止重整计划的执行，并宣告债务人破产。
	②	债权人：承诺失效+清偿有效+同一比例。即， a. 裁定终止重整计划执行的，债权人在重整计划中作出的债权调整的承诺失去效力。 b. 债权人因执行重整计划所受的清偿仍然有效，债权未受清偿的部分作为破产债权。 c. 前述债权人只有在其他同顺位债权人同自己所受的清偿达到同一比例时，才能继续接受分配。
	③	担保有效。即，重整计划因执行不能而终止并宣告债务人破产，为重整计划的执行提供的担保继续有效。

例 麦琪厂破产重整，其欠甲公司100万元，在重整计划中甲同意债权减到70万元。现麦琪已经清偿甲10万，但之后该重整计划不能执行，麦琪厂被法院终止重整并宣告破产。则：①甲在重整计划中作出的减免债权到70万的承诺失去效力，也就是甲的债权恢复为100万。②但甲已经接受的10万清偿有效。③甲未受清偿的90万，参加到麦琪厂的破产清算程序中。④若甲已获得的清偿比例高于其他同顺位债权人，则甲暂缓分配。

四、程序之间的转换

重整、和解、破产清算三种程序之间存在可转换性。

共同规定：

（1）转换时间：在法院受理破产申请后、宣告债务人破产前。

（2）重整、和解之间不可转换。

转换类型		转换申请人	具体事由
（1）	重整转清算	经管理人或者利害关系人请求。（强调：债务人不可请求）	①在重整期间，a. 债务人……缺乏挽救的可能性；b. 债务人有……显著不利于债权人的行为；c. 债务人……致使管理人无法执行职务； ②债务人不能执行或者不执行重整计划。
（2）	和解转清算	经和解债权人请求。（强调：债务人不可请求）	①未通过和解协议；因欺诈达成的和解协议； ②债务人不能执行或者不执行和解协议的。
（3）	清算转重整	①债务人； ②或出资额占债务人注册资本1/10以上的出资人可请求。	债权人申请对债务人进行破产清算的，在法院受理破产申请后、宣告债务人破产前，债务人或者出资额占债务人注册资本1/10以上的出资人，可以向法院申请重整。
（4）	清算转和解	债务人。	债务人可以在法院受理破产申请后、宣告债务人破产前，向法院申请和解。

例 关于破产程序的转换，下列判断是否正确？

①如为债权人申请债务人破产清算的案件，债务人可以申请重整。

②如为债权人申请债务人重整的案件，债务人可以申请破产清算。

③债务人一旦被宣告破产，则不可能再进入重整或者和解程序。

④即使债务人未出现现实的资不抵债情形，也可申请重整程序。

（提示：①对；②错；③对；④对）

第三节 和解程序

一、和解的申请★

1. 和解原因，即可引起和解程序产生的"破产原因"。具体包括：（参见本章第1节）

（1）不能清偿到期债务，并且资产不足以清偿全部债务→可申请重整、和解、清算。

（2）不能清偿到期债务，并且明显缺乏清偿能力→可申请重整、和解、清算。

2. 和解的申请人，必须是已经具备破产原因的债务人。（债权人、清算人、出资人等均不可申请和解）

3. 债务人在申请和解时必须提交和解协议草案。（区别：重整→自法院裁定债务人重整之日起6个月内提交重整计划草案）

二、和解期间★

（1）	和解期间（裁定和解→终止和解程序）	
法院经审查认为和解申请符合破产法规定的，应当裁定和解，予以公告，并召集债权人会议讨论和解协议草案。		
（2）	担保物权人不受和解协议影响	
对债务人的特定财产享有担保权的权利人，自法院裁定和解之日起可以行使优先受偿权。		
（3）	和解协议	
	时间	法律未规定和解协议提交时间、讨论时间。
	表决	①债权人不分组+双重多数决。即，债权人会议通过和解协议的决议，由出席会议的有表决权的债权人过半数同意，并且其所代表的债权额占无财产担保债权总额的2/3以上。 ②法院认可生效。即，债务人和债权人达成和解协议，必须经法院裁定认可方能生效。（区别：重整计划→法院裁定批准）
	效力	约束"债务人+和解债权人"。即， ①债务人应当按照和解协议规定的条件清偿债务。 ②和解协议对全体和解债权人均有约束力。 　a. 和解债权人，是指法院受理破产申请时对债务人享有无财产担保债权的人。 　b. 和解债权人未申报债权的，在和解协议执行期间不得行使权利；在和解协议执行完毕后，可以按照和解协议规定的清偿条件行使权利。（未申报，被限权） 　c. 和解债权人对债务人的保证人和其他连带债务人所享有的权利，不受和解协议的影响。
（4）	和解程序终止	
	情形1	因通过和解协议而终止。即，债权人会议通过和解协议的，由法院裁定认可，终止和解程序，并予以公告。管理人应当向债务人移交财产和营业事务，并向法院提交执行职务的报告。
	情形2	未通过和解协议而终止。即， ①和解协议草案经债权人会议表决未获得通过，或者已经债权人会议通过的和解协议未获得法院认可的，法院应当裁定终止和解程序，并宣告债务人破产。 ②因债务人的欺诈或者其他违法行为而成立的和解协议，法院应当裁定无效，并宣告债务人破产。和解债权人因执行和解协议所受的清偿，在其他债权人所受清偿同等比例的范围内，不予返还。

〔图〕和解期间 VS 重整期间

	和解期间	重整期间
（1）	和解协议不分组表决。	重整计划要分组表决。
（2）	有财产担保债权的债权人不受和解协议的影响，因此不参加表决。	有财产担保债权的债权人担保权暂停行使，要对重整协议表决。
（3）	和解协议，经法院裁定认可生效。	重整计划需要法院裁定批准生效。

三、和解协议的执行阶段

债权人会议通过和解协议的，由法院裁定认可终止和解程序，并予以公告。管理人应当向债务人移交财产和营业事务，并向人民法院提交执行职务的报告。

执行人	和解协议由债务人执行。	
和解协议的执行	（1）	执行成功
	按照和解协议减免的债务，自和解协议执行完毕时起，债务人不再承担清偿责任。	
	（2）	和解协议的执行不能（失败）
	①	债务人：宣告破产。即债务人不能执行或者不执行和解协议的，法院经和解债权人请求，应当裁定终止和解协议的执行，并宣告债务人破产。
	②	和解债权人：承诺失效+清偿有效+同一比例。 a. 法院裁定终止和解协议执行的，和解债权人在和解协议中作出的债权调整的承诺失去效力。 b. 和解债权人因执行和解协议所受的清偿仍然有效。 c. 和解债权未受清偿的部分作为破产债权。 和解债权人，只有在其他债权人同自己所受的清偿达到同一比例时，才能继续接受分配。
	③	担保有效。即，在和解协议因执行不能而终止执行的情况下，第三人为和解协议执行提供的担保继续有效。

第四节 🎧 破产清算程序

一、破产宣告

1. 破产宣告，是法院对债务人具备破产原因的事实作出具有法律效力的认定。

2. 法院作出宣告破产的裁定后，不得再进行破产程序间的转换，破产案件无可逆转地进入清算程序，标志着债务人无可挽回地陷入破产倒闭。

3. 法院作出宣告破产的裁定后，债务人称为破产人。债务人财产称为破产财产。

（1）破产财产，是由管理人占有、处分并用于破产分配的财产。破产财产在归属、用途和处置方法上都服从于破产清算的目的。

（2）依据"三大本"观点，债务人财产≠破产财产。破产宣告以前，债务人财产的管理都服从于债务清理和企业拯救目的。只有在破产宣告以后，债务人财产才成为以清算分配为目的的破产财产。

4. 宣告破产后，法院受理破产申请时对债务人享有的债权，称为破产债权。

（1）破产宣告前→原则上禁止个别清偿。

（2）破产宣告后→破产债权开始清偿。

二、破产清算中的清偿问题

（一）概述

1. 金钱分配为原则。即，破产财产的分配应当以货币分配方式进行。但是，债权人会议另有决议的除外。

2. 破产财产分配方案经人民法院裁定认可后，由管理人执行。

3. 破产人无财产可供分配的，管理人应当请求法院裁定终结破产程序。

4. 保证人不免责。即，破产人的保证人和其他连带债务人，在破产程序终结后，对债权人依照破产清算程序未受清偿的债权，依法继续承担清偿责任。

5. 以集体清偿为原则，个别清偿（别除权人）为例外。

（二）别除权的个别清偿★

1. 概念。债务人被宣告破产进入清算程序后，对破产人的特定财产享有担保权的权利人，对该特定财产享有优先受偿的权利被称为"别除权"。（即抵押权、质押权、留置权）

2. 个别清偿+担保物范围内优先清偿规则。即，对破产人的特定财产享有担保权的权利人，对该特定财产享有优先受偿的权利。具体包括：

（1）债权已依法申报并获得确认。

（2）别除权以破产人的特定财产为标的物。根据别除权标的物具有特定性的原理，当别除权标的物不足清偿被担保的全部债务时，别除权人不得就未足额清偿部分请求由破产财产获得优先清偿，而只能作为普通破产债权参加集体清偿。

（3）别除权人是就该特定财产"个别地、优先地"接受清偿，其不参加集体清偿程序。所以，破产宣告后，别除权人不受破产清算程序进展情况的影响。

（4）别除权标的物不计入破产财产。破产申请受理后，别除权标的物属于债务人财产，并且可能在破产宣告前为管理人接管（除已经被担保权人占有的外），但为了实现别除权的优先受偿，管理人需要将别除权标的物与其他债务人财产有所区分。（注意：此问题理论上有争议，但"三大本"采用"别除权标的物是债务人财产，但不计入破产财产"观点，建议以"三大本"为准）

（5）建筑工程的承包人的优先受偿权优先于别除权清偿。若在建设工程价款优先权与建筑物抵押权同时并存时，建设工程价款优先权作为法定抵押权优先于约定抵押权受偿。

（6）别除权的标的物不得用于清偿破产费用和共益债务。

（三）集体清偿★

集体清偿规则可概括为：外部按顺序，内部按比例。

1. 破产财产优先清偿破产费用和共益债务后，依照下列顺序清偿：

［第一顺序］职工债权。

包括：（1）破产人所欠职工的工资和医疗、伤残补助、抚恤费用；（2）所欠的应当划入职工个人账户的基本养老保险、基本医疗保险费用；（3）应当支付给职工的补偿金；（4）董事、监事和高级管理人员的工资按照该企业职工的平均工资计算。

［第二顺序］社保+税。

即，破产人欠缴的除前项规定以外的社会保险费用和破产人所欠税款。

［第三顺序］普通破产债权。

即，无物上担保的债权。

2. 破产财产不足以清偿同一顺序的清偿要求的，按照比例分配。

第 6 章 票据法

提示：本法年均题量为2题（3分）。注意和《公司法》结合在案例分析中考查的趋势。

（1）票据法基础理论，如票据无因性、票据抗辩、追索权、票据瑕疵的处理。

（2）票据具体规则，如票面记载事项、背书、保证等具体规则。

〔图1〕票据正面

银 行 承 兑 汇 票 2　　　　　　　汇票号码

出票日期（大写）　　年　月　日

出票人全称			收款人	全　称			
出票人账号				账　号			
付款人全称		行号		开户行		行号	

汇票金额	人民币 （大写）	亿	千	百	十	万	千	百	十	元	角	分

汇票到期日 （大写）	年　月　日	付款行	行号	
承兑协议编号			地址	

本汇票请你行承兑，到期无条件支付 出票人签章	本汇票已经承兑，到期由本行付款 承兑行签章 年　月　日
备注：	复核　　　记账

〔图2〕票据背书

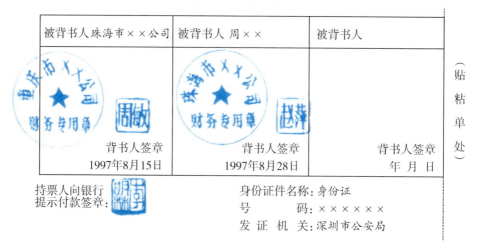

持票人向银行
提示付款签章：

身份证件名称：身份证
号　　码：××××××
发 证 机 关：深圳市公安局

第一节 🎧 票据法基本制度

一、概述

（一）概念和功能

票据，是指由出票人签发，约定自己或者委托他人见票或于确定的日期，无条件支付一定金额的有价证券。我国票据法上的票据仅指汇票、本票和支票。

票据具有下列功能：

1. 汇兑功能。主要是为了解决现代社会经济生活中，异地转移金钱的需要，以减少现金的往返运送，从而避免风险、节约费用。（转移需要）

2. 支付功能。票据最简单、最基本的作用就是作为支付手段。用票据代替现金作为支付工具。（替代需要）

3. 信用功能。现代商品交易中，卖方通常不能在交付货物的同时获得价金的支付。如果这时买方向卖方签发票据，就可以将挂账信用转化为票据信用，把一般债权转化为票据债权，使得权利外观明确、清偿时间确定、转让手续简便。（但是，支票不具备信用功能）

4. 结算功能，又叫债务抵销功能。如，互有债务的双方当事人各签发一张票据给对方，待两张票据都届期即可抵销债务，差额部分，仅一方以现金支付。

5. 融资功能，就是利用票据筹集、融通或调度资金。如票据贴现，即通过对未到期票据的买卖，使持有未到期票据的持票人通过出售票据获得现金。

（二）票据的特征★★

1. 票据是无因证券（无因性）。

是指票据上的法律关系是一种单纯的金钱支付关系，权利人享有票据权利只以持有符合票据法规定的有效票据为必要。至于票据赖以发生的原因则在所不问。即使原因关系无效或有瑕疵，均不影响票据的效力。但是，不能将"无因性"绝对化，其例外情况见下文"票据抗辩"。

例　基于买卖关系，甲公司向乙公司签发100万元汇票支付货款，乙又基于和梦宇公司之间的购销关系，将该汇票（甲出票的汇票）背书转让给梦宇公司。则梦宇公司在请求付款时，无须证明上述民事合同合法有效。即使甲、乙间的买卖关系不存在了或有瑕疵，只要该票据符合本法的形式要件，则梦宇公司就是合格的持票人，可以行使票据权利。

2. 票据是要式证券（要式性）。

（1）票面记载要严格按照票据法及相关法规的规定记载，否则会影响票据的效力甚至导致票据的无效。

（2）票据上的行为（出票、背书、承兑、保证、追索等）必须严格按照规定的程序和规则进行，否则票据行为无效。

3. 票据是文义证券。

是指票据上权利义务的内容必须以票据上的文字记载为准，即使票据上的记载和实际情况不符，也不允许当事人以票据外的方法加以变更或者补充。如，票据上记载的出票日是1月3日，但实际出票日是1月2日。此时，票据权利以记载出票日1月3日为准。

4. 票据是设权证券。

是指票据权利的产生前提是必须首先要做成"票据"（即合法出票）。在票据做成之前，票据权利是不存在的。（没有票据，就没有票据权利）①

5. 票据是流通证券。

票据的流通非常灵活，无须依民法有关债权让与的规定。如，无记名票据，可依单纯交付而转让；记名票据，经背书交付可以转让。

6. 票据行为具有独立性。

是指就同一票据所为的若干票据行为互不牵连，都分别依各行为人在票据上记载的内容，独立地发生效力。该性质说明，在先票据行为无效，不影响后续票据行为的效力；某一票据行为无效，不影响其他票据行为的效力。

（三）票据法上的法律关系

票据法上的法律关系，包括票据关系和票据法上的非票据关系（基础关系）。

〔**图示**〕票据法律关系（实线＝票据关系；虚线＝基础关系）

---

① 《公司法》中"股票"为证权证券，其顺序是"股东出资取得股东权→公司成立→签发股票"。

票据关系	是基于票据的出票、背书、保证、承兑行为而产生的权利义务关系。		
票据基础关系		分类	关系—分离原则
	（1）	原因关系。（票据当事人之间授受票据的理由）	原因关系和票据关系相分离。即使原因关系无效，票据一经转让，该张票据的效力不受影响。
	（2）	预约关系。（票据当事人在授受票据之前，就票据的种类、金额、到期日、付款地等事项达成协议而产生的法律关系。预约关系，是沟通票据原因和票据行为的桥梁）	预约关系和票据关系相分离。票据预约达成的协议仅为民事合同，当事人不履行票据预约合同所产生的权利义务仅构成民法上的债务不履行，不影响票据的效力。
	（3）	资金关系。（出票人和付款人所发生的法律关系，即出票人之所以委托付款人进行付款的理由）	资金关系和票据关系相分离。即使资金关系无效，票据一经转让，该张票据的效力不受影响。

二、票据权利

（一）票据权利的种类

1. 票据权利，是指持票人向票据债务人请求支付票据金额的权利。包括付款请求权和追索权。

（1）票据权利人—持票人，即票据的持有人（持票人）享有票据权利。

（2）票据债务人—指除持票人外其他在票据上签名的人。票据债务人负担票据义务，即依自己在票据上的签名按照票据上记载的文义，承担相应的义务。

（3）前手，是指在票据签章人或者持票人之前签章的其他票据债务人。

2. 付款请求权—首次权利。

是指持票人必须首先向付款人（或承兑人）行使的第一次请求权，而不能越过"付款请求权"直接行使"追索权"。

3. 追索权—第二次权利。

（1）是指在付款请求权未能实现时，持票人向背书人、出票人以及汇票的其他债务人请求支付票据金额的权利。

（2）追索权的行使。

行使的原因	有下列情形之一的，持票人可以行使追索权：	
	（1）	到期被拒付。即，汇票到期被拒绝付款的，持票人可行使追索权。
	（2）	到期前有拒付风险。即，汇票到期日前有下列情形之一的，持票人可行使追索权：①汇票被拒绝承兑的；②承兑人或者付款人死亡、逃匿的；③承兑人或者付款人被依法宣告破产的或者因违法被责令终止业务活动的。

续表

行使的规则	(1)	前手的连带责任。即，持票人可以对背书人、出票人以及汇票的其他债务人行使追索权。
	(2)	具有选择性。即，持票人可以不按照汇票债务人的先后顺序，对其中任何一人、数人或者全体行使追索权。
	(3)	具有变更性。即，持票人对汇票债务人中的一人或者数人已经进行追索的，对其他汇票债务人仍可以行使追索权。
	(4)	具有代位性。即，被追索人清偿债务后，与持票人享有同一权利。

（二）票据权利的取得原则

我国《票据法》第 10~12 条规定了持票人取得票据权利的原则。

1. 对价原则。是指持票人取得票据必须给付对价，即原则上持票人不得无偿取得票据。

（1）对价，即应当给付票据双方当事人认可的相对应的代价。持票人应付对价而未付对价，票据债务人可要求返还票据。

（2）注意：没有支付对价但该票据业经转让，票据债务人对业经背书转让票据的持票人进行抗辩的，不予支持。

（3）例外：因税收、继承、赠与可以依法无偿取得票据的，不受给付对价的限制。但是，所享有的票据权利不得优于其（直接）前手的权利。

2. 手段必须合法。持票人以欺诈、偷盗或者胁迫等手段取得票据的，或者明知有前列情形，出于恶意取得票据的，不得享有票据权利。

3. 主观上善意。即，持票人因重大过失取得不符合本法规定的票据的，不得享有票据权利。

（三）票据权利的瑕疵

第 1 类	签章瑕疵
签章，是指在票据上签名、盖章或者签名加盖章。（如，法人签章为"财务专用章+法定代表人名章"）	
(1)	票据上有伪造的签章的，不影响票据上其他真实签章的效力。
(2)	无民事行为能力人或者限制民事行为能力人在票据上签章的，其签章无效，但不影响其他签章的效力。
(3)	没有代理权而以代理人名义在票据上签章的，由签章人承担票据责任。
(4)	代理人超越代理权限的，应当就其超越权限的部分承担票据责任。

第 2 类	变造票据其他事项（除签章）

票据的变造，是指无票据记载事项变更权限的人，对票据上记载事项加以变更，从而使票据法律关系的内容发生改变。被变造的票据有效。

（丙将汇票金额由 10 万变更为 20 万。乙的背书签章已不能辨别是在记载金额变更之前，还是在变更之后。问，各债务人应当对戊承担何种票据责任？）

续表

（1）	在变造之前签章的人，对原记载事项负责。
（2）	在变造之后签章的人，对变造之后的记载事项负责。
（3）	不能辨别是在票据被变造之前或者之后签章的，视同在变造之前签章。

第 3 类	票据的更改
票据更改，是有权人变更，如，出票人修改票据金额。（和变造不同）	
（1）	票据金额、日期、收款人名称不得更改，更改的票据无效。
（2）	对票据上的其他记载事项，原记载人可以更改，更改时应当由原记载人签章证明。

第 4 类	票据的涂销
票据涂销，是指将票据上的签名或者其他记载事项涂抹消除的行为。	
（1）	权利人故意所为票据涂销行为，其实质是票据内容的更改。涂销的事项若为票据金额、日期、收款人名称，其后果为票据无效。
（2）	权利人非故意所为的票据涂销，涂销行为无效。票据依未涂销时的记载事项发生效力。
（3）	非权利人所为的票据涂销行为，发生票据伪造、变造的法律后果。

（四）利益偿还请求权

1. 概念。利益偿还请求权，是指持票人因超过票据权利时效或者因票据记载事项欠缺而丧失票据权利的，仍享有民事权利，可以请求出票人或者承兑人返还其与未支付的票据金额相当的利益。

2. 从性质上看，利益返还请求权不是票据权利，而是一种民事权利，是为了实现实质上的公平。

三、票据抗辩★★

票据抗辩，是指票据债务人根据票据法的规定对票据债权人（即持票人）拒绝履行义务的行为。可以这样来理解，票据抗辩，是票据债务人拒绝向持票人支付票据金额。

（一）票据抗辩的种类

票据抗辩分为两类：对物的抗辩和对人的抗辩。

第 1 类		对物的抗辩（票据瑕疵）
是指因票据本身所存在的事由而发生的抗辩。该类抗辩，对任何持票人都可以主张。		
理由	任一票据债务人→任何持票人的抗辩	（1）★票据欠缺法定必要记载事项，或者有法定禁止记载事项，导致票据无效。 （2）★票据超过票据权利时效的。 （3）★票据尚未到期，票据债务人可以主张抗辩。 （4）★法院作出的除权判决已经发生法律效力的。 （5）票据上记载票据债权消灭的，如票据上明确记载票据金额已清偿或者已抵销、免除或提存的，票据债务人可以提出抗辩。

续表

理由	特定人→任何持票人的抗辩	(1) 无民事行为能力人、限制民事行为能力人在票据上签章时，其监护人可以主张无民事行为能力人或限制民事行为能力人所为的票据行为无效，据此提出抗辩。 (2) 在无权代理或越权代理的情况下，本人可以提出抗辩。 (3) 票据伪造时，被伪造的签章人可以提出抗辩。 (4) 票据变造时，在变造前签章的票据债务人，可以对变造后的票据记载事项主张抗辩；而在变造后签章的票据债务人，可以对变造前的票据记载事项主张抗辩。
第 2 类		**对人的抗辩（人人关系）**
		是指因票据债务人和特定的持票人之间存在一定关系而发生的抗辩。即票据合法，抗辩的理由来源于当事人之间的个人因素。该类抗辩，仅能对特定的持票人主张。
理由	对直接债权债务持票人	(1) ★与票据债务人有直接债权债务关系并且不履行约定义务的。 (2) ★在直接当事人之间，如果存在票据债务人未受领对价或已经进行了相当于票据金额的给付时，票据债务人可以提出抗辩。 (3) 票据原因关系无效、不存在或消灭的情况下，票据债务人可以对有直接原因关系的票据权利人提出抗辩。
	知情抗辩	持票人明知票据债务人与出票人或者与持票人的前手之间存在抗辩事由而取得的票据。
	对非善意持票人	(1) 持票人以欺诈、偷盗或者胁迫等非法手段，或者捡拾等非正当途径取得票据，或者明知有前列情形，恶意取得的票据。 (2) 持票人因重大过失取得的不符合票据法规定的票据，可对该持票人抗辩。

（二）票据抗辩的限制

票据抗辩限制，是指即使出现可以抗辩的事由，但是票据债务人不得用来抗辩持票人。（又称为抗辩切断）

1. ［规则 1］票据债务人不得以自己与出票人或者与持票人的前手之间的抗辩事由，对抗持票人。

（1）但是，持票人明知存在抗辩事由而取得票据的，可以对持票人抗辩。（知情抗辩）

（2）此处的"前手"，包括持票人的任何前手。

2. ［规则 2］因税收、继承、赠与可以依法无偿取得票据的，不受给付对价的限制。但是，所享有的票据权利不得优于其（直接）前手的权利。

〔**图示**〕票据抗辩的限制（对人抗辩）

A 出票给 B，B 不交付货物给 A（B 违约）。我们将抗辩的情况归纳如下：

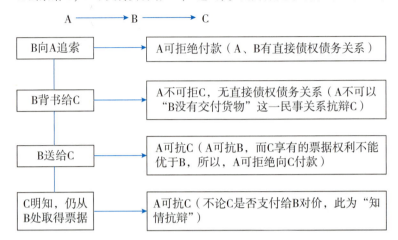

A ────────► B ────────► C

B向A追索	→	A可拒绝付款（A、B有直接债权债务关系）
B背书给C	→	A不可拒C，无直接债权债务关系（A不可以"B没有交付货物"这一民事关系抗辩C）
B送给C	→	A可抗C（A可抗B，而C享有的票据权利不能优于B，所以，A可拒绝向C付款）
C明知，仍从B处取得票据	→	A可抗C（不论C是否支付给B对价，此为"知情抗辩"）

例 潇湘公司为支付货款向楚天公司开具一张金额为 20 万元的银行承兑汇票，付款银行为甲银行。潇湘公司收到楚天公司货物后发现有质量问题，立即通知甲银行停止付款。另外，楚天公司尚欠甲银行贷款 30 万元未清偿。想一想：（1）甲银行是否可以楚天公司尚欠其贷款未还为由拒绝付款？（2）潇湘公司是否有权以货物质量瑕疵为由请求甲银行停止付款？［提示：（1）甲银行可以拒付。（2）潇湘公司不可以货物质量瑕疵为由请求甲银行停止付款］

（三）票据丧失与补救

票据丧失，失票人的补救措施包括：挂失止付、公示催告和提起诉讼。

1. 挂失止付。

（1）是指票据权利人在丧失票据占有时，为防止可能发生的损害，保护自己的票据权利，通知票据上的付款人，请求其停止票据支付的行为。

（2）挂失止付的提起人，应为丧失票据的人，即失票人。

（3）票据本身并不因挂失止付而无效。

（4）收到挂失支付的付款人，应当暂停支付。若付款人违反该规定继续付款的，应当向权利人承担赔偿责任。

（5）失票人应当在通知挂失止付后 3 日内，也可以在票据丢失后，依法向人民法院申请公示催告，或者向人民法院提起诉讼。挂失止付不是公示催告程序和诉讼程序的必经程序。

2. 公示催告。

（1）是指按照规定可以背书转让的票据持有人，因票据被盗、遗失或者灭失，可以向票据支付地的基层人民法院申请公示催告。

（2）公示催告的期间，由人民法院根据情况决定，但不得少于 60 日。

（3）支付人收到人民法院停止支付的通知，应当停止支付，至公示催告程序终结。

（4）公示催告期间，转让票据权利的行为无效。

（5）法院作出除权判决宣告票据无效。

3. 普通诉讼程序。

在票据遗失后，已经知道现实持有人的情况下，失票人不能申请公示催告，但可以依普通民事诉讼程序，提起返还票据的诉讼。或者，直接起诉付款人要求付款。

第二节 🎧 汇票

一、概述

（一）概念

1. 概念。汇票是出票人签发的，委托付款人在见票时或者在指定的日期无条件支付确定的金额给收款人或者持票人的票据。

2. 性质。汇票在性质上是委付证券。汇票的出票人仅仅是签发票据的人，不是票据的付款人，其必须另行委托付款人支付票据金额。

3. 汇票的当事人。

基本当事人	（1）包括：出票人、付款人和收款人。任何汇票均具备的当事人。 （2）汇票对于当事人没有特别限制，可以是银行、企业、个人。
非基本当事人	（1）包括：背书人、保证人等。是指票据已经成立，后加入票据关系中的当事人。 （2）非基本当事人并不是在任何票据中都存在。

（二）汇票的分类

汇票可以分为远期汇票和即期汇票。

分类			特征
即期汇票	见票即付		（1）汇票上没有记载到期日（或者明确记载"见票即付"），持票人一经向付款人提示汇票，请求付款，该汇票即为到期，付款人就应当付款。 （2）该类汇票无需承兑。
远期汇票	（1）	定日付款的汇票	（1）远期汇票需要由付款人进行承兑，以确认其愿意承担付款义务。 （2）在付款人未承兑时，汇票上所载的付款人并无绝对的付款义务。
	（2）	出票后定期付款的汇票	
	（3）	见票后定期付款的汇票	

二、汇票的票据行为

票据行为，是以行为人在票据上进行必备事项的记载、完成签名并予以交付为要件，以发生或转移票据上权利、负担票据上债务为目的的要式法律行为。

汇票的票据行为最为完整，包括：出票、背书、承兑、保证。（本票与支票均为"见票即付"，所以均不包括"承兑"）

票据行为具有独立性，即就同一票据所为的若干票据行为互不牵连，都分别依各行为人在票据上记载的内容，独立地发生效力。即，先票据行为无效，不影响后续票据行为的效力；某一票据行为无效，不影响其他票据行为的效力。

（一）出票★

出票，是指出票人签章并交付给收款人的票据行为。出票人签发汇票后，即承担保证该汇票承兑和付款的责任。

根据"票据设权性"特征，可知出票违法，将导致票据不能做成，进而没有创设票据权利。在票据行为中，出票被称为"主票据行为"。考试中的重点，集中于出票记载事项。

1. 出票时的记载事项。

	项目	汇票	本票	支票
绝对必要记载事项★	设权性	无条件支付的委托	无条件支付的承诺	无条件支付的委托
	票据字样	"汇票"的字样	"本票"字样	"支票"字样
	出票日期	必填	必填	必填
	金额	确定的金额 （1）票据金额以中文大写和数码同时记载，二者必须一致，二者不一致的，票据无效 （2）票据金额、日期、收款人名称不得更改，更改的票据无效		（1）确定的金额 （2）但，支票金额可以补记，不补不能用
	人	付款人名称+收款人名称+出票人签章	收款人名称+出票人签章	付款人名称+出票人签章（经出票人授权，收款人名称可以补记）
	笔记：汇票出票绝对必要记载事项：出票日三人无钱，缺一无效			
相对记载事项★可推定	未记载付款地的推定	付款人的营业场所、住所或者经常居住地为付款地	出票人的营业场所为付款地	付款人的营业场所为付款地
	未记载出票地的推定	出票人的营业场所、住所或者经常居住地为出票地	出票人的营业场所为出票地	出票人的营业场所、住所或者经常居住地为出票地
	未记载付款日期的推定	汇票上未记载付款日期的，为见票即付	限于见票即付，不另记载付款日期	限于见票即付，不另记载付款日期

2. 出票人禁转背书，再次转让无效。

（1）即出票人记载"不得转让"字样。其目的是为了防止票据转让流通环节过多，若持票人行使追索权时，出票人要增加更多的偿还金额。

（2）处理规则：出票人在汇票上记载"不得转让"字样的，汇票不得转让。（即，持票人再背书转让的，背书行为无效。理论上，是一般指名债权的转让）

〔**图示**〕出票人-禁转背书

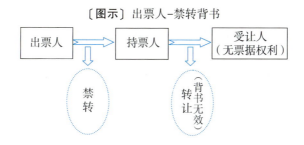

（二）背书行为

1. 概念。背书，是指在票据背面或者粘单上记载有关事项并签章的票据行为。背书人以背书转让票据的，承担保证其后手可以得到承兑和付款的义务。

2. 背书的一般规则。

（1）背书应当连续。是指在票据转让中，转让汇票的背书人与受让汇票的被背书人在汇票上的签章依次前后衔接。

（2）无须经票据债务人同意。是指只要持票人完成背书行为，就构成有效的票据权利转让。

（3）背书转让人不退出票据关系。即，背书转让后，转让人并不退出票据关系，而是由先前的票据权利人转变为票据义务人，并承担担保承兑和担保付款的责任。

3. 背书人禁转背书，再次转让有效。

处理规则：背书人记载"不得转让"字样，其后手再背书转让的，原背书人对后手的被背书人不承担保证责任。

4. 回头背书，追索权受限制。

（1）回头背书，是指以已在票据上签名的票据债务人为被背书人。

（2）处理规则：

①持票人为出票人的，对其前手无追索权。（ABCDA，A 的前手为 BCD）

②持票人为背书人的，对其后手无追索权。（ABCDB，B 的后手为 CD）

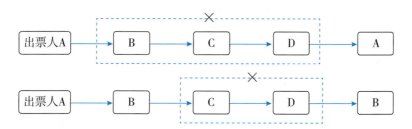

5. 期后背书，是无效背书，但谁背书谁担责。

（1）期后背书，即汇票被拒绝承兑、被拒绝付款或者超过付款提示期限的，背书人仍然将其背书转让。

（2）处理规则：

①理论上，期后背书应当属于无效背书，不能发生一般背书的效力，而只具有债权转让的效力。

②我国的处理：汇票被拒绝承兑、被拒绝付款或者超过付款提示期限的，不得背书转让；背书转让的，背书人应当承担汇票责任。

6. 背书记载"委托收款"字样的，被背书人有权代背书人行使被委托的汇票权利。但是，被背书人不得再以背书转让汇票权利。

7. 部分转让、分别转让无效。即，将汇票金额的一部分转让的背书或者将汇票金额分别转让给 2 人以上的背书无效。

8. 附条件背书，条件无汇票上的效力。

（1）如，背书人在票据背面记载"如果验货合格则承担票据责任"，此为附条件背书。

（2）处理规则：背书不得附有条件。背书时附有条件的，所附条件不具有汇票上的效力。

①背书转让时不得附加任何条件，所以，附条件背书是违反票据法的行为。

②背书附条件虽然违法，也要承担"所附条件不具有汇票上的效力"的不利后果，但尚不及出票记载错误后果严重，不会导致"票据无效"。

> 📖 **对比**
>
> 出票时"附条件支付"，为票据无效。

9. 汇票质押，设质条件是"字样+签章"。

（1）汇票质押时应当以背书记载"质押"字样，并要求在票据上签章。

（2）《最高人民法院关于审理票据纠纷案件若干问题的规定》第 55 条，以汇票设定质押时，出质人在汇票上只记载了"质押"字样未在票据上签章的，或者出质人未在汇票、粘单上记载"质押"字样而另行签订质押合同、质押条款的，不构成票据质押。[①]

（三）保证行为

票据保证，是指票据债务人以外的第三人，担保特定的票据债务人能够履行票据债务的票据行为。

〔图示〕F 是票据保证人，ABCD 为票据债务人，E 持票为票据权利人

A（出）——B（收）——C（背）——D（被背书人）——E（持票人）

X（付款人）　　　　　　　　　　　　　F（保证人）

---

① 汇票质押的设定，《物权法》和《票据法》是有冲突的。《物权法》规定为"合同+交付"，《物权法》第 224 条：以汇票、支票、本票、债券、存款单、仓单、提单出质的，当事人应当订立书面合同。质权自权利凭证交付质权人时设立；没有权利凭证的，质权自有关部门办理出质登记时设立。

1. 票据保证的记载事项。

需记载事项	可推定事项	不得记载事项
保证人在汇票或者粘单上记载下列事项： (1) 表明"保证"的字样，或记载保证文句。保证人未在票据或者粘单上记载"保证文句"而是另行签订保证合同或者保证条款的，不构成票据保证。 (2) 保证人名称和住所。 (3) 被保证人的名称。 (4) 保证日期。 (5) 保证人签章。	(1) 保证人在汇票或者粘单上未记载"被保证人名称"。 ①已承兑的汇票，承兑人为被保证人。 ②未承兑的汇票，出票人为被保证人。 (2) 保证人在汇票或者粘单上未记载"保证日期"，出票日期为保证日期。	票据保证不得附条件，附有条件的，不影响对汇票的保证责任，即该条件视为无记载。 (1) 保证附条件，是违反票据法的行为。 (2) 保证附条件虽然违法，也要承担不利后果即"所附条件视为无记载"，但该张票据有效，票据保证行为有效。

2. 票据保证的法律效力。

（1）票据保证人的责任是独立责任。即，"保证人对合法取得汇票的持票人所享有的汇票权利，承担保证责任。但是，被保证人的债务因汇票记载事项欠缺而无效的除外。"如，上图中，D和E之间的购销合同无效，但F在该张票据上记载"保证"字样并签章，则F的票据保证责任不免除。

（2）票据保证人的责任是连带责任。该种连带责任是一种法定连带责任而非补充责任，所以，对于票据保证人来说，不享有一般保证中保证人的催告抗辩权或先诉抗辩权。在保证人为2人以上时，保证人之间亦需承担连带责任，对票据权利人来说，不分第一保证人或第二保证人，可以向任何一个保证人或全体保证人请求履行保证义务。

3. 票据保证人可行使追索权。保证人清偿汇票债务后，可以行使持票人对被保证人及其前手的追索权。如，上图保证人F承担保证责任后，F可以向ABCD追索。

（四）汇票的承兑

承兑，指远期汇票的付款人承诺到期支付票据金额的票据行为。

1. 承兑是远期汇票特有的规则。见票即付的汇票、本票、支票均是"见票即付"，无需承兑。

2. 汇票的付款人承兑汇票的，应当在汇票正面记载"承兑"字样和承兑日期并签章。

3. 付款人承兑汇票，不得附有条件；承兑附有条件的，视为拒绝承兑。

4. 付款人承兑汇票后，应当承担到期付款的责任。

[总结] 票据记载"附条件"之法律后果

票据行为	出票	背书	保证	承兑
原则	不得附条件			
票据效力	无效	有效	有效	有效
行为效力	—	有效	有效	拒绝承兑
所附条件效力	—	无效	无效	—

（五）汇票的付款

1. 付款人具有审查责任。即，票据付款人及其代理付款人付款时，应当审查汇票背书的连续，并审查提示付款人的合法身份证明或者有效证件。

2. 恶意付款需担责。即，付款人及其代理付款人以恶意或者有重大过失付款的，应当自行承担责任。

3. 提前付款需担责。即，对定日付款、出票后定期付款或者见票后定期付款的汇票，付款人在到期日前付款的，由付款人自行承担所产生的责任。

[总结] 7 步搞定票据法

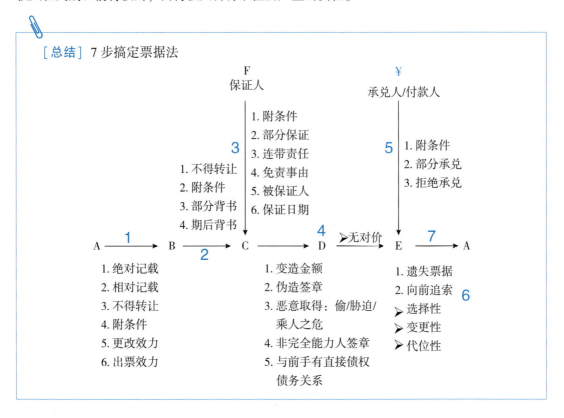

第三节 🎧 本票

📖 提示

本票在考试中地位很低，其内容均一般了解即可。

1. 概念。本票是出票人签发的，承诺自己在见票时无条件支付确定的金额给收款人或者持票人的票据。

2. 本票性质为"己付证券"。简单而言，自己出票→自己见票付款。

3. 我国《票据法》只承认银行本票。所以本票的出票人只能是银行，收款人无限制。

4. 本票的基本当事人为：出票人、收款人。（因为出票人＝付款人）

5. 本票的背书、保证、付款行为和追索权的行使，除《票据法》本票一章规定的外，适用汇票的规定。

第四节 🎧 支票

一、概念和特征

1. 支票，是出票人签发的，委托办理支票存款业务的银行或者其他金融机构在见票时无条件支付确定的金额给收款人或者持票人的票据。

2. 特征。

（1）付款人仅限于银行或其他金融机构。注意，支票的付款人不能是其他法人或自然人。所以当支票未记载付款地时，只能推定付款人的营业场所为付款地。

（2）限于见票即付。支票是"即期票据"，无承兑行为。

（3）是支付证券。即支票是一种结算方式，支票不具备信用。（这是支票和汇票的本质区别）

二、支票的特殊规则★★

出票的特殊规则	（1）开立支票存款账户和领用支票，应当有可靠的资信，并存入一定的资金。 （2）开立支票存款账户，申请人应当预留其本名的签名式样和印鉴。 （3）出票人必须按照签发的支票金额承担保证向该持票人付款的责任。 （4）禁止签发空头支票。即，支票的出票人所签发的支票金额不得超过其付款时在付款人处实有的存款金额。
付款的特殊规则	（1）出票人在付款银行的存款足以支付支票金额时，付款人应当在持票人提示付款的当日足额付款。 （2）提示付款。支票的持票人应当在出票日起 10 日内提示付款；异地使用的支票，付款提示期限由中国人民银行另行规定。超过付款提示期限的，付款人可以拒绝付款。 （3）逾期提示的法律后果。因超过提示付款期限付款人不予付款的，持票人仍享有票据权利，出票人仍应对持票人承担票据责任，支付票据所载金额。
票面记载事项	（1）现金支票，只能用于支取现金；转账支票只能用于转账，不得支取现金。 （2）出票时可不记载"收款人名称"。（支票上未记载收款人名称的，经出票人授权，可以补记） （3）金额可以由出票人授权补记。未补记前的支票，不得使用。

第 **7** 章　　　　　　**保 险 法**

本法年均2题，3分左右。

重点：（1）《保险法解释（二）》（2013）；（2）《保险法解释（三）》（2015）；（3）本法于2015年4月修订，主要是删减有关行政审批、工商登记前置审批或者价格管理的规定。

知识结构图

保险法
- 基本原则
  - 保险利益原则
  - 最大诚信原则
  - 近因原则
  - 合法经营原则
  - 自愿原则
  - 公序良俗原则
- 保险合同
  - 保险合同总论★★
    - 订立
    - 生效
    - 解除
    - 解除权的限制
    - 特殊条款
      - 免责条款
      - 不可抗辩条款
      - 争议条款
  - 人保合同★★
    - 保费缴纳规则
    - 受益人制度
    - 保险金的给付与继承
    - 特殊保险事故
      - 年龄误报
      - 投保人故意杀害
      - 受益人故意杀害
      - 被保险人故意犯罪
      - 自杀
  - 财保合同
    - 保险人代位求偿权
    - 保险标的转让
    - 保险标的委付
    - 特殊保险事故
      - 第三者责任险
      - 虚报
      - 谎称故意制造
- 保险业监督管理
  - 保险经营规则
  - 保险代理人
  - 保险经纪人

第一节 🎧 概述

一、保险的概念和特征

本法所称保险，是指投保人根据合同约定，向保险人支付保险费，保险人对于合同约定的可能发生的事故因其发生所造成的财产损失承担赔偿保险金责任，或者当被保险人死亡、伤残、疾病或者达到合同约定的年龄、期限等条件时承担给付保险金责任的商业保险行为。

保险的特征如下：

1. 保险的互助性。即，多数投保人通过缴纳保险费，由保险人建立保险基金，对因保险事故的发生而受到损失的被保险人进行补偿。因此，互助共济是保险制度建立的基础。

2. 保险的补偿性。即，投保人缴纳保险费，在将来发生保险事故时，由保险人对事故损失给予补偿。

3. 保险的射幸性。即，投保人交付保险费的义务是确定的，而保险人是否承担赔偿或给付保险金的责任则是不确定的。当保险事故发生时，保险人就要承担赔偿或给付保险金的责任；但若没有发生保险事故，则保险人只收取保险费，而无保险责任。

4. 保险的自愿性。（略）

5. 保险的储蓄性。该特征限于人身保险中。人身保险的特征之一是将现实收入的一部分通过保险的方式进行储存，以备急需时或年老时使用。

二、保险法的基本原则

（一）保险利益原则★

保险利益，是指投保人或者被保险人对保险标的具有的法律上承认的利益。该原则是保险法特有的原则。

1. 该原则目的在于防止道德风险的发生。即，禁止将保险作为赌博的工具以及防止故意诱发保险事故而牟利的企图。如果不要求投保人或被保险人具有保险利益，那么保险事故发生后，投保人或被保险人不但毫无损失，反而可获得赔款或保险金，这就会诱使投保人或被保险人有意促成保险事故发生或故意制造保险事故，或者消极地放任保险事故发生而不采取必要的预防、补救措施。

2. 保险利益三要件：合法性+经济性+确定性。

（1）合法性，是指该种利益必须是法律上承认的利益，即合法的利益；

（2）经济性，是指该种利益必须是经济上的利益，即可以用金钱估计的利益；

（3）确定性，是指该种利益必须是可以确定的利益，即财产如有损害，投保人就会遭受经济上的损失。如，财产的所有人、经营人、保管人、质押权人、抵押权人可以认为对投保财产具有保险利益。

（二）最大诚实信用原则

由于保险活动具有不确定的保险风险和赔付风险，所以要求当事人讲求诚信，恪守诺言，不欺不诈，严格履行自己的义务。该原则的具体体现为：

投保人	保险人
（1）投保人在订立合同时的如实告知义务。 （2）投保人在履行保险合同时的信守保险义务，即严守允诺，完成保险合同中约定的作为或不作为义务。	（1）保险人对保险合同的说明义务。 （2）保险人及时与全面支付保险金的义务。

（三）近因原则

近因，是指造成保险标的损害的<u>最直接、最有效</u>的原因。在某一保险事故中，如果主要的、起决定性作用的原因（即近因）在保险责任范围内，保险人就应承担保险责任。[①]

（四）其他原则

包括：合法经营原则；自愿原则；公序良俗原则。（略）

第二节 🎧 保险合同总论

一、保险合同概念和性质

1. 保险合同，是投保人与保险人约定保险权利义务关系的协议。订立保险合同，须经投保和承保两个阶段。（1）投保，是投保人向保险人提出保险请求的单方意思表示，属于订立保险合同的要约阶段。（2）承保，是保险人承诺投保人的保险要约的意思表示，是保险人的单方法律行为，属于订立保险合同的承诺阶段。

2. 保险合同为"非要式合同"。[②] 即，投保人提出保险要求，经保险人同意承保，保险合同成立。保险人应当及时向投保人签发保险单或者其他保险凭证。

3. 保险合同的当事人、关系人。

合同当事人（订立合同者）		合同关系人（与合同相关者）	
（1）投保人	（2）保险人	（1）被保险人	（2）受益人
是指与保险人订立保险合同，并按照合同约定负有支付保险费义务的人。投保人可以是被保险人本人，也可以是被保险人以外的第三人	是指与投保人订立保险合同，并按照合同约定承担赔偿或者给付保险金责任的保险公司	是指其财产或者人身受保险合同保障，享有保险金请求权的人	是指人身保险合同中由被保险人或者投保人指定的享有保险金请求权的人（人保特有）

---

① 例，一艘货船装载有皮革和烟草，现在航行的过程中船舱进水。海水腐蚀了皮革，可是海水没有浸湿烟草，也没浸湿包装烟草的纸箱；但腐烂皮革散发的臭气仍然毁坏了烟草。想一想，船舱进水是否是导致烟草损失的近因？（提示，这是一个非常著名的案例，法庭认为，因为船舱进水导致皮革腐蚀，皮革腐蚀又导致烟草损失。从船舱进水延伸出来的因果关系链没有中断过，因此船舱进水这一原因属于导致烟草和皮革损失的近因）

② 要式合同，是指法律要求合同的成立必须采用特定的方式的合同；非要式合同，则是指不要求采用特定方式合同即可成立。

例1 ［人身保险］张三花1万元给妻子买了一份中国人寿的死亡保险，保险合同规定，若张三妻意外死亡，中国人寿将支付给张三夫妇的孩子张小三10万。

投保人		被保险人		保险人	
受益人		保险费		保险金	

例2 ［财产保险］王五的汽车价值20万，花5000元向平安保险购买了一份财产险：约定保险公司最多赔20万。后王五遇交通事故，造成车辆损失10万，保险公司向王五支付10万。

投保人		被保险人		保险人	
保险价值	20W	保险金额	20W 足额	保险金	10W

无受益人，_____有保险金请求权。

保险金额，是指保险人承担赔偿或者给付保险金责任的最高限额。

保险价值，是指投保人和保险人约定保险标的的价值/保险事故发生时保险标的的实际价值。

二、保险合同的订立

在保险合同订立阶段，投保人和保险人双方的诚实信用均极为重要。

（一）订立合同时，投保人的如实告知义务

订立保险合同，保险人就保险标的或者被保险人的有关情况提出询问的，投保人应当如实告知。投保人的如实告知义务，也即其要遵循的最大诚信原则。

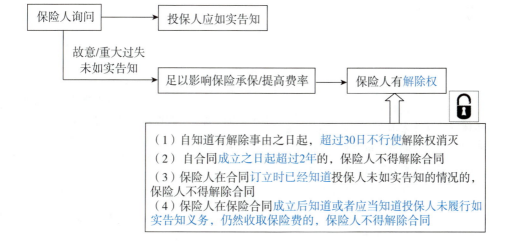

(1) 如实告知的范围	①投保人的告知义务限于保险人询问的范围和内容； ②当事人对询问范围及内容有争议的，保险人负举证责任。
(2) 特殊规定	①概括性条款可不告知。即，保险人以投保人违反了对投保单询问表中所列概括性条款的如实告知义务为由请求解除合同的，人民法院不予支持； ②但该概括性条款有具体内容的除外。

续表

（3）（人保）体检与如实告知义务	①体检不免如实告知。即，保险合同订立时，被保险人根据保险人的要求在指定医疗服务机构进行体检，当事人主张投保人如实告知义务免除的，人民法院不予支持； ②明知体检结果，可不告知。即，保险人知道被保险人的体检结果，仍以投保人未就相关情况履行如实告知义务为由要求解除合同的，人民法院不予支持。
（4）未如实告知的后果	①故意不告知→不赔不退。即，投保人故意不履行如实告知义务的，保险人对于保险合同解除前发生的保险事故，不承担赔偿或者给付保险金的责任，并不退还保险费； ②重大过失未告知的→不赔应退。即，投保人因重大过失未履行如实告知义务，对保险事故的发生有严重影响的，保险人对于保险合同解除前发生的保险事故，不承担赔偿或给付保险金的责任，但应当退还保险费。
（5）拒绝赔偿必先行使解除权	保险人未行使合同解除权，直接以投保人未履行如实告知义务为由拒绝赔偿的，人民法院不予支持。但当事人就拒绝赔偿事宜及保险合同存续另行达成一致的情况除外。

（二）订立合同时，保险人负有说明义务

（1）原则规定	即，对保险合同中免除保险人责任的条款，保险人在订立合同时应当在投保单、保险单或者其他保险凭证上作出足以引起投保人注意的提示，并对该条款的内容以书面或者口头形式向投保人作出明确说明；未作提示或者明确说明的，该条款不产生效力。		
（2）免除保险人责任条款	免责条款 = 提示 + 明确说明	法定解除权免责=不提示不说明	禁止性规定免责=提示+不说明
	保险人提供的格式合同文本中的责任免除条款、免赔额、免赔率、比例赔付或者给付等免除或者减轻保险人责任的条款。（含免、减）	保险人因投保人、被保险人违反法定或者约定义务，享有解除合同权利的条款，不属于免责条款，无需提示，无需说明。	保险人将法律、行政法规中的禁止性规定情形作为保险合同免责条款的免责事由，保险人对该条款作出提示，但未履行明确说明义务的，该条款生效。
（3）足以引起投保人注意	①	保险合同订立时，保险人在投保单或者保险单等其他保险凭证上，对保险合同中免除保险人责任的条款，以足以引起投保人注意的文字、字体、符号或者其他明显标志作出提示。	
	②	通过网络、电话等方式订立的保险合同，保险人以网页、音频、视频等形式对免除保险人责任条款予以提示和明确说明。	

续表

（4）明确说明	①	保险人对保险合同中有关免除保险人责任条款的概念、内容及其法律后果以书面或者口头形式向投保人作出常人能够理解的解释说明。
	②	投保人对保险人履行了明确说明义务在相关文书上签字、盖章或者以其他形式予以确认的，应当认定保险人履行了明确说明义务。但另有证据证明保险人未履行明确说明义务的除外。
（5）举证责任分配	保险人对其履行了明确说明义务负举证责任。	

三、保险合同内容冲突的处理规则★

1. "代签字"的处理。

（1）代签字不生效。即，投保人或者投保人的代理人订立保险合同时没有亲自签字或者盖章，而由保险人或者保险人的代理人代为签字或者盖章的，对投保人不生效。

（2）交保费可补正。即，在代签字情形下，如果投保人已经交纳保险费的，视为其对代签字或者盖章行为的追认。

2. "代填单"，经签字可补正。即，保险人或者保险人的代理人代为填写保险单证后经投保人签字或者盖章确认的，代为填写的内容视为投保人的真实意思表示。

3. 保险合同审查期间事故的处理。

（1）审查期间，是指当保险人接受了投保人提交的投保单并收取了保险费，尚未作出是否承保的意思表示。

（2）符合承保条件→保险人应当承担赔偿/给付保险责任。

（3）不符合承保条件→不承担保险责任，但应退保险费。

（4）是否符合承保条件，由保险人承担举证责任。

4. 条款"不一致"的处理。

	情形	处理规则
（1）	投保单与保险单（或者其他保险凭证）不一致的	①原则上，以投保单为准。① ②但不一致的情形系经保险人说明并经投保人同意的，以投保人签收的保险单或者其他保险凭证载明的内容为准。
（2）	非格式条款与格式条款不一致的	以非格式条款为准。
（3）	保险凭证记载的时间不同的	以形成时间在后的为准。
（4）	保险凭证存在手写和打印两种方式的	以双方签字、盖章的手写部分的内容为准。

---

① （1）投保单是投保人向保险人提出的，订立保险合同的书面要约。（2）保险单，简称保单，是保险人与投保人订立保险合同的正式书面形式。它是保险合同双方当事人履行合同的依据。（3）保险凭证，又称为小保单，实际上是简化了的保险单，与保险单具有同等效力。

5. 格式条款争议的解释规则。

采用保险人提供的格式条款订立的保险合同，保险人与投保人、被保险人或者受益人对合同条款有争议的，通常采取下列解释原则：

（1）通常理解原则。对于保险合同的条款，保险人与投保人、被保险人或者受益人有争议的，应当按照通常理解予以解释。

（2）有利于被保险人和受益人原则。对合同条款有两种以上解释的，人民法院或者仲裁机构应当作出有利于被保险人和受益人的解释。

（3）保险人在其提供的保险合同格式条款中对非保险术语所作的解释符合专业意义，或者虽不符合专业意义，但有利于投保人、被保险人或者受益人的，法院应予认可。

第三节 🎧 人身保险合同

> **提示**
>
> 重点：《保险法解释（三）》2015，集中解决人身保险合同复效、受益人制度、保险金的给付继承、医疗保险、故意犯罪、自杀等问题。

一、概念和特征

1. 人身保险合同，是指以人的寿命和身体为保险标的的保险合同。在人身保险合同中，投保人向保险人支付保险费，保险人对被保险人在保险期间内因保险事故遭受人身伤亡，或者在保险期届满时符合约定的给付保险金条件时，应当向被保险人或者受益人给付保险金。

2. 我国人身保险合同可分为：人寿保险合同、伤害保险合同和健康保险合同。

3. 人身保险合同的特点：

（1）保险标的人格化。其保险标的是被保险人的寿命或者身体，属于被保险人的人格利益或者人身利益。（所以保险标的不能转让）

（2）保险金定额支付。各类人身保险的保险金额只能由投保人和保险人协商确定一个固定的数额，以此作为保险人给付保险金的最高限额。在发生约定的人身保险事故时，保险人向被保险人或者受益人，依照保险条款给付保险金。

（3）具有储蓄性。人身保险，特别是人寿险具有储蓄性。它是将现实收入的一部分通过保险的方式进行储存，以备急需时或年老时使用。理论上认为人身保险合同并非债权债务关系，性质为储蓄投资性法律关系。因此保险人不得要求投保人承担违约责任，也不得以诉讼方式要求投保人支付保费。如，人寿险保险费不得强制请求规则。就投保人而言，可以选择缴纳保险费以维持合同，也可以选择不缴纳保险费以终止合同。所以，如果投保人不按照约定支付保险费，可以认为投保人放弃了保险这种"储蓄、投资理财"方式。

（4）人身保险合同不适用代位求偿规则。

二、人身保险的保险利益

前文已知，保险利益是指投保人或者被保险人对保险标的具有的法律上承认的利益。除了掌握上述理论层面的一般要点外，具体到人身保险合同的保险利益，还需掌握：

保险利益要求	(1) 订立时具有保险利益。即投保人对被保险人在保险合同订立时应当具有保险利益。 (2) 保险合同订立后，投保人丧失对被保险人的保险利益，当事人主张保险合同无效的，法院不予支持。 (3) 法院主动审查。即法院审理人身保险合同纠纷案件时，应主动审查投保人订立保险合同时是否具有保险利益。
后果	(1) 若订立时无保险利益，保险人不得承保。 (2) 若已承保的，保险合同无效，保险人扣除手续费后，应退还保费。
对象	投保人对下列人员具有人身保险利益： (1) 本人。 (2) 配偶、子女、父母。 (3) 前项以外与投保人有抚养、赡养或者扶养关系的家庭其他成员、近亲属。 (4) 与投保人有劳动关系的劳动者。 (5) 被保险人同意投保人为其订立合同的，视为投保人对被保险人具有保险利益。

三、欠缴保费的处理

人身保险合同（尤其是人寿险）一般为长期合同，投保人可以一次性支付保险费也可以分期支付保险费。在分期支付时，就有可能出现投保人难以支付或不愿支付余款。现实中即需要解决投保人欠缴保费如何处理的问题。

前提		合同约定分期支付保险费，投保人支付首期保险费后，到期未支付当期保费的处理。（除合同另有约定外）
处理	宽限期	自保险人催告之日起30天内或约定之日起60天内（宽限期）发生保险事故→应当赔偿，但可以扣除应交的保费。
	中止期	自保险人催告之日起超过30日未支付，或者超过约定的期限60日未支付当期保险费的： (1) 合同效力中止。（中止期内发生保险事故，不赔偿） (2) 或者由保险人按照合同约定的条件减少保险金额。 (3) 保险人对人寿保险的保险费，不得用诉讼方式要求投保人支付。
复效	概念	合同效力中止的，在投保人补交保险费后，合同效力恢复，称为复效。
	投保人享有主动权	(1) 保险合同效力中止的，投保人提出恢复效力申请并同意补交保险费的，除被保险人的危险程度在中止期间显著增加外，保险人拒绝恢复效力的，法院不予支持。 (2) 保险人在收到恢复效力申请后，30日内未明确拒绝的，应认定为同意恢复效力。 (3) 保险合同自投保人补交保险费之日恢复效力。保险人可要求投保人补交相应利息。
保险人解除		自合同效力中止之日起2年未达成协议的，保险人有权解除合同。

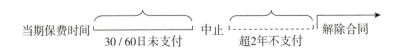

四、年龄误报的处理

年龄误报，是指投保人申报的被保险人年龄不真实。年龄误报分为两种情况：

	年龄误报情形	处理
（1）	申报的年龄虚假＋真实年龄不可保	保险人可以解除合同，并按照合同约定退还保险单的现金价值。① 但是，下列情况保险人不得解除合同： ①超过 2 年→不可解除。 ②明知＋30 日→不可解除。 ③明知＋收取保费→不可解除。 ④在合同订立时已经知道投保人未如实告知的→不可解除。
（2）	申报的年龄虚假＋真实年龄可保	①保险人不可解除合同。 ②补交或退保费。即， a. 保险人有权更正并要求投保人补交保险费，或者在给付保险金时按照实付保险费与应付保险费的比例支付。 b. 投保人申报的被保险人年龄不真实，致使投保人支付的保险费多于应付保险费的，保险人应当将多收的保险费退还投保人。

五、死亡险

（1）一般规定	死亡险，是指投保人以被保险人死亡为给付保险金条件的人身保险合同。该类合同道德风险大，极有可能诱发受益人杀害被保险人的事故。 ①宣告死亡适用。 ②★下落不明之日在保险责任期间适用。即，被保险人被宣告死亡之日在保险责任期间之外，但有证据证明下落不明之日在保险责任期间之内，当事人要求保险人按照保险合同约定给付保险金的，人民法院应予支持。

---

① 保单的现金价值，是指带有储蓄性质的人身保险单所具有的价值。在投保人退保时，保险公司要按现金价值表退还一笔现金。保险人为履行合同责任通常提存责任准备金。我们知道，随着人的年龄增加，死亡率会上升，因此，向保险公司支付的保险费本该随年龄逐年增加。但考虑到上了年纪的人在更需要保障时因体力下降可能收入减少，缴不起保险费，所以保险公司一般采用均衡保费的方法（大数平均法）将整个缴费期间应缴的保险费"均匀"地分摊到每个交费期内，使得每年所交保险费是固定的数额。这样，年轻时"多"交一些，年龄大时"少"交一些。因此在保单生效后，年轻时"多"交的保险费便"存"在了保险单上，这部分"存"起来的保险费，便是寿险保单的现金价值。

续表

（2）限制、例外	①原则-禁止为无民人投保。即投保人不得为无民事行为能力人（是指，10 周岁以下的未成年人；不能辨认、不能控制自己行为的精神病人）投保以死亡为给付保险金条件的人身保险，保险人也不得承保。 ②例外-父母+未成年子女+金额限制。即父母为其未成年子女投保的人身保险，不受上述限制。但是，因被保险人死亡给付的保险金总和不得超过国务院保险监督管理机构规定的限额。（如，保监会于 2015 年 9 月，将父母为未成年子女投保以死亡为给付保险金条件的人身保险的保险金总和由 10 万元提高到 20 万元、50 万元两个档次）
（3）被保险人同意	①原则-金额需同意认可。即以死亡为给付保险金条件的合同，未经被保险人同意并认可保险金额的，合同无效。 ②例外-父母为其未成年子女投保的人身保险的除外。 ③法院主动审查。即法院审理人身保险合同纠纷案件时，应主动审查以死亡为给付保险金条件的合同是否经过被保险人同意并认可保险金额。 ④保单转让需同意。按照以死亡为给付保险金条件的合同所签发的保险单，未经被保险人书面同意，不得转让或者质押。
（4）被保险人同意的方式（使合同有效）	①书面形式、口头形式或者其他形式均可。 ②可以在合同订立时作出，也可以在合同订立后追认。 ③有下列情形之一的，应认定为被保险人同意投保人为其订立保险合同并认可保险金额： 　a. 被保险人明知他人代其签名同意而未表示异议的。 　b. 被保险人同意投保人指定的受益人的。 　c. 有证据足以认定被保险人同意投保人为其投保的其他情形。
（5）被保险人同意的撤销	被保险人以书面形式通知保险人和投保人撤销其同意并认可保险金额意思表示的，可认定为保险合同解除。

六、健康险

（1）	保险金问题
保险人证明保险产品的设计合理。即，保险人给付费用补偿型的医疗费用保险金时，主张扣减被保险人从公费医疗或者社会医疗保险取得的赔偿金额的，应当证明该保险产品在厘定医疗费用保险费率时已经将公费医疗或者社会医疗保险部分相应扣除，并按照扣减后的标准收取保险费。	
（2）	医疗费用问题
①医疗支出超出医保范围→要赔。即，保险合同约定按照基本医疗保险的标准核定医疗费用，保险人以被保险人的医疗支出超出基本医疗保险范围为由拒绝给付保险金的，人民法院不予支持。 ②费用超出医保费用标准→超出部分不赔。即，保险人有证据证明被保险人支出的费用超过基本医疗保险同类医疗费用标准，要求对超出部分拒绝给付保险金的，人民法院应予支持。	

续表

（3）	医疗机构问题
未在定点医院→不赔；急救非定点→要赔。即，保险人以被保险人未在保险合同约定的医疗服务机构接受治疗为由拒绝给付保险金的，人民法院应予支持；但被保险人因情况紧急必须立即就医的除外。	

七、受益人

（1）	概念
受益人，是指人身保险合同中由被保险人或者投保人指定的享有保险金请求权的人。 ①受益人只存在于人身保险合同中。 ②受益人享有保险金的请求权。由于受益人的赔偿请求权属于固有权，并非继受而来，因而受益人所应领取的保险金不能作为被保险人的遗产。 ③受益人不受有无行为能力及保险利益的限制。	

（2）	受益人的产生
①可由被保险人单独指定。 ②投保人指定受益人时须经被保险人同意。投保人指定受益人未经被保险人同意的，法院应认定指定行为无效。 ③可由监护人指定。即，被保险人为无民事行为能力人或者限制民事行为能力人的，可以由其监护人指定受益人。 ④劳动者本人或其近亲属为受益人。即，投保人为与其有劳动关系的劳动者投保人身保险，不得指定被保险人及其近亲属以外的人为受益人。	

（3）	受益人的变更
①被保险人可以单独变更受益人。 ②投保人变更，须经被保险人同意。即，投保人变更受益人未经被保险人同意，人民法院应认定变更行为无效。 ③投保人或者被保险人变更受益人，当事人主张变更行为自变更意思表示发出时生效的，人民法院应予支持。 ④投保人或者被保险人变更受益人未通知保险人，保险人主张变更对其不发生效力的，人民法院应予支持。 ⑤投保人或者被保险人在保险事故发生后变更受益人，变更后的受益人请求保险人给付保险金的，人民法院不予支持。	

（4）	★受益人争议的解决		
受益人约定为"法定"或者"法定继承人"。	受益人仅约定为：身份关系（如，配偶）。	约定的受益人包括：姓名和身份关系（如，丈夫张三）。	

续表

以继承法规定的法定继承人为受益人。	①同主体，事故发生时。即，投保人与被保险人为同一主体时，根据保险事故发生时与被保险人的身份关系确定受益人。 ②异主体，合同成立时。即，投保人与被保险人为不同主体时，根据保险合同成立时与被保险人的身份关系确定受益人。	保险事故发生时身份关系发生变化的，认定为未指定受益人。

例1 王五为自己投保人寿险，指定"配偶为受益人"，此时其妻为小玉。之后王五→离婚→再婚（现妻为大玉）→王五卒。现依据"王五死亡时间点"的身份关系来确定"配偶"，所以，现妻大玉为受益人，保险金归大玉。

例2 王五为其妻小玉投保人寿险，小玉指定"配偶为受益人"。之后二人→离婚→小玉再婚（现小玉丈夫为张三）→小玉卒。现依据"保险合同成立时间点"的身份关系来确定"配偶"，所以，受益人为王五，保险金归王五。

八、理赔规则

（一）理赔的一般规定

下列规定，在人身保险与财产保险中均适用。

1. 核定。保险人收到被保险人或者受益人的赔偿或者给付保险金的请求后，应当及时作出核定；情形复杂的，应当在30日内作出核定，但合同另有约定的除外。

2. 通知。保险人应当将核定结果通知被保险人或者受益人。

3. 履行赔偿或者给付保险金义务。对属于保险责任的，在与被保险人或者受益人达成赔偿或者给付保险金的协议后10日内，履行赔偿或者给付保险金义务。保险合同对赔偿或者给付保险金的期限有约定的，保险人应当按照约定履行赔偿或者给付保险金义务。

4. 保险人先予支付。保险人自收到赔偿或者给付保险金的请求和有关证明、资料之日起60日内，对其赔偿或者给付保险金的数额不能确定的，应当根据已有证明和资料可以确定的数额先予支付；保险人最终确定赔偿或者给付保险金的数额后，应当支付相应的差额。

★★ 5. 被保险人的损失系由承保事故或者非承保事故、免责事由造成难以确定，当事人请求保险人给付保险金的，人民法院可以按照相应比例予以支持。

6. 保险金给付请求权的诉讼时效。

人寿险-5年	其他保险-2年
人寿保险： 被保险人或者受益人向保险人请求给付保险金的诉讼时效期间为5年，自其知道或者应当知道保险事故发生之日起计算。（人寿险属于人身保险的一类）	人寿保险以外的其他保险（含财产保险，其他人身保险）： 被保险人或者受益人，向保险人请求赔偿或者给付保险金的诉讼时效期间为2年，自其知道或者应当知道保险事故发生之日起计算。

（二）人身保险事故的理赔

1. 有合格的受益人时，保险金应当支付给受益人。

★ 2. 投保人或者被保险人指定数人为受益人，部分受益人在保险事故发生前死亡、放弃受益权或者依法丧失受益权的，该受益人应得的受益份额按照保险合同的约定处理。保险合同没有约定或者约定不明的，该受益人应得的受益份额按照以下情形分别处理：

未约定受益顺序，未约定受益份额	未约定受益顺序，但约定受益份额	约定受益顺序，但未约定受益份额	约定受益顺序，并约定受益份额
由其他受益人平均享有	由其他受益人按照相应比例享有	（1）由同顺序的其他受益人平均享有 （2）同一顺序没有其他受益人的，由后一顺序的受益人平均享有	（1）由同顺序的其他受益人按照相应比例享有 （2）同一顺序没有其他受益人的，由后一顺序的受益人按照相应比例享有

★ 3. 保险金请求权可转让。即，保险事故发生后，受益人将与本次保险事故相对应的全部或者部分保险金请求权转让给第三人，当事人主张该转让行为有效的，人民法院应予支持，但根据合同性质、当事人约定或者法律规定不得转让的除外。

4. 无合格受益人时，保险金作为被保险人的遗产。即，被保险人死亡后，有下列情形之一的，保险金作为被保险人的遗产，由保险人依照继承法的规定履行给付保险金的义务：

（1）没有指定受益人，或者受益人指定不明无法确定的；

（2）受益人先于被保险人死亡，没有其他受益人的；

（3）受益人依法丧失受益权或者放弃受益权，没有其他受益人的。

上述被保险人的继承人要求保险人给付保险金，保险人以其已向持有保险单的被保险人的其他继承人给付保险金为由抗辩的，人民法院应予支持。

★ 5. 推定受益人死亡在先。即，受益人与被保险人存在继承关系，在同一事件中死亡且不能确定死亡先后顺序的，推定受益人死亡在先，并按照《保险法》及《保险法解释（三）》的相关规定确定保险金归属。

📖 **易混淆点**　保险法的推定死亡顺序 VS 继承法的推定死亡顺序

保险法	继承法
《保险法》第42条第2款："受益人与被保险人在同一事件中死亡，且不能确定死亡先后顺序的，推定受益人死亡在先。"	《继承法意见》第2条："相互有继承关系的几个人在同一事件中死亡，如不能确定死亡先后时间的，推定没有继承人的人先死亡。死亡人各自都有继承人的，如几个死亡人辈分不同，推定长辈先死亡；几个死亡人辈分相同，推定同时死亡，彼此不发生继承，由他们各自的继承人分别继承。"

6. 第三人造成的人保事故的处理。（无代位求偿权）

现实中经常会出现因为第三者的行为而发生的保险事故，如，张某为自己投保了人寿险，某天，张某生病住院死于医疗责任事故，此时，保险公司与侵权人（医院）均要对张某承担赔偿责任。

（1）可直接起诉保险人。即，"保险事故发生后，被保险人或者受益人起诉保险人，保险人以被保险人或者受益人未要求第三者承担责任为由抗辩不承担保险责任的，人民法院不予支持。"［《保险法解释（二）》第19条第1款］

（2）（人保）保险人无代位求偿权。即，"被保险人因第三者的行为而发生死亡、伤残或者疾病等保险事故的，保险人向被保险人或者受益人给付保险金后，不享有向第三者追偿的权利，但被保险人或者受益人仍有权向第三者请求赔偿。"（《保险法》第46条）

九、特殊人身保险事故

（一）故意犯罪

类别	处理	
投保人故意犯罪	投保人故意造成被保险人死亡、伤残或者疾病的： （1）保险人不承担给付保险金的责任。 （2）投保人已经交足2年以上保险费的，保险人应当按照合同约定向其他享有权利的人退还保险单的现金价值。	
受益人故意犯罪	受益人故意造成被保险人死亡、伤残或者疾病的，或者故意杀害被保险人未遂的，该受益人丧失受益权。	
被保险人故意犯罪	被保险人故意犯罪或者抗拒依法采取的刑事强制措施导致其伤残或者死亡的：	
	犯罪→死亡（有因果关系）	犯罪→死亡（无因果关系）
	（1）★★保险人应当证明被保险人的死亡、伤残结果与其实施的故意犯罪或者抗拒依法采取的刑事强制措施的行为之间存在因果关系。 （2）存在因果关系的，保险人不给付保险金；投保人已交足2年以上保险费的，保险人应当按照合同约定退还保险单的现金价值。	★★被保险人在羁押、服刑期间因意外或者疾病造成伤残或者死亡，保险人主张根据上述规定不承担给付保险金责任的，人民法院不予支持。

（二）自杀

1. 以被保险人死亡为给付保险金条件的合同，自合同成立或者合同效力恢复之日起2年内，被保险人自杀的，保险人不承担给付保险金的责任，但被保险人自杀时为无民事行为能力人的除外。保险人应当按照合同约定退还保险单的现金价值。

★★ 2. 保险人以被保险人自杀为由拒绝承担给付保险金责任的，由保险人承担举证责任。

★★ 3. 受益人或者被保险人的继承人以被保险人自杀时无民事行为能力为由抗辩的，由其承担举证责任。

4. 以被保险人死亡为给付保险金条件的合同，自合同成立或者合同效力恢复之日起满2年后被保险人自杀的，保险人应当按照合同约定承担保险金支付责任。

成立 2 年内，正常人自杀	成立 2 年内，全疯自杀	成立满 2 年自杀
（1）不给付保险金； （2）要退保单现金价值； （3）保险人举证。	（1）要给付保险金； （2）受益人或者被保险人的继承人负举证责任。	给付保险金。

十、投保人解除保险合同

★ 1. 投保人可自主解除保险合同，无需被保险人或受益人同意。即，

（1）投保人解除合同的，保险人应当自收到解除合同通知之日起 30 日内，按照合同约定退还保险单的现金价值。

（2）投保人解除保险合同，当事人以其解除合同未经被保险人或者受益人同意为由主张解除行为无效的，人民法院不予支持，但被保险人或者受益人已向投保人支付相当于保险单现金价值的款项并通知保险人的除外。

2. 向投保人退还保险单的现金价值。即，人身保险合同解除时，投保人与被保险人、受益人为不同主体，被保险人或者受益人要求退还保险单的现金价值的，人民法院不予支持，但保险合同另有约定的除外。

★ 3. 向其他权利人退还保单现金价值情况。即，投保人故意造成被保险人死亡、伤残或者疾病，保险人依照《保险法》第 43 条①规定退还保险单的现金价值的，其他权利人按照被保险人、被保险人的继承人的顺序确定。

第四节　财产保险合同

> 📖 提示
>
> 重点：代位求偿权。需要全面掌握。

一、概述

1. 概念。财产保险合同是以财产及其有关利益为保险标的的保险合同。其特征为：

（1）保险标的为特定的财产以及与财产有关的利益。

（2）是一种填补损失的合同。财产保险合同以财产及与财产有关的利益作为保险的标的，由此决定了财产保险合同以补偿被保险人的实际财产损失为其唯一目的，这就是财产保险合同的损害填补原则。

（3）实行保险责任限定制度。

［限定 1］保险人的保险责任以保险合同约定的保险金额为限。超过合同约定的保险金

---

① 《保险法》第 43 条：投保人故意造成被保险人死亡、伤残或者疾病的，保险人不承担给付保险金的责任。投保人已交足 2 年以上保险费的，保险人应当按照合同约定向其他权利人退还保险单的现金价值。

受益人故意造成被保险人死亡、伤残、疾病的，或者故意杀害被保险人未遂的，该受益人丧失受益权。

额的损失，保险人不负保险责任。

[限定 2] 保险金额不得超过保险价值①，超过保险价值的，超过的部分无效。

（4）实行保险代位制度。

2. 财产保险的保险利益。

（1）前文已知，保险利益，是指投保人或者被保险人对保险标的具有的法律上承认的利益。保险利益的成立需具备三个要件：合法性+经济性+确定性。

（2）（财保）保险事故发生时具有保险利益。即，保险事故发生时，被保险人对保险标的不具有保险利益的，不得向保险人请求赔偿保险金。

3. 受损保险标的的转移。

（1）保险事故发生后，保险人已支付了全部保险金额，并且保险金额等于保险价值的，受损保险标的的全部权利归于保险人。

（2）保险金额低于保险价值的，保险人按照保险金额与保险价值的比例取得受损保险标的的部分权利。

4. 由保险人负担的费用。

下列费用+损失赔偿金，由保险人负担。即，发生财产保险事故后，保险人除了支付损失赔偿金额外，除合同另有约定外，还要负担下列费用：

	施救费用（减损费用）	勘察费用	仲裁、诉讼费用
分类	保险事故发生后，被保险人为防止或者减少保险标的的损失所支付的必要的、合理的费用	保险人、被保险人为查明和确定保险事故的性质、原因和损失程度所支付的必要的、合理的费用	责任保险的被保险人因给第三者造成损害的保险事故而被提起仲裁或者诉讼的，被保险人支付的仲裁或者诉讼费用以及其他必要的、合理的费用
金额	赔偿金额以外另行计算最高不超过保险金额不足额保险按比例赔偿	不存在按比例赔偿的问题	不存在按比例赔偿的问题

5. 保险标的转让。

财产保险合同是以特定的财产或者与财产有关的利益为保险标的，所以标的物可以转让，标的物转让的实质是财产保险合同主体的变更，因此对合同当事人均会产生影响。

（1）	通知	被保险人或者受让人通知。即，保险标的的转让的，被保险人或者受让人应当及时通知保险人，但货物运输保险合同和另有约定的合同除外。
		未通知，扩大损失不赔。即，被保险人、受让人未履行通知义务的，因转让导致保险标的的危险程度显著增加而发生的保险事故，保险人不承担赔偿保险金的责任。
（2）	受让人继受权利义务	保险标的转让的，保险标的的受让人承继被保险人的权利和义务。

---

① 保险标的的保险价值，可以由投保人和保险人约定并在合同中载明，也可以按照保险事故发生时保险标的的实际价值确定。

续表

（3）	危险程度增加的处理	因保险标的转让导致危险程度显著增加的，保险人自收到保险标的转让的通知之日起 30 日内，可以按照合同约定增加保险费或者解除合同。保险人解除合同的，应当将已收取的保险费，按照合同约定扣除自保险责任开始之日起至合同解除之日止应收的部分后，退还投保人。

二、特殊财产保险事故的处理

（一）不足额保险

1. 不足额保险，是指保险金额低于保险价值的财产保险。

（1）保险金额，是指保险人承担赔偿或者给付保险金责任的最高限额。

（2）保险价值：①有约定的按照约定，即可以由投保人和保险人约定保险标的的保险价值并在合同中载明；②未约定的，保险标的发生损失时，以保险事故发生时保险标的的实际价值为赔偿计算标准。

（3）保险金额不得超过保险价值。

2. 理赔规则。

保险金公式：保险金额/保险价值＝保险金/损失。即，

（1）保险金额超过保险价值的，超过部分无效，保险人应当退还相应的保险费。

（2）保险金额低于保险价值的，除合同另有约定外，保险人按照保险金额与保险价值的比例承担赔偿保险金的责任。

例 某件古董实际价值是 10 万元，但张三投保时和保险人约定的保险金额是 3 万元。现该古董发生属于保险责任范的损害，经定损为 4 万元损失。则保险公司理赔为（3÷10）×4＝1.2 万元。

（二）重复保险

1. 重复保险，是指投保人对同一保险标的、同一保险利益、同一保险事故分别与两个以上保险人订立保险合同，且保险金额总和超过保险价值的保险。

我国允许财产的重复保险，但是因为其保险金额总和超过保险价值，如果不加限制，便会出现被保险人获得超额赔偿的情况，这和财产保险的"填补"性质不符。所以重复保险实行"分摊原则"。

2. 理赔规则。

公式：赔偿比例＝保险金额/保险金额总和。具体为：

（1）重复保险的投保人应当将重复保险的有关情况通知各保险人。

（2）重复保险的投保人可以就保险金额总和超过保险价值的部分，请求各保险人按比例返还保险费。

（3）总额不超价值。即，重复保险的各保险人赔偿保险金的总和不得超过保险价值。

（4）各保险人分摊原则。即，除合同另有约定外，各保险人按照其保险金额与保险金额总和的比例承担赔偿保险金的责任。

（三）责任保险

1. 责任保险，是指以被保险人依法对第三者应负的赔偿责任为保险标的的保险，所以又

称"第三者责任保险"。

（1）责任保险属于财产保险的范围。

（2）责任保险的标的，为一定范围内的侵权损害赔偿责任。非损害赔偿责任不能作为责任保险的标的。

2. 理赔规则。

（1）直接赔付规则。即，责任保险的被保险人给第三者造成损害，被保险人对第三者应负的赔偿责任确定的，根据被保险人的请求，保险人应当直接向该第三者赔偿保险金。

（2）第三人的请求权。责任保险的被保险人给第三者造成损害，被保险人对第三者应负的赔偿责任确定，但被保险人怠于请求的，第三者有权就其应获赔偿部分直接向保险人请求赔偿保险金。

（3）责任保险不能及于被保险人的人身或其财产。责任保险的目的在于转移被保险人对第三者应当承担的赔偿责任，所以，当被保险人的人身或者财产发生损失时，保险人不承担保险责任。从这个意义上讲，责任保险合同是为第三人的利益而订立的保险合同。

（4）合理费用由保险人承担。即，责任保险的被保险人因给第三人造成损害的保险事故而被提起仲裁或者诉讼的，除合同另有约定外，由被保险人支付的仲裁或者诉讼费用以及其他必要的、合理的费用，由保险人承担。

（5）在责任保险的场合，当被保险人未向受损害的第三者赔偿的，保险人不得向被保险人赔偿保险金。

（四）代位求偿权

1. 代位求偿权是财产保险合同的特有制度。财产保险合同是一种财产填补合同，目的是填补被保险人的财产损失，不允许投保人得到多于财产损失的赔偿；而人身保险合同的保险标的是人的生命和健康，是无价的，所以允许投保人得到双份赔偿。

2. 代位求偿权发生于第三人造成的财产保险事故的场合，是由"损失补偿原则"派生出来的。

> 📑 **易混清点**　代位求偿权：财产保险 VS 人身保险

财产保险	人身保险
第三人造成财产保险标的损害的，保险人有代位求偿权。	第三人造成人身保险标的损害，即造成被保险人死伤残等，保险人无代位求偿权。 第46条："被保险人因第三者的行为而发生死亡、伤残或者疾病等保险事故的，保险人向被保险人或者受益人给付保险金后，不享有向第三者追偿的权利，但被保险人或者受益人仍有权向第三者请求赔偿。"

3. 代位求偿权的适用。

（1）适用于第三人的行为引起财产保险事故时。即，

①因第三者对保险标的的损害而造成保险事故的，保险人自向被保险人赔偿保险金之日起，在赔偿金额范围内代位行使被保险人对第三者请求赔偿的权利。（第60条第1款）

②保险人应以自己的名义行使保险代位求偿权。

③代位求偿权的诉讼时效期间应自其取得代位求偿权之日起算。

（2）第三人（加害人）的范围，不含家庭成员等。即，本法第62条："除被保险人的家庭成员或者其组成人员故意造成本法第60条第1款规定的保险事故外，保险人不得对被保险人的家庭成员或者其组成人员行使代位请求赔偿的权利。"

①家庭成员，包括与被保险人共同生活的配偶和亲属等较近的血亲或者姻亲。

②组成人员，指为被保险人的利益或者受被保险人的委托与被保险人存在某种特殊法律关系而进行活动的人。如，雇员、代理人等。

（3）被保险人故意或者因重大过失致使保险人不能行使代位请求赔偿的权利的，保险人可以扣减或者要求返还相应的保险金。

4. 部分赔偿的处理。

得到第三者的部分赔偿	得到保险人的部分赔偿
保险事故发生后，被保险人已经从第三者取得损害赔偿的，保险人赔偿保险金时，可以相应扣减被保险人从第三者已取得的赔偿金额。	保险人行使代位请求赔偿的权利，不影响被保险人就未取得赔偿的部分向第三者请求赔偿的权利。

（1）★财产保险事故发生后，被保险人就其所受损失从第三者取得赔偿后的不足部分提起诉讼，请求保险人赔偿的，人民法院应予依法受理。

（2）★保险事故发生后，被保险人或者受益人起诉保险人，保险人以被保险人或者受益人未要求第三者承担责任为由抗辩不承担保险责任的，法院不予支持。

5. 被保险人放弃向第三人求偿权的处理。

赔偿前，被保险人放弃向第三人求偿	赔偿后，被保险人放弃向第三人求偿
保险事故发生后，保险人未赔偿保险金之前，被保险人放弃对第三者请求赔偿的权利的，保险人不承担赔偿保险金的责任	保险人向被保险人赔偿保险金后，被保险人未经保险人同意放弃对第三者请求赔偿的权利的，该行为无效

例1　潘某向保险公司投保了1年期的家庭财产保险。保险期间内，潘某一家外出，嘱托保姆看家。某日，保姆外出忘记锁门，窃贼乘虚而入，潘某家被盗财物价值近5000元。想一想，对此损失，如保险公司赔偿后，保险公司是否有权向保姆追偿？（提示：保险公司无权向保姆追偿。因为保姆不是加害人，本题中窃贼是加害人）

例2　张三向保险公司投保了汽车损失险。某日，张三的汽车被李四撞坏，花去修理费5000元。张三向李四索赔，双方达成如下书面协议：张三免除李四修理费1000元，李四将为张三提供3次免费咨询服务，剩余的4000元由张三向保险公司索赔。想一想，针对该种放弃行为，保险公司是否赔付？如果赔付，应当承担多少元的赔付责任？（提示：

保险公司要赔付 4000 元。因为张三放弃了 1000 元的赔偿要求，但余下的 4000 元并没有放弃，所以保险公司仍然要赔付 4000 元）

三、财产保险合同的解除 ★

1. 原则上投保人享有任意的合同解除权，而保险人在下列法定情况下可行使解除权。

情形	要点
订立合同时，投保人未如实告知	（1）故意未告知—解除合同+不赔不退。 （2）过失未告知—解除合同+不赔应退。
理赔时，保险欺诈（解除合同，不赔不退）	（1）谎称发生保险事故。未发生保险事故，被保险人或者受益人谎称发生了保险事故，向保险人提出赔偿或者给付保险金请求的，保险人有权解除合同，并不退还保险费。 （2）故意制造保险事故。投保人、被保险人故意制造保险事故的，保险人有权解除合同，不承担赔偿或者给付保险金的责任；不退还保险费。 （3）费用退回或赔偿。即，上述行为，致使保险人支付保险金或者支出费用的，应当退回或者赔偿。
导致标的物危险增加的行为（增加保险费，或者解除合同）	（1）未尽安全责任。投保人、被保险人未按照约定履行其对保险标的的安全应尽责任的，保险人有权要求增加保险费或者解除合同。 （2）因保险标的转让导致危险程度显著增加的，保险人可以按照合同约定增加保险费或者解除合同。 （3）在合同有效期内保险标的的危险程度显著增加的，被保险人应当按照合同约定及时通知保险人，保险人可以按照合同约定增加保险费或者解除合同。

2. 编造事故原因、夸大损失程度：不可解除保险合同。

保险事故发生后，投保人、被保险人或者受益人以伪造、变造的有关证明、资料或者其他证据，编造虚假的事故原因或者夸大损失程度的，保险人对其虚报的部分不承担赔偿或者给付保险金的责任。

上述行为，致使保险人支付保险金或者支出费用的，应当退回或者赔偿。

第五节　🎧 保险业法律制度

1. 保险经营规则。

（1）保险业和银行业、证券业、信托业实行分业经营、分业管理，保险公司与银行、证券、信托业务机构分别设立。国家另有规定的除外。

（2）保险人不得兼营人身保险业务和财产保险业务。但是，经营财产保险业务的保险公司经国务院保险监督管理机构批准，可以经营短期健康保险业务和意外伤害保险业务。

（3）保险公司的资金运用必须稳健，遵循安全性原则。保险公司的资金运用限于下列形式：①银行存款；②买卖债券、股票、证券投资基金份额等有价证券；③投资不动产；④国务院规定的其他资金运用形式。

2. 保险代理人和保险经纪人。

	保险代理人	保险经纪人
概念	(1) 保险代理人，是根据保险人的委托，向保险人收取佣金，并在保险人授权的范围内代为办理保险业务的机构或者个人。 (2) 保险代理人和保险人之间是委托代理关系。 (3) 个人保险代理人在代为办理人寿保险业务时，不得同时接受两个以上保险人的委托。	保险经纪人是基于投保人的利益，为投保人与保险人订立保险合同提供中介服务，并依法收取佣金的机构。（无个人）
法律责任	(1) 由保险人承担责任。此是保险人的单独责任，而非"保险代理人和保险人承担连带责任，或共同责任"。 (2) 保险代理人没有代理权、超越代理权或者代理权终止后以保险人名义订立合同，使投保人有理由相信其有代理权的，该代理行为有效。保险人可以依法追究越权的保险代理人的责任。	保险经纪人独立担责。保险经纪人因过错给投保人、被保险人造成损失的，依法承担赔偿责任。

3. 批准和备案。

由保监会批准	保监会备案
下列险种或者保险条款、保险费率，应当报国务院保险监督管理机构批准： (1) 关系社会公众利益的保险险种； (2) 依法实行强制保险的险种； (3) 新开发的人寿保险险种。	其他保险险种的保险条款和保险费率，应当报保险监督管理机构备案。

第 8 章

证券业法律制度

提示：本章在考试中题量不高，年均为2题（≤3分，2014年未考）。

重点：股票发行规则；股票交易规则；信息披露；基金管理人；基金财产的投资限制。

第一节 证券法

一、概念和特征

1. 概念。证券，是表示一定权利的书面凭证，即记载并代表一定权利的文书。我国目前证券市场上的资本证券主要包括股票、债券、证券投资基金券以及经国务院依法认定的其他证券。

2. 特征。

（1）证券是具有投资属性的凭证。

（2）证券是证明持券人拥有某种财产权利的凭证。股票和公司债券均被称为"证权证券"。即债券是债权的表现形式，是债权存在的证明及行使的凭证。股票是股权的表现形式。

（3）是有价证券、要式证券、流通证券、融资证券。

（4）证券均具有一定的风险性。

3. 股票和债券的区别。

	股票	债券
概念	是证明股东权的有价证券。即，股票是公司股份的表现形式，也是股份公司签发的证明股东所持股份的凭证	是到期还本付息的有价证券。即，债券是企业、金融机构或政府为募集资金向社会公众发行的、保证在规定的时间内向债券持有人还本付息的有价证券
发行主体不同	股份公司	有限公司、股份公司
风险不同	价格波动较大，风险较大	公司到期还本付息，风险较小
法律性质不同	股权凭证	债权凭证
代表的权利不同	股票持有人（股东）享有股东权	债券持有人（债权人）享有债权
相同点	（1）二者都是有价证券、要式证券、流通证券、融资证券、证权证券 （2）二者都可以向不特定社会主体发行 （3）二者的发行、交易，都必须实行公开、公平、公正的原则	

二、证券发行（一级市场）

证券的发行，是通过发行证券进行筹资的活动。其功能在于一方面为资本的需求者提供募集资金的渠道，另一方面为资本的供应者提供投资的场所。证券发行市场，也通常称为"一级市场"。

发行人，是指通过发行股票筹集资金的公司法人；股份公司发行股份或正在发行股份期间，被称为"发行人"。

上市公司，是指其发行的股票在股票交易所上市的公司。

"公开发行新股"和"股票上市"是连在一起的两个连续步骤。现在的改革趋势是创造条件，缩短新股发行结束后到上市的时间。

（一）证券发行的一般规则

		发行原则
（1）	公开原则	资料公开，信息公开。即， ①发行人发行证券时必须依法将与证券有关的一切真实情况向社会公布，以供投资者投资决策时参考。 ②不能狭义地理解为"证券发行方式公开"，因为现行证券法允许私募发行。
	公平原则	—
	公正原则	—
		发行方式
（2）	公开发行	①未经依法核准，任何单位和个人不得公开发行证券。 ②公开发行方式，是指具备下列情形之一： 　a. 向不特定对象发行证券； 　b. 向特定对象发行证券累计超过200人；（特定+>200人） 　c. 法律、行政法规规定的其他发行行为。
	非公开发行（私募）	非公开发行证券，不得采用广告、公开劝诱和变相公开方式。
		发行价格
（3）	平价发行	股票发行价格＝股票票面金额。我国允许。
	溢价发行	①股票发行价格超过票面金额。我国允许。 ②股票发行采取溢价发行的，其发行价格由发行人与承销的证券公司协商确定。（无需证监会审批）
	折价发行	股票发行价格低于票面金额。我国禁止。

（二）证券公开发行的条件

	公开发行新股	公开发行债券
具备条件	公司公开发行新股，应当符合下列条件： （1）具备健全且运行良好的组织机构； （2）具有持续盈利能力，财务状况良好； （3）最近 3 年财务会计文件无虚假记载，无其他重大违法行为； （4）经国务院批准的国务院证券监督管理机构规定的其他条件。	公开发行公司债券，应当符合下列条件： （1）股份有限公司的净资产不低于人民币 3000 万元，有限责任公司的净资产不低于人民币 6000 万元； （2）累计债券余额不超过公司净资产的 40%；（≤40%） （3）最近 3 年平均可分配利润足以支付公司债券 1 年的利息；（公司利润率要求） （4）筹集的资金投向符合国家产业政策； （5）债券的利率不超过国务院限定的利率水平；（利率限定） （6）国务院规定的其他条件。 公开发行公司债券筹集的资金，必须用于核准的用途，不得用于弥补亏损和非生产性支出。
禁止条件	（1）公司对公开发行股票所募集资金，必须按照招股说明书所列资金用途使用。 （2）改变招股说明书所列资金用途，必须经股东大会作出决议。擅自改变用途而未作纠正的，或者未经股东大会认可的，不得公开发行新股。	有下列情形之一的，不得再次公开发行公司债券： （1）前一次公开发行的公司债券尚未募足； （2）对已公开发行的公司债券或者其他债务有违约或者延迟支付本息的事实，仍处于继续状态； （3）违反本法规定，改变公开发行公司债券所募资金的用途。

（三）证券承销

承销，是指证券公司与证券的发行人订立合同由证券公司帮助证券的发行人发行证券的一种法律行为。承销的方式包括：代销和包销。证券公司称为承销人，证券发行人称为被承销人。

	代销	包销
性质不同	又称代理发行，是委托代理关系。	是买卖关系。
概念不同	是指证券公司代发行人发售证券，在承销期结束时，将未售出的证券全部退还给发行人的承销方式。	是指证券公司将发行人的证券按照协议全部购入或者在承销期结束时将售后剩余证券全部自行购入的承销方式。
发行失败	（1）股票发行采用代销方式，代销期限届满，向投资者出售的股票数量未达到拟公开发行股票数量 70% 的，为发行失败。（<70%） （2）发行人应当按照发行价并加算银行同期存款利息返还股票认购人。	无

续表

代销	包销
相同规定	（1）二者期限均最长不得超过 90 日。（≤90 日） （2）预留预购禁止：证券公司在代销、包销期内，对所代销、包销的证券应当保证先行出售给认购人，证券公司不得为本公司预留所代销的证券和预先购入并留存所包销的证券。 （3）向不特定对象公开发行的证券票面总值超过人民币 5000 万元的，应当由承销团承销。承销团应当由主承销和参与承销的证券公司组成。（≥5000 万，承销团）

三、证券交易（二级市场）

二级市场（交易）

证券交易，是指对已经依法发行的证券的买卖、转让和流通。证券交易市场，也通常称为"二级市场"。

（一）证券交易一般规则★

1. 依法交易的证券，必须是发行并交付的证券。非依法定程序发行的证券，不得买卖。

2. 证券交易方式，按照订约和清算期限的关系划分，可以采用以下方式：

（1）现货交易；

（2）期货交易；

（3）期权交易。

3. 在证券交易场所交易。上市交易的股票、公司债券及其他证券，应当在依法设立的证券交易所上市交易或者在国务院批准的其他证券交易场所转让。如，上海证券交易所；深圳证券交易所；港交所；纽交所；其他证券交易场所，如证券交易的自动报价系统等。

4. 为客户账户保密。证券交易所、证券公司、证券登记结算机构必须依法为客户开立的账户保密。

（二）对证券从业人员、服务机构的交易限制★

	对从业人员的禁限	对发行人的服务机构/人员的禁限	对上市公司服务机构/人员的禁限
限制对象	（1）证券交易所、证券公司和证券登记结算机构的从业人员 （2）证券监督管理机构的工作人员 （3）法律、行政法规禁止参与股票交易的其他人员	为股票发行出具审计报告、资产评估报告或者法律意见书等文件的证券服务机构和人员	为上市公司出具审计报告、资产评估报告或者法律意见书等文件的证券服务机构和人员

续表

	对从业人员的禁限	对发行人的服务 机构/人员的禁限	对上市公司服务 机构/人员的禁限
禁限行为	（禁持禁收禁交易） (1) 在任期或者法定限期内，不得直接或者以化名、借他人名义持有、买卖股票，也不得收受他人赠送的股票 (2) 任何人在成为上述所列人员时，其原已持有的股票，必须依法转让	在该股票承销期内和期满后6个月内，不得买卖该种股票	自接受上市公司委托之日起至上述文件公开后5日内，不得买卖该种股票

（三）对发起人、高管、大股东交易的限制★

	发起人	董监高	股份5%以上的股东
禁限行为	(1) 发起人持有的本公司股份，自公司成立之日起1年内不得转让。 (2) 公司公开发行股份前已发行的股份，自公司股票在证券交易所上市交易之日起1年内不得转让。	(1) 禁止短线交易。 ①禁止6个月内进进出出来回炒本公司股票。 ②法律后果： a. 公司享有归入权； b. 短线交易行为有效； c. 股东可提起股东代表诉讼； d. 负有责任的董事承担连带责任。 (2) 任职期间每年转让的股份≤（持有本公司股份总数）的25%；所持本公司股份，上市交易之日起1年、离职后半年内不得转让其所持有的本公司股份。（章程可作出其他限制）	禁止短线交易。（规则同"董监高"）

（四）禁止违法证券交易的行为

考试中，重点关注三类违法的证券交易：内幕交易；操纵市场；欺诈客户。

第1类	禁止内幕交易
	禁止证券交易内幕信息的知情人和非法获取内幕信息的人利用内幕信息从事证券交易活动。
(1)	禁止行为包括： ①不得买入或者卖出所持有的该公司的证券； ②不得泄露该信息或者建议他人买卖该证券。

续表

（2）	**内幕信息，是指**： ①法律规定上市公司必须公开的、可能对股票价格产生较大影响、而投资者尚未得知的重大事件； ②公司分配股利或者增资的计划； ③公司股权结构的重大变化； ④公司债务担保的重大变更； ⑤公司营业用主要资产的抵押、出售或者报废一次超过该资产的30%； ⑥公司的董事、监事、经理、副经理或者其他高级管理人员的行为可能依法承担重大损害赔偿责任； ⑦上市公司收购的有关方案； ⑧国务院证券监督管理机构认定的对证券交易价格有显著影响的其他重要信息。
（3）	**知情人，是指**： ①发行人的董事、监事、高级管理人员； ②持有公司5%以上股份的股东及其董事、监事、高级管理人员，公司的实际控制人及其董事、监事、高级管理人员； ③发行人控股的公司及其董事、监事、高级管理人员； ④由于所任公司职务可以获取公司有关内幕信息的人员； ⑤证券监督管理机构工作人员以及由于法定职责对证券的发行、交易进行管理的其他人员； ⑥保荐人、承销的证券公司、证券交易所、证券登记结算机构、证券服务机构的有关人员； ⑦国务院证券监督管理机构规定的其他人。
第2类	**禁止操纵市场**
	禁止任何人以下列手段操纵证券市场： （1）单独或者通过合谋，集中资金优势、持股优势或者利用信息优势联合或者连续买卖，操纵证券交易价格或者证券交易量； （2）与他人串通，以事先约定的时间、价格和方式相互进行证券交易，影响证券交易价格或者证券交易量； （3）在自己实际控制的账户之间进行证券交易，影响证券交易价格或者证券交易量； （4）以其他手段操纵证券市场。
第3类	**禁止欺诈客户**
	禁止证券公司及其从业人员从事下列损害客户利益的欺诈行为： （1）违背客户的委托为其买卖证券； （2）不在规定时间内向客户提供交易的书面确认文件； （3）挪用客户所委托买卖的证券或者客户账户上的资金； （4）未经客户的委托，擅自为客户买卖证券，或者假借客户的名义买卖证券； （5）为牟取佣金收入，诱使客户进行不必要的证券买卖； （6）利用传播媒介或者通过其他方式提供、传播虚假或者误导投资者的信息； （7）其他违背客户真实意思表示，损害客户利益的行为。

（五）证券上市、暂停、终止

证券上市交易，是指已公开发行的股票、债券等有价证券，符合法定条件，经证券交易所依法审核同意，并由双方签订上市协议后，在证券交易所集中竞价交易的行为。

证券上市暂停，是指上市公司出现法定情形，由证券交易所决定暂停其股票上市交易。

证券上市终止，是指上市公司出现更为严重的法定情形，由证券交易所决定终止其股票上市交易。（退市）

1. 股票上市、暂停、终止条件。

股票上市条件	股票上市暂停	股票上市终止
（1）股票经证监会核准已公开发行	→ 公司最近3年连续亏损（不符合发行股票条件）	→ 公司最近3年连续亏损，在其后1个年度内未能恢复盈利
（2）股本总额≥3000万元 （3）股权分布：①公开发行的股份达到公司股份总数的25%以上；②公司股本总额>4亿元的，公开发行股份的比例为10%以上	→ 股本总额、股权分布等发生变化不再具备上市条件（公开发行股份<25%或10%）	→ 股本总额、股权分布等发生变化不再具备上市条件，在证券交易所规定的期限内仍不能达到上市条件
（4）最近3年无重大违法行为	→ 公司有重大违法行为	→ 公司解散或被宣告破产
（5）财务会计报告无虚假记载	→ 公司不按照规定公开其财务状况，或者对财务会计报告作虚假记载	→ 公司不按照规定公开其财务状况，或者对财务会计报告作虚假记载，且拒绝纠正
	证交所上市规则规定的其他情形	证交所上市规则规定的其他情形

2. 债券上市、暂停、终止条件。

公司债券上市条件	债券上市暂停条件	债券上市终止条件
符合债券发行条件	公司有重大违法行为 ⇒	经查实后果严重的
债券期限1年以上	公司情况发生重大变化不符合公司债券上市条件 ⇒	限期内未能消除的
债券期限1年以上	公司债券所募集资金不按照核准的用途使用 ⇒	在限期内未能消除的
债券实际发行额不少于人民币5000万元（≥5000万）	未按照公司债券募集办法履行义务 ⇒	经查实后果严重的
	公司最近2年连续亏损 ⇒	在限期内未能消除的
		公司解散或者被宣告破产

（六）上市公司的持续信息公开★

1. 持续信息公开的内容。

上市公司的报告制度，包括首次报告、中期报告、年度报告。如果遇有重大事件，还需要提交临时报告。

	首次报告	中期报告	年度报告
报告时间	上市之前（拟上市时）。	每一会计年度的上半年结束之日起 2 个月内。（7 月 1 日~8 月 31 日）	每一会计年度结束之日起 4 个月内。（1 月 1 日~4 月 30 日）
报告方式	公告并将该文件置备于指定场所供公众查阅。	（1）向证监会、证交所报送中期报告并公告； （2）董事、高级管理人员签署书面确认意见； （3）监事会应当进行审核并提出书面审核意见。	（1）向证监会、证交所报送年度报告并公告； （2）董事、高级管理人员签署书面确认意见； （3）监事会应当进行审核并提出书面审核意见。 （和中报规定相同）
报告内容	（1）股票、债券获准在证券交易所交易的日期； （2）股票、债券上市的有关文件； （3）董事、监事、高级管理人员的姓名及其持有本公司股票和债券的情况； （4）持有公司股份最多的前 10 名股东的名单和持股数额； （5）公司的实际控制人。	（1）公司财务会计报告和经营情况； （2）涉及公司的重大诉讼事项； （3）提交股东大会审议的重要事项； （4）已发行的股票、公司债券变动情况。	（1）公司财务会计报告和经营情况； （2）公司概况； （3）已发行的股票、公司债券情况； （4）董事、监事、高级管理人员简介及其持股情况； （5）持有公司股份最多的前 10 名股东名单和持股数额； （6）公司的实际控制人。

2. 信息公开不实的法律责任。

前提	发行人、上市公司公告的招股说明书、公司债券募集办法、财务会计报告、上市报告文件、年度报告、中期报告、临时报告以及其他信息披露资料，有虚假记载、误导性陈述或者重大遗漏，致使投资者在证券交易中遭受损失	
法律责任	无过错责任×1	发行人、上市公司应当承担赔偿责任
	有过错才担责×1	发行人、上市公司的控股股东、实际控制人有过错的，应当与发行人、上市公司承担连带赔偿责任

续表

法律 责任	过错推定×3（仍属过错责任）	（1）发行人、上市公司的董事、监事、高级管理人员和其他直接责任人员 （2）保荐人、承销的证券公司（不包括券商的董、监、高管等个人） （3）证券服务机构为证券的发行、上市、交易等证券业务活动制作、出具审计报告、资产评估报告、财务顾问报告、资信评级报告或者法律意见书等文件，应当勤勉尽责，对所制作、出具的文件内容的真实性、准确性、完整性进行核查和验证。其制作、出具的文件有虚假记载、误导性陈述或者重大遗漏，给他人造成损失的，应当与发行人、上市公司承担连带赔偿责任，但是能够证明自己没有过错的除外

（七）上市公司的要约收购

上市公司收购，是指投资者依法定程序公开收购股份有限公司已经发行上市的股份以达到对该公司控股或兼并目的的行为。实施收购行为的投资者称为收购人，作为收购目标的上市公司称为被收购公司。

时间点	收购规则
达到5%时	投资者持有或者与他人共同持有一个上市公司已发行的股份达到5%时，应当在该事实发生之日起3日内，向国务院证券监督管理机构、证券交易所作出书面报告，通知该上市公司，并予公告；在上述期限内，不得再行买卖该上市公司的股票
增减5%	投资者持有或者他人共同持有一个上市公司已发行的股份达5%后，其所持该上市公司已发行的股份比例每增加或者减少5%，应当依照上述规定进行报告和公告。在报告期限内和作出报告、公告后2日内，不得再行买卖该上市公司的股票
30%	（1）投资者持有一个上市公司已发行的股份的30%时，继续进行收购的，应当依法向该上市公司所有股东发出收购要约。收购要约提出的各项收购条件，适用于被收购公司的所有股东 （2）收购要约的期限不得少于30日，并不得超过60日 （3）在收购要约的有效期限内，收购人不得撤销其收购要约 （4）收购要约可以是就全部股份，也可以是就部分股份发出 （5）收购期限届满，被收购公司股权分布不符合上市条件的，该上市公司的股票应当由证券交易所依法终止上市交易；其余仍持有被收购公司股票的股东，有权向收购人以收购要约的同等条件出售其股票，收购人应当收购

四、证券交易所、证券公司

（一）证券交易所

1. 我国的证券交易所是不以营利为目的，仅为证券的集中和有组织的交易提供场所、设施，实行自律性管理的会员制的事业法人。

2. 证券交易所的设立和解散，由国务院决定。（不是证监会决定）

3. 证券交易所章程的制定和修改，必须经国务院证券监督管理机构批准。

4. 实行会员制的证券交易所的财产积累归会员所有，其权益由会员共同享有，在其存续期间，不得将其财产积累分配给会员。

5. 进入证券交易所参与集中交易的，必须是证券交易所的会员。

6. 交易异常情况的处理：技术性停牌和临时停市。

技术性停牌	临时停市
（1）因突发性事件而影响证券交易的正常进行时，证券交易所可以采取技术性停牌的措施。 （2）证交所采取技术性停牌或者决定临时停市，必须及时报告证监会。	（1）因不可抗力的突发性事件或者为维护证券交易的正常秩序，证券交易所可以决定临时停市。 （2）证交所采取技术性停牌或者决定临时停市，必须及时报告证监会。

例 （1）2008 年汶川地震，5 月 13 日，沪深两交易所，因无法与 66 家上市公司取得联系，而对 66 家川渝地区上市公司进行技术性停牌。（2）停市理由如，地震、海啸等。

（二）证券公司★

1. 证券公司的注册资本应当是实缴资本。

2. 证券公司的业务范围。经国务院证券监督管理机构批准，证券公司可以经营下列部分或者全部业务：

（1）证券经纪；

（2）证券投资咨询；

（3）与证券交易、证券投资活动有关的财务顾问；

（4）证券承销与保荐；

（5）证券自营；

（6）证券资产管理；

（7）其他证券业务。

3. 证券公司禁止和限制行为。★

（1）禁止为股东担保/融资。即，证券公司不得为其股东或者股东的关联人提供融资或者担保。（一般的公司可以对内担保/融资）

（2）禁止混合操作。即，证券公司必须将其证券经纪业务、证券承销业务、证券自营业务和证券资产管理业务分开办理，不得混合操作。

（3）经批准可以为客户提供融资融券服务。

（4）禁止接受全权委托、私下委托、对收益或赔偿作出承诺。

（5）证券公司的自营业务必须以自己的名义进行，不得假借他人名义或者以个人名义进行；自营业务必须使用自有资金和依法筹集的资金；不得将其自营账户借给他人使用。

（6）禁止证券公司及其从业人员欺诈客户。

第二节 🎧 证券投资基金法

一、证券投资基金法律关系

1. 证券投资基金，是指通过公开或非公开募集资金设立证券投资基金（以下简称基金），由基金管理人管理，基金托管人托管，为基金份额持有人的利益，以资产组合方式进行证券投资活动而获取一定收益的投资工具。

2. 法律关系。

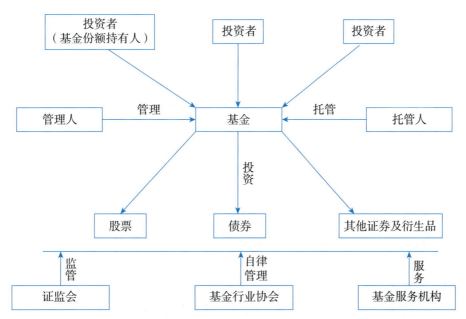

（1）	管理人	
基金管理人由依法设立的公司或者合伙企业担任。		
禁止行为×8	公募基金管理人及其董事、监事、高级管理人员和其他从业人员的禁止行为： ①将其固有财产或者他人财产混同于基金财产从事证券投资； ②不公平地对待其管理的不同基金财产； ③利用基金财产或者职务之便为基金份额持有人以外的人牟取利益； ④向基金份额持有人违规承诺收益或者承担损失； ⑤侵占、挪用基金财产； ⑥泄露因职务便利获取的未公开信息、利用该信息从事或者明示、暗示他人从事相关的交易活动； ⑦玩忽职守，不按照规定履行职责； ⑧法律、行政法规和国务院证券监督管理机构规定禁止的其他行为。		

续表

（2）	**托管人**
①由依法设立的商业银行或者其他金融机构担任； ②基金托管人与基金管理人不得为同一人，不得相互出资或者持有股份。	
职责	①制约监督管理人：发现基金管理人的投资指令违法违规或者违反约定的，应当拒绝执行，立即通知基金管理人，并及时向国务院证券监督管理机构报告； ②对所托管的不同基金财产分别设置账户，确保基金财产的完整与独立； ③对基金财务会计报告、中期和年度基金报告出具意见； ④按照规定召集基金份额持有人大会。（《证券投资基金法》第36条）
（3）	**份额持有人**
分配办法	①公开募集基金，基金份额持有人按其所持基金份额享受收益和承担风险； ②非公开募集基金，基金份额持有人的收益分配和风险承担由基金合同约定。
份额持有人的权利	①分享基金财产收益； ②参与分配清算后的剩余基金财产； ③依法转让或者申请赎回其持有的基金份额； ④按照规定要求召开基金份额持有人大会或者召集基金份额持有人大会； ⑤对基金份额持有人大会审议事项行使表决权； ⑥对基金管理人、基金托管人、基金服务机构损害其合法权益的行为依法提起诉讼； ⑦基金合同约定的其他权利。
份额持有人大会的职权	①决定基金扩募或者延长基金合同期限； ②决定修改基金合同的重要内容或者提前终止基金合同； ③决定更换基金管理人、基金托管人； ④决定调整基金管理人、基金托管人的报酬标准； ⑤基金合同约定的其他职权。

二、基金财产★

（一）基金财产的特征

1. 基金财产独立于基金管理人、基金托管人的固有财产。基金管理人、基金托管人不得将基金财产归入其固有财产。

2. 基金财产的债务由基金财产本身承担，基金份额持有人以其出资为限对基金财产的债务承担责任。

3. 基金管理人、基金托管人因依法解散、被依法撤销或者被依法宣告破产等原因进行清算的，基金财产不属于其清算财产。

4. 基金财产的债权，不得与基金管理人、基金托管人固有财产的债务相抵销；不同基金财产的债权债务，不得相互抵销。

（二） 基金财产的投资 ★

基金财产应当用于下列投资	（1） 上市交易的股票、债券； （2） 国务院证券监督管理机构规定的其他证券及其衍生品种。
基金财产不得用于下列投资或者活动×7	（1） 承销证券； （2） 违反规定向他人贷款或者提供担保； （3） 从事承担无限责任的投资； （4） 买卖其他基金份额，但是国务院证券监督管理机构另有规定的除外； （5） 向基金管理人、基金托管人出资； （6） 从事内幕交易、操纵证券交易价格及其他不正当的证券交易活动； （7） 法律、行政法规和国务院证券监督管理机构规定禁止的其他活动。

经济法

经济法在卷一考查，2015、2016 年分值均为 27 分。单个部门法考查的分值普遍不高。

[总图1]

```
            ┌ 竞争法 ┬ 反垄断法★★
            │        └ 反不正当竞争法★
            │
            ├ 消费者法 ┬ 消费者权益保护法★★
            │          ├ 产品质量法
            │          └ 食品安全法★
            │
            ├ 银行业法 ┬ 商业银行法★★
            │          └ 银行业监督管理法★
            │
            │          ┌ 增值税法/消费税法
            │          ├ 营业税法
            │          ├ 车船税法
            ├ 财税法   ┼ 个人所得税法★
 经济法 ┤            ├ 企业所得税法★
            │          ├ 税收征收管理法★★
            │          └ 审计法
            │
            ├ 劳动法   ┬ 劳动合同法+条例★★
            │          ├ 劳动争议调解仲裁法★★
            │          └ 社会保险法★
            │
            │          ┌ 土地管理法
            ├ 土房法   ┼ 城乡规划法
            │          ├ 城市房地产管理法
            │          └ 不动产登记暂行条例★★
            │
            └ 环保法   ┬ 环境影响评价法
                       └ 环境保护法★
```

[**总图2**] 部门法之间关系

➤宏观调控

反不正当竞争法

反垄断法

市场

消费者权益保护法

产品质量法

食品安全法

房地产法

环境保护法

劳动者

➤ 市场监管

第1章 竞争法

第一节 🎧 反垄断法

📖 提示

重点：（1）4种垄断行为的认定；（2）反垄断执法机构；（3）垄断行为的法律责任。

知 识 结 构 图

```
                              ┌ 横向垄断协议
                   垄断协议 ┤ 纵向垄断协议
                              └ 法律责任
                                            ┌ 支配地位的认定
                                            │ 支配地位的推定
                   滥用市场支配地位 ┤ 滥用市场支配地位行为
                                            └ 法律责任
                   经营者集中
  反垄断法 ┤                      ┌ 指定/限定经营
                                            ┌ 限制商品流通
                                            │ 排限外地投资
                   排、限竞争行为 ┤ 地区封锁 ┤ 排限外地设立分支机构
                                            └ 招投标中的垄断
                                  └ 法律责任
                              ┌ 工商（部、省）
                   反垄断执法机构 ┤ 发改委（部、省）
                              └ 商务部门（部、省）
```

　　我国《反垄断法》将形形色色、各种各样的垄断行为、排除限制竞争行为分为：垄断协议；滥用市场支配地位；经营者集中；排除、限制竞争行为。

一、垄断协议

（一）垄断协议的认定

（1）垄断协议，是指排除、限制竞争的协议、决定或者其他协同行为。具有"多个主体共同行为"的特征。

（2）行业协会，一般而言是具有非营利性和中介性，维护成员利益并代表本行业利益从事活动的社团法人。

（3）行业协会不得组织本行业的经营者从事下述禁止的垄断行为。

续表

	横向垄断协议	纵向垄断协议
概念	同行之间达成。即，同一产业并且彼此存在竞争关系的企业之间，为了避免或减少竞争风险，相互达成的排除或者限制市场竞争的协议。	厂家和经销商（交易相对人）达成。是指在同一产业但处于不同经济阶段且有买卖关系的企业间所订立的旨在排除和限制其他竞争者的经营活动的协议。
行为方式	禁止具有竞争关系的经营者达成下列垄断协议： （1）固定或者变更商品价格； （2）限制商品的生产数量或者销售数量； （3）分割销售市场或者原材料采购市场； （4）限制购买新技术、新设备或者限制开发新技术、新产品； （5）联合抵制交易； （6）国务院反垄断执法机构认定的其他垄断协议。	禁止经营者与交易相对人达成下列垄断协议： （1）固定向第三人转售商品的价格； （2）限定向第三人转售商品的最低价格； （3）国务院反垄断执法机构认定的其他垄断协议。

例 1 "世界拉面协会中国分会"于 2007 年 4 月召开杭州峰会，明确高价方便面从每包 1.5 元直接涨到 1.7 元，计划 6 月 1 日全行业统一上调。国家发改委随即立案调查，认定该协会和相关企业"相互串通、操纵市场价格"，构成横向垄断。

例 2 2012 年 12 月 18 日，茅台经销商大会在济南召开，茅台公司要求经销商 53 度飞天茅台的零售价不能低于 1519 元/瓶，而团购价不能低于 1400 元/瓶。此构成"纵向垄断"，因其固定了终端价格将损害消费者的利益。

（二）垄断协议的豁免条款

1. 垄断协议的豁免，是指经营者之间并非以限制竞争为目的，而是为某种公共利益而达成的合意或者一致行动，这种协议或协同一致的行为是合法的。

2. 可豁免的行为：

	国内市场中的可豁免协议	对外贸易中的豁免
A×5	合法不受处罚。即，经营者能够证明所达成的协议属于下列情形之一的，不构成垄断协议： （1）为改进技术、研究开发新产品的； （2）为提高产品质量、降低成本、增进效率，统一产品规格、标准或者实行专业化分工的； （3）为提高中小经营者经营效率，增强中小经营者竞争力的； （4）为实现节约能源、保护环境、救灾救助等社会公共利益的； （5）因经济不景气，为缓解销售量严重下降或者生产明显过剩的。	为保障外贸和对外经济合作中的正当利益，经营者达成的协议，合法不受处罚。

续表

	国内市场中的可豁免协议	对外贸易中的豁免
B×2	上述情形，经营者还应当证明所达成的协议： （1）不会严重限制相关市场的竞争； （2）能够使消费者分享由此产生的利益。	—

（三）构成垄断协议的法律责任

1. 行政处罚措施。

（1）**达成并实施→处罚**。即，经营者违反本法规定，达成并实施垄断协议的，由反垄断执法机构责令停止违法行为，没收违法所得，并处上1年度销售额1%以上10%以下的罚款。

（2）**未实施→可罚**。即，尚未实施所达成的垄断协议的，可以处50万元以下的罚款。

（3）**报告+提供证据→可免**。即，经营者主动向反垄断执法机构报告达成垄断协议的有关情况并提供重要证据的，反垄断执法机构可以酌情减轻或者免除对该经营者的处罚。

（4）行业协会违反本法规定，组织本行业的经营者达成垄断协议的，反垄断执法机构可以处50万元以下的罚款；情节严重的，社会团体登记管理机关可以依法撤销登记。

2. 民事责任。

（1）实施垄断行为的经营者，承担**停止侵害、赔偿损失等民事责任**。

（2）**合同无效**。即，达成的垄断协议的合同内容、行业协会的章程等违反反垄断法或者其他法律、行政法规的强制性规定的，法院认定其无效。（《关于审理因垄断行为引发的民事纠纷案件应用法律若干问题的规定》）

二、滥用市场支配地位

市场支配地位，是指经营者在相关市场内具有**能够控制**商品价格、数量或者其他交易条件，或者能够阻碍、影响其他经营者进入相关市场能力的市场地位。

市场支配地位本身，并不受道德谴责，也不必然被反垄断法禁止或制裁。只有当具有市场支配地位的企业**利用其市场支配地位危害竞争**，损害公共利益和私人利益时，反垄断法才会挥动达摩克利斯之剑，扮演市场竞争秩序守护神的角色。

（一）市场支配地位的认定标准、推定标准

1. **认定标准—该经营者+其他经营者+其他因素**。从世界范围看形成了"以市场份额为主、兼顾反映企业综合经济实力的其他因素"的认定标准。

因素1. 该经营者	因素2. 其他经营者	其他因素
（1）该经营者在相关市场的市场份额，以及相关市场的竞争状况； （2）该经营者控制销售市场或者原材料采购市场的能力； （3）该经营者的财力和技术条件。	（1）其他经营者对该经营者在交易上的依赖程度； （2）其他经营者进入相关市场的难易程度。	在民事诉讼中，原告可以以被告对外发布的信息作为证明其具有市场支配地位的证据。但有相反证据足以推翻的除外。

2. **推定标准—市场份额**。即有下列情形之一的，可以推定经营者具有市场支配地位：

单个经营者	联合经营者	
（1→1/2）即一个经营者在相关市场的市场份额达到1/2的。	2→2/3	两个经营者在相关市场的市场份额合计达到2/3的。
	3→3/4	三个经营者在相关市场的市场份额合计达到3/4的。
	在上述合计情形下，其中有的经营者市场份额不足1/10的，不应当推定该经营者具有市场支配地位。	
被推定具有市场支配地位的经营者，有证据证明不具有市场支配地位的，不应当认定其具有市场支配地位。		

例 想一想，下列观点是否正确？三个经营者在相关市场的市场份额合计达到3/4，其中有两个经营者市场份额合计不足1/5的，不应当推定该两个经营者具有市场支配地位。（错误）

（二）滥用市场支配地位的行为

禁止具有市场支配地位的经营者从事下列滥用市场支配地位的行为：

1. **垄断价格**。即以不公平的高价销售商品或者以不公平的低价购买商品。
2. **亏本销售**。即没有正当理由，以低于成本的价格销售商品。
3. **拒绝交易**。即没有正当理由，拒绝与交易相对人进行交易。
4. **强制交易**。即没有正当理由，限定交易相对人只能与其进行交易或者只能与其指定的经营者进行交易。
5. **搭售**。即没有正当理由搭售商品，或者在交易时附加其他不合理的交易条件。
6. **差别待遇**。即没有正当理由，对条件相同的交易相对人在交易价格等交易条件上实行差别待遇。

（三）法律责任

经营者违反本法规定，滥用市场支配地位的，由反垄断执法机构责令停止违法行为，没收违法所得，并处上一年度销售额1%以上10%以下的罚款。

三、经营者集中

（一）经营者集中的认定

经营者集中，包括下列情形：

1. **经营者合并**；
2. 经营者通过取得股权或者资产的方式取得对其他经营者的控制权；
3. 经营者通过合同等方式取得对其他经营者的控制权或者能够对其他经营者施加决定性影响。

例 2008年9月，可口可乐提出以24亿美元全面收购汇源，较汇源当时股价溢价近3倍，是迄今为止规模最大的外资对中国企业收购案。几天后，商务部收到可口可乐收购汇源的经营者集中反垄断申报材料，并开始进行审查。2009年3月18日商务部正式裁决，禁止了该项收购案，该案也成为《反垄断法》实施后，商务部否决的首个收购案。

（二）经营者集中的申报、审查

1. 事先申报制度。经营者集中达到国务院规定的申报标准的，经营者应当事先向国务院反垄断执法机构申报，未申报的不得实施集中。建立经营者集中事先申报制度，目的是防患于未然。

2. 申报的例外。经营者集中有下列情形之一的，可以不向国务院反垄断执法机构申报：

（1）母公司对子公司的整合：参与集中的一个经营者拥有其他每个经营者50%以上有表决权的股份或者资产的（≥50%）。即，已经形成控制与被控制关系的经营者之间的集中，不用申报。

（2）兄弟公司间的整合：参与集中的每个经营者50%以上有表决权的股份或者资产被同一个未参与集中的经营者拥有的（≥50%）。即，受同一经营者控制的经营者集中，不用申报。

3. 审查经营者集中，应当考虑下列因素：

经营者、相关市场的自身情况	集中后的影响力
（1）参与集中的经营者在相关市场的市场份额及其对市场的控制力； （2）相关市场的市场集中度。 （因为，市场集中度越高，经营者实施集中就更容易形成垄断）	（1）经营者集中对市场进入、技术进步的影响； （2）经营者集中对消费者和其他有关经营者的影响； （3）经营者集中对国民经济发展的影响； （4）国务院反垄断执法机构认为应当考虑的影响市场竞争的其他因素。

4. 审查后的决定。

（1）禁止集中。即，经营者集中具有或者可能具有排除、限制竞争效果的，国务院反垄断执法机构应当作出禁止经营者集中的决定。

（2）不予禁止。即，如果经营者能够证明该集中对竞争产生的有利影响明显大于不利影响，或者符合社会公共利益的，国务院反垄断执法机构可以作出对经营者集中不予禁止的决定。对不予禁止的经营者集中，国务院反垄断执法机构可以决定附加减少集中对竞争产生不利影响的限制性条件。

（三）法律责任

1. 经营者违反本法规定实施集中的，由国务院反垄断执法机构责令停止实施集中、限期处分股份或者资产、限期转让营业以及采取其他必要措施恢复到集中前的状态，可以处50万元以下的罚款。

2. 对反垄断执法机构依据《反垄断法》第28条①、第29条②作出的决定不服的，可以先依法申请行政复议；对行政复议决定不服的，可以依法提起行政诉讼。

---

① 《反垄断法》第28条：经营者集中具有或者可能具有排除、限制竞争效果的，国务院反垄断执法机构应当作出禁止经营者集中的决定。但是，经营者能够证明该集中对竞争产生的有利影响明显大于不利影响，或者符合社会公共利益的，国务院反垄断执法机构可以作出对经营者集中不予禁止的决定。

② 《反垄断法》第29条：对不予禁止的经营者集中，国务院反垄断执法机构可以决定附加减少集中对竞争产生不利影响的限制性条件。

四、滥用行政权力排除、限制竞争行为 ★

（一）主体

排除、限制竞争行为的主体包括：

1. 行政机关，指除中央政府外的各级人民政府、中央机构中的各有关职能部门（部、委、局等）和地方各级政府的职能部门（如，公安局、粮食局）。（仅仅不包括中央政府）

2. 具有管理公共事务职能的组织，是指虽然不是行政机关，但具有行政职权的组织。

（二）行为方式

排除、限制竞争行为的方式包括：

1. 强制交易（或称为"限定经营"）。即，行政机关、管理公共事务职能的组织不得滥用行政权力，限定或者变相限定单位或者个人经营、购买、使用其指定的经营者提供的商品。

例　某市火车站利用其提供铁路运输服务的独占地位，拒绝提供预售客票服务、拒绝发售当日卧铺票、软硬座票，要求旅客接受指定的经营者提供的客票代售服务，该市火车站的行为即"限定他人接受其指定的经营者提供服务"的行为。

2. 限制商品自由流通。即，行政机关、具有管理公共事务职能的组织不得滥用行政权力，实施下列行为，妨碍商品在地区之间的自由流通：

（1）对外地商品设定歧视性收费项目、实行歧视性收费标准，或者规定歧视性价格；

（2）对外地商品规定与本地同类商品不同的技术要求、检验标准，或者对外地商品采取重复检验、重复认证等歧视性技术措施，限制外地商品进入本地市场；

（3）采取专门针对外地商品的行政许可，限制外地商品进入本地市场；

（4）设置关卡或者采取其他手段，阻碍外地商品进入或者本地商品运出；

（5）妨碍商品在地区之间自由流通的其他行为。

3. 招标投标活动中的"排限"。即，行政机关、具有管理公共事务职能的组织，不得滥用行政权力，以设定歧视性资质要求、评审标准或者不依法发布信息等方式，排斥或者限制外地经营者参加本地的招标投标活动。

4. 投资或设立分支机构中的"排限"。即，行政机关、具有管理公共事务职能的组织，不得滥用行政权力，采取与本地经营者不平等待遇等方式，排斥或者限制外地经营者在本地投资或者设立分支机构。

5. 强制经营者从事垄断行为。即，行政机关和法律、法规授权的具有管理公共事务职能的组织不得滥用行政权力，强制经营者从事本法规定的垄断行为。

6. 制定排限规定。即行政机关不得滥用行政权力，制定含有排除、限制竞争内容的规定。

（三）法律责任

1. 行政机关的责任—由上级机关责令改正。

（1）行政机关和具有管理公共事务职能的组织，滥用行政权力，实施排除、限制竞争行为的，由上级机关责令改正。

（2）反垄断执法机构可以向有关上级机关提出依法处理的建议。强调："上级机关"才有权"责令其改正"。

（3）对直接负责的主管人员和其他直接责任人员，依法给予处分。

2. 经营者的责任—有过错才受罚。

被指定的经营者借此销售质次价高商品或者滥收费用的，监督检查部门应当没收违法所得，可以根据情节处以违法所得 1 倍以上 3 倍以下的罚款。

五、反垄断委员会与反垄断执法机构

（一）反垄断委员会

国务院设立反垄断委员会，负责组织、协调、指导反垄断工作，履行下列职责：

1. 研究拟订有关竞争政策；

2. 组织调查、评估市场总体竞争状况，发布评估报告；

3. 制定、发布反垄断指南；

4. 协调反垄断行政执法工作；

5. 国务院规定的其他职责。国务院反垄断委员会的组成和工作规则由国务院规定。

（二）反垄断执法机构

反垄断的执法机构有三类。均是国家和省两级具有行政执法权。

1. 两级：国务院+省级。

（1）国务院规定的承担反垄断执法职责的机构（以下统称国务院反垄断执法机构）依照本法规定，负责反垄断执法工作。

（2）国务院可以授权省、自治区、直辖市人民政府相应的机构，依照本法规定负责有关反垄断执法工作。

2. 三类：工商+发改委+商务部。

工商部门	发改委	商务部
国家工商行政管理总局，内设反垄断与反不正当竞争执法局。负责： （1）除价格卡特尔（即价格垄断协议）之外的大部分垄断协议的禁止和查处工作； （2）除价格垄断行为之外的大部分滥用市场支配地位行为的禁止和查处工作； （3）滥用行政权力排除限制竞争行为的有关执法工作。（强调：价格垄断行为除外）	国家发展与改革委员会，内设价格监督检查司。负责：查处价格违法行为和价格垄断行为。	商务部，内设反垄断局。负责： （1）对经营者集中行为进行反垄断审查； （2）指导企业在国外的反垄断应诉工作； （3）开展多、双边竞争政策交流与合作。

六、因垄断行为引发的民事纠纷诉讼

1. 管辖：第一审垄断民事纠纷案件，由省、自治区、直辖市人民政府所在地的市、计划单列市中级人民法院以及最高人民法院指定的中级人民法院管辖。经最高人民法院批准，基层人民法院可以管辖第一审垄断民事纠纷案件。

2. 民事责任：被告实施垄断行为，给原告造成损失的，根据原告的诉讼请求和查明的事实，人民法院可以依法判令被告承担停止侵害、赔偿损失等民事责任。根据原告的请求，人民法院可以将原告因调查、制止垄断行为所支付的合理开支计入损失赔偿范围。

3. 合同效力：被诉合同内容、行业协会的章程等违反反垄断法或者其他法律、行政法规的强制性规定的，人民法院应当依法认定其无效。

4. 举证责任分配：

（1）被诉垄断行为属于《反垄断法》第 13 条第 1 款第 1 项至第 5 项①规定的垄断协议的，被告应对该协议不具有排除、限制竞争的效果承担举证责任。

（2）被诉垄断行为属于滥用市场支配地位的，原告应当对被告在相关市场内具有支配地位和其滥用市场支配地位承担举证责任。被告以其行为具有正当性为由进行抗辩的，应当承担举证责任。

5. 诉讼时效：

（1）因垄断行为产生的损害赔偿请求权诉讼时效期间，从原告知道或者应当知道权益受侵害之日起计算。

（2）原告向反垄断执法机构举报被诉垄断行为的，诉讼时效从其举报之日起中断。

（3）反垄断执法机构决定不立案、撤销案件或者决定终止调查的，诉讼时效期间从原告知道或者应当知道不立案、撤销案件或者终止调查之日起重新计算。

（4）反垄断执法机构调查后认定构成垄断行为的，诉讼时效期间从原告知道或者应当知道反垄断执法机构认定构成垄断行为的处理决定发生法律效力之日起重新计算。

（5）原告起诉时被诉垄断行为已经持续超过 2 年，被告提出诉讼时效抗辩的，损害赔偿应当自原告向人民法院起诉之日起向前推算 2 年计算。

第二节 🎧 反不正当竞争法

不正当竞争行为，是指经营者在市场竞争中，采取非法的或者有悖于公认的商业道德的手段和方式，与其他经营者相竞争的行为。

竞争法是市场竞争的基本法和兜底法。凡是其他法律、法规没有明确规定，而经营者的市场行为与竞争法所确立的市场竞争原则相违背的，均应依照该法进行规范。

一、限制竞争行为

限制竞争行为，是指妨碍甚至完全阻止、排除市场主体进行竞争的协议和行为。

> 📋 **易混淆点** 两法中限制竞争行为的对比

	《反不正当竞争法》	《反垄断法》
（1）	①公用企业或者其他依法具有独占地位的经营者，不得限定他人购买其指定的经营者的商品，以排挤其他经营者的公平竞争。 ②政府及其所属部门不得滥用行政权力，限定他人购买其指定的经营者的商品，限制其他经营者正当的经营活动。	行政机关不得……限定或者变相限定单位或者个人经营、购买、使用其指定的经营者提供的商品。

---

① 即被诉垄断行为属于横向垄断协议。具有竞争关系的经营者之间联合定价、分割市场、联合抵制、限制数量、限制开发等行为。

续表

	《反不正当竞争法》	《反垄断法》
(2)	政府及其所属部门不得滥用行政权力，限制外地商品进入本地市场，或者本地商品流向外地市场。（没有规定具体手段）	行政机关和法律、法规授权的具有管理公共事务职能的组织不得滥用行政权力，实施下列行为，妨碍商品在地区之间的自由流通。（如，歧视性收费标准、设置关卡……）
(3)	投标者不得串通投标，抬高标价或者压低标价。投标者和招标者不得相互勾结，以排挤竞争对手的公平竞争。	招标投标活动中的"排限"。
(4)	其他类型：搭售。（经营者销售商品，不得违背购买者的意愿搭售商品或者附加其他不合理的条件）	①投资或设立分支机构中的"排限"。②强制经营者从事垄断行为。③行政机关不得滥用行政权力，制定含有排除、限制竞争内容的规定。

二、不正当竞争行为 ★

（一）混淆行为（欺骗性交易）

经营者不得采用下列不正当手段从事市场交易，损害竞争对手：

1. 假冒他人的注册商标。是指未经商标所有权人的许可而擅自使用其注册商标的行为，既侵犯了商标所有人的商标专用权，同时构成不正当竞争行为。构成侵权行为和不正当竞争行为竞合。

2. 高仿。即，擅自使用知名商品特有的名称、包装、装潢，或者使用与知名商品近似的名称、包装、装潢，造成和他人的知名商品相混淆，使购买者误认为是该知名商品。

（1）知名商品，是指在市场上有一定知名度，并在一定范围为相关公众所知悉的商品。此为一个市场判断，需要和"驰名商标"区分，知名商品不以具有注册商标或者驰名商标为认定依据。如，康帅夫方便面、HiPhone、iPed 平板电脑、谷姐搜索。

（2）知名商品+特有，构成混淆。

（3）知名商品+近似+引起误认，构成混淆。

3. 擅自使用他人的企业名称或者姓名，引人误认为是他人的商品。

4. 虚假表示。即，在商品上伪造或者冒用认证标志、名优标志等质量标志，伪造产地，对商品质量作引人误解的虚假表示。

（1）质量标志，包括产品质量认证标志、名优标志。如，绿色食品认证标志；国家金质奖章荣誉标志。

（2）产地名称，是表示某项产品来源于某个国家或地区的说明性标志。如，北京产的苹果，在包装上却写明"产地新疆"，此为虚假表示，也称为混淆行为。

（二）商业贿赂

商业贿赂行为，是指经营者为争取交易机会给予交易对方相关人员和能够影响交易的其他相关人员以财物或其他好处的行为。如，药企给医院的回扣、折扣、佣金、介绍费等。

1. 在账外暗中给予对方单位或者个人回扣的，以行贿论处；对方单位或者个人在账外暗中收受回扣的，以受贿论处。

2. 经营者销售或者购买商品，可以以明示方式给对方折扣，可以给中间人佣金。

3. 经营者给对方折扣、给中间人佣金的，必须如实入账。接受折扣、佣金的经营者必须如实入账。

（三）虚假宣传

1. 经营者不得利用广告或者其他方法，对商品的质量、制作成分、性能、用途、生产者、有效期限、产地等作引人误解的虚假宣传。

2. 广告的经营者（如，广告代理制作者和广告发布者）不得在明知或者应知的情况下，代理、设计、制作、发布虚假广告。

> 📘 **易混淆点** 虚假宣传 VS 混淆行为
>
> 虚假宣传，行为方式主要是借助广告的宣传行为，其本质是对自身不具备的品质进行虚假的表述。
>
> 混淆行为，行为方式主要是伪造、冒用各种质量标志和产地的行为，其本质上是一种模仿行为，目的是使消费者产生误认。

（四）侵犯商业秘密

商业秘密，是指不为公众所知悉、能为权利人带来经济利益、具有实用性并经权利人采取保密措施的技术信息和经营信息。

1. 商业秘密的特征：秘密性、经济性、实用性、保密性。

2. 技术信息，如，产品配方、制作工艺；经营信息，如，客户名单、供货渠道等。

3. 侵犯商业秘密的行为。

商业秘密权是权利人拥有的一种无形财产权，商业秘密不同于专利，它可以为多个权利主体同时拥有和使用，只要获得及使用手段合法。如，自主研究开发，或者通过反向工程破译他人商业秘密等，均属于正当手段。

本法规定的侵犯商业秘密的手段包括：

（1）非法获取。即，以盗窃、利诱、胁迫或者其他不正当手段获取权利人的商业秘密。

（2）非法使用。即，披露、使用或者允许他人使用以前项手段获取的权利人的商业秘密。

（3）违约披露、使用。即，违反约定或者违反权利人有关保守商业秘密的要求，披露、使用或者允许他人使用其所掌握的商业秘密。

4. 侵犯商业秘密的主体。包括：

（1）经营者。根据法律和合同，有义务保守商业秘密的人（包括与权利人有业务关系的单位、个人，在权利人单位就职的职工）；

（2）第三人+明知应知。第三人明知或应知他人违反商业秘密，仍获取、使用或者披露他人的商业秘密，视为侵犯商业秘密。在实践中，第三人的行为与侵权人构成共同侵权。

（五）诋毁商业信誉

本法规定，经营者不得捏造、散布虚伪事实，损害竞争对手的商业信誉、商品声誉。

要点包括：

1. 行为主体是有竞争关系的经营者。

（1）其他经营者如果受指使从事诋毁商誉的，可以构成共同侵权。

（2）经营者利用新闻媒体诋毁其他经营者的商誉时，新闻单位被利用和被唆使的，仅构成一般的侵害他人名誉权行为，而非不正当竞争行为。

2. 有捏造、散布虚伪事实的行为。如果发布的消息是真实的，不构成诋毁商誉。

3. 主观心态为故意。法条中的"捏造、散布"，即说明行为人主观是故意，过失不构成"诋毁"。

4. 诋毁行为是针对一个或多个特定竞争对手的。如果捏造、散布的虚假事实不能与特定的经营者相联系，商誉主体的权利便不会受到侵害，不构成诋毁商誉行为。

5. 对比性广告构成诋毁。对比性广告是以市场上所有的同一类竞争者为诋毁对象。此时应认定为商业诋毁行为，因为其诋毁对象仍是特定的。

例 甲公司为宣传其"股神"股票交易分析软件，高价聘请记者发表文章，称"股神"软件是"股民心中的神灵"，贬称同类软件"让多少股民欲哭无泪"，并称乙公司的软件"简直是垃圾"。在该例中，甲公司贬称同类软件，即构成"对比性广告"，属于诋毁商业信誉行为。

（六）低价倾销

1. 低价倾销，是指经营者以排挤竞争对手为目的，以低于成本的价格销售商品。低价倾销属于不正当竞争行为。

2. 例外规定-鲜活；积压；反季；抵债，可低于成本价销售。即，有下列情形之一，经营者虽然低于成本的价格销售商品，但不属于不正当竞争行为：

（1）销售鲜活商品；

（2）处理有效期限即将到期的商品或者其他积压的商品；

（3）季节性降价；

（4）因清偿债务、转产、歇业降价销售商品。

（七）不正当的有奖销售

有奖销售可分为两种：一种是奖励给所有购买者的附赠式有奖销售（本法未规定）；另一种是奖励部分购买者的抽奖式有奖销售。本法对欺诈的有奖销售和抽奖式有奖销售有限制。

下列有奖销售行为属于不正当竞争：

1. 采用谎称有奖或者故意让内定人员中奖的欺骗方式进行有奖销售。

2. 利用有奖销售的手段推销质次价高的商品。

3. 抽奖式的有奖销售，最高奖的金额超过 5000 元。

（1）仅限于抽奖式有奖销售，本法对附赠式有奖销售没有规定。

（2）抽奖式有奖销售，金额≤5000 元是合法的，但超过 5000 元即违法。

（3）二次开奖问题。本法没有规定抽奖的次数，所以"多次开奖，不累加"。

例 东方红商场举办抽奖式有奖销售，最高奖为 5000 元购物券，并规定用购物券购物满1000 元的可再获一次抽奖机会。想一想，东方红商场的行为属于不正当竞争行为吗？（提示：是正当经营手段）

第2章 消费者法

第一节 消费者权益保护法

> 📑 **提示**
>
> 　　1. 新《消费者权益保护法》于2014年生效，扩大了经营者的义务，规范网络购物，加重了经营者的责任。（如，假货退一赔三）
>
> 　　2. 多为案例式选择题，题目和生活密切相关，要多关注生活中的热点事件。

一、适用对象

　　1. 消费者为生活消费需要购买、使用商品或者接受服务，其权益受本法保护；本法未作规定的，受其他有关法律、法规保护。

　　（1）消费者只能是个人。（团体、社会组织、单位均被排除在外）

　　（2）限于为生活消费需要。不包括个人购买生产资料。

　　2. 农民购买、使用直接用于农业生产的生产资料，参照本法执行。如，种子、化肥属于直接用于农业的生产资料，但参照消费者保护。因为本法的保护力度要强于民法。

二、消费者的权利★

　　本法第7~15条规定了消费者的权利。

权利×9	要点
★公平交易权	（1）消费者享有公平交易的权利。 （2）消费者在购买商品或者接受服务时，有权获得质量保障、价格合理、计量正确等公平交易条件，有权拒绝经营者的强制交易行为。 **例** 某公司生产销售一款新车，该车新设计不成熟，导致部分车辆造成交通事故。事后，该公司拒绝就故障原因作出说明，也拒绝对受害人提供赔偿。该公司侵犯了安全保障权、知情权、获取赔偿权。但是没有侵犯公平交易权，因为该公司没有强制交易等行为。
★安全保障权	（1）消费者在购买、使用商品和接受服务时享有人身、财产安全不受损害的权利。 （2）消费者有权要求经营者提供的商品和服务，符合保障人身、财产安全的要求。
获取赔偿权	消费者因购买、使用商品或者接受服务受到人身、财产损害的，享有依法获得赔偿的权利。

续表

权利×9	要点
获得相关知识权	消费者享有获得有关消费和消费者权益保护方面的知识的权利。 消费者应当努力掌握所需商品或者服务的知识和使用技能，正确使用商品，提高自我保护意识。
★自主选择权	（1）消费者享有自主选择商品或者服务的权利。 （2）消费者有权自主选择提供商品或者服务的经营者，自主选择商品品种或者服务方式，自主决定购买或者不购买任何一种商品、接受或者不接受任何一项服务。 （3）消费者在自主选择商品或者服务时，有权进行比较、鉴别和挑选。
★知情权	（1）消费者享有知悉其购买、使用的商品或者接受的服务的真实情况的权利。 （2）消费者有权根据商品或者服务的不同情况，要求经营者提供商品的价格、产地、生产者、用途、性能、规格、等级、主要成分、生产日期、有效期限、检验合格证明、使用方法说明书、售后服务，或者服务的内容、规格、费用等有关情况。
结社权	消费者享有依法成立维护自身合法权益的社会组织的权利。
受尊重权	消费者在购买、使用商品和接受服务时，享有人格尊严、民族风俗习惯得到尊重的权利，享有个人信息依法得到保护的权利。
监督批评权	（1）消费者享有对商品和服务以及保护消费者权益工作进行监督的权利。 （2）消费者有权检举、控告侵害消费者权益的行为和国家机关及其工作人员在保护消费者权益工作中的违法失职行为，有权对保护消费者权益工作提出批评、建议。

三、经营者的义务

经营者义务是和消费者权利相对应的。本部分 2014 年新法修改较大，对新修点需重点掌握。

（一）义务内容

义务	要点
安全保障义务	（1）经营者应当保证其提供的商品或者服务符合保障人身、财产安全的要求。 （2）对可能危及人身、财产安全的商品和服务，经营者应当向消费者作出真实的说明和明确的警示，并说明和标明正确使用商品或者接受服务的方法以及防止危害发生的方法。（警示+方法） （3）★宾馆、商场、餐馆、银行、机场、车站、港口、影剧院等经营场所的经营者，应当对消费者尽到安全保障义务。 ①宾馆、商场……未尽到安全保障义务，造成他人损害的，应当承担侵权责任。 ②因第三人的行为造成他人损害的，由第三人承担侵权责任；管理人或者组织者未尽到安全保障义务的，承担相应的补充责任。

续表

义务		要点
★召回义务	自主召回	缺陷产品+经营者召回。即, (1) 经营者发现其提供的商品或者服务存在缺陷,有危及人身、财产安全危险的,应当立即向有关行政部门报告和告知消费者,并采取停止销售、警示、召回、无害化处理、销毁、停止生产或者服务等措施。 (2) 经营者应当承担消费者因商品被召回支出的必要费用。
	强制召回	缺陷产品+行政部门责令召回。即有关行政部门发现并认定经营者提供的商品或者服务存在缺陷,有危及人身、财产安全危险的,应当立即责令经营者采取停止销售、警示、召回、无害化处理、销毁、停止生产或者服务等措施。
保证质量的义务		(1) 经营者应当保证在正常使用商品或者接受服务的情况下,其提供的商品或者服务应当具有的质量、性能、用途和有效期限。 (2) 但消费者在购买该商品或者接受该服务前已经知道其存在瑕疵,且存在该瑕疵不违反法律强制性规定的除外。 (3) ★经营者提供的机动车、计算机、电视机、电冰箱、空调器、洗衣机等耐用商品或者装饰装修等服务,消费者自接受商品或者服务之日起6个月内发现瑕疵,发生争议的,由经营者承担有关瑕疵的举证责任。(耐用品+6个月→经营者承担瑕疵举证责任)
退货义务		见下表。
禁止泄漏消费者个人信息		经营者收集、使用消费者个人信息,应当遵循合法、正当、必要的原则。
	(1)	明示+经消费者同意。即经营者应当明示收集、使用信息的目的、方式和范围,并经消费者同意。
	(2)	公开信息使用规则。即经营者收集、使用消费者个人信息,应当公开其收集、使用规则,不得违反法律、法规的规定和双方的约定收集、使用信息。
	(3)	保密。即①对收集的消费者个人信息必须严格保密,不得泄露、出售或者非法向他人提供。②经营者应当采取技术措施和其他必要措施,确保信息安全,防止消费者个人信息泄露、丢失。③在发生或者可能发生信息泄露、丢失的情况时,应当立即采取补救措施。
	(4)	禁发垃圾信息。即经营者未经消费者同意或者请求,或者消费者明确表示拒绝的,不得向其发送商业性信息。
提供真实信息的义务	(1)	提供商品的真实信息。包括: ①提供有关商品或者服务的质量、性能、用途、有效期限等信息,应当真实、全面,不得作虚假或者引人误解的宣传。 ②经营者以广告、产品说明、实物样品或者其他方式表明商品或者服务的质量状况的,应当保证其提供的商品或者服务的实际质量与表明的质量状况相符。 ③经营者提供商品或者服务应当明码标价。

续表

义务		要点
提供真实信息的义务	(2)	提供经营者的真实信息。包括： ①经营者应当标明其真实名称和标记。 ②租赁他人柜台或者场地的经营者，应当标明其真实名称和标记。
其他义务	(1)	出具凭证单据的义务。 ①经营者提供商品或者服务，应当按照国家有关规定或者商业惯例向消费者出具发票等购货凭证或者服务单据。 ②消费者索要发票等购货凭证或者服务单据的，经营者必须出具。
	(2)	格式条款排除限制权利条款无效。 ①经营者不得以格式条款、通知、声明、店堂告示等方式，作出排除或者限制消费者权利、减轻或者免除经营者责任、加重消费者责任等对消费者不公平、不合理的规定，不得利用格式条款并借助技术手段强制交易。 ②格式条款、通知、声明、店堂告示等含有前述所列内容的，其内容无效。
	(3)	不得侵犯消费者人格权的义务。 ①经营者不得对消费者进行侮辱、诽谤。 ②经营者不得搜查消费者的身体及其携带的物品。 ③经营者不得侵犯消费者的人身自由。
	(4)	接受监督的义务。即经营者应当听取消费者对其提供的商品或者服务的意见，接受消费者的监督。

（二）经营者的退货义务

	一般退货义务	无理由退货义务★
前提	(1) 消费者直接接触商品。 (2) 经营者提供的商品或者服务不符合质量要求。（商品质量瑕疵，可退货）	(1) 经营者采用网络、电视、电话、邮购等方式销售商品。（较普通交易方式风险更大） (2) 不要求商品出现质量瑕疵问题。
退货时间	(1) 消费者可以依照国家规定或者当事人约定，要求经营者履行退货、更换、修理等义务。依法经有关行政部门认定为不合格的商品，消费者要求退货的，经营者应当负责退货。（修换退） (2) 没有国家规定和当事人约定的，消费者可以自收到商品之日起7日内退货。 (3) 7日后符合法定解除合同条件的，消费者可以及时退货，不符合法定解除合同条件的，可以要求经营者履行更换、修理等义务。	(1) 上述网购等情形，消费者有权自收到商品之日起7日内退货，且无需说明理由。 (2) 消费者退货的商品应当完好。 (3) 不允许无理由退货的商品，包括： ①消费者定作的；（如，定作的月饼） ②鲜活易腐的； ③在线下载或者消费者拆封的音像制品、计算机软件等数字化商品；（如，已经拆分的CD音乐盘、游戏软件盘） ④交付的报纸、期刊。 除前述所列商品外，其他根据商品性质并经消费者在购买时确认不宜退货的商品，不适用无理由退货。

续表

	一般退货义务	无理由退货义务★
退费时间	无法定要求。	经营者应当自收到退回商品之日起7日内返还消费者支付的商品价款。(7日退钱)
运费承担	商品质量瑕疵，依照上述规定进行退货、更换、修理的，经营者应当承担运输等必要费用。	退回商品的运费由消费者承担；经营者和消费者另有约定的，按照约定。(运费自担)

四、争议的解决

(一) 一般消费纠纷

1. 违约纠纷—合同相对性。

(1) 消费者在购买商品或者接受服务时，其合法权益受到损害的，可以向销售者或者服务者要求赔偿。

(2) 销售者（服务者）赔偿后，属于生产者的责任或者属于向销售者提供商品的其他销售者的责任的，销售者有权向生产者或者其他销售者追偿。

2. 侵权纠纷—连带责任。

(1) 消费者或者其他受害人因商品缺陷造成人身、财产损害的，可以向销售者要求赔偿，也可以向生产者要求赔偿。

(2) 属于生产者责任的，销售者赔偿后，有权向生产者追偿。属于销售者责任的，生产者赔偿后，有权向销售者追偿。

(二) 网购消费纠纷★

1. 消费者通过网络交易平台购买商品或者接受服务，其合法权益受到损害的，可以采取下列解决途径：

(1) 找合同相对方。即，向销售者或者服务者要求赔偿。

(2) 找网站。即，网络交易平台提供者不能提供销售者或者服务者的真实名称、地址和有效联系方式的，消费者也可以向网络交易平台提供者要求赔偿。如，麦琪从甲网站A店订购一套沙发，现到货后无法联系实际卖家A店，甲网站也无法提供A店的联系方式，则麦琪可以要求甲网站赔偿。

(3) 网络交易平台提供者作出更有利于消费者的承诺的，应当履行承诺。网络交易平台提供者赔偿后，有权向销售者或者服务者追偿。

2. 网站明知+未采取措施→连带。在同时满足下列条件情形下，网站要承担连带责任：

[条件1] 网络交易平台提供者明知或者应知销售者或者服务者利用其平台侵害消费者合法权益；

[条件2] 网络交易平台提供者未采取必要措施的，依法与该销售者或者服务者承担连带责任。如，甲网站明知B网店出售假阿迪、假耐克衣服，但没有采取必要措施，则甲网站和B网店承担连带责任。

（三）虚假广告引起的消费纠纷

因经营者利用虚假广告或者其他虚假宣传方式提供商品或者服务，消费者的合法权益受到损害的，可以采取下列解决途径：

1. 消费者向产品经营者要求赔偿。

2. 广告经营者的责任。

（1）广告经营者、发布者发布虚假广告的，消费者可以请求行政主管部门予以惩处。（行政责任）

（2）广告经营者、发布者不能提供经营者的真实名称、地址和有效联系方式的，应当承担赔偿责任。

★ 3. 生命健康商品+虚假广告+损害→连带责任。

（1）广告经营者、发布者设计、制作、发布关系消费者生命健康商品或者服务的虚假广告，造成消费者损害的，应当与提供该商品或者服务的经营者承担连带责任。

（2）社会团体或者其他组织、个人在关系消费者生命健康商品或者服务的虚假广告或者其他虚假宣传中向消费者推荐商品或者服务，造成消费者损害的，应当与提供该商品或者服务的经营者承担连带责任。如，电影明星麦琪为某食品虚假广告代言，造成消费者损害，要承担连带责任。

（四）展销会、租赁柜台消费纠纷

展销会期间	展销会结束后
消费者在展销会、租赁柜台购买商品或者接受服务，其合法权益受到损害的→可以向销售者或者服务者要求赔偿。	1. 展销售会结束或者柜台租赁期满后，也可以向展销会的举办者、柜台的出租者要求赔偿。 2. 展销会的举办者、柜台的出租者赔偿后，有权向销售者或者服务者追偿。

五、消费者权益的社会保护

分类	要点
工商行政管理部门的职责	（1）进行抽查检验，并及时向社会公布抽查检验结果。
	（2）有关行政部门应当立即责令经营者采取停止销售、警示、召回、无害化处理、销毁、停止生产或者服务等措施。
消费者组织的职责	（1）禁经营；禁有偿推荐。即，消费者组织不得从事商品经营和营利性服务，不得以收取费用或者其他牟取利益的方式向消费者推荐商品和服务。
	（2）消费者协会的公益性职责： ①参与制定有关消费者权益的法律、法规等。 ②受理消费者的投诉，进行调查、调解。 ③委托具备资格的鉴定人鉴定，鉴定人应当告知鉴定意见。 ④支持受损害的消费者提起诉讼或者依照本法提起诉讼。

续表

分类	要点
公益诉讼	群体纠纷+中\省消协。即，对侵害众多消费者合法权益的行为，中国消费者协会以及在省、自治区、直辖市设立的消费者协会，可以向人民法院提起诉讼。

六、法律责任

（一）人身伤害

1. 经营者侵害消费者的人格尊严、侵犯消费者人身自由或者侵害消费者个人信息依法得到保护的权利的，应当停止侵害、恢复名誉、消除影响、赔礼道歉，并赔偿损失。

2. 侵害人身权益的行为造成严重精神损害的，受害人可以要求精神损害赔偿。

3. 赔偿数额。造成人身伤害的应当赔偿：（1）医疗费、护理费、交通费等为治疗和康复支出的合理费用；（2）因误工减少的收入；（3）（如果残疾）残疾生活辅助具费和残疾赔偿金；（4）（如果死亡）丧葬费和死亡赔偿金。

★ 4. 经营者故意侵权的加重责任。

（1）前提是：明知+缺陷+严重后果。即，经营者明知商品或者服务存在缺陷，仍然向消费者提供，造成消费者或者其他受害人死亡或者健康严重损害的。

（2）赔偿数额：赔偿损失+2倍损失惩罚性赔偿。即，受害人有权要求经营者依照本法第49条、第51条①等法律规定赔偿损失（即：合理费用、误工收入、残疾赔偿金、死亡赔偿金、精神损害赔偿金等）；受害人并有权要求所受损失2倍以下的惩罚性赔偿。

例　目前司法实践，对缺陷产品造成消费者死亡的赔偿金的确定要根据上年度城镇居民人均可支配收入的20倍计算。2015年中国的这一平均数是31195元，20倍约为62万元，以此为计算基数，如再加2倍惩罚性赔偿就是近200万元。

（二）财产损害

1. 一般情形。

经营者提供商品或者服务，造成消费者财产损害的，应当依照法律规定或者当事人约定承担修理、重作、更换、退货、补足商品数量、退还货款和服务费用或者赔偿损失等民事责任。

2. 预付款+利息+合理费用。具体处理为：

（1）经营者以预收款方式提供商品或者服务的，应当按照约定提供。

（2）未按照约定提供的，应当按照消费者的要求履行约定或者退回预付款。

（3）并应当承担预付款的利息、消费者必须支付的合理费用。

★ 3. 欺诈的法律责任。

（1）欺诈行为，是指经营者故意在提供的商品或服务中，以虚假陈述或者其他不正当手

---

① 《消费者权益保护法》第51条：经营者有侮辱诽谤、搜查身体、侵犯人身自由等侵害消费者或者其他受害人人身权益的行为，造成严重精神损害的，受害人可以要求精神损害赔偿。

第49条：经营者提供商品或者服务，造成消费者或者其他受害人人身伤害的，应当赔偿医疗费、护理费、交通费等为治疗和康复支出的合理费用，以及因误工减少的收入。造成残疾的，还应当赔偿残疾生活辅助具费和残疾赔偿金。造成死亡的，还应当赔偿丧葬费和死亡赔偿金。

段欺骗、误导消费者，致使消费者权益受到损害的行为。通说认为，下列事实存在可认定经营者构成欺诈：①经营者对其商品或服务的说明行为是虚假的，足以使一般消费者受到欺骗或误导；②经营者的虚假说明与消费者的消费行为之间存在因果关系。如，销售掺杂、掺假，以假充真，以次充好的商品；以欺骗性价格标示销售商品；以虚假的商品说明、商品标准、实物样品等方式销售商品；销售假冒商品和失效、变质商品等。

（2）欺诈的处理：退一赔三，500 保底。

经营者提供商品或者服务有欺诈行为的，应当按照消费者的要求增加赔偿其受到的损失，增加赔偿的金额为消费者购买商品的价款或者接受服务的费用的 3 倍；增加赔偿的金额不足 500 元的，为 500 元。法律另有规定的，依照其规定。（如，《食品安全法》另有规定）

第二节 🎧 产品质量法

一、概述

（一）适用范围

在我国境内从事产品生产、销售活动，必须遵守本法。

1. 属于本法"产品"：①经过加工、制作，用于销售的产品。②建设工程所用的建筑材料、建筑构配件和设备、军工企业生产的民用产品，适用本法的规定。

2. 不属于本法"产品"：①天然的物品、非用于销售的物品。②建设工程、军工产品。

（二）产品标识

产品或者其包装上的标识必须真实，并符合下列要求：

产品本身状况	（1）	有产品质量检验合格证明。
	（2）	有中文标明的产品名称、生产厂厂名和厂址。
	（3）	根据产品的特点和使用要求，需要标明产品规格、等级、所含主要成分的名称和含量的，用中文相应予以标明；需要事先让消费者知晓的，应当在外包装上标明，或者预先向消费者提供有关资料。
日期		限期使用的产品，应当在显著位置清晰地标明生产日期和安全使用期或者失效日期。
警示标志	（1）	使用不当，容易造成产品本身损坏或者可能危及人身、财产安全的产品，应当有警示标志或者中文警示说明。如，香烟包装注明"吸烟有害健康"。
	（2）	易碎、易燃、易爆、有毒、有腐蚀性、有放射性等危险物品以及储运中不能倒置和其他有特殊要求的产品，其包装质量必须符合相应要求，依照国家有关规定作出警示标志或者中文警示说明，标明储运注意事项。
无标识		裸装的食品和其他根据产品的特点难以附加标识的裸装产品，可以不附加产品标识。

二、产品质量责任

（一）质量瑕疵担保责任

产品质量的瑕疵担保责任，是指销售者交付的标的物不符合法定或者约定的品质标准，应当承担的违约责任。和民法规定完全一致。具体处理如下：

1. 售出的产品有下列情形之一的，销售者应当负责修理、更换、退货；给购买产品的消费者造成损失的，销售者应当赔偿损失：

（1）不具备产品应当具备的使用性能而事先未作说明的；

（2）不符合在产品或者其包装上注明采用的产品标准的；

（3）不符合以产品说明、实物样品等方式表明的质量状况的。

2. 销售者承担修理、更换、退货、赔偿损失后，属于生产者的责任或者属于向销售者提供产品的其他销售者（即供货者）的责任的，销售者有权向生产者、供货者追偿。

3. 生产者之间，销售者之间，生产者与销售者之间订立的买卖合同、承揽合同有不同约定的，合同当事人按照合同约定执行。

4. 对已告知的瑕疵，销售者可以免责。

（二）产品责任★

产品责任，是指因产品存在缺陷造成人身、缺陷产品以外的其他财产（简称"其他财产"）损害的，生产者应当承担赔偿责任。本法和侵权责任法规定完全一致。

1. 首先，"缺陷产品"才会导致"产品责任"。缺陷，是指产品存在危及人身、其他财产安全的不合理的危险；产品有保障人体健康和人身、财产安全的国家标准、行业标准的，是指不符合该标准。如，赵某从商场购买了某厂生产的高压锅，现高压锅爆炸致赵某受伤。如高压锅未被认定为缺陷产品，则生产厂家不承担赔偿责任。

2. 生产者是无过错责任（严格责任）。即产品存在缺陷造成人身、其他财产损害的，不论生产者是否有过错，生产者应当承担赔偿责任。

3. 生产者免责情形。下列情况生产者可以免责：

（1）未将产品投入流通的；

（2）产品投入流通时，引起损害的缺陷尚不存在的；

（3）投入流通时的科学技术水平尚不能发现缺陷存在的。

4. 流通后，发现产品缺陷的处理。

（1）产品投入流通后发现存在缺陷的，生产者、销售者应当及时采取警示、召回等补救措施。

（2）未及时采取补救措施或者补救措施不力造成损害的，应当承担侵权责任。

5. 销售者的产品责任：过错推定责任。

（1）由于销售者的过错使产品存在缺陷，造成人身、其他财产损害的，销售者应当承担赔偿责任，但销售者能够证明自己没有过错的除外。

（2）销售者不能指明缺陷产品的生产者也不能指明缺陷产品的供货者的，销售者应当承担赔偿责任。

6. 求偿权的主体：受害人。即，

（1）因产品存在缺陷造成人身、其他财产损害的，受害人可以向产品的生产者要求赔偿，也可以向产品的销售者要求赔偿。

（2）属于产品的生产者的责任，产品的销售者赔偿的，产品的销售者有权向产品的生产者追偿。

（3）属于产品的销售者的责任，产品的生产者赔偿的，产品的生产者有权向产品的销售

者追偿。(不真正连带责任)

7. 时效。

诉讼时效	"损害赔偿请求权"的消灭时效
因产品存在缺陷造成损害要求赔偿的诉讼时效期间为 2 年，自当事人知道或者应当知道其权益受到损害时起计算。	因产品存在缺陷造成损害要求赔偿的请求权，在造成损害的缺陷产品交付最初消费者满 10 年丧失；但是，尚未超过明示的安全使用期的除外。

8. 社会团体、社会中介机构对产品质量作出承诺、保证，而该产品又不符合其承诺、保证的质量要求，给消费者造成损失的，与产品的生产者、销售者承担连带责任。

第三节 🎧 食品安全法

> 📑 **提示**
> 1. 新《食品安全法》于 2015 年 10 月生效，重点掌握修改部分。
> 2. 掌握 2013 年 12 月实施的《最高人民法院关于审理食品药品纠纷案件适用法律若干问题的规定》。

一、概述

(一) 本法适用范围

1. 在我国境内从事下列活动，应当遵守本法：

类别	行为
食品	(1) 食品的生产经营。包括： ①食品生产，是指食品生产和加工。 ②食品经营，是指食品销售和餐饮服务。 (2) 食品的贮存和运输。 (3) 对食品、食品添加剂、食品相关产品的安全管理。
食品相关产品①	(1) 食品相关产品的生产经营。 (2) 对食品相关产品的安全管理。
食品添加剂	(1) 食品添加剂的生产经营。 (2) 对食品添加剂的安全管理。
食品生产经营者	食品生产经营者使用食品添加剂、食品相关产品。

---

① 食品相关产品，是指用于食品的包装材料、容器、洗涤剂、消毒剂和用于食品生产经营的工具、设备。

2. 食用农产品问题。

食用农产品，是指供食用的源于农业的初级产品。（如，大米）

适用《食安法》	不适用《食安法》
（1）食用农产品的市场销售； （2）有关质量安全标准的制定； （3）有关安全信息的公布； （4）农业投入品规定。	食用农产品的质量安全管理，由《农产品质量安全法》规定，不适用《食安法》。

3. 转基因食品、食盐的食品安全管理，本法未作规定的，适用其他法律、行政法规的规定。

4. 国境口岸食品的监督管理，由出入境检验检疫机构依照本法以及有关法律、行政法规的规定实施。

> 📖 **易混淆点**
>
> 1. 《反不正当竞争法》《消费者权益保护法》中的"经营者"，包括生产者、加工者、销售者、服务者等。
>
> 2. 本法"食品经营者"，仅指从事食品销售和餐饮服务者；其"食品生产者"，包括食品生产和加工者。

（二）标签、说明书、食品广告

1. 真实+不得涉及疾病。即，

（1）标签、说明书，不得含有虚假内容，不得涉及疾病预防、治疗功能。生产经营者对其提供的标签、说明书的内容负责。

（2）食品广告的内容应当真实合法，不得含有虚假内容，不得涉及疾病预防、治疗功能。

2. 食品和食品添加剂与其标签、说明书的内容不符的，不得上市销售。

3. 散装食品要标示。食品经营者销售散装食品，应当在散装食品的容器、外包装上标明食品的名称、生产日期或者生产批号、保质期以及生产经营者名称、地址、联系方式等内容。

4. 转基因食品强制标示。生产经营转基因食品应当按照规定显著标示。

例 转基因大豆在应在外包装上注明"转基因大豆"；该种大豆加工为豆油后，应注明"转基因大豆加工品"；如果某面食的加工中使用了转基因豆油，但制成品中已检测不出转基因成分，仍要注明"本产品加工原料中含有转基因豆油，但本产品中已不含有转基因成分"。

5. 职权部门禁止推荐食品。县级以上人民政府食品药品监督管理部门、食品检验机构、食品行业协会，不得以广告或者其他形式向消费者推荐食品。

6. 消费者组织禁止盈利推荐。即，消费者组织，不得以收取费用或者其他牟取利益的方式向消费者推荐食品。

（三）食品检验

1. 独立进行+（机构+检验人）负责制。即，

（1）食品检验由食品检验机构指定的检验人独立进行。

（2）食品检验实行食品检验机构与检验人负责制。食品检验报告应当加盖食品检验机构公章，并有检验人的签名或者盖章。食品检验机构和检验人对出具的食品检验报告负责。

2. 抽样检验，食品不得免检。即，

（1）县级以上人民政府食品药品监督管理部门应当对食品进行定期或者不定期的抽样检验，并依据有关规定公布检验结果，不得免检。

（2）进行抽样检验，应当购买抽取的样品，委托符合本法规定的食品检验机构进行检验，并支付相关费用。

3. 检验不收费。即，不得向食品生产经营者收取检验费和其他费用。

（四）食品进出口

1. 国家出入境检验检疫部门对进出口食品安全实施监督管理。

2. 进口尚无食品安全国家标准的食品：

（1）由境外出口商、境外生产企业或者其委托的进口商向国务院卫生行政部门提交所执行的相关国家（地区）标准或者国际标准。

（2）国务院卫生行政部门对相关标准进行审查，认为符合食品安全要求的，决定暂予适用，并及时制定相应的食品安全国家标准。

3. 境外发生的食品安全事件可能对我国境内造成影响，或者在进口食品、食品添加剂、食品相关产品中发现严重食品安全问题的：

（1）国家出入境检验检疫部门应当及时采取风险预警或者控制措施，并向国务院食品药品监督管理、卫生行政、农业行政部门通报。

（2）接到通报的部门应当及时采取相应措施。

4. 出口商备案+生产商注册。

（1）向我国境内出口食品的境外出口商或者代理商、进口食品的进口商应当向国家出入境检验检疫部门备案。

（2）向我国境内出口食品的境外食品生产企业应当经国家出入境检验检疫部门注册。已经注册的境外食品生产企业提供虚假材料，或者因其自身的原因致使进口食品发生重大食品安全事故的，国家出入境检验检疫部门应当撤销注册并公告。

5. 要有中文标识。即，

（1）进口的预包装食品、食品添加剂应当有中文标签；依法应当有说明书的，还应当有中文说明书。

（2）预包装食品没有中文标签、中文说明书或者标签、说明书不符合规定的，不得进口。

二、食品安全标准、事故通报、信息发布

（一）食品安全标准

1. 食安标准的分类。

	食品安全国家标准	地方标准	企业标准
	（1）食品安全标准是**强制执行的标准**。除食品安全标准外，不得制定其他食品强制性标准。 （2）食品**安全风险评估结果**是制定、修订食品安全标准和实施食品安全监督管理的科学依据。		
制订	（1）由**国务院卫生行政部门**会同国务院**食品药品监督管理部门**制定、公布。 （2）国务院标准化行政部门提供国家标准编号。 （3）应当经国务院卫生行政部门组织的**食品安全国家标准审评委员会**审查通过。①	（1）**省**、自治区、直辖市人民政府**卫生行政部门**可以制定并公布食品安全地方标准。 （2）报国务院卫生行政部门**备案**。	企业标准在本企业适用，并报省、自治区、直辖市人民政府卫生行政部门**备案**。
关系	（1）对**地方特色食品，没有**食品安全**国家标准**的，制订地方标准。 （2）食品安全国家标准制定后，该**地方标准即行废止**。 （3）国家鼓励食品生产企业制定**严于**食品安全国家标准或者地方标准的企业标准。		

2. 食品中农药残留、兽药残留的限量规定及其检验方法与规程，由国务院卫生行政部门、国务院农业行政部门会同国务院食品药品监督管理部门制定。

3. 屠宰畜、禽的检验规程，由国务院农业行政部门会同国务院卫生行政部门制定。

（二）食品安全事故处置

1. 处置预案。

（1）食品安全事故，指食物中毒、食源性疾病、食品污染等源于食品，对人体健康**有危害或者可能有危害**的事故。 （2）食品安全事故应急预案，是对食品安全事故分级、事故处置组织指挥体系与职责、预防预警机制、处置程序、应急保障措施等作出规定。		

第一级	国家预案	**国务院**组织制定国家食品安全事故应急预案。
第二级	地方政府预案	**县级以上地方人民政府**制定本行政区域的食品安全事故应急预案，并报上一级人民政府**备案**。
第三级	企业预案	食品生产经营企业应当制定食品安全事故处置方案。

---

① 食品安全国家标准审评委员会，由医学、农业、食品、营养、生物、环境等方面的专家以及国务院有关部门、食品行业协会、消费者协会的代表组成，对食品安全国家标准草案的科学性和实用性等进行审查。（专家、政府、企业、消费者）

2. 食品安全事故通报制度。

〔**图示**〕长沙市长沙县甲公司职工食物中毒，其事故通报流程为：

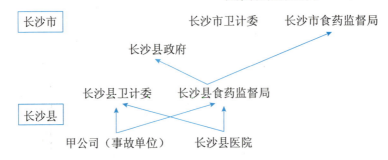

〔**图解**〕

（1）发生食品安全事故的单位应当立即采取措施，防止事故扩大。如，上图甲公司。

（2）事故单位和接收病人进行治疗的单位应当及时向事故发生地县级人民政府食品药品监督管理、卫生行政部门报告。如，甲公司和长沙县医院→向长沙县食药监督局、长沙县卫计委报告。

（3）向同级政府+上级主管部门报告。即，发生食品安全事故，接到报告的县级人民政府食品药品监督管理部门应当按照应急预案的规定向本级人民政府和上级人民政府食品药品监督管理部门报告。县级人民政府和上级人民政府食品药品监督管理部门应当按照应急预案的规定上报。如，长沙县食药监督局→向长沙县政府（同级）和长沙市（上级）食药监督局报告。

（4）政府成立事故处置指挥机构。即，发生食品安全事故需要启动应急预案的，县级以上人民政府应当立即成立事故处置指挥机构，启动应急预案。如，长沙县政府成立事故处置指挥小组。

（三）食品安全信息公布

（1）国家建立统一的食品安全信息平台，实行食品安全信息统一公布制度。 （2）任何单位和个人不得编造、散布虚假食品安全信息。	
国家食品药品监督管理总局	公布事项： （1）国家食品安全总体情况； （2）食品安全风险警示信息；（不限于特定区域） （3）重大食品安全事故及其调查处理信息；（不限于特定区域） （4）国务院确定需要统一公布的其他信息。 未经授权不得发布上述信息。
省级食药监督局	公布事项： （1）影响限于特定区域的食品安全风险警示信息和重大食品安全事故及其调查处理信息，也可以由有关省、自治区、直辖市人民政府食品药品监督管理部门公布； （2）未经授权不得发布上述信息。

续表

县级以上食药监督局、卫生行政、质量监督、农业行政部门	应当相互通报获知的食品安全信息。

三、食品生产经营

（一）一般规定

(1)	食品生产经营许可制度	①从事食品生产、食品销售、餐饮服务，应当依法取得许可。②但是，销售食用农产品，不需要取得许可。
(2)	对小作坊的监督	县级以上地方人民政府，应当对食品生产加工小作坊、食品摊贩等进行综合治理。
(3)	对食品相关产品的监管	对直接接触食品的包装材料等具有较高风险的食品相关产品，按照国家有关工业产品生产许可证管理的规定实施生产许可。质量监督部门应当加强对食品相关产品生产活动的监督管理。

（二）生产经营过程控制★

1. 对农作物的管理。

（1）严格执行农业投入品使用安全间隔期或者休药期的规定，不得使用国家明令禁止的农业投入品。农业投入品，是指农药、肥料、兽药、饲料等。

（2）禁止将剧毒、高毒农药用于蔬菜、瓜果、茶叶和中草药材等国家规定的农作物。

2. 对食堂的管理。

（1）学校、托幼机构、养老机构、建筑工地等集中用餐单位的食堂应当严格遵守法律、法规和食品安全标准。

（2）从供餐单位订餐的，应当从取得食品生产经营许可的企业订购，并按照要求对订购的食品进行查验。

（3）供餐单位应当严格遵守法律、法规和食品安全标准，当餐加工，确保食品安全。

3. 对集中交易市场的管理。

集中交易市场的开办者、柜台出租者和展销会举办者，应当依法审查入场食品经营者的许可证，明确其食品安全管理责任，定期对其经营环境和条件进行检查，发现其有违反本法规定行为的，应当及时制止并立即报告所在地县级人民政府食品药品监督管理部门。

4. 对网络食品交易第三方平台提供者的管理。

（1）应当对入网食品经营者进行实名登记，明确其食品安全管理责任；依法应当取得许可证的，还应当审查其许可证。

（2）发现入网食品经营者有违反本法规定行为的，应当及时制止并立即报告所在地县级人民政府食品药品监督管理部门；发现严重违法行为的，应当立即停止提供网络交易平台服务。

（三）食品添加剂的管理

(1) 生产许可制度	国家对食品添加剂生产实行许可制度。
(2) 新品种评估制度	生产食品添加剂新品种应当向国务院卫生行政部门提交相关产品的安全性评估材料。
(3) 禁止添加药品	生产经营的食品中不得添加药品，但是可以添加按照传统既是食品又是中药材的物质。
(4) 必要、安全原则	食品添加剂应当在技术上确有必要且经过风险评估证明安全可靠，方可列入允许使用的范围。
(5) 采购方的查证、检验义务	①食品生产者采购食品原料、食品添加剂、食品相关产品，应当查验供货者的许可证和产品合格证明。 ②对无法提供合格证明的食品原料，应当按照食品安全标准进行检验；不得采购或者使用不符合食品安全标准的食品原料、食品添加剂、食品相关产品。
(6) 标签要求	①食品添加剂应当有标签、说明书和包装。 ②还要表明食品添加剂的使用范围、用量、使用方法，并在标签上载明"食品添加剂"字样。

（四）食品召回制度

(1)	召回的对象
不符合食品安全标准或者有证据证明可能危害人体健康的食品。	
(2)	召回的主体
我国召回采取"主动"与"强制"相结合的食品召回制度。具体包括：	
① 生产者召回	a. 应当立即停止生产，召回已经上市销售的食品。 b. 通知相关生产经营者和消费者，并记录召回和通知情况。
② 经营者召回	a. 食品经营者，应当立即停止经营。 b. 通知相关生产经营者和消费者，并记录停止经营和通知情况。食品生产者认为应当召回的，应当立即召回。 c. 由于食品经营者的原因造成其经营的食品有上述情形的，食品经营者应当召回。
③ 强令召回	食品生产经营者，未依照规定召回或者停止经营的，县级以上人民政府食品药品监督管理部门可以责令其召回或者停止经营。
(3)	召回后的处理

①应当对召回的食品采取无害化处理、销毁等措施，防止其再次流入市场。
②但是，对因标签、标志或者说明书不符合食品安全标准而被召回的食品，食品生产者在采取补救措施且能保证食品安全的情况下可以继续销售；销售时应当向消费者明示补救措施。
③将食品召回和处理情况向所在地县级食品药品监督管理部门报告；需要无害化处理、销毁的，应当提前报告时间、地点，食药监部门认为必要的，可以实施现场监督。

四、特殊食品★

（一）保健食品

（1）	原料目录	①目录功能国家定。即，保健食品原料目录和允许保健食品声称的保健功能目录，由国务院食品药品监督管理部门会同国务院卫生行政部门、国家中医药管理部门制定、调整并公布	
		②原料目录内容：应当包括原料名称、用量及其对应的功效	
		③原料专用。即，列入保健食品原料目录的原料，只能用于保健食品生产，不得用于其他食品生产	
（2）	保健食品注册、备案	使用保健食品原料目录以外原料的保健食品	应当经国务院食品药品监督管理部门注册
		首次进口的保健食品	
		首次进口的保健食品中属于补充维生素、矿物质等营养物质的	应当报国务院食品药品监督管理部门备案
		进口的保健食品应当是出口国（地区）主管部门准许上市销售的产品	
（3）	标签、说明书	①不得涉及疾病预防、治疗功能，内容应当真实，与注册或者备案的内容相一致，载明适宜人群、不适宜人群、功效成分或者标志性成分及其含量	
		②标签说明书应声明"本品不能代替药物"	
（4）	保健食品广告	①保健食品广告，除具备一般食品广告要求外，还应当声明"本品不能代替药物"	
		②广告内容，应当经生产企业所在地省、自治区、直辖市人民政府食品药品监督管理部门审查批准，取得保健食品广告批准文件	
		③省、自治区、直辖市人民政府食品药品监督管理部门应当公布并及时更新已经批准的保健食品广告目录以及批准的广告内容	

（二）婴幼儿配方食品

（1）	配方食品备案	婴幼儿配方食品生产企业应当将食品原料、食品添加剂、产品配方及标签等事项向省、自治区、直辖市人民政府食品药品监督管理部门备案
（2）	配方乳粉注册	婴幼儿配方乳粉的产品配方，应当经国务院食品药品监督管理部门注册。注册时，应当提交配方研发报告和其他表明配方科学性、安全性的材料
（3）	配方乳粉销售要求	不得以分装方式生产婴幼儿配方乳粉，同一企业不得用同一配方生产不同品牌的婴幼儿配方乳粉
（4）	标签要求	专供婴幼儿和其他特定人群的主辅食品，其标签应当标明主要营养成分及其含量

（三）特殊医学用途配方食品

(1)	注册要求	特殊医学用途配方食品，应当经国务院食品药品监督管理部门注册
		注册时，应当提交产品配方、生产工艺、标签、说明书以及表明产品安全性、营养充足性和特殊医学用途临床效果的材料
(2)	广告要求	特殊医学用途配方食品广告，适用《广告法》和其他法律、行政法规关于药品广告管理的规定

五、民事责任★

重要法律责任。

首负责任	(1)	消费者因不符合食品安全标准的食品受到损害的，**可以向**经营者要求赔偿损失，**也可以向**生产者要求赔偿损失。
	(2)	接到消费者赔偿要求的生产经营者，应当实行**首负责任制，先行赔付**，不得推诿。
	(3)	①属于生产者责任的，经营者赔偿后有权向生产者追偿。②属于经营者责任的，生产者赔偿后有权向经营者追偿。
厂家无过错责任	只要生产了不符合食品安全标准的食品，均要承担赔偿责任。	
善意商家要赔偿（无过错，可免行政处罚；但不可免民事责任）	(1) 食品经营者履行了本法规定的进货查验等义务，有充分证据证明其不知道所采购的食品不符合食品安全标准，并能如实说明其进货来源的，可以免予处罚，但应当依法没收其不符合食品安全标准的食品。(2) 造成人身、财产或者其他损害的，依法承担赔偿责任。	
惩罚性赔偿：实际损失+价款 10 倍/损失 3 倍/1000 元	(1)	**赔偿损失+惩罚性赔偿**。即，生产不符合食品安全标准的食品或者经营明知是不符合食品安全标准的食品，消费者除要求**赔偿损失**外。
	(2)	**还可以向**生产者或者经营者要求支付**价款 10 倍或者损失 3 倍的赔偿金**。增加赔偿的金额不足 1000 元的，为 1000 元。
	(3)	但是，食品的标签、说明书存在不影响食品安全且不会对消费者造成误导的瑕疵的除外。
知假买假：要赔	生产者、销售者以购买者**明知**食品、药品存在质量问题而仍然购买为由进行抗辩的，人民法院不予支持。	
赠品过期：要赔	生产者、销售者以消费者未对食品或者药品的赠品支付对价为由进行免责抗辩的，人民法院不予支持。	

食品有缺陷：要赔		食品、药品虽在销售前取得检验合格证明，且食用或者使用时尚在保质期内，但经检验确认产品不合格，生产者或者销售者以该食品、药品具有检验合格证明为由进行抗辩的，人民法院不予支持。
举证责任	（1）	食品的生产者与销售者应当对于食品符合质量标准承担举证责任。
	（2）	消费者举证证明因食用食品或者使用药品受到损害，初步证明损害与食用食品或者使用药品存在因果关系，并请求食品、药品的生产者、销售者承担侵权责任的，人民法院应予支持，但食品、药品的生产者、销售者能证明损害不是因产品不符合质量标准造成的除外。
连带责任	（1）	网站+食品经营者→连带。即，违反本法规定，网络食品交易第三方平台提供者未对入网食品经营者进行实名登记、审查许可证，或者未履行报告、停止提供网络交易平台服务等义务，使消费者的合法权益受到损害的，应当与食品经营者承担连带责任。
	（2）	代言人+广告经营者+食品生产经营者→连带。即，广告经营者、发布者设计、制作、发布虚假食品广告，使消费者的合法权益受到损害的，应当与食品生产经营者承担连带责任。 社会团体或者其他组织、个人在虚假广告或者其他虚假宣传中向消费者推荐食品，使消费者的合法权益受到损害的，应当与食品生产经营者承担连带责任。
	（3）	食品检验机构/认证机构+食品生产经营者→连带。即， ①出具虚假检验报告，使消费者的合法权益受到损害的，应当与食品生产经营者承担连带责任。 ②认证机构出具虚假认证结论，使消费者的合法权益受到损害的，应当与食品生产经营者承担连带责任。
吊销许可证：5 年		被吊销许可证的食品生产经营者及其法定代表人、直接负责的主管人员和其他直接责任人员自处罚决定作出之日起 5 年内不得申请食品生产经营许可，或者从事食品生产经营管理工作、担任食品生产经营企业食品安全管理人员。
又赔又罚时，先赔		应当承担民事赔偿责任和缴纳罚款、罚金，生产经营者财产不足以同时承担民事赔偿责任和缴纳罚款、罚金时，先承担民事赔偿责任。
食安涉罪：终身禁入		因食品安全犯罪被判处有期徒刑以上刑罚的，终身不得从事食品生产经营管理工作，也不得担任食品生产经营企业食品安全管理人员。
媒体造假：正名；赔钱		媒体编造、散布虚假食品安全信息的，由有关主管部门依法给予处罚，并对直接负责的主管人员和其他直接责任人员给予处分；使公民、法人或者其他组织的合法权益受到损害的，依法承担消除影响、恢复名誉、赔偿损失、赔礼道歉等民事责任。

第 **3** 章 银行业法

第一节 🎧 商业银行法

一、设立和组织机构

（一）设立制度

1. 设立前要经银监会审批。即，设立商业银行，应当经国务院银行业监督管理机构审查批准。未经国务院银行业监督管理机构批准，任何单位和个人不得从事吸收公众存款等商业银行业务，任何单位不得在名称中使用"银行"字样。

2. 工商部门颁发营业执照。即，经批准设立的商业银行，由国务院银行业监督管理机构颁发经营许可证，并凭该许可证向工商行政管理部门办理登记，领取营业执照。

3. 商业银行的注册资本应当是实缴资本，可高不可低。

（1）设立全国性商业银行的注册资本最低限额为 10 亿元人民币。如，中国××银行，注册资本最低 10 亿元。

（2）设立城市商业银行的注册资本最低限额为 1 亿元人民币。

（3）设立农村商业银行的注册资本最低限额为 5000 万元人民币。

（4）国务院银行业监督管理机构根据审慎监管的要求可以调整注册资本最低限额，但不得少于上述规定的限额。

4. 分支机构的设立。

（1）设立前经银监会审批。设立分支机构必须经国务院银行业监督管理机构审查批准。

（2）大区制。即，在中华人民共和国境内的分支机构，不按行政区划设立。

（3）商业银行在中华人民共和国境内设立分支机构，应当按照规定拨付与其经营规模相适应的营运资金额。

（4）金额≤60%。即，拨付各分支机构营运资金额的总和，不得超过总行资本金总额的 60%。

（5）分支机构不是独立法人，可作为诉讼主体。在民事责任承担问题上，分支机构对外先以自己经营管理的财产承担民事责任，不足部分，由总行承担。

（二）组织机构

1. 我国商业银行的组织形式为有限责任公司、股份有限公司。

2. 商业银行的组织形式、组织机构适用《公司法》的规定。

3. 商业银行的分立、合并，适用《公司法》的规定，应当经银监会批准。

4. 国有独资商业银行设立监事会。监事会的产生办法由国务院规定。

二、商业银行的业务规则 ★

（一）人情贷款

［规则］商业银行不得向关系人发放信用贷款；向关系人发放担保贷款的条件不得优于其他借款人同类贷款的条件。

1. 关系人包括：

（1）和本行有特殊关系的自然人。即，商业银行的董事、监事、管理人员、信贷业务人员及其近亲属；

（2）和上述特殊自然人有关系的企业。即，上述人员投资或者担任高级管理职务的公司、企业和其他经济组织。

2. 禁止向关系人发放"信用贷款"。信用贷款，是指经商业银行审查、评估，确认借款人资信良好，确能偿还贷款的，可以不提供担保。

3. 可以向关系人有条件发放"担保贷款"。

例 张小三是某银行董事长张三的儿子，张小三为东方红公司的董事长。东方红公司即为某银行的关系人。现东方红公司向某银行申请商业贷款时，某银行对东方红公司按低于同类贷款的优惠利息发放此笔贷款。想一想：该银行放贷行为是否合法？该贷款合同是否有效？（提示：放贷行为违法，但该贷款合同有效）

（二）不良贷款

1. 不良贷款，是指呆账贷款、呆滞贷款和逾期贷款。（两呆一逾）

分类	定义
呆账贷款	是指按财政部有关规定确认为无法偿还，而列为呆账的贷款
呆滞贷款	是指按财政部有关规定，逾期（含展期后到期）超过2年仍未归还的贷款，或虽未逾期或逾期不满规定年限但生产经营已经终止、项目已经停建的贷款（不含呆账贷款）
逾期贷款	是指借款合同约定到期（含展期后到期）未归还的贷款（不含呆滞贷款和呆账贷款）

2. 贷款展期。展期，是指借款人不能按期归还贷款的，应当在期满之日前，向贷款人申请贷款展期。

分类	展期期限
短期贷款	展期期限累计不得超过原贷款期限
中期贷款	展期期限累计不得超过原贷款期限的一半
长期贷款	展期期限累计不得超过3年，但国家对某些重大项目另有规定的除外

（三）贷款时资产负债比例的规定

（1）注意，2015年8月删除"存贷比"。即，删除"贷款余额与存款余额的比例不得超过75%"；将存贷比由法定监管指标转为流动性监测指标。

（2）依据现行法，商业银行贷款应当遵守下列资产负债比例管理的规定：

续表

8%	资本充足率不得低于8%。
25%	流动性资产余额与流动性负债余额的比例不得低于25%。
10%	对同一借款人的贷款余额与商业银行资本余额的比例不得超过10%。

（四）其他业务规则

禁止行为	禁强令贷款或担保	（1）任何单位和个人不得强令商业银行发放贷款或者提供担保。 （2）商业银行有权拒绝任何单位和个人强令要求其发放贷款或者提供担保。
	禁公款私存	即，任何单位和个人不得将单位的资金以个人名义开立账户存储。
	业务限制，禁双非	（1）商业银行在我国境内不得从事信托投资和证券经营业务。 （2）不得向非自用不动产投资或者向非银行金融机构和企业投资，但国家另有规定的除外。
	拆入资金禁投禁贷	即，禁止利用拆入资金发放固定资产贷款或者用于投资。
抵押权等2年内处分	商业银行因行使抵押权、质权而取得的不动产或者股权，应当自取得之日起2年内予以处分。	
同业拆借	同业拆借，是指商业银行因临时资金不足向其他银行及金融机构的临时借款。 （1）应当遵守中国人民银行的规定。 （2）拆出资金限于交足存款准备金、留足备付金和归还中国人民银行到期贷款之后的闲置资金。（是闲钱） （3）禁止利用拆入资金发放固定资产贷款或者用于投资。 （4）拆入资金用于弥补票据结算、联行汇差头寸的不足和解决临时性周转资金的需要。	
基本账户	（1）企业事业单位可以自主选择一家商业银行的营业场所开立一个办理日常转账结算和现金收付的基本账户。 （2）不得开立两个以上基本账户。	

三、接管（机构重组）、破产★

（一）接管

1. 概念。商业银行已经或者可能发生信用危机，严重影响存款人的利益时，国务院银行业监督管理机构可以对该银行实行接管或促成机构重组。

2. 接管的原因：信用危机+严重影响存款人利益+银监会决定。具体为：

（1）已经或可能发生信用危机。如，某商业银行长期以来资本充足率、资产流动性均不能达到监管标准，现该银行行长又卷款潜逃。事发后，大量存款户和票据持有人前来提款。该银行现有资金不能应付这些提款请求，又不能由同行获得拆借资金。

（2）要经过国务院银行业监督管理机构批准。

（3）接管目的，是保护存款人的利益，恢复商业银行的正常经营能力。

3. 接管措施和后果：①对银行：债不变，权被收。②对人：在岗+边控+禁转财产。即，

（1）被接管的商业银行的债权债务关系不因接管而变化。自接管开始之日起，由接管组织行使商业银行的经营管理权力。接管的期限最长不得超过2年。

（2）接管和机构重组均不为商业银行破产的前提。

（3）银行业金融机构被接管、重组或者被撤销的，国务院银行业监督管理机构有权要求该银行业金融机构的董事、高级管理人员和其他工作人员，按照国务院银行业监督管理机构的要求履行职责。

（4）在接管、机构重组或者撤销清算期间，经国务院银行业监督管理机构负责人批准，对直接负责的董事、高级管理人员和其他直接责任人员，可以采取下列措施：

①直接负责的董事、高级管理人员和其他直接责任人员出境将对国家利益造成重大损失的，通知出境管理机关依法阻止其出境；

②申请司法机关禁止其转移、转让财产或者对其财产设定其他权利。

（二）破产

1. 破产原因单一。

即，商业银行不能支付到期债务，经国务院银行业监督管理机构同意，由人民法院依法宣告其破产。

2. 破产的实施。

（1）清算组应当有银监会代表。即，商业银行被宣告破产的，由人民法院组织国务院银行业监督管理机构等有关部门和有关人员成立清算组，进行清算。

（2）清偿顺序：清算费用→职工债→个人储蓄本息→税→债。即，商业银行破产清算时，在支付清算费用、所欠职工工资和劳动保险费用后，应当优先支付个人储蓄存款的本金和利息。

易混淆点 商业银行破产 VS 一般企业法人破产

	商业银行	一般企业法人（《破产法》）
破产原因	单一：商业银行不能支付到期债务。	综合：企业法人不能清偿到期债务，并且资产不足以清偿全部债务或者明显缺乏清偿能力。
清算组	（1）商业银行被宣告破产，成立清算组。	在受理破产时，法院指定管理人。
	（2）清算组需有银监会代表。	—
清偿顺序	个人储蓄本息优先清偿。	—

第二节 🎧 银行业监督管理法

一、本法适用对象

金融机构=银行业金融机构+非银行业金融机构。其中，银行业金融机构需受银监会

或其派出机构监管，非银行业金融机构中的一部分受银监会或其派出机构监管。具体包括：

银监会监管的机构			提示
（1）	银行业金融机构×3	商业银行（如，中国工商银行）	中国人民银行（央行）、保险公司、证券公司不受银监会监管
		城市信用合作社、农村信用合作社	
		政策性银行（如，中国农业发展银行）	
（2）	非银行业金融机构×4（金融财信）	金融资产管理公司	
		信托投资公司	
		财务公司	
		金融租赁公司	

二、监督管理职责★

（1）	银监会的职责
银监会是行政性事务监管机构，商业银行接受银监会的行政监督管理。 下列事项经国务院银行业监督管理机构批准或者同意： （变人变钱变章程；改名改地改范围；生生死死；审慎经营）	
组织机构	①商业银行设立分支机构； ②商业银行分立、合并、解散、接管、破产； ③变更名称； ④变更注册资本； ⑤变更总行或者分支行所在地； ⑥修改章程。
人员	①变更持有资本总额或者股份总额5%以上的股东； ②国务院银行业监督管理机构对银行业金融机构的董事和高级管理人员实行任职资格管理。
业务	①经营范围，报国务院银行业监督管理机构批准； ②调整业务范围； ③业务范围内的业务品种，应当按照规定经国务院银行业监督管理机构审查批准或者备案。
审慎经营	银行业金融机构的审慎经营规则①： ①由法律、行政法规规定； ②也可以由国务院银行业监督管理机构依照法律、行政法规制定。

① 审慎经营规则，包括风险管理、内部控制、资本充足率、资产质量、损失准备金、风险集中、关联交易、资产流动性等内容。

续表

(2)	央行职责
中国人民银行制定和执行货币政策，商业银行接受中国人民银行的业务指导。	
货币政策	①商业银行经中国人民银行批准，可以经营结汇、售汇业务。 ②商业银行应当按照中国人民银行的规定，向中国人民银行交存存款准备金，留足备付金。 ③同业拆借，应当遵守中国人民银行的规定。

三、具体的法律责任

分类	具体情形
由央行责令改正的事项×6	商业银行有下列情形之一，由中国人民银行责令改正，……情节特别严重或者逾期不改正的，中国人民银行可以建议国务院银行业监督管理机构责令停业整顿或者吊销其经营许可证： （1）未经批准办理结汇、售汇的； （2）未经批准在银行间债券市场发行、买卖金融债券或者到境外借款的； （3）违反规定同业拆借的； （4）拒绝或者阻碍中国人民银行检查监督的； （5）提供虚假的或者隐瞒重要事实的财务会计报告、报表和统计报表的； （6）未按照中国人民银行规定的比例交存存款准备金的。
二者均有权查处的事项×1	提供虚假的或者隐瞒重要事实的财务会计报告、报表和统计报表的，银行业监督管理机构和中国人民银行均有权查处。
由银监会责令改正的事项×14	商业银行有下列情形之一，由国务院银行业监督管理机构责令改正： （1）未经批准设立分支机构的； （2）未经批准分立、合并或者违反规定对变更事项不报批的； （3）违反规定提高或者降低利率以及采用其他不正当手段，吸收存款，发放贷款的； （4）出租、出借经营许可证的； （5）未经批准买卖、代理买卖外汇的； （6）未经批准买卖政府债券或者发行、买卖金融债券的； （7）违反国家规定从事信托投资和证券经营业务、向非自用不动产投资或者向非银行金融机构和企业投资的； （8）向关系人发放信用贷款或者发放担保贷款的条件优于其他借款人同类贷款的条件的； （9）拒绝或者阻碍国务院银行业监督管理机构检查监督的； （10）提供虚假的或者隐瞒重要事实的财务会计报告、报表和统计报表的； （11）未遵守资本充足率、资产流动性比例、同一借款人贷款比例和国务院银行业监督管理机构有关资产负债比例管理的其他规定的； （12）未经批准在名称中使用"银行"字样的； （13）未经批准购买商业银行股份总额5%以上的； （14）将单位的资金以个人名义开立账户存储的。

四、监督管理措施

[措施1] 现场检查：入场+询问+查阅复制+封存

银行业监督管理机构根据审慎监管的要求，可以采取下列措施进行现场检查：

1. 进入银行业金融机构进行检查；

2. 询问银行业金融机构的工作人员，要求其对有关检查事项作出说明；

3. 查阅、复制银行业金融机构与检查事项有关的文件、资料，对可能被转移、隐匿或者毁损的文件、资料予以封存；

4. 检查银行业金融机构运用电子计算机管理业务数据的系统。

[措施2] 信息披露：财务+风险管理+人

银行业监督管理机构应当责令银行业金融机构按照规定，如实向社会公众披露财务会计报告、风险管理状况、董事和高级管理人员变更以及其他重大事项等信息。

[措施3] 强制整改：2停4限

1. 银行业金融机构违反审慎经营规则的，银监会或其省一级派出机构应当责令限期改正；

2. 逾期未改正的，或者其行为严重危及该银行业金融机构的稳健运行、损害存款人和其他客户合法权益的，经银监会或其省一级派出机构批准，可以采取下列措施：

（1）责令暂停部分业务、停止批准开办新业务；（停业务）

（2）停止批准增设分支机构；（停增设）

（3）限制分配红利和其他收入；（限分红）

（4）限制资产转让；（限转让）

（5）责令控股股东转让股权或者限制有关股东的权利；（限股东）

（6）责令调整董事、高级管理人员或者限制其权利。（限高管）

[措施4] 接管或者促成机构重组（略）

[措施5] 查询账户，申请冻结

1. 经国务院银行业监督管理机构或者其省一级派出机构负责人批准，银行业监督管理机构有权查询涉嫌金融违法的银行业金融机构及其工作人员以及关联行为人的账户；

2. 对涉嫌转移或者隐匿违法资金的，经银行业监督管理机构负责人批准，可以申请司法机关予以冻结。

第 **4** 章　　　　**财 税 法**

提示：依据课税对象我国税收实体法体系可分为：

（1）商品税法：主要包括增值税法、消费税法、营业税法、关税法和烟叶税法等。

（2）所得税法：主要包括企业所得税法和个人所得税法。

（3）财产税法：主要包括资源税法、房产税法、土地增值税法、土地使用税法、耕地占用税法、契税法、车船税法等。

（4）行为税法：主要包括印花税法等。

第一节　个人所得税法、增值税法、营业税法

一、个人所得税

（一）个人所得税的纳税人

1. 居民纳税人→境内境外所得。即，在中国境内有住所，或者无住所而在境内居住满1年的个人，从中国境内和境外取得的所得，缴纳个人所得税。

2. 非居民纳税人→境内所得。即，在中国境内无住所又不居住或者无住所而在境内居住不满1年的个人，从中国境内取得的所得，缴纳个人所得税。

（二）纳税所得、税率、应纳税所得额

1. 个人取得的应纳税所得，包括现金、实物、有价证券和其他形式的经济利益。

2. 个人所得税，纳税事项等，见下表总结：

纳税事项	税率	应纳税所得额
工资、薪金	超额累进税率，税率为 3%～45%（税率表见下）	（1）工资-3500-社保 （2）不包括离退休工资
个体工商户的生产、经营所得	超额累进税率，税率为 5%～35%（略）	年收入总额-成本-费用-损失
承包、承租经营所得		年收入总额-必要费用
劳务报酬	比例税率，税率为20% 对劳务报酬所得一次收入畸高的，可以实行加成征收	（1）每次≤4000元，减除800元 （2）每次>4000元，减除20%的费用
稿酬	比例税率，税率为20%，并按应纳税额减征30%	
特许权使用费	比例税率，税率为20%	
财产租赁		

续表

纳税事项	税率	应纳税所得额
利息、股息、红利、偶然所得、其他所得	比例税率，税率为20%	每次收入额
财产转让		转让财产的收入额−财产原值−合理费用

〔**图示**〕工资、薪金所得适用的税率表

级数	全月应纳税所得额		税率（%）	速算扣除数
	含税级距	不含税级距		
（1）	不超过 1500 元的	不超过 1455 元的	3	0
（2）	超过 1500 元至 4500 元的部分	超过 1455 元至 4155 元的部分	10	105
（3）	超过 4500 元至 9000 元的部分	超过 4155 元至 7755 元的部分	20	555
（4）	超过 9000 元至 35000 元的部分	超过 7755 元至 27255 元的部分	25	1005
（5）	超过 35000 元至 55000 元的部分	超过 27255 元至 41255 元的部分	30	2755
（6）	超过 55000 元至 80000 元的部分	超过 41255 元至 57505 元的部分	35	5505
（7）	超过 80000 元的部分	超过 57505 元的部分	45	13505

例　算一算，以下 4 人的月工资、薪金所得，应分别适用何种税率？

（1）张某所得 5000 元，适用＿＿＿＿＿的税率。

（2）王某所得 8000 元，适用＿＿＿＿＿的税率。

（3）赵某所得 85000 元，适用＿＿＿＿＿的税率。

〔提示：（1）3%；（2）10%；（3）45%〕

（三）个人所得税的免税事项

免税事项为：补贴救济赔转退，奖金国债免个税。即，下列各项个人所得，免纳个人所得税：

1. 省级人民政府、国务院部委和中国人民解放军军以上单位，以及外国组织、国际组织颁发的科学、教育、技术、文化、卫生、体育、环境保护等方面的奖金；

2. 国债和国家发行的金融债券利息；

3. 按照国家统一规定发给的补贴、津贴；

4. 福利费、抚恤金、救济金；

5. 保险赔款；

6. 军人的转业费、复员费；

7. 按照国家统一规定发给干部、职工的安家费、退职费、退休工资、离休工资、离休生活补助费；

8. 依照我国有关法律规定应予免税的各国驻华使馆、领事馆的外交代表、领事官员和其他人员的所得；

9. 中国政府参加的国际公约、签订的协议中规定免税的所得;

10. 经国务院财政部门批准免税的所得。

（四）个人所得税的减税事项

减税事项：残孤烈灾。即，

减税事项有下列情形之一的，经批准可以减征个人所得税：

1. 残疾、孤老人员和烈属的所得;

2. 因严重自然灾害造成重大损失的;

3. 其他经国务院财政部门批准减税的。

（五）个人所得税的纳税申报

1. 个人所得税，以所得人为纳税义务人，以支付所得的单位或者个人为扣缴义务人。扣缴义务人应当按照国家规定办理全员全额扣缴申报。

2. 纳税义务人应当办理纳税申报的情形：

（1）个人所得超过国务院规定数额;（是指年所得 12 万元以上的纳税义务人，在年度终了后 3 个月内到主管税务机关办理纳税申报）

（2）从中国境内两处或者两处以上取得工资、薪金所得;

（3）没有扣缴义务人;

（4）具有国务院规定的其他情形。

二、增值税法

1. 增值税的纳税人，为在中华人民共和国境内销售货物或者提供加工、修理修配劳务以及进口货物的单位和个人。增值税的纳税人分为一般纳税人和小规模纳税人。

2. 增值税征税对象，为纳税人在中国境内销售的货物或者提供的加工、修理修配劳务以及进口的货物。

3. 增值税税基，为销售货物或者提供加工、修理修配劳务以及进口货物的增值额。

4. 增值税的税率。增值税一般纳税人税率分为基本税率（17%）、低税率（13%）和零税率（0%）。

三、营业税法

1. 概念。营业税，是以从事工商营利事业和服务业所取得的收入为征税对象的一种税。

2. 营业税的纳税人，为在中国境内提供应税劳务、转让无形资产或者销售不动产的单位和个人。

3. 营业税的征税对象，为应税劳务、转让无形资产或者销售不动产。具体包括：（1）交通运输业;（2）建筑业;（3）金融保险业;（4）邮电通信业;（5）文化体育业;（6）娱乐业;（7）服务业;（8）转让无形资产;（9）销售不动产。

第二节 🎧 企业所得税法

一、本法适用对象

企业所得税是以企业在一定期间内的纯所得为征税对象的一种税。

1. 企业所得税的纳税人。

（1）我国境内，企业和其他取得收入的组织，为企业所得税的纳税人。

（2）个人独资企业、合伙企业不缴纳企业所得税。

2. 居民企业、非居民企业。

	纳税人	税基		
居民企业	（1）依法在中国境内成立的企业 （2）非依中国法律成立，实际管理机构在中国境内的企业	来源于中国境内、境外的所得	一般税率为 25%	均有权享受我国的税收优惠
非居民企业	在国外设立的，且实际管理机构不在中国境内的企业，包括： （1）在中国境内设立机构、场所的 （2）在中国境内未设立机构、场所，但有来源于中国境内所得的企业	（1）在中国境内设立机构、场所的：来源于中国境内的所得，以及发生在中国境外但与其所设机构、场所有实际联系的所得 （2）在中国境内未设立机构、场所：来源于中国境内的所得	（1）一般税率为 25% （2）非居民企业在中国境内未设立机构、场所的，或者虽设立机构、场所但取得的所得与其所设机构、场所没有实际联系的，其来源于中国境内的所得缴纳企业所得税，适用税率为 20%	

二、企业所得税的税收优惠 ★

税收优惠的原则：国家对重点扶持和鼓励发展的产业和项目，给予企业所得税优惠。

分类	内容
不征税收入	企业收入总额中的下列收入为不征税收入： （1）财政拨款； （2）依法收取并纳入财政管理的行政事业性收费、政府性基金； （3）国务院规定的其他不征税收入。
公益性捐赠支出	企业发生的公益性捐赠支出，在年度利润总额 12% 以内的部分，准予在计算应纳税所得额时扣除。
亏损	企业纳税年度发生的亏损，准予向以后年度结转，用以后年度的所得弥补，但结转年限最长不得超过 5 年。
免税收入	企业的下列收入为免税收入： （1）国债利息收入； （2）符合条件的居民企业之间的股息、红利等权益性投资收益； （3）在中国境内设立机构、场所的非居民企业从居民企业取得与该机构、场所有实际联系的股息、红利等权益性投资收益； （4）符合条件的非营利组织的收入。

续表

分类	内容
免征、减征企业所得税	企业的下列所得，可以免征、减征企业所得税： （1）从事农、林、牧、渔业项目的所得； （2）从事国家重点扶持的公共基础设施项目投资经营的所得； （3）从事符合条件的环境保护、节能节水项目的所得； （4）符合条件的技术转让所得； （5）非居民企业在境内未设立机构、场所的，或者虽设立机构、场所但取得的所得与其所设机构、场所没有实际联系的，其来源于中国境内的所得。
加计扣除	企业的下列支出，可以在计算应纳税所得额时加计扣除： （1）开发新技术、新产品、新工艺发生的研究开发费用；（研发费用） （2）安置残疾人员及国家鼓励安置的其他就业人员所支付的工资。（特殊工资） 例　"某企业为安置残疾人员所购置的专门设施"，因为不是"工资"，所以该企业不可请求加计扣除。
特殊企业可以享受税收优惠	（1）符合条件的小型微利企业，减按20%的税率征收企业所得税； （2）国家需要重点扶持的高新技术企业，减按15%的税率征收企业所得税； （3）创业投资企业从事国家需要重点扶持和鼓励的创业投资，可以按投资额的一定比例抵扣应纳税所得额。

第三节　车船税法

1. 车船税的纳税人，为车辆、船舶（以下简称车船）的所有人或者管理人。

2. 下列车船免征车船税：渔船、军警外。

（1）捕捞、养殖渔船；

（2）军队、武装警察部队专用的车船；

（3）警用车船；

（4）依照法律规定应当予以免税的外国驻华使领馆、国际组织驻华代表机构及其有关人员的车船。

3. 特定减免：节能；灾害；公交；农用车

（1）对节约能源、使用新能源的车船可以减征或者免征车船税。

（2）对受严重自然灾害影响纳税困难以及有其他特殊原因确需减税、免税的，可以减征或者免征车船税。

（3）省、自治区、直辖市人民政府根据当地实际情况，可以对公共交通车船，农村居民拥有并主要在农村地区使用的摩托车、三轮汽车和低速载货汽车定期减征或者免征车船税。

第四节 🎧 税收征收管理法

> 📖 **提示**
>
> 　　重点：税务管理；税收保障体系。
> 　　本法于 2015 年 4 月有修改，删除了有关行政审批的规定，但对考试影响不大。

一、基础理论

　　1. 税收法律关系，是由税收法律规范确认和调整的，国家和纳税人之间发生的具有权利和义务内容的社会关系。

　　2. 税收法律关系的一方主体始终是国家，税收法律关系主体双方具有单方面的权利与义务内容，税收法律关系的产生以纳税人发生了税法规定的行为或者事实为根据。

　　3. 税种的设立、税率的确定和税收征收管理等税收基本制度只能制定法律。

　　（1）上述事项尚未制定法律的，全国人民代表大会及其常务委员会有权作出决定，授权国务院可以根据实际需要，对其中的部分事项先制定行政法规。

　　（2）授权的期限不得超过 5 年，但是授权决定另有规定的除外。

　　4. 纳税人、扣缴义务人的权利。

（1）纳税人，是指法律、行政法规规定负有纳税义务的单位和个人。 （2）扣缴义务人，是指法律、行政法规规定负有代扣代缴、代收代缴税款义务的单位和个人。	
纳税人、扣缴义务人均享有的权利	
知情权	纳税人、扣缴义务人有权向税务机关了解国家税收法律、行政法规的规定以及与纳税程序有关的情况。
保密权	纳税人、扣缴义务人有权要求税务机关为纳税人、扣缴义务人的情况保密。税务机关应当依法为纳税人、扣缴义务人的情况保密。 **例** 张某要求查询丈夫的个人所得税申报信息，税务机关是否可以保护纳税人秘密权为由予以拒绝？（可以拒绝）
获得救济权	（1）对税务机关所作出的决定，享有陈述权、申辩权。
	（2）依法享有申请行政复议、提起行政诉讼的权利。
	（3）有请求国家赔偿等权利。
	（4）有权控告和检举税务机关、税务人员的违法违纪行为。
仅纳税人享有的权利–减免退缓	
减免退	申请减税、免税、退税的权利。
缓	纳税人因有特殊困难，不能按期缴纳税款的，经省、自治区、直辖市国家税务局、地方税务局批准，可以延期缴纳税款，但是最长不得超过 3 个月。

二、税务管理

（一）税务登记

1. 税务登记的主体为从事生产、经营的纳税人。具体包括：

（1）企业；

（2）企业在外地设立的分支机构和从事生产、经营的场所；

（3）个体工商户；

（4）从事生产、经营的事业单位。

2. 开业税务登记的时间。自领取营业执照之日起 30 日内，持有关证件，向税务机关申报办理税务登记。税务机关应当自收到申报之日起当日内审核并发给税务登记证件。

3. 税务变更登记。

（1）纳税人税务登记内容发生变化的，应当自工商行政管理机关或者其他机关办理变更登记之日起 30 日内，持有关证件向原税务登记机关申报办理变更税务登记。

（2）纳税人税务登记内容发生变化，不需要到工商行政管理机关或者其他机关办理变更登记的，应当自发生变化之日起 30 日内，持有关证件向原税务登记机关申报办理变更税务登记。

4. 从事生产、经营的纳税人外出经营，在同一地累计超过 180 天的，应当在营业地办理税务登记手续。

5. 税务注销登记。纳税人在办理注销税务登记前，应当向税务机关结清应纳税款、滞纳金、罚款，缴销发票、税务登记证件和其他税务证件。然后到工商局办理工商注销登记。

（二）纳税申报

1. 如实+按期申报。即，纳税人必须依照法律、行政法规规定或者税务机关依照法律、行政法规的规定确定的申报期限、申报内容如实办理纳税申报，报送纳税申报表、财务会计报表以及税务机关根据实际需要要求纳税人报送的其他纳税资料。

2. 申报具体方式无要求。即，纳税人、扣缴义务人可以直接到税务机关办理纳税申报或者报送代扣代缴、代收代缴税款报告表，也可以按照规定采取邮寄、数据电文或者其他方式办理上述申报、报送事项。

3. 经批准可以延期申报。即，纳税人、扣缴义务人不能按期办理纳税申报或者报送代扣代缴、代收代缴税款报告表的，经税务机关核准，可以延期申报。

（三）账簿管理制度

1. 一般纳税人 15 日内设置账簿。即，从事生产、经营的纳税人应当自领取营业执照或者发生纳税义务之日起 15 日内，按照国家有关规定设置账簿。

2. 小规模纳税人可代为建账。即，生产、经营规模小又无建账能力的纳税人，可以聘请经批准从事会计代理记账业务的专业机构或者财会人员代为建账和办理账务。

3. 计算机输出记录可视同账簿。即，纳税人、扣缴义务人会计制度健全，能够通过计算机正确、完整计算其收入和所得或者代扣代缴、代收代缴税款情况的，其计算机输出的完整的书面会计记录，可视同会计账簿。

4. 保管 10 年。即，账簿、记账凭证、报表、完税凭证、发票、出口凭证以及其他有关涉税资料应当保存 10 年；但是，法律、行政法规另有规定的除外。

（四）税款征收★

1. 税务机关依照法律、行政法规的规定征收税款，不得违反<u>法律、行政法规</u>的规定开征、停征、多征、少征、提前征收、延缓征收或者摊派税款。

2. 纳税人有下列情形之一的，<u>税务机关有权核定其应纳税额</u>：

（1）依照法律、行政法规的规定可以不设置账簿的；

（2）依照法律、行政法规的规定应当设置账簿但未设置的；

（3）擅自销毁账簿或者拒不提供纳税资料的；

（4）虽设置账簿，但账目混乱或者成本资料、收入凭证、费用凭证残缺不全，难以查账的；

（5）发生纳税义务，未按照规定的期限办理纳税申报，经税务机关责令限期申报，逾期仍不申报的；

（6）纳税人申报的计税依据明显偏低，又无正当理由的。

3. <u>核定应纳税额的方法</u>。税务机关核定应纳税额时，可以依据下列方法：

（1）参照当地同类行业或者类似行业中经营规模和收入水平相近的纳税人的税负水平核定；

（2）按照营业收入或者成本加合理的费用和利润的方法核定；（成本+费用+利润）

（3）按照耗用的原材料、燃料、动力等推算或者测算核定；

（4）按照其他合理方法核定。

三、税收保障制度★

税款征收保障制度，包括税收保全制度、税收强制执行制度和其他保障制度。

（一）税收保全

〔图示〕

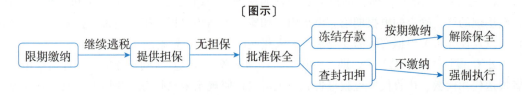

1. <u>前提：具备逃税预期</u>。即，税务机关有根据认为从事生产、经营的纳税人有逃避纳税义务行为的，可以在规定的纳税期之前，责令限期缴纳应纳税款；在限期内发现纳税人有明显的转移、隐匿其应纳税的商品、货物以及其他财产或者应纳税的收入的迹象的，税务机关可以责成纳税人提供纳税担保。

（1）<u>对象：从事生产、经营的纳税人</u>。

（2）<u>采取的时间：纳税期之前</u>。

2. <u>税收保全的具体措施</u>。

（1）如果纳税人不能提供纳税担保，<u>经县以上税务局（分局）局长批准</u>，税务机关可以采取税收保全措施。（行政措施）

（2）<u>具体措施包括三项：冻结、扣押、查封</u>。即，

①书面通知纳税人开户银行或者其他金融机构冻结纳税人的金额相当于应纳税款的存款。

②扣押、查封纳税人的价值相当于应纳税款的商品、货物或者其他财产。

3. 保全措施之后的执行措施：扣缴、拍卖、变卖。即，

（1）纳税人在规定的限期内缴纳税款的，税务机关必须立即解除税收保全措施。

（2）限期期满仍未缴纳税款的，经县以上税务局（分局）局长批准，税务机关可以书面通知纳税人开户银行或者其他金融机构从其冻结的存款中扣缴税款，或者依法拍卖或者变卖所扣押、查封的商品、货物或者其他财产，以拍卖或者变卖所得抵缴税款。（先保全再执行）

4. 个人及其所扶养家属维持生活必需的住房和用品，不在税收保全措施的范围之内。

（1）机动车辆、金银饰品、古玩字画、豪华住宅、其他不为必需的住房和生活用品可以采取税收保全、执行措施。

（2）除上述物品房屋外，单价在 5000 元以下的其他生活用品，不得采取税收保全和强制执行措施。

（二）税收强制执行

〔图示〕

1. 前提：欠税。即，从事生产、经营的纳税人、扣缴义务人未按照规定的期限缴纳或者解缴税款，纳税担保人未按照规定的期限缴纳所担保的税款，由税务机关责令限期缴纳，逾期仍未缴纳的，经县以上税务局（分局）局长批准，税务机关可以采取强制执行措施。

（1）对象：①纳税人；②扣缴义务人；③纳税担保人。

（2）采取的时间：未按照规定的期限缴纳或者解缴税款……即欠税已经发生。

2. 税收强制执行的具体措施。

（1）书面通知其开户银行或者其他金融机构从其存款中扣缴税款。

（2）扣押、查封、依法拍卖或者变卖其价值相当于应纳税款的商品、货物或者其他财产，以拍卖或者变卖所得抵缴税款。

（3）税务机关采取强制执行措施时，对纳税人、扣缴义务人、纳税担保人未缴纳的滞纳金同时强制执行。

3. 个人及其所扶养家属维持生活必需的住房和用品，不在税收强制执行措施的范围之内。（同上述税收保全措施）

[总结] 税收保全 VS 税收强制执行

		税收保全	税收强制执行
不同点	对象	（单一） 生产、经营的纳税人	（复杂） （1）生产、经营的纳税人 （2）扣缴义务人 （3）纳税担保人

续表

		税收保全	税收强制执行
不同点	措施	冻结 扣押 查封 （无滞纳金）	扣缴税款 扣押 查封 依法拍卖、变卖 （缴纳滞纳金）
相同点	批准	二者均要经过局长（副局长）批准	
	必需品	生活必需品均不得采取税收保全和税收强制执行措施	

（三）离境清税

离境清税，是指欠缴税款的纳税人或者他的法定代表人需要出境的，应当在出境前向税务机关结清应纳税款、滞纳金或者提供担保。未结清税款、滞纳金，又不提供担保的，税务机关可以通知出境管理机关阻止其出境。

（四）税收优先权

1. 税收>罚款等。即，纳税人欠缴税款，同时又被行政机关决定处以罚款、没收违法所得的，税收优先于罚款、没收违法所得。

2. 税收>无担保债权。即，税务机关征收税款，税收优先于无担保债权，法律另有规定的除外。

3. 税收与抵押权等，先来后到。

即，纳税人欠缴税款，与有担保债权的关系，需分两种情况：

（1）欠税时间发生在纳税人设定抵押、质押或者纳税人的财产被留置之前的，税收应当先于抵押权、质权、留置权执行。

（2）欠税时间发生在抵押、质押或者财产被留置之后的，税收则没有优先权。

时间	先欠税，后设定抵押（有优先权）	先设定抵押，后欠税（无优先权）
清偿顺序	先还税，后还债	先还债，后还税

（五）税收代位权、撤销权

1. 欠缴税款的纳税人因怠于行使到期债权，或者放弃到期债权，或者无偿转让财产，或者以明显不合理的低价转让财产而受让人知道该情形，对国家税收造成损害的，税务机关可以行使代位权、撤销权。

（1）税务机关可以向法院请求以自己的名义代位行使债务人的债权。或者，税务机关可以请求法院撤销债务人的行为。

（2）税务机关代位权、撤销权的行使范围以债权人的债权为限。

（3）税务机关行使代位权、撤销权的必要费用，由欠税人负担。

2. 税务机关依照前款规定行使代位权、撤销权的，不免除欠缴税款的纳税人尚未履行的纳税义务和应承担的法律责任。

（六）税款的追征

税款追征制度，是指当纳税人、扣缴义务人未缴或者少缴税款时，何种情况、何段时间内税务机关可以追回税款。该制度分为两大类情况：

纳税人有特殊困难，经省级税务机关批准可延期缴纳，但最长不超过3个月。		
税务机关的原因（致未缴或少缴税款的）	（1）3年内，税务机关可以要求补缴税款； （2）并不得加收滞纳金。	
纳税人、扣缴义务人的原因	3年+税+滞纳金	因为失误（如，计算错误）未缴或少缴税款，一般情况（累计数额10万元以内的）：3年内税务机关可以追征税款；并加收滞纳金。
	5年+税+滞纳金	因为失误未缴或少缴税款，有特殊情况的（累计数额10万元以上）：追征期可延长至5年，并加收滞纳金。
	无限期追征	因偷税、抗税、骗税等原因致使未缴、少缴税款和滞纳金或骗取税款的，税务机关的追征无期限限制。

（七）税务检查

税务检查制度，主要包括税务检查的事项、纳税人在税务检查中的义务、税务机关在税务检查中的权利义务。

1. 税务检查的事项。税务机关有权进行下列税务检查：

（1）检查纳税人的账簿、记账凭证、报表和有关资料，检查扣缴义务人代扣代缴、代收代缴税款账簿、记账凭证和有关资料。（查账）

（2）到纳税人的生产、经营场所和货物存放地检查纳税人应纳税的商品、货物或者其他财产，检查扣缴义务人与代扣代缴、代收代缴税款有关的经营情况。（查货）

（3）到车站、码头、机场、邮政企业及其分支机构检查纳税人托运、邮寄应纳税商品、货物或者其他财产的有关单据、凭证和有关资料。（查单据）

（4）经县以上税务局（分局）局长批准，凭全国统一格式的检查存款账户许可证明，查询从事生产、经营的纳税人、扣缴义务人在银行或者其他金融机构的存款账户。（查单位存款，大前提很重要：县局长批准+全国统一格式）

（5）税务机关在调查税收违法案件时，经设区的市、自治州以上税务局（分局）局长批准，可以查询案件涉嫌人员的储蓄存款。（查个人存款：市局长批准+全国统一格式）

2. 税务检查程序。税务机关派出的人员进行税务检查时，应当出示税务检查证和税务检查通知书，并有责任为被检查人保守秘密；未出示税务检查证和税务检查通知书的，被检查人有权拒绝检查。

四、法律责任

（1）	纳税争议
即纳税人、扣缴义务人、纳税担保人同税务机关对是否纳税、缴纳的税款金额有争议：先缴税→复议→诉讼。	

续表

第1步	由纳税人先缴纳税款及滞纳金或提供相应的担保。 未经纳税或解缴税款，又不提供担保的，税务机关不受理复议申请。
第2步	向上一级税务机关申请行政复议。
第3步	对该行政复议不服的，才能向法院起诉。 未经复议法院不予受理诉讼。
（2）	处罚争议
即对税务机关的处罚决定、强制执行措施、税收保全措施不服的：或议或诉。	
处理	当事人可以选择行政复议或者选择向法院起诉。

📄 例题

2012 年 12 月，某公司对县税务局确定的企业所得税的应纳税所得额、应纳税额及在 12 月 30 日前缴清税款的要求极为不满，决定撤离该县，且不缴纳税款。县税务局得知后，责令该公司在 12 月 15 日前纳税。当该公司有转移生产设备的明显迹象时，县税务局责成其提供纳税担保。就该公司与税务局的纳税争议，下列说法正确的是：① （2013-1-93）

A. 如该公司不提供纳税担保，经批准，税务局有权书面通知该公司开户银行从其存款中扣缴税款

B. 如该公司不提供纳税担保，经批准，税务局有权扣押、查封该公司价值相当于应纳税款的产品

C. 如该公司对应纳税额发生争议，应先依税务局的纳税决定缴纳税款，然后可申请行政复议，对复议决定不服的，可向法院起诉

D. 如该公司对税务局的税收保全措施不服，可申请行政复议，也可直接向法院起诉

第五节 🎧 审计法

📋 提示注意

本法有轮考可能。2004、2009、2015、2016 年份考查过。

一、审计程序

1. 组成审计组。

2. 送达审计通知书。组成审计组后，应当在实施审计 3 日前，向被审计单位送达审计通知书；遇有特殊情况，经本级人民政府批准，审计机关可以直接持审计通知书实施审计。

3. 审计时，出示审计人员的工作证件和审计通知书副本。

4. 审计后，审计组制作审计报告并先征求被审计对象的意见。

5. 报送审计报告和书面意见。

---

① ［答案］BCD

6. 审计机关审议审计报告，作出审计决定。

二、审计机关的职责（审计对象和审计标的）★

审计工作实行双重领导制度，对本级人民政府和上一级审计机关负责并报告工作。		
财政收支①（预决算）	（1）	对本级政府的预算执行情况进行审计，应在本级行政首长和上一级审计机关领导下，并对本级政府和上一级审计机关提出审计结果报告。
	（2）	对本级各部门（含直属单位以及下级政府）的财政收支，审计机关可直接审计。
	（3）	审计机关对政府投资和以政府投资为主的建设项目的预算执行情况和决算，进行审计监督。
财务收支②	（1）	审计署对中央银行的财务收支，进行审计监督。
	（2）	审计机关对国家的事业组织和使用财政资金的其他事业组织的财务收支，进行审计监督。
	（3）	审计机关对政府部门管理的和其他单位受政府委托管理的社会保障基金、社会捐赠资金以及其他有关基金、资金的财务收支，进行审计监督。
	（4）	国际组织和外国政府援助、贷款项目的财务收支，进行审计监督。
资产、负债、损益	审计机关对国有金融机构的资产、负债、损益，进行审计监督。	
	审计机关对国有企业的资产、负债、损益，进行审计监督。	
任职审计	—	
专项审计调查	—	

---

　　① 财政收支，是从国家的角度，对其以资金形态再分配社会产品的理论概括。凡属于国家分配范畴内的资金活动，都可以称之为财政收支。

　　② 财务收支，是从部门、企业、单位的角度，对反映其经济活动的资金运动所作的理论概括。凡是与财政部门无直接缴款、拨款关系的单位资金活动，习惯上称之为财务收支。

第 **5** 章　劳动法和劳动合同法

经济法

第一节 🎧 劳动合同法

> 📖 **提示**
>
> 《劳动合同法》及其《实施条例》，需要全面复习。易出不定项选择题。

一、适用范围

　　劳动法的调整对象是劳动关系。狭义的劳动法律关系主体包括劳动者和用人单位。

　　1. 劳动关系具有人身、财产关系的属性。如，劳动者必须亲自履行劳动义务、用人单位向劳动者支付劳动报酬。

　　2. 劳动关系具有平等、从属关系的属性。如，劳动合同体现了平等性；用人单位依据劳动规章制度管理和使用劳动者体现了从属性。

　　3. 劳动关系的当事人：一方是劳动者，另一方是用人单位。

(1)	劳动者		
年龄	①	［原则］法定劳动年龄为最低就业年龄 16 周岁。	
	②	［例外］文艺、体育和特种工艺单位可以招用未满 16 周岁的未成年人。但必须依照国家有关规定，履行审批手续，并保障其接受义务教育的权利。	
范围	包括	帮工、学徒、乡镇企业职工（含农民工）、进城务工的农民等。	
	不含	①国家机关的公务员，事业单位和社会团体中纳入公务员编制或者参照公务员进行管理的工作人员。 ②实行聘用制的事业单位与其工作人员的关系，法律、行政法规或国务院另有规定的，不适用劳动法；如果没有特别规定，适用劳动法。 ③从事农业劳动的农村劳动者。（乡镇企业职工和进城务工的农民除外） ④现役军人、军队的文职人员。 ⑤家庭雇佣劳动关系。（如，保姆和雇佣家庭的关系） ⑥在中华人民共和国境内享有外交特权和豁免权的外国人等。	
(2)	用人单位		
包括：我国境内的企业；个体经济组织；民办非企业单位等组织。			

二、劳动合同的订立

　　劳动合同，是劳动者与用人单位之间确立劳动关系，明确双方权利和义务的书面协议。

（一）劳动合同订立的一般要求

1. 劳动合同应采用书面形式订立。

2. 用人单位与劳动者在用工前订立劳动合同的，劳动关系自用工之日起建立。

3. 劳动合同双方当事人意思表示一致，签订劳动合同之日，就产生法律效力。（无需公证等）

4. 用人单位招用与其他用人单位尚未解除或者终止劳动合同的劳动者，给其他用人单位造成损失的，应当承担连带赔偿责任。（指直接经济损失）

（二）未订立书面劳动合同的处理★

《劳动合同法》明确"建立劳动关系，应当订立书面劳动合同"。也即，我国不再承认事实劳动关系。针对现实中已建立劳动关系但未签书面劳动合同时，本法依照"主体+时间段"处理。

时间段1	自用工之日起1个月内，未签书面合同（1月1日~1月31日）	
单位未签	需支付劳动报酬。	
劳动者未签	经用人单位书面通知后，劳动者不与用人单位订立书面劳动合同的：用人单位应当书面通知劳动者终止劳动关系。向劳动者支付其实际工作时间的劳动报酬。但，用人单位无需向劳动者支付经济补偿。	
时间段2	自用工之日起超过1个月不满1年，未签书面合同（2月1日~12月31日）	
单位未签	（1）	依照《劳动合同法》第82条①的规定向劳动者每月支付两倍的工资，并与劳动者补订书面劳动合同。
	（2）	每月支付两倍工资的起算时间，为用工之日起满1个月的次日，截止时间为补订书面劳动合同的前一日。
	（3）	劳动者请求第2倍工资，适用仲裁时效1年的限制。
劳动者未签	终止+经济补偿金。即，劳动者不与用人单位订立书面劳动合同的，用人单位应当书面通知劳动者终止劳动关系，并依规定支付经济补偿。	
时间段3	满1年之后，未签书面合同：11个月双倍工资+无固定	
（1）	自用工之日起满1个月的次日至满1年的前一日应当依照《劳动合同法》第82条的规定向劳动者每月支付两倍的工资。	
（2）	并视为自用工之日起满1年的当日已经与劳动者订立无固定期限劳动合同，应立即与劳动者补订书面劳动合同。	

① 《劳动合同法》第82条：用人单位自用工之日起超过1个月不满1年未与劳动者订立书面劳动合同的，应当向劳动者每月支付2倍的工资。

用人单位违反本法规定不与劳动者订立无固定期限劳动合同的，自应当订立无固定期限劳动合同之日起向劳动者每月支付2倍的工资。

《劳动合同法实施条例》第25条：用人单位违反劳动合同法的规定解除或者终止劳动合同，依照《劳动合同法》第87条的规定支付了赔偿金的，不再支付经济补偿。赔偿金的计算年限自用工之日起计算。

三、无固定期限劳动合同

无固定期限劳动合同，是指用人单位与劳动者约定无确定终止时间的劳动合同。具体包括下列 4 种情况：

1. 协商订立。即，用人单位与劳动者协商一致，可以订立无固定期限劳动合同。

2. 法定情形。即，出现有下列 3 种情形之一，原则上用人单位有义务订立无固定期限劳动合同。

	法定情形	前提	处理
（1）	一般用人单位中的长期劳动者	①劳动者在该用人单位连续工作满 10 年的。 ②连续工作满 10 年的起始时间，应当自用人单位用工之日起计算，包括本法施行前的工作年限。	出现 3 种情形之一，劳动者提出或者同意续订、订立劳动合同的，除劳动者提出订立固定期限劳动合同外，应当订立无固定期限劳动合同。
（2）	国企改制中的长期劳动者（双 10）	用人单位初次实行劳动合同制度或者国有企业改制重新订立劳动合同时，劳动者在该用人单位连续工作满 10 年且距法定退休年龄不足 10 年的。	
（3）	第三次劳动合同关系	①连续订立 2 次固定期限劳动合同。 ②且劳动者没有本法第 39 条①和第 40 条第（一）项、第（二）项②规定的情形。（即，劳动者无过错，且能胜任本职工作） ③再续订劳动合同的。 ④强调："劳动合同的次数"是自 2008 年 1 月 1 日起开始计算次数。③	

---

① 《劳动合同法》第 39 条：劳动者有下列情形之一的，用人单位可以解除劳动合同：

（一）在试用期间被证明不符合录用条件的；

（二）严重违反用人单位的规章制度的；

（三）严重失职，营私舞弊，给用人单位造成重大损害的；

（四）劳动者同时与其他用人单位建立劳动关系，对完成本单位的工作任务造成严重影响，或者经用人单位提出，拒不改正的；

（五）因本法第 26 条第 1 款第（一）项规定的情形致使劳动合同无效的；

（六）被依法追究刑事责任的。

② 《劳动合同法》第 40 条第（一）、（二）项：有下列情形之一的，用人单位提前 30 日以书面形式通知劳动者本人或者额外支付劳动者 1 个月工资后，可以解除劳动合同：

（一）劳动者患病或者非因工负伤，在规定的医疗期满后不能从事原工作，也不能从事由用人单位另行安排的工作的；

（二）劳动者不能胜任工作，经过培训或者调整工作岗位，仍不能胜任工作的。

③ 《劳动合同法》第 97 条第 1 款：本法施行前已依法订立且在本法施行之日存续的劳动合同，继续履行；本法第 14 条第 2 款第（三）项规定连续订立固定期限劳动合同的次数，自本法施行后续订固定期限劳动合同时开始计算。

3. 推定情形。是指，用人单位自用工之日起满 1 年不与劳动者订立书面劳动合同的，视为用人单位与劳动者已订立无固定期限劳动合同。

4. 例外情形——有补贴岗位、公益性岗位。是指，地方各级人民政府及县级以上地方人民政府有关部门，为安置就业困难人员提供的给予岗位补贴和社会保险补贴的公益性岗位，其劳动合同不适用无固定期限劳动合同的规定以及支付经济补偿的规定。

四、劳动合同的特殊条款

（一）试用期条款
为防止用人单位滥用试用期，本法对试用期进行了限定，以保护劳动者的利益。

1. 禁止重复试用同一人。即，同一用人单位与同一劳动者只能约定一次试用期。

2. 试用期包含在劳动合同期限内。劳动合同仅约定试用期的，试用期不成立，该期限为劳动合同期限。

3. 试用期的期限。

劳动合同期限	试用期期限
以完成一定工作任务为期限的劳动合同	无试用期
劳动合同期限不满 3 个月（<3 个月）	无试用期
劳动合同期限 3 个月以上不满 1 年的 ［3 个月≤合同期限<1 年（不含 1 年）］	试用期不得超过 1 个月（≤1 个月）
劳动合同期限 1 年以上不满 3 年的 ［1 年≤合同期限<3 年（不含 3 年）］	试用期不得超过 2 个月（≤2 个月）
合同期限≥3 年（含 3 年）	试用期不得超过 6 个月（≤6 个月）

［图示］试用期的期限

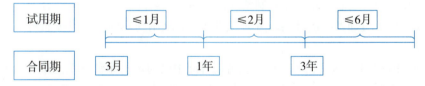

4. 试用期劳动合同的解除。[①]

（1）原则上，在试用期中，用人单位不得解除劳动合同。

（2）下列两种例外情况下，可以解除试用期合同：

①劳动者有严重过错，用人单位可以解除试用期劳动合同。（第 39 条）

②劳动者自身原因不能胜任，用人单位可以解除试用期劳动合同。［第 40 条第（一）、（二）项］

---

① 《劳动合同法》第 21 条：在试用期中，除劳动者有本法第 39 条和第 40 条第（一）项、第（二）项规定的情形外，用人单位不得解除劳动合同。用人单位在试用期解除劳动合同的，应当向劳动者说明理由。

5. **试用期间的工资≥80%并≥最低工资**。即，劳动者在试用期的工资不得低于本单位相同岗位最低档工资或者劳动合同约定工资的 80%，并不得低于用人单位所在地的最低工资标准。

6. **法律责任**。用人单位违反本法规定与劳动者约定试用期的，由劳动行政部门责令改正；违法约定的试用期已经履行的，由用人单位以劳动者试用期满月工资为标准，按已经履行的超过法定试用期的期间向劳动者支付赔偿金。

（二）保密条款

1. 保密条款，是指用人单位与劳动者可以在劳动合同中约定保守用人单位的商业秘密和与知识产权相关的保密事项。

2. 劳动者的保密义务由劳动合同约定，而非法定义务。

> 📖 **易混淆点**　劳动者的保密义务 VS 董事、高管的保密义务

劳动者—约定，可有偿可无偿	董事、高管—法定、无偿
(1) 劳动者的保密义务是约定义务。 (2) 劳动者的保密义务可以是无偿的，也可以是有偿的，具体看劳动合同的约定。	(1) 董事、高管的保密义务是法定义务。 (2) 董事、高管的保密义务是无偿的义务。 《公司法》第 148 条："董事、高级管理人员不得有下列行为：……（七）擅自披露公司秘密；……"

（三）竞业限制条款

竞业限制，根据《劳动合同法》的规定，是指劳动者在解除、终止劳动合同后的一定期限内，不得到与本单位生产或者经营同类产品、从事同类业务的有竞争关系的其他用人单位，或者自己开业生产或者经营同类产品、从事同类业务。

我国关于劳动者竞业限制义务的主要规定包括：

1. **竞业限制义务是约定义务**。即，对负有保密义务的劳动者，用人单位可以在劳动合同或者保密协议中与劳动者约定竞业限制条款，并约定在解除或者终止劳动合同后，在竞业限制期限内按月给予劳动者经济补偿。劳动者违反竞业限制约定的，应当按照约定向用人单位支付违约金。

2. **竞业限制义务 ≠ 保密义务**。如果在劳动合同中仅约定了保密条款，并不等于劳动者必然要承担竞业限制义务。只有约定了竞业限制条款，劳动者离职后才承担该项义务。

3. **对象有限制**。即，竞业限制的人员，限于用人单位的高级管理人员、高级技术人员和其他负有保密义务的人员。

4. **期限等有限制**。即，在解除或者终止劳动合同后，上述人员到与本单位生产或者经营同类产品、从事同类业务的有竞争关系的其他用人单位，或者自己开业生产或者经营同类产品、从事同类业务的竞业限制期限，不得超过 2 年。（非在职，离职后≤2 年）

5. **竞业限制中的经济补偿问题**。[参见《关于审理劳动争议案件适用法律若干问题的解释（四）》]

（1）**约定竞业限制+未约定金额→竞业限制有效**。即，当事人在劳动合同或者保密协议中约定了竞业限制，但未约定解除或者终止劳动合同后给予劳动者经济补偿，劳动者履行了竞业限制义务，要求用人单位按照劳动者在劳动合同解除或者终止前 12 个月平均工资的

30%按月支付经济补偿的，人民法院应予支持。如果，月平均工资的30%低于劳动合同履行地最低工资标准的，按照劳动合同履行地最低工资标准支付。

（2）单位违约，可解除。即，当事人在劳动合同或者保密协议中约定了竞业限制和经济补偿，劳动合同解除或者终止后，因用人单位的原因导致3个月未支付经济补偿，劳动者请求解除竞业限制约定的，人民法院应予支持。

（3）单位解约，多支付。即，在竞业限制期限内，用人单位请求解除竞业限制协议时，人民法院应予支持。在解除竞业限制协议时，劳动者请求用人单位额外支付劳动者3个月的竞业限制经济补偿的，人民法院应予支持。

（4）劳动者违约→违约金+遵守竞业义务。即，劳动者违反竞业限制约定，向用人单位支付违约金后，用人单位要求劳动者按照约定继续履行竞业限制义务的，人民法院应予支持。

（四）服务期条款

服务期，是指因用人单位为劳动者提供专业技术培训，双方约定的劳动者为用人单位必须服务的期间。所以，服务期是和专业技术培训相关。

1. 用人单位为劳动者提供专项培训费用，对其进行专业技术培训的，可以与该劳动者订立协议，约定服务期。

2. 违约金的数额，不得超过用人单位提供的培训费用。用人单位要求劳动者支付的违约金不得超过服务期尚未履行部分所应分摊的培训费用。

3. 用人单位与劳动者约定服务期的，不影响按照正常的工资调整机制提高劳动者在服务期期间的劳动报酬。

4. 服务期合同的违约金问题。

情形1	劳动者提前解除服务期合同
要付	劳动者（主动）提前解除服务期合同的，劳动者应当按照约定向用人单位支付违约金。
不付×6	劳动者被迫提前解除服务期合同，不付违约金。即， 出现下列情况，劳动者可以提前解除服务期合同，并且不需支付违约金： （1）用人单位未按照劳动合同约定提供劳动保护或者劳动条件的； （2）用人单位未及时足额支付劳动报酬的； （3）用人单位未依法为劳动者缴纳社会保险费的； （4）用人单位的规章制度违反法律、法规的规定，损害劳动者权益的； （5）因用人单位欺诈等致使劳动合同无效的； （6）用人单位以暴力、威胁或者非法限制人身自由的手段强迫劳动者劳动的，或者用人单位违章指挥、强令冒险作业危及劳动者人身安全的，劳动者可以立即解除劳动合同，不需事先告知用人单位。
情形2	用人单位提前解除服务期合同
要付	劳动者因过错被解除服务期，要付违约金。即， 用人单位提前解除服务期的劳动合同，有下列情形之一，劳动者应当向用人单位支付违约金： （1）劳动者严重违反用人单位的规章制度的； （2）劳动者严重失职，营私舞弊，给用人单位造成重大损害的；

续表

要付	（3）劳动者同时与其他用人单位建立劳动关系，对完成本单位的工作任务造成严重影响，或者经用人单位提出，拒不改正的； （4）劳动者以欺诈、胁迫的手段或者乘人之危，使用人单位在违背真实意思的情况下订立或者变更劳动合同的； （5）劳动者被依法追究刑事责任的。
不付	（1）劳动者无过错，用人单位提前解除服务期劳动合同的，用人单位要支付经济补偿金。 （2）劳动者无需支付违约金。

（五）违约金条款

《劳动合同法》不允许用人单位任意约定由劳动者承担违约金。下列情况可约定劳动者违约时承担违约金：

1. 劳动者违反服务期约定的，应当按照约定向用人单位支付违约金。

2. 劳动者违反竞业限制约定的，应当按照约定向用人单位支付违约金。

五、劳动合同的效力

（一）劳动合同无效（或部分无效）

1. 以欺诈、胁迫的手段或者乘人之危，使对方在违背真实意思的情况下订立或者变更劳动合同的；

2. 用人单位免除自己的法定责任、排除劳动者权利的；（霸王条款）

3. 违反法律、行政法规强制性规定的。

（二）劳动合同无效的后果

1. 劳动合同部分无效，不影响其他部分效力的，其他部分仍然有效。

2. 劳动合同被确认无效，劳动者已付出劳动的，用人单位应当向劳动者支付劳动报酬。劳动报酬的数额，参照本单位相同或者相近岗位劳动者的劳动报酬确定。

3. 由于用人单位原因订立的无效劳动合同，对劳动者造成损失的，应承担赔偿责任。

4. 对劳动合同的无效或者部分无效有争议的，由劳动争议仲裁机构或者人民法院确认。

六、劳动合同的解除 ★

劳动合同的解除，是指在劳动合同期满之前终止劳动合同关系的法律行为。解除劳动合同，既可以是协商一致解除合同，也可以是劳动者或者用人单位单方解除合同。

（一）劳动合同解除的理由

1. 协商解除。即，用人单位与劳动者协商一致，可以解除劳动合同。

2. 劳动者单方解除。

预告解除（30/3日）	（1）劳动者提前30日以书面形式通知用人单位，可以解除劳动合同。 （2）劳动者在试用期内提前3日通知用人单位，可以解除劳动合同。

续表

劳动者立即解除 [无需提前 30 日通知，但（1）~（6）要告知用人单位]	（1）未按照劳动合同约定提供劳动保护或者劳动条件的； （2）未及时足额支付劳动报酬的； （3）未依法为劳动者缴纳社会保险费的； （4）用人单位的规章制度违反法律、法规的规定，损害劳动者权益的； （5）因本法第 26 条第 1 款①规定的情形致使劳动合同无效的； （6）法律、行政法规规定劳动者可以解除劳动合同的其他情形； （7）用人单位以暴力、威胁或者非法限制人身自由的手段强迫劳动者劳动的，或者用人单位违章指挥、强令冒险作业危及劳动者人身安全的，劳动者可以立即解除劳动合同，不需事先告知用人单位。
违规解除要赔偿	劳动者违反《劳动合同法》规定解除劳动合同，或者违反劳动合同中约定的保密义务或者竞业限制，给用人单位造成损失的，应当承担赔偿责任。

3. 用人单位单方解除。

为了防止用人单位滥用解除劳动合同的权利，本法规定只有在法定情况下，用人单位才可单方解除劳动合同。

第 1 类	用人单位预告解除—劳动者无过错
有下列情形之一的，用人单位提前 30 日以书面形式通知劳动者本人或者额外支付劳动者 1 个月工资后，可以解除劳动合同：	
不能胜任	（1）劳动者不能胜任工作，经过培训或者调整工作岗位，仍不能胜任工作的； （2）劳动者患病或者非因工负伤，在规定的医疗期满后不能从事原工作，也不能从事由用人单位另行安排的工作的。
情势变更	即，劳动合同订立时所依据的客观情况发生重大变化，致使劳动合同无法履行，经用人单位与劳动者协商，未能就变更劳动合同内容达成协议的。
例外	职业病工伤 155；医疗期内孕产哺（老弱病残孕）—单位不可预告解除。 即，劳动者有下列情形之一的，用人单位不得解除劳动合同： （1）从事接触职业病危害作业的劳动者未进行离岗前职业健康检查，或者疑似职业病病人在诊断或者医学观察期间的； （2）在本单位患职业病或者因工负伤并被确认丧失或者部分丧失劳动能力的； （3）患病或者非因工负伤，在规定的医疗期内的； （4）女职工在孕期、产期、哺乳期的；

① 《劳动合同法》第 26 条第 1 款：下列劳动合同无效或者部分无效：
（一）以欺诈、胁迫的手段或者乘人之危，使对方在违背真实意思的情况下订立或者变更劳动合同的；
（二）用人单位免除自己的法定责任、排除劳动者权利的；
（三）违反法律、行政法规强制性规定的。

续表

例外	(5) 在本单位连续工作满 15 年，且距法定退休年龄不足 5 年的； (6) 法律、行政法规规定的其他情形。
第 2 类	用人单位及时解除（含所有劳动者）—劳动者有过错

(1) 劳动者有下列情形之一的，用人单位可以解除劳动合同，不需提前 30 日通知劳动者。
(2) 注意！"职业病工伤 155；医疗期内孕产哺（老弱病残孕）"的劳动者，如果出现下列情况，用人单位仍然可以及时解除劳动合同。

试用不合格	即，劳动者在试用期间被证明不符合录用条件的；
多个劳动关系	即，劳动者同时与其他用人单位建立劳动关系，对完成本单位的工作任务造成严重影响，或者经用人单位提出，拒不改正的。
严重违规 违纪违法	即， (1) 劳动者严重违反用人单位的规章制度的； (2) 劳动者严重失职，营私舞弊，给用人单位造成重大损害的； (3) 劳动者被依法追究刑事责任的。包括缓刑，但是不包括公安机关对劳动者的行政处罚，如，拘留。
劳动合同无效	即，劳动者以欺诈、胁迫的手段或者乘人之危致使劳动合同无效的。
第 3 类	经济性裁员
适用情形	特殊经济原因+20 人（10%）以上。即 (1) 用人单位出现下列情形，可启动裁员程序： 　①依照企业破产法规定进行重整的； 　②企业生产经营发生严重困难的； 　③企业转产、重大技术革新或者经营方式调整，经变更劳动合同后，仍需裁减人员的； 　④其他因劳动合同订立时所依据的客观经济情况发生重大变化，致使劳动合同无法履行的。 (2) 企业需要裁减人员 20 人以上或者裁减不足 20 人但占企业职工总数 10%以上。
程序	用人单位提前 30 日向工会或者全体职工说明情况，听取工会或者职工的意见后，裁减人员方案经向劳动行政部门报告，可以裁减人员。
优先留用人员	（两老一弱） (1) 与本单位订立较长期限的固定期限劳动合同的； (2) 与本单位订立无固定期限劳动合同的； (3) 家庭无其他就业人员，有需要扶养的老人或者未成年人的。
不得裁减人员	不得裁减人员为：职业病工伤 155；医疗期内孕产哺。（同上）
优先招用要求	用人单位裁减人员，在 6 个月内重新招用人员的，应当通知被裁减的人员，并在同等条件下优先招用被裁减的人员。（并非必须录用）

（二）劳动合同的解除程序

1. 通知工会。即，建立了工会组织的用人单位解除劳动合同符合劳动合同法第39条①、第40条②规定，但未按照劳动合同法第43条③规定事先通知工会，劳动者以用人单位违法解除劳动合同为由请求用人单位支付赔偿金的，人民法院应予支持，但起诉前用人单位已经补正有关程序的除外。

（1）虽然用人单位解约理由合法，但未通知工会属于程序违法，用人单位也要支付经济赔偿金。

（2）经济赔偿金=经济补偿金×2倍。并且经济赔偿金和补偿金二者不并用。

（3）未通知工会的程序瑕疵，是可补正的。

2. 用人单位违反法律、行政法规规定或者劳动合同约定的，工会有权要求用人单位纠正。用人单位应当研究工会的意见，并将处理结果书面通知工会。

（三）解约经济补偿金★

1. 概念。解约经济补偿金，是指当劳动合同依法解除时，用人单位仍然需要支付给劳动者一定数额的金钱。通说认为这是用人单位要承担的一种社会责任。如，某国企因破产解除职工的劳动合同，此时除了要支付工资外还需要支付经济补偿金。

2. 经济补偿金和经济赔偿金不同时适用。

（1）经济赔偿金，是指用人单位违反劳动合同法的规定解除或者终止劳动合同，要支付赔偿金。（违法解除合同→赔偿金；合法解除合同→补偿金）

（2）经济赔偿金=经济补偿金×2倍。

（3）用人单位支付了赔偿金的，不再支付补偿金。

3. 经济补偿金的标准，依据"工作年限+工资"确定。

（1）	工作年限
［原则］	劳动者在本单位工作的年限计算；［例外］合并计算原单位和本单位工作年限。
原则	①按劳动者在本单位工作的年限，每满1年支付1个月工资的标准向劳动者支付。 ②6个月以上不满1年的，按1年计算。（支付1个月补偿金） ③不满6个月的，向劳动者支付半个月工资的经济补偿。
例外	①劳动者非因本人原因从原用人单位被安排到新用人单位工作的，④劳动者在原用人单位的工作年限合并计算为新用人单位的工作年限。

① 第39条，是指劳动者有过错（违规违纪违法）时，用人单位可以随时单方解除劳动合同。

② 第40条，是指劳动者不能胜任工作等情况出现，用人单位可提前30日单方解除劳动合同。

③ 第43条，即用人单位单方解除劳动合同，应当事先将理由通知工会。

④ 《最高人民法院关于审理劳动争议案件适用法律若干问题的解释（四）》第5条第2款：用人单位符合下列情形之一的，应当认定属于"劳动者非因本人原因从原用人单位被安排到新用人单位工作"：

（一）劳动者仍在原工作场所、工作岗位工作，劳动合同主体由原用人单位变更为新用人单位；

（二）用人单位以组织委派或任命形式对劳动者进行工作调动；

（三）因用人单位合并、分立等原因导致劳动者工作调动；

（四）用人单位及其关联企业与劳动者轮流订立劳动合同；

（五）其他合理情形。

例外	②原用人单位已经向劳动者支付经济补偿的，新用人单位在依法解除、终止劳动合同计算支付经济补偿的工作年限时，不再计算劳动者在原用人单位的工作年限。 ③原用人单位未支付经济补偿，劳动者依照本法第38条规定（即被迫辞职）与新用人单位解除劳动合同，或者新用人单位向劳动者提出解除、终止劳动合同，在计算支付经济补偿或赔偿金的工作年限时，劳动者请求把在原用人单位的工作年限合并计算为新用人单位工作年限的，人民法院应予支持。（司法解释四）
（2）	经济补偿的工资

①按照劳动者应得工资计算。包括计时工资、计件工资、奖金、津贴和补贴等货币性收入。
②劳动者在劳动合同解除或者终止前12个月的平均工资低于当地最低工资标准的，按照当地最低工资标准计算。
③劳动者工作不满12个月的，按照实际工作的月数计算平均工资。

a	[高工资算法：双限] 劳动者月工资高于用人单位所在直辖市、设区的市级人民政府公布的本地区上年度职工月平均工资3倍的：向其支付经济补偿的标准按职工月平均工资3倍的数额支付，向其支付经济补偿的年限最高不超过12年。
b	[一般工资算法：无封顶]

4. 支付补偿金的具体情形。

	用人单位要支付补偿金情形 （单位原因致合同解除/终止）	用人单位无需支付补偿金情形 （劳动者原因致合同解除/终止）
（1）协商解除	用人单位向劳动者提出解除劳动合同并与劳动者协商一致解除劳动合同的。	劳动者向用人单位提出解除劳动合同并与劳动者协商一致解除劳动合同的。
（2）预告解除	劳动者无过错，但因不能胜任、客观情况变化导致不能再履行原合同的，用人单位依照本法第40条规定提前30天通知/额外支付1个月工资解除劳动合同的。	①劳动者提前30日以书面形式通知用人单位解除劳动合同的。 ②试用期内，劳动者提前3天通知单位解除劳动合同的。
（3）无过错解除/及时解除	劳动者被迫辞职，可及时解除劳动合同，并有经济补偿金。（即，劳动者依照本法第38条规定解除劳动合同的）	劳动者有过错，如，严重违规违法，用人单位可以解除劳动合同，无经济补偿。（即，用人单位依照本法第39条规定解除劳动合同的）
（4）经济性裁员	经济性裁员时，有经济补偿。（即，用人单位依照本法第41条第1款规定解除劳动合同的）	—

续表

	用人单位要支付补偿金情形 （单位原因致合同解除/终止）	用人单位无需支付补偿金情形 （劳动者原因致合同解除/终止）
（5）合同期满	用人单位降低劳动合同约定条件续订劳动合同，劳动者不同意续订的。	用人单位维持或者提高劳动合同约定条件续订劳动合同，劳动者不同意续订的。
	以完成一定工作任务为期限的劳动合同因任务完成而终止的。	—
（6）其他	①用人单位被吊销营业执照、责令关闭、撤销或者用人单位决定提前解散，终止劳动合同的。 ②用人单位被宣告破产，终止劳动合同的。 ③用人单位终止工伤职工的劳动合同的，除支付经济补偿外，还应当依工伤保险的规定支付一次性工伤医疗补助金和伤残就业补助金。	①地方各级人民政府及县级以上地方人民政府有关部门，为安置就业困难人员提供的给予岗位补贴和社会保险补贴的公益性岗位，其劳动合同不适用支付经济补偿的规定。即该种劳动合同解除终止时，用人单位无需支付经济补偿金。 ②劳动者非因本人原因从原用人单位被安排到新用人单位工作的，……原用人单位已经向劳动者支付经济补偿的，新用人单位在依法解除、终止劳动合同计算支付经济补偿的工作年限时，不再计算劳动者在原用人单位的工作年限。

七、集体合同

集体合同，是企业职工一方与用人单位通过平等协商，就劳动报酬、工作时间、休息休假、劳动安全卫生、保险福利等事项订立的书面协议。

集体合同具有下列特征：

1. 订立主体是工会与用人单位。即，集体合同由工会代表企业职工一方与用人单位订立；尚未建立工会的用人单位，由上级工会指导劳动者推举的代表与用人单位订立。

2. 订立程序特殊。即，集体合同草案应当提交职工代表大会或者全体职工讨论通过，应当报送劳动行政部门。

3. 集体合同默示生效。即，劳动行政部门自收到集体合同文本之日起15日内未提出异议的，集体合同即行生效。

4. 行业性、区域性集体合同对当地本行业、本区域的用人单位和劳动者具有约束力。

5. 集体合同的效力高于（单个）劳动合同的效力。

（1）集体合同中劳动报酬和劳动条件等标准不得低于当地人民政府规定的最低标准；

（2）用人单位与劳动者订立的劳动合同中，其劳动报酬和劳动条件等标准不得低于集体合同规定的标准。

八、劳务派遣

（一）概念和特征

劳务派遣，典型表述为"雇佣分离，有关系无劳动，有劳动无关系"。是指劳务派遣单位与实际用工单位签订派遣协议，将与劳务派遣机构建立劳动合同关系的劳动者派遣到用工单位，用工单位使用劳动者，并向派遣机构支付管理费而形成的关系。

特征为：

1. 劳务派遣用工是补充形式。我国的企业基本用工形式为"劳动合同用工"。用工单位使用的被派遣劳动者数量不得超过其用工总量的10%。（用工总量＝本单位合同工＋派遣工）

2. 劳务派遣的三方法律关系。

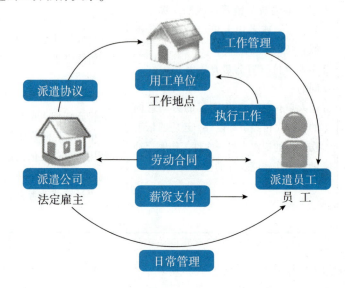

（1）用人单位＝劳务派遣单位。用人单位和劳动者订立劳动合同。

（2）用工单位＝接受以劳务派遣形式用工的单位。

（3）用人单位和用工单位订立劳务派遣协议。劳务派遣协议是民事合同，应当约定派遣岗位和人员数量、派遣期限、劳动报酬和社会保险费的数额与支付方式以及违反协议的责任。

3. 劳务派遣用工，只能在临时性、辅助性或者替代性的工作岗位上实施。

（1）临时性工作岗位。是指岗位的存续时间不超过6个月。（不是指劳动者实际工作时间，是指岗位存续≤6个月）

（2）辅助性工作岗位。①是指为主营业务岗位提供服务的非主营业务岗位。②用工单位决定使用被派遣劳动者的辅助性岗位，应当经职工代表大会或者全体职工讨论，提出方案和意见，与工会或者职工代表平等协商确定，并在用工单位内公示。

（3）替代性工作岗位。是指用工单位的劳动者因脱产学习、休假等原因无法工作的一定期间内，可以由其他劳动者替代工作的岗位。

（二）劳务派遣单位

（1）	劳务派遣单位的设立条件
	①注册资本不得少于人民币 200 万元。 ②有与开展业务相适应的固定的经营场所和设施。 ③有符合法律、行政法规规定的劳务派遣管理制度。 ④法律、行政法规规定的其他条件。 ⑤经营劳务派遣业务，应当向劳动行政部门依法申请行政许可；经许可的，依法办理相应的公司登记。未经许可，任何单位和个人不得经营劳务派遣业务。

（2）	"劳务派遣单位—劳动者"的关系
	二者为"用人单位"和"劳动者"之间的关系。
2 年以上合同	①劳务派遣单位应当与被派遣劳动者订立 2 年以上的固定期限书面劳动合同，按月支付劳动报酬。该种合同除了载明劳动合同一般事项外，还应当载明用工单位、派遣期限、工作岗位等。 ②可约定试用期。劳务派遣单位与同一被派遣劳动者只能约定一次试用期。 ③被派遣劳动者在无工作期间，劳务派遣单位应当按照所在地人民政府规定的最低工资标准，向其按月支付报酬。 ④不得以非全日制用工形式招用被派遣劳动者。
告知义务	劳务派遣单位应当将劳务派遣协议的内容告知被派遣劳动者。
付薪义务	劳务派遣单位不得克扣用工单位按照劳务派遣协议支付给被派遣劳动者的劳动报酬。
禁止乱收费	劳务派遣单位和用工单位不得向被派遣劳动者收取费用。
禁止自派遣	①用人单位不得设立劳务派遣单位向本单位或者所属单位派遣劳动者。 ②用人单位不得出资或合伙设立劳务派遣单位，向本单位或者所属单位派遣劳动者。
跨区域派遣	①劳务派遣单位跨地区派遣劳动者的，应当在用工单位所在地为被派遣劳动者参加社会保险，按照用工单位所在地的规定缴纳社会保险费，被派遣劳动者按照国家规定享受社会保险待遇。 ②劳务派遣单位在用工单位所在地设立分支机构的，由分支机构为被派遣劳动者办理参保手续，缴纳社会保险费。 ③劳务派遣单位未在用工单位所在地设立分支机构的，由用工单位代劳务派遣单位为被派遣劳动者办理参保手续，缴纳社会保险费。

（三）用工单位

"用工单位－劳动者"的关系

用工单位和劳动者之间无劳动合同关系，但劳动者要服从用工单位的管理。	
禁止分割订立	用工单位不得将连续用工期限分割订立数个短期劳务派遣协议。
禁止乱收费	用工单位不得向被派遣劳动者收取费用。
禁止再派遣	用工单位不得将被派遣劳动者再派遣到其他用人单位。
同工同酬	（1）保证劳动者同工同酬的权利。即，用工单位对被派遣劳动者与本单位同类岗位的劳动者实行相同的劳动报酬分配办法。用工单位无同类岗位劳动者的，参照用工单位所在地相同或者相近岗位劳动者的劳动报酬确定。 （2）告知劳动报酬并支付加班费、绩效奖金，提供与工作岗位相关的福利待遇。连续用工的，实行正常的工资调整机制。 （3）执行国家劳动标准，提供相应的劳动条件和劳动保护，对劳动者进行工作岗位所必需的培训。

（四）劳务派遣劳动合同的解除

《劳动合同法》第65条："被派遣劳动者可以依照本法第36条、第38条的规定与劳务派遣单位解除劳动合同。

被派遣劳动者有本法第39条和第40条第（一）项、第（二）项规定情形的，用工单位可以将劳动者退回劳务派遣单位，劳务派遣单位依照本法有关规定，可以与劳动者解除劳动合同。"

情形	处理
（1）用人单位－劳动者：双方协商一致解除（第36条）	用人单位提出解除，需要支付经济补偿金。
（2）劳动者提前30日以书面形式通知；试用期内提前3日通知劳务派遣单位（第37条）	①可以解除劳动合同；无经济补偿金； ②劳务派遣单位应当将被派遣劳动者通知解除劳动合同的情况及时告知用工单位。
（3）劳动者被迫辞职（第38条）①	①劳动者可及时解除劳动合同； ②有经济补偿金。

---

① 《劳动合同法》第38条：用人单位有列情形之一的，劳动者可以解除劳动合同：

（一）未按照劳动合同约定提供劳动保护或者劳动条件的；

（二）未及时足额支付劳动报酬的；

（三）未依法为劳动者缴纳社会保险费的；

（四）用人单位的规章制度违反法律、法规的规定，损害劳动者权益的；

（五）因本法第26条第1款规定的情形致使劳动合同无效的；

（六）法律、行政法规规定劳动者可以解除劳动合同的其他情形。

用人单位以暴力、威胁或者非法限制人身自由的手段强迫劳动者劳动的，或者用人单位违章指挥、强令冒险作业危及劳动者人身安全的，劳动者可以立即解除劳动合同，不需事先告知用人单位。

续表

情形		处理
（4）劳动者有过错，违规违纪违法（第39条）①		①用工单位可退工； ②用人单位可及时解除；（退工+解除） ③无经济补偿金。
（5）劳动者无过错，但无法胜任［第40条第（一）、（二）项］②		①用工单位可退工； ②用人单位可解除劳动合同，但需提前30日通知劳动者；（退工+解除） ③有经济补偿金。
①	情势变更［第40条第（三）项］	a. 用工单位可退工； b. 用人单位不可解除劳动合同； c. 被派遣劳动者退回后，在无工作期间： 　其一，劳务派遣单位应当按照不低于所在地政府规定的最低工资标准，向其按月支付报酬； 　其二，劳动者被退回后，劳务派遣单位重新派遣时维持或者提高劳动合同约定条件，被派遣劳动者不同意的，劳务派遣单位可以解除劳动合同，但应当支付经济补偿金； 　其三，劳动者被退回后，劳务派遣单位重新派遣时降低劳动合同约定条件，被派遣劳动者不同意的，劳务派遣单位不得解除劳动合同。
②	裁员（第41条）	
③	用工单位被依法宣告破产、吊销营业执照、责令关闭、撤销、决定提前解散或者经营期限届满不再继续经营的	
④	劳务派遣协议期满终止的	
（6）老弱病残孕+无过错：不得退工（第42条：老弱病残孕）		用工单位不可退工。

---

① 《劳动合同法》第39条：劳动者有下列情形之一的，用人单位可以解除劳动合同：

（一）在试用期间被证明不符合录用条件的；

（二）严重违反用人单位的规章制度的；

（三）严重失职，营私舞弊，给用人单位造成重大损害的；

（四）劳动者同时与其他用人单位建立劳动关系，对完成本单位的工作任务造成严重影响，或者经用人单位提出，拒不改正的；

（五）因本法第26条第1款第（一）项规定的情形致使劳动合同无效的；

（六）被依法追究刑事责任的。

② 《劳动合同法》第40条第（一）、（二）项：有下列情形之一的，用人单位提前30日以书面形式通知劳动者本人或者额外支付劳动者1个月工资后，可以解除劳动合同：

（一）劳动者患病或者非因工负伤，在规定的医疗期满后不能从事原工作，也不能从事由用人单位另行安排的工作的；

（二）劳动者不能胜任工作，经过培训或者调整工作岗位，仍不能胜任工作的。

（五）劳务派遣纠纷

1. 劳动者工伤→用人单位承担工伤保险责任。即，被派遣劳动者在用工单位因工作遭受事故伤害的，劳务派遣单位应当依法申请工伤认定，用工单位应当协助工伤认定的调查核实工作。劳务派遣单位承担工伤保险责任，但可以与用工单位约定补偿办法。

2. 害劳动者→连带赔偿责任。即，用工单位违反劳动合同法和有关劳务派遣规定的，给被派遣劳动者造成损害的，劳务派遣单位和用工单位承担连带赔偿责任。

3. 害他人→用工单位承担侵权责任。即，劳务派遣期间，被派遣的工作人员因执行工作任务造成他人损害的，由接受劳务派遣的用工单位承担侵权责任；劳务派遣单位有过错的，承担相应的补充责任。（《侵权责任法》第 34 条第 2 款）

九、非全日制用工

非全日制用工，是指以小时计酬为主，劳动者在同一用人单位一般平均每日工作时间不超过 4 小时，每周工作时间累计不超过 24 小时的用工形式。非全日工是短期用工，是灵活就业的一种重要形式。

📰 对比　　非全日制用工劳动合同 VS 一般劳动合同	
非全日制用工劳动合同	一般劳动合同
(1) 可口头协议。即，非全日制用工双方，可以签订书面协议，也可以订立口头协议	书面劳动合同
(2) 可多个劳动关系。即，从事非全日制用工的劳动者可以与一个或者一个以上用人单位订立劳动合同；但是，后订立的劳动合同不得影响先订立的劳动合同的履行	一个劳动关系（劳动者同时与其他用人单位建立劳动关系，对完成本单位的工作任务造成严重影响，或者经用人单位提出，拒不改正的，用人单位可以单方解除劳动合同）
(3) 无试用期。非全日制用工双方当事人不得约定试用期	可约定试用期
(4) 可随时终止合同。非全日制用工双方当事人任何一方都可以随时通知对方终止用工	①劳动者提前 30 日（试用期提前 3 日）可解除合同（不可随时解除）②用人单位解除合同有法定限制
(5) 无经济补偿。终止用工，用人单位不向劳动者支付经济补偿	法定情况，要支付经济补偿
(6) 非月薪。非全日制用工劳动报酬结算支付周期最长不得超过 15 日	月薪

十、工会

1. 工会有监督权。即，工会依法维护劳动者的合法权益，对用人单位履行劳动合同、集体合同的情况进行监督。

2. 工会有知情权。

（1）用人单位在制定、修改或者决定有关劳动报酬、工作时间、休息休假、劳动安全卫生、保险福利、职工培训、劳动纪律以及劳动定额管理等直接涉及劳动者切身利益的规章制度或者重大事项时，应当经职工代表大会或者全体职工讨论，提出方案和意见，与工会或者职工代表平等协商确定。

（2）在规章制度和重大事项决定实施过程中，工会或者职工认为不适当的，有权向用人单位提出，通过协商予以修改完善。用人单位应当将直接涉及劳动者切身利益的规章制度和重大事项决定公示，或者告知劳动者。

（3）用人单位单方解除劳动合同，应当事先将理由通知工会。用人单位违反法律、行政法规规定或者劳动合同约定的，工会有权要求用人单位纠正。用人单位应当研究工会的意见，并将处理结果书面通知工会。

（4）裁员时，用人单位提前30日向工会或者全体职工说明情况，听取工会或者职工的意见。

3. 仲裁诉讼。

（1）集体合同纠纷，工会可直接提起诉讼仲裁。因履行集体合同发生争议，经协商解决不成的，工会可以依法申请仲裁、提起诉讼。

（2）劳动者申请仲裁、提起诉讼的，工会依法给予支持和帮助。

第二节 🎧 劳动争议调解仲裁法

> 📖 提示注意
>
> 重点：劳动争议的判断；调解程序；仲裁程序。

一、劳动争议的认定

1. 劳动争议，是指劳动关系的双方当事人（劳动者和用人单位）因执行劳动法律、法规或者履行劳动合同、集体合同发生的纠纷。

2. 劳动争议的判断。

属于劳动争议	不属于劳动争议
（1）因确认劳动关系发生的争议；（如，张某自动离职1年后，回原单位要求复职被拒绝。此即属于确认劳动关系争议，是劳动争议） （2）因订立、履行、变更、解除和终止劳动合同发生的争议； （3）因除名、辞退和辞职、离职发生的争议； （4）因工作时间、休息休假、社会保险、福利、培训以及劳动保护发生的争议； （5）因劳动报酬、工伤医疗费、经济补偿或者赔偿金等发生的争议； （6）法律、法规规定的其他劳动争议。	下列纠纷不属于劳动争议： （1）劳动者请求社会保险经办机构发放社会保险金的纠纷；（主体错误） （2）劳动者与用人单位因住房制度改革产生的公有住房转让纠纷；（内容错误） （3）劳动者对劳动能力鉴定委员会的伤残等级鉴定结论或者对职业病诊断鉴定委员会的职业病诊断鉴定结论的异议纠纷；（主体错误） （4）家庭或者个人与家政服务人员之间的纠纷；（主体错误） （5）农村承包经营户与受雇人之间的纠纷。（主体错误）

二、劳动争议纠纷的一般规定

1. 劳动争议的处理方式，包括协商；调解；仲裁；诉讼。

方式	规则
协商	（1）劳动者可以与用人单位协商，也可以请工会或者第三方共同与用人单位协商，达成和解协议。 （2）当事人不愿协商、协商不成或者达成和解协议后不履行的，可以向调解组织申请调解或者向劳动争议仲裁委员会申请仲裁。（非必经程序）
调解	（1）当事人可以向调解组织申请调解。（①企业劳动争议调解委员会。②依法设立的基层人民调解组织。③在乡镇、街道设立的具有劳动争议调解职能的组织） （2）当事人可以书面申请，也可以口头申请。 （3）调解协议书由双方当事人签名或者盖章，经调解员签名并加盖调解组织印章后生效。 （4）当事人不愿调解、调解不成或者达成调解协议后不履行的，或者自劳动争议调解组织收到调解申请之日起15日内未达成调解协议的，当事人可以向劳动争议仲裁委员会申请仲裁。 （5）当事人对发生法律效力的调解书，一方当事人逾期不履行的，另一方当事人可以向法院申请执行。
仲裁	当事人可以向劳动争议仲裁委员会申请仲裁。（见下文）
诉讼	（1）对劳动争议仲裁委员会不予受理或者逾期未作出决定的，申请人可以就该劳动争议事项向人民法院提起诉讼。 （2）逾期未作出仲裁裁决的，当事人可以就该劳动争议事项向法院提起诉讼。 （3）对仲裁裁决不服的，除本法另有规定的外，可以向人民法院提起诉讼。 （4）仲裁裁决被法院裁定撤销的，当事人可以自收到裁定书之日起15日内就该劳动争议事项向人民法院提起诉讼。

2. 举证责任分配。发生劳动争议，当事人对自己提出的主张，有责任提供证据。与争议事项有关的证据属用人单位掌握管理的，用人单位应当提供；用人单位不提供的，应当承担不利后果。

3. 劳动争议处理的代表人制度。发生劳动争议的劳动者一方在10人以上，并有共同请求的，可以推举代表参加调解、仲裁或者诉讼活动。

三、仲裁★★

（一）一般规定

1. 仲裁案件的当事人。

（1）发生劳动争议的劳动者和用人单位为劳动争议仲裁案件的双方当事人。

（2）劳务派遣单位或者用工单位与劳动者发生劳动争议的，劳务派遣单位和用工单位为共同当事人。

2. 仲裁案件的管辖。

（1）管辖二选一。即，劳动争议由劳动合同履行地或者用人单位所在地的劳动争议仲裁委员会管辖。

（2）分别申请，合同履行地优先。即，双方当事人分别向劳动合同履行地和用人单位所在地的劳动争议仲裁委员会申请仲裁的，由劳动合同履行地的劳动争议仲裁委员会管辖。

3. 时效期间。

（1）一般时效：1 年内。即，提出仲裁要求的一方应当自劳动争议发生之日起 1 年内向劳动争议仲裁委员会提出书面申请。

（2）欠薪且在职，时效不受限。即，劳动关系存续期间因拖欠劳动报酬发生争议的，劳动者申请仲裁不受 1 年仲裁时效期间的限制；但是，劳动关系终止的，应当自劳动关系终止之日起 1 年内提出。

（3）仲裁时效可中断。仲裁时效因当事人一方向对方当事人主张权利或者向有关部门请求权利救济，或者对方当事人同意履行义务而中断，从中断时起，仲裁时效期间重新计算。

（4）仲裁时效可中止。因不可抗力或者有其他正当理由，当事人不能在法律规定的仲裁时效期间申请仲裁的，仲裁时效中止。从中止时效的原因消除之日起，仲裁时效期间继续计算。

（二）仲裁裁决

1. 仲裁庭在作出裁决前，应当先行调解。

（1）调解达成协议的，仲裁庭应当制作调解书。

（2）调解书应当写明仲裁请求和当事人协议的结果。调解书由仲裁员签名，加盖劳动争议仲裁委员会印章，送达双方当事人。（当庭调解）

（3）调解书经双方当事人签收后，发生法律效力。调解不成或者调解书送达前，一方当事人反悔的，仲裁庭应当及时作出裁决。

2. 仲裁庭对追索劳动报酬、工伤医疗费、经济补偿或者赔偿金的案件，根据当事人的申请，可以裁决先予执行，移送法院执行。

（1）劳动者申请先予执行的，可以不提供担保。

（2）仲裁庭裁决先予执行的，要符合：①当事人之间权利义务关系明确；②不先予执行将严重影响申请人的生活。

3. 仲裁裁决原则上可诉：当事人对本法第 47 条①规定以外的其他劳动争议案件的仲裁裁决不服的，可以自收到仲裁裁决书之日起 15 日内向人民法院提起诉讼；期满不起诉的，裁决书发生法律效力。

---

① 《劳动争议调解仲裁法》第 47 条：下列劳动争议，除本法另有规定的外，仲裁裁决为终局裁决，裁决书自作出之日起发生法律效力：

（一）追索劳动报酬、工伤医疗费、经济补偿或者赔偿金，不超过当地月最低工资标准 12 个月金额的争议；

（二）因执行国家的劳动标准在工作时间、休息休假、社会保险等方面发生的争议。

★ **4. 一裁终局**。

一裁终局，是指特殊劳动争议的仲裁裁决为终局裁决，裁决书自作出之日起发生法律效力，不再启动诉讼程序。《劳动争议调解仲裁法》规定该制度的目的是使劳动者的权益得到快捷的保护，减少劳动争议案件的处理时间。具体规定为：

（1）	纠纷类型
小额纠纷	是指，追索劳动报酬、工伤医疗费、经济补偿或者赔偿金，不超过当地月最低工资标准12个月金额的争议。
劳动标准	是指，因执行国家的劳动标准在工作时间、休息休假、社会保险等方面发生的争议。

（2）	对上述纠纷的处理	
原则	例外	
仲裁裁决为终局裁决，裁决书自作出之日起发生法律效力。	例外1	劳动者可起诉，倾斜保护。即，劳动者对上述仲裁裁决不服的，可以自收到仲裁裁决书之日起15日内向人民法院提起诉讼。
	例外2	上述仲裁裁决确有错误，用人单位可申请撤销。即， ①用人单位有证据证明上述仲裁裁决有下列情形之一，可以自收到仲裁裁决书之日起30日内向劳动争议仲裁委员会所在地的中级人民法院申请撤销裁决： 　a. 适用法律、法规确有错误的； 　b. 劳动争议仲裁委员会无管辖权的； 　c. 违反法定程序的； 　d. 裁决所根据的证据是伪造的； 　e. 对方当事人隐瞒了足以影响公正裁决的证据的； 　f. 仲裁员在仲裁该案时有索贿受贿、徇私舞弊、枉法裁决行为的。 ②人民法院经组成合议庭审查核实裁决有前款规定情形之一的，应当裁定撤销。 ③仲裁裁决被人民法院裁定撤销的，当事人可以自收到裁定书之日起15日内就该劳动争议事项向人民法院提起诉讼。

四、总结：欠薪的处理

用人单位拖欠或者未足额支付劳动报酬的，法律规定了一系列解决方案。

1. **劳动者可单方解除合同，并且用人单位要支付经济补偿金**。即《劳动合同法》第38条："用人单位有下列情形之一的，劳动者可以解除劳动合同：……（二）未及时足额支付劳动报酬的；……"

2. **投诉**。用人单位违反国家规定，拖欠或者未足额支付劳动报酬，或者拖欠工伤医疗费、经济补偿或者赔偿金的，劳动者可以向劳动行政部门投诉。

3. 申请支付令。

［情形 1］	［情形 2］
（1）《劳动合同法》第 30 条第 2 款："用人单位拖欠或者未足额支付劳动报酬的，劳动者可以依法向当地人民法院申请支付令，人民法院应当依法发出支付令。" （2）依上述规定申请支付令被法院裁定终结督促程序后，劳动者就劳动争议事项直接向法院起诉的，法院应当告知其先向劳动人事争议仲裁委员会申请仲裁。	（1）《劳动争议调解仲裁法》第 16 条："因支付拖欠劳动报酬……事项达成调解协议，用人单位在协议约定期限内不履行的，劳动者可以持调解协议书依法向人民法院申请支付令。人民法院应当依法发出支付令。" （2）依上述规定申请支付令被法院裁定终结督促程序后，劳动者依据调解协议直接向法院提起诉讼的，法院应予受理。

4. 先予执行。仲裁庭对追索劳动报酬、工伤医疗费、经济补偿或者赔偿金的案件，根据当事人的申请，可以裁决先予执行，移送人民法院执行。（而非仲裁庭自己执行）

5. 不受限时效。劳动关系存续期间，因拖欠劳动报酬发生争议的，劳动者申请仲裁不受1 年的限制；但是，劳动关系终止的，应当自劳动关系终止之日起 1 年内提出。

6. 小额纠纷可终局裁决。即《劳动争议调解仲裁法》第 47 条："下列劳动争议，除本法另有规定的外，仲裁裁决为终局裁决，裁决书自作出之日起发生法律效力：（一）追索劳动报酬、工伤医疗费、经济补偿或者赔偿金，不超过当地月最低工资标准 12 个月金额的争议；……"

第三节　🎧 劳动法

> 📢 提示
>
> 　　重点：工时标准、加班、最低工资标准、职业安全卫生等。

一、工作时间和休息休假

（1）	工作时间	
标准工时制 （＝8 小时）	即劳动者每日工作 8 小时，每周工作 40 \ 44 小时。每周至少休息 1 天。	
缩短工作时间 （<8 小时）	①	从事矿山井下、高山、有毒有害、特别繁重或过度紧张等作业的劳动者。
	②	从事夜班工作的劳动者。
	③	哺乳期内的女职工。
延长工作时间 （>8 小时）	延长工作时间必须符合法律、法规的规定。	
（2）	休息休假	
一般情况	在公休日、法定节假日期间应当安排劳动者休假。	

续表

年休假制度	①劳动者连续工作 1 年以上，有资格享受带薪年休假。 ②职工在年休假期间享受与正常工作期间相同的工资收入。 ③年假分别为：5 天；10 天；15 天。即，职工累计工作已满 1 年不满 10 年的，年休假 5 天；已满 10 年不满 20 年的，年休假 10 天；已满 20 年的，年休假 15 天。 ④国家法定休假日、休息日不计入年休假的假期。

二、加班

[一般规定] (1) 用人单位应当严格执行劳动定额标准，不得强迫或者变相强迫劳动者加班。 (2) 用人单位安排加班的，应当按照国家有关规定向劳动者支付加班费。(《劳动合同法》第 31 条)		
一般情况的加班	①	用人单位由于生产经营需要，经与工会和劳动者协商后可以延长工作时间，一般每日不得超过 1 小时。
	②	因特殊原因需要延长工作时间的，在保障劳动者身体健康的条件下延长工作时间每日不得超过 3 小时，但是每月不得超过 36 小时。
不受限的加班	有下列情形之一的，延长工作时间不受限制： ①发生自然灾害、事故或者因其他原因，威胁劳动者生命健康和财产安全，需要紧急处理的； ②生产设备、交通运输线路、公共设施发生故障，影响生产和公众利益，必须及时抢修的； ③法律、行政法规规定的其他情形。	
加班报酬	延时	安排劳动者延长工作时间的，支付不低于工资的 150% 的工资报酬。
	休息日	休息日安排劳动者工作又不能安排补休的，支付不低于工资的 200% 的工资报酬。①休息日，是指周休息日；②可调休；③不能调休的，加班费 2 倍
	法定假日	法定休假日安排劳动者工作的，支付不低于工资的 300% 的工资报酬。如，春节、中秋节、国庆节加班。

三、工资法律制度

1. 工资应当以货币形式按月支付给劳动者本人。(货币、月薪)

2. 工资分配应当遵循按劳分配原则，实行同工同酬。

3. 劳动者在法定休假日和婚丧假期间以及依法参加社会活动期间，用人单位应当依法支付工资。

4. 最低工资保障。

(1) 最低工资标准，是指劳动者在法定工作时间或依法签订的劳动合同约定的工作时间内提供了正常劳动的前提下，用人单位依法应支付的最低劳动报酬。

（2）最低工资的具体标准由省、自治区、直辖市人民政府规定，报国务院备案。如，北京市 2015 年上调最低工资标准为 1720 元/月，小时工最低工资标准为 18.7 元/小时。

最低工资包括	最低工资不包括
（1）工作时间内提供了正常劳动，均要付最低工资； （2）劳动者因探亲、结婚、直系亲属死亡按照规定休假期间，支付工资不得低于最低工资标准； （3）劳动者依法参加国家和社会活动，视为提供了正常劳动，用人单位支付工资不得低于最低工资标准。	（1）加班加点工资； （2）夜班、高温、低温、井下、有毒有害等特殊工作环境条件下的津贴； （3）国家法律、法规和政策规定的劳动者保险、福利待遇； （4）用人单位通过贴补伙食、住房等支付给劳动者的非货币性收入。

四、职业安全卫生法律制度

（1）	对女职工的特殊保护
[一般规定]"禁矿山井下+4 级强度"。即，禁止安排女职工从事矿山井下、国家规定的第四级体力劳动强度的劳动和其他禁忌从事的劳动。	
经期	不得安排女职工在经期从事高处、低温、冷水作业和国家规定的第三级体力劳动强度的劳动。
孕期	①不得安排女职工在怀孕期间从事国家规定的第三级体力劳动强度的劳动和孕期禁忌从事的活动。 ②对怀孕 7 个月以上的女职工，不得安排其延长工作时间和夜班劳动。（不加班，无夜班，无高强度劳动）
产假	女职工生育享受不少于 98 天的产假。
哺乳期	哺乳+1 周岁→不加班，无夜班，无高强度劳动。 即不得安排女职工在哺乳未满 1 周岁的婴儿期间从事国家规定的第三级体力劳动强度的劳动和哺乳期禁忌从事的其他劳动，不得安排其延长工作时间和夜班劳动。
（2）	对未成年工的特殊保护
①未成年工是指年满 16 周岁未满 18 周岁的劳动者。 ②[一般规定] 矿上井下+毒害+4 级强度。即，不得安排未成年工从事矿山井下、有毒有害、国家规定的第四级体力劳动强度的劳动和其他禁忌从事的劳动。	
培训	对未成年工进行上岗前培训。
体检	用人单位应当对未成年工定期进行健康检查。

第 6 章　社会保险法

提示：本法基本每年1题。

重点：五险的具体规则；对社保基金的监管。

一、本法的适用范围

社会保险是强制险，目的是保障公民在年老、疾病、工伤、失业、生育等情况下依法从国家和社会获得物质帮助的权利。（商业保险是自愿原则）

1. 国家建立基本养老保险、基本医疗保险、工伤保险、失业保险、生育保险等社会保险制度。保障公民在年老、疾病、工伤、失业、生育等情况下依法从国家和社会获得物质帮助的权利。

2. 在上述情形下，劳动者依法享受社会保险待遇。

3. 劳动者死亡后，其遗属依法享受遗属津贴。遗属津贴，是为解决死亡劳动者善后事宜和生前供养的直系亲属的基本生活，向其遗属提供的一种物质帮助。遗属津贴包括两部分：一是死亡者的丧葬费和家属抚恤费；二是供养直系亲属生活困难补助费或救济费。有的省是以遗属生活困难补助费的形式按月发放。

二、基本养老保险★

基本养老保险，是保障公民在年老时从国家和社会获得物质帮助的权利。

1. 覆盖范围。

（1）职工。即，职工应当参加基本养老保险，由用人单位和职工共同缴纳基本养老保险费。

（2）灵活就业人员。即，无雇工的个体工商户、未在用人单位参加基本养老保险的非全日制从业人员以及其他灵活就业人员可以参加基本养老保险，由个人缴纳基本养老保险费。

（3）农民。国家建立和完善新型农村社会养老保险制度。新型农村社会养老保险实行个人缴费、集体补助和政府补贴相结合。

（4）城镇居民。国家建立和完善城镇居民社会养老保险制度。省、自治区、直辖市人民政府根据实际情况，可以将城镇居民社会养老保险和新型农村社会养老保险合并实施。

（5）公务员另行规定。公务员和参照公务员法管理的工作人员养老保险的办法由国务院规定。

2. 基本养老保险基金。

基本养老保险基金由用人单位和个人缴费以及政府补贴等组成。（单位+个人+政府）

（1）用人单位的缴费基数→总工资。即，用人单位应当按照国家规定的本单位职工工资总额的比例缴纳基本养老保险费，记入基本养老保险统筹基金。

（2）职工的缴费基数→本人工资。即，职工应当按照国家规定的本人工资的比例缴纳基本养老保险费，记入个人账户。

（3）个人账户不得提前支取，记账利率不得低于银行定期存款利率，免征利息税。个人死亡的，个人账户余额可以继承。

（4）国有企业、事业单位职工参加基本养老保险前，视同缴费年限期间应当缴纳的基本养老保险费由政府承担。基本养老保险基金出现支付不足时，政府给予补贴。

3. 基本养老金。

基本养老金由统筹养老金和个人账户养老金组成。

（1）个人领取条件：法定退休年龄+累计15年。①参加基本养老保险的个人，达到法定退休年龄时累计缴费满15年的，按月领取基本养老金。②参加基本养老保险的个人，达到法定退休年龄时累计缴费不足15年的，可以缴费至满15年，按月领取基本养老金。③也可以转入新型农村社会养老保险或者城镇居民社会养老保险，按照国务院规定享受相应的养老保险待遇。

（2）个人跨统筹地区就业的，其基本养老保险关系随本人转移，缴费年限累计计算。个人达到法定退休年龄时，基本养老金分段计算、统一支付。

三、基本医疗保险★

（一）分类

	分类	缴费办法
（1）	职工参加职工基本医疗保险	由用人单位和职工按照国家规定共同缴纳基本医疗保险费（双缴费）
（2）	其他灵活就业人员	由个人按照国家规定缴纳基本医疗保险费
（3）	新型农村合作医疗	国务院另行规定
（4）	城镇居民基本医疗保险制度	①实行个人缴费和政府补贴相结合 ②享受最低生活保障的人、丧失劳动能力的残疾人、低收入家庭60周岁以上的老年人和未成年人等所需个人缴费部分，由政府给予补贴

（二）支付

1. 符合基本医疗保险药品目录、诊疗项目、医疗服务设施标准，以及急诊、抢救的医疗费用，按照国家规定从基本医疗保险基金中支付。

2. 下列医疗费用，不纳入基本医疗保险基金支付范围：

（1）应当从工伤保险基金中支付的；

（2）应当由第三人负担的；

（3）应当由公共卫生负担的；

（4）在境外就医的。

　　上述医疗费用依法应当由第三人负担，第三人不支付或者无法确定第三人的，由基本医疗保险基金先行支付。基本医疗保险基金先行支付后，有权向第三人追偿。

　　3. 参保人员医疗费用中应当由基本医疗保险基金支付的部分，由社会保险经办机构与医疗机构、药品经营单位直接结算。

　　4. 医疗保险"异地漫游"。个人跨统筹地区就业的，其基本医疗保险关系随本人转移，缴费年限累计计算。

四、工伤保险★

（一）工伤的认定

　　1. 在工作时间+工作场所+工作原因。即，职工因工作原因受到事故伤害或者患职业病，且经工伤认定的，享受工伤保险待遇。其中，经劳动能力鉴定丧失劳动能力的，享受伤残待遇。①

　　2. 不得认定为工伤或者视同工伤的情形：

　　（1）故意犯罪的；

　　（2）醉酒或者吸毒的；

　　（3）自残或者自杀的；

　　（4）职工因工外出期间，从事与工作或者受用人单位指派外出学习、开会无关的个人活动受到伤害，社会保险行政部门不认定为工伤的，人民法院应予支持。

---

　　① 《工伤保险条例》具体化为：（该内容仅供大家参考）

　　（1）应当认定为工伤的情形：

　　①在工作时间和工作场所内，因工作原因受到事故伤害的；

　　②工作时间前后在工作场所内，从事与工作有关的预备性或者收尾性工作受到事故伤害的；

　　③在工作时间和工作场所内，因履行工作职责受到暴力等意外伤害的；

　　④患职业病的；

　　⑤因工外出期间，由于工作原因受到伤害或者发生事故下落不明的；

　　⑥在上下班途中，受到非本人主要责任的交通事故或者城市轨道交通、客运轮渡、火车事故伤害的。

　　（2）视同工伤的情形：

　　①在工作时间和工作岗位，突发疾病死亡或者在48小时之内经抢救无效死亡的；

　　②在抢险救灾等维护国家利益、公共利益活动中受到伤害的；

　　③职工原在军队服役，因战、因公负伤致残，已取得革命伤残军人证，到用人单位后旧伤复发的。

　　（3）"上下班途中"的界定：

　　①在合理时间内往返于工作地与住所地、经常居住地、单位宿舍的合理路线的上下班途中；

　　②在合理时间内往返于工作地与配偶、父母、子女居住地的合理路线的上下班途中；

　　③从事属于日常工作生活所需要的活动，且在合理时间和合理路线的上下班途中；

　　④在合理时间内其他合理路线的上下班途中。（《最高人民法院关于审理工伤保险行政案件若干问题的规定》第6条）

（二）工伤保险费用的支付

（1）	参保单位职工发生工伤：分别支付	
	由用人单位支付	由工伤保险基金支付
治疗期间	治疗工伤期间的工资福利	①治疗工伤的医疗费用和康复费用 ②住院伙食补助费 ③到统筹地区以外就医的交通食宿费
津贴	五级、六级伤残职工按月领取的伤残津贴	一至四级伤残职工按月领取的伤残津贴
补助金	终止或者解除劳动合同时，应当享受的一次性伤残就业补助金	①一次性伤残补助金 ②终止或者解除劳动合同时，应当享受的一次性医疗补助金
其他	—	①安装配置伤残辅助器具所需费用 ②生活不能自理的，经劳动能力鉴定委员会确认的生活护理费 ③因工死亡的，其遗属领取的丧葬补助金、供养亲属抚恤金和因工死亡补助金 ④劳动能力鉴定费
（2）	未参保单位职工发生工伤时的处理：用人单位支付	
	①职工所在用人单位未依法缴纳工伤保险费，发生工伤事故的，由用人单位支付工伤保险待遇 ②用人单位不支付的，从工伤保险基金中先行支付 ③从工伤保险基金中先行支付的工伤保险待遇应当由用人单位偿还。用人单位不偿还的，社会保险经办机构可以追偿	
（3）	停止享受工伤保险待遇	
	工伤职工有下列情形之一的，停止享受工伤保险待遇 ①丧失享受待遇条件的 ②拒不接受劳动能力鉴定的 ③拒绝治疗的	

（三）特殊情形下，工伤保险责任的承担

（1）	劳务派遣关系	劳务派遣单位派遣的职工在用工单位工作期间因工伤亡的，派遣单位为承担工伤保险责任的单位。（工伤保险关系依附于劳动合同关系）
（2）	指派	单位指派到其他单位工作的职工因工伤亡的，指派单位为承担工伤保险责任的单位。

续表

（3）	转包		用工单位违反法律、法规规定将承包业务**转包**给不具备用工主体资格的组织或者自然人，该组织或者自然人聘用的职工从事承包业务时因工伤亡的，**用工单位**为承担工伤保险责任的单位。
（4）	挂靠		个人挂靠其他单位对外经营，其聘用的人员因工伤亡的，**被挂靠单位**为承担工伤保险责任的单位。
（5）	民事侵权和工伤保险竞合①	①工伤认定—单独认定	职工因第三人的原因受到伤害，社会保险行政部门以职工或者其近亲属已经对第三人提起民事诉讼或者获得民事赔偿为由，作出不予受理工伤认定申请或者不予认定工伤决定的，人民法院不予支持。
		②二者可兼得	职工因第三人的原因受到伤害，社会保险行政部门已经作出工伤认定，职工或者其近亲属未对第三人提起民事诉讼或者尚未获得民事赔偿，起诉要求社会保险经办机构支付工伤保险待遇的，人民法院应予支持。
		③医疗费用是单份	职工因第三人的原因导致工伤，社会保险经办机构以职工或者其近亲属已经对第三人提起民事诉讼为由，拒绝支付工伤保险待遇的，人民法院不予支持，但第三人已经支付的**医疗费用除外**。

五、失业保险

1. 失业人员符合下列条件的，从失业保险基金中领取失业保险金：

（1）**双缴费满 1 年。即**，失业前用人单位和本人已经缴纳失业保险费满 1 年的；

（2）非因本人意愿中断就业的；

（3）已经进行失业登记，并有求职要求的。

2. 领取失业保险金的期限。

（用人单位和个人）累计缴费年限	领失业保险金最长期限
满 1 年不足 5 年	12 个月
满 5 年不足 10 年	18 个月
10 年以上的	24 个月

3. 失业期间基本医疗保险：

失业人员在领取失业保险金期间，参加职工基本医疗保险，享受基本医疗保险待遇。

---

① 《社会保险法》第 42 条：由于第三人的原因造成工伤，第三人不支付工伤医疗费用或者无法确定第三人的，由工伤保险基金先行支付。工伤保险基金先行支付后，有权向第三人追偿。

　　失业人员应当缴纳的基本医疗保险费从失业保险基金中支付，个人不缴纳基本医疗保险费。

　　4. 停止领取失业保险金的情形：

　　失业人员在领取失业保险金期间有下列情形之一的，停止领取失业保险金，并同时停止享受其他失业保险待遇：（1）重新就业的；（2）应征服兵役的；（3）移居境外的；（4）享受基本养老保险待遇的；（5）无正当理由，拒不接受当地人民政府指定部门或者机构介绍的适当工作或者提供的培训的。

六、生育保险

（1）用人单位已经缴纳生育保险费的，其职工享受生育保险待遇（仅单位缴费） （2）职工未就业配偶按照国家规定享受生育医疗费用待遇 （3）生育保险待遇包括生育医疗费用和生育津贴	

	生育医疗费用	生育津贴（职工有下列情形之一的，可以按照国家规定享受生育津贴。生育津贴按照职工所在用人单位上年度职工月平均工资计发）
（1）	生育的医疗费用	女职工生育享受产假
（2）	计划生育的医疗费用	享受计划生育手术休假
（3）	法律、法规规定的其他项目费用	法律、法规规定的其他情形

七、社会保险基金

　　1. 社会保险基金包括基本养老保险基金、基本医疗保险基金、工伤保险基金、失业保险基金和生育保险基金。

　　2. 各项社会保险基金按照社会保险险种分别建账，分账核算，执行国家统一的会计制度。

　　3. 社会保险基金专款专用，任何组织和个人不得侵占或者挪用。

　　4. 社会保险基金在保证安全的前提下，按照国务院规定投资运营实现保值增值。

　　5. 社会保险基金不得违规投资运营，不得用于平衡其他政府预算，不得用于兴建、改建办公场所和支付人员经费、运行费用、管理费用，或者违反法律、行政法规规定挪作其他用途。

第7章　土地法和房地产法

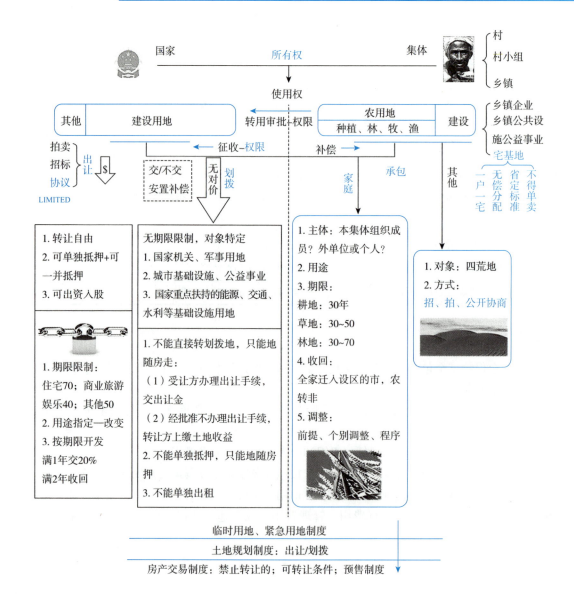

国家 ——所有权—— 集体　村/村小组/乡镇

使用权

其他　建设用地　　转用审批-权限　　农用地　种植、林、牧、渔　建设　乡镇企业/乡镇公共设施公益事业/宅基地

拍卖/招标/协议　出让 $　　　征收-权限　　补偿　　　其他　　无偿分配/省定标准/不得单卖/一户一宅

LIMITED　交/不交安置补偿　无对价/划拨　家庭　承包

1. 转让自由
2. 可单独抵押+可一并抵押
3. 可出资入股

1. 期限限制：
住宅70；商业旅游娱乐40；其他50
2. 用途指定—改变
3. 按期限开发
满1年交20%
满2年收回

无期限限制，对象特定
1. 国家机关、军事用地
2. 城市基础设施、公益事业
3. 国家重点扶持的能源、交通、水利等基础设施用地

1. 不能直接转划拨地，只能地随房走：
（1）受让方办理出让手续，交出让金
（2）经批准不办理出让手续，转让方上缴土地收益
2. 不能单独抵押，只能地随房押
3. 不能单独出租

1. 主体：本集体组织成员？外单位或个人？
2. 用途
3. 期限：
耕地：30年
草地：30~50
林地：30~70
4. 收回：
全家迁入设区的市，农转非
5. 调整：
前提、个别调整、程序

1. 对象：四荒地
2. 方式：
招、拍、公开协商

临时用地、紧急用地制度

土地规划制度：出让/划拨

房产交易制度：禁止转让的；可转让条件；预售制度

第一节　土地管理法

一、国有土地

（一）国家土地所有权

土地所有权，是国家或者农民集体依法对归其所有的土地所享有的占有、使用、收益和处分的支配性权利。

1. 国家土地所有权是以国家为所有权人。由国务院代表国家行使。国务院可授权地方人民政府或其职能部门行使国家土地所有权。

2. 国有土地所有者代表对土地保有最终的处分权。国家可以决定国有土地、集体土地的最终命运，具有公法上的国家主权与行政权色彩。

3. 下列土地属于国家所有：

（1）城市市区的土地；

（2）农村和城市郊区中已经被国家依法没收、征收、征购为国有的土地；

（3）国家依法征用的原集体所有的土地；

（4）依法不属于集体所有的林地、草地、荒地、滩涂及其他土地；

（5）农村集体经济组织全部成员转为城镇居民的，原属于其成员集体所有的土地；

（6）因国家组织移民、自然灾害等原因，农民成建制地集体迁移后不再使用的原属于迁移农民集体所有的土地。

（二）国有土地使用权

1. 特征。国有土地使用权，属于用益物权可以依法转让。具有下列特征：

（1）主体的广泛性。如，境内外法人、非法人组织及公民个人均可依法取得国有土地使用权。

（2）取得方式的多样性。如，可通过出让（含以出让金作价出资或入股）、租赁、划拨等方式，将国有土地使用权让与土地使用者。（可有偿取得；可无偿取得）

（3）内容的差异性。如，包括城市市区的土地、国家未确定为集体所有的林地、草地、山岭、荒地、滩涂、河滩地等。（可为建设用地，可为农用地）

2. 国有土地使用权的取得方式：出让、划拨。

方式一	出让
是指国家将国有土地使用权（以下简称土地使用权）在一定年限内出让给土地使用者，由土地使用者向国家支付土地使用权出让金的行为。	
出让方式	（1）一般的土地用途：拍卖、招标或者双方协议的方式。 （2）商业、旅游、娱乐和豪华住宅用地，有条件的，必须采取拍卖、招标方式；没有条件，不能采取拍卖、招标方式的，可以采取双方协议的方式。
出让年限	出让土地使用权的最高年限：（70 \ 50 \ 40） （1）居住用地70年； （2）工业用地50年； （3）教育、科技、文化、卫生、体育用地50年； （4）商业、旅游、娱乐用地40年； （5）综合或者其他用地50年。

续表

土地合同	(1) 出让合同是"双务有偿有期限的合同"。由市、县人民政府土地管理部门与土地使用者签订书面出让合同。 (2) 续期要届满前1年申请，原则要批准续期。即，土地使用权出让合同约定的使用年限届满，土地使用者需要继续使用土地的，应当至迟于届满前1年申请续期，除根据社会公共利益需要收回该幅土地的，应当予以批准。经批准准予续期的，应当重新签订土地使用权出让合同，依照规定支付土地使用权出让金。 (3) 未获续期，被收回。即，土地使用权出让合同约定的使用年限届满，土地使用者未申请续期或者虽申请续期但依照前款规定未获批准的，土地使用权由国家无偿收回。
土地用途	(1) 出让土地使用权可用于商业用途。即，出让方式取得土地使用者，可将其享有的土地权利转让、出租、抵押或用于合资、合作经营及其他经济活动。 (2) 出让土地可以改变用途。即，土地使用者需要改变土地使用权出让合同约定的土地用途的，必须取得出让方和市、县人民政府城市规划行政主管部门的同意，签订土地使用权出让合同变更协议或者重新签订土地使用权出让合同，相应调整土地使用权出让金。
方式二	划拨

(1) 是指县级以上人民政府依法批准，在土地使用者缴纳补偿、安置等费用后将该幅土地交付其使用，或者将土地使用权无偿交付给土地使用者使用的行为。
(2) 依照本法规定以划拨方式取得土地使用权的，除法律、行政法规另有规定外，没有使用期限的限制。

行政行为	由县级以上人民政府依法批准划拨。
范围	下列建设用地的土地使用权，确属必需的，可以由县级以上人民政府依法批准划拨： (1) 国家机关用地和军事用地； (2) 城市基础设施用地和公益事业用地； (3) 国家重点扶持的能源、交通、水利等项目用地； (4) 法律、行政法规规定的其他用地。

📄 例题

甲企业将其厂房及所占划拨土地一并转让给乙企业，乙企业依法签订了出让合同，土地用途为工业用地。5年后，乙企业将其转让给丙企业，丙企业欲将用途改为商业开发。关于该不动产权利的转让，下列哪些说法是正确的？(2015-1-72)①

A. 甲向乙转让时应报经有批准权的政府审批

B. 乙向丙转让时，应已支付全部土地使用权出让金，并取得国有土地使用权证书

C. 丙受让时改变土地用途，须取得有关国土部门和规划部门的同意

D. 丙取得该土地及房屋时，其土地使用年限应重新计算

---

① ［答案］ABC

二、集体土地

（一）集体土地所有权

1. 集体土地所有权"三级所有"。即，

（1）［村］农民集体所有的土地依法属于村农民集体所有的，由村集体经济组织或者村民委员会作为所有者代表经营、管理。

（2）［组］在一个村范围内存在两个以上农村集体经济组织，由村内各该农村集体经济组织或者村民小组作为所有者代表经营、管理。

（3）［乡］农民集体所有的土地，已经属于乡（镇）农民集体所有的，由乡（镇）农村集体经济组织作为所有者代表经营管理。

2. 集体土地所有权的限制。

（1）收益权能受到限制。即，集体所有的土地不能直接用于房地产开发。

（2）处分权能受到限制。即，集体土地不得出让、转让、出租用于非农业建设。

（3）受农民集体意志的限制。一般来说，对集体土地的重大处分应当依法经农村集体经济组织成员表决同意。

3. 集体土地所有权的范围。

（1）农村和城市郊区的土地，除由法律规定属于国家所有的以外，属于农民集体所有。

（2）宅基地和自留地、自留山，属于农民集体所有。

（二）集体土地使用权

1. 土地承包经营权。

农民集体所有的土地，可由本集体经济组织的成员承包经营，也可由外单位或个人承包经营。

承包方式	要点
本集体经济组织的成员承包经营	（1）农林牧渔+承包合同+30年
	（2）承包地的调整，必须经村民会议2/3以上成员或者2/3以上村民代表的同意，并报乡（镇）人民政府和县级人民政府农业行政主管部门批准（2/3同意+乡政府批准+上级农业部门批）
外人承包经营	农林牧渔+承包合同+合同期限约定+2/3同意+报乡（镇）政府批准
承包经营耕地的单位或者个人连续2年弃耕抛荒的，原发包单位应当终止承包合同，收回发包的耕地	

2. 耕地保护。

禁止任何单位和个人闲置、荒芜耕地。用地单位闲置的，应当根据年限分别处理：

（1）1年内，恢复耕种。即，1年内不用而又可以耕种并收获的，应当由原耕种该幅耕地的集体或者个人恢复耕种，也可以由用地单位组织耕种。

（2）1~2年，缴纳闲置费。即，1年以上未动工建设的，应当按照省、自治区、直辖市的规定缴纳闲置费。

（3）超过2年，无偿收回。即，连续2年未使用的，经原批准机关批准，由县级以上人民政府无偿收回用地单位的土地使用权；该幅土地原为农民集体所有的，应当交由原农村集体经济组织恢复耕种。

3. 宅基地使用权。

宅基地使用权，是依法经审批由农村集体经济组织分配给其内部成员用于建造住宅的，没有使用期限限制的集体土地使用权。

（1）仅限于农村集体经济组织内部成员。无偿、无期限。

（2）一户一宅。即，农村村民一户只能拥有一处宅基地。其宅基地的面积不得超过省、自治区、直辖市规定的标准。宅基地使用权人转让、出租房屋后再申请宅基地的，不予批准。

4. 非农经营用地使用权。

非农经营用地使用权，是经审批由农村集体经济组织通过投资的方式向符合条件的从事非农生产经营性活动的用地者提供的集体土地使用权。

原则	农民集体所有的土地的使用权不得出让、转让或者出租用于非农业建设。任何单位和个人进行建设，需要使用土地的，必须依法申请使用国有土地。	
例外	下列几种情况下，建设用地者可以使用集体土地使用权：	
	（1）	兴办乡镇企业和村民建设住宅，经批准可使用农民集体所有的土地。如，某乡办纺织厂的用地。
	（2）	乡（镇）村公共设施和公益事业建设；其中，涉及占用农用地的，办理审批手续。
	（3）	符合土地利用总体规划并依法取得建设用地的企业，因破产、兼并等情形致使土地使用权依法发生转移。

三、建设用地

（一）土地用途分类

我国实行土地用途管制制度。依据土地用途，将土地分为农用地、建设用地和未利用地。

依用途分类		依所有制分类
农用地	直接用于农业生产的土地，包括耕地、林地、草地、农田水利用地、养殖水面等。	［第1类］国有土地。 ［第2类］集体土地。
建设用地	建造建筑物、构筑物的土地，包括城乡住宅和公共设施用地、工矿用地、交通水利设施用地、旅游用地、军事设施用地等。	
未利用地	农用地和建设用地以外的土地。	
［关系］国有土地、集体土地均既可以用作农业地，也可以用于建设用地，也均包括未利用地。		

（二）农用地转为建设用地

1. 建设占用土地，涉及农用地转为建设用地的，应当办理农用地转用审批手续。其审批权限为：

国务院批准	其他
（1）省、自治区、直辖市人民政府批准的道路、管线工程和大型基础设施建设项目，涉及农用地转为建设用地的。 （2）国务院批准的建设项目占用土地，涉及农用地转为建设用地的。	（1）在土地利用总体规划确定的城市和村庄、集镇建设用地规模范围内，为实施该规划而将农用地转为建设用地的，按土地利用年度计划分批次由原批准土地利用总体规划的机关批准。 （2）在已批准的农用地转用范围内，具体建设项目用地可以由市、县人民政府批准。 （3）其他的建设项目占用土地，涉及农用地转为建设用地的，由省、自治区、直辖市人民政府批准。

2. 土地征收的审批权限：

征收下列土地的，由国务院批准	省级政府批准
（1）基本农田①（如，粮棉油菜生产基地） （2）基本农田以外的耕地超过 35 公顷（耕地>35） （3）其他土地超过 70 公顷（普通地>70）	其他，由省级政府批准，并报国务院备案

3. 征收农用地的，应当先行办理农用地转用审批。

（1）其中经国务院批准农用地转用的，同时办理征地审批手续，不再另行办理征地审批；

（2）经省、自治区、直辖市人民政府在征地批准权限内批准农用地转用的，同时办理征地审批手续，不再另行办理征地审批；超过征地批准权限的，应当另行办理征地审批。

（三）临时用地

临时用地，是指建设项目施工和地质勘查需要临时使用国有土地或者农民集体所有的土地的情形。

1. 临时用地，由县级以上人民政府土地行政主管部门批准。其中，在城市规划区内的临时用地，在报批前，应当先经有关城市规划行政主管部门同意。

2. 土地使用者应当根据土地权属，与有关土地行政主管部门或者农村集体经济组织、村

---

① 《土地管理法》第 34 条：国家实行基本农田保护制度。下列耕地应当根据土地利用总体规划划入基本农田保护区，严格管理：

（一）经国务院有关主管部门或者县级以上地方人民政府批准确定的粮、棉、油生产基地内的耕地；

（二）有良好的水利与水土保持设施的耕地，正在实施改造计划以及可以改造的中、低产田；

（三）蔬菜生产基地；

（四）农业科研、教学试验田；

（五）国务院规定应当划入基本农田保护区的其他耕地。

各省、自治区、直辖市划定的基本农田应当占本行政区域内耕地的 80%以上。

基本农田保护区以乡（镇）为单位进行划区定界，由县级人民政府土地行政主管部门会同同级农业行政主管部门组织实施。

民委员会签订临时使用土地合同，并按照合同的约定支付临时使用土地补偿费。

3. 临时使用土地的使用者应当按照临时使用土地合同约定的用途使用土地，并不得修建永久性建筑物。

4. 临时使用土地期限一般不超过 2 年。

（四）收回土地使用权（简单了解）

收回国有土地使用权	收回农村集体土地使用权
有下列情形之一的，由土地行政主管部门报经原批准用地的人民政府或者有批准权的人民政府批准，可以收回国有土地使用权： （1）为公共利益需要使用土地的；（需要对土地使用权人给予适当补偿） （2）为实施城市规划进行旧城区改建，需要调整使用土地的；（需要对土地使用权人给予适当补偿） （3）土地出让等有偿使用合同约定的使用期限届满，土地使用者未申请续期或者申请续期未获批准的； （4）因单位撤销、迁移等原因，停止使用原划拨的国有土地的； （5）公路、铁路、机场、矿场等经核准报废的。	有下列情形之一的，农村集体经济组织报经原批准用地的人民政府批准，可以收回土地使用权： （1）为乡（镇）村公共设施和公益事业建设需要使用土地的；（对土地使用权人应当给予适当补偿） （2）不按照批准的用途使用土地的； （3）因撤销、迁移等原因而停止使用土地的。

📄 例题

某市政府在土地管理中的下列哪些行为违反了《土地管理法》的规定？(2011-1-70)①

A. 甲公司在市郊申请使用一片国有土地修建经营性墓地，市政府批准其以划拨方式取得土地使用权

B. 乙公司投标取得一块商品房开发用地的出让土地使用权，市政府同意其在房屋建成销售后缴纳土地出让金

C. 丙公司以出让方式在本市规划区取得一块工业用地，市国土局在未征得市规划局同意的情况下，将该土地的用途变更为住宅建设用地

D. 丁公司在城市规划区取得一块临时用地，使用已达 6 年，并在该处修建了永久性建筑，市政府未收回土地，还为该建筑发放了房屋产权证

四、土地纠纷及其解决途径

（一）土地确权纠纷

此类纠纷是指因不同主体间就土地所有权或土地使用权的归属或界限等问题产生异议而引发的争议纠纷。

土地确权纠纷应当依顺序进行：协商—政府处理—行政诉讼。具体为：

1. 土地所有权和使用权争议，由当事人协商解决；协商不成的，由人民政府处理。

2. 单位之间的争议，由县级以上人民政府处理；个人之间、个人与单位之间的争议，由

---

① [答案] ABCD

乡级人民政府或者县级以上人民政府处理。

3. 当事人对有关人民政府的处理决定不服的，可以自接到处理决定通知之日起 30 日内，向人民法院起诉。

4. 在土地所有权和使用权争议解决前，任何一方不得改变土地利用现状。

（二）土地侵权纠纷

1. 土地侵权纠纷，由当事人协商解决。

2. 协商不成的，可由土地行政主管部门进行行政调处。

3. 当事人对行政调处不服的，可以以对方当事人为被告提起民事诉讼；当事人也可不经行政调处直接提起民事诉讼。

例 村民乙与邻居发生宅基地纠纷，应先向县土地主管部门申请行政调处，对调处决定不服的，可以土地主管部门为被告向法院提起行政诉讼。该说法是否正确？（提示：错误）

（三）土地承包经营纠纷

1. 当事人可以通过协商解决，也可以请求村民委员会、乡（镇）人民政府等调解解决。

2. 当事人不愿协商、调解或者协商、调解不成的，可以向农村土地承包仲裁机构申请仲裁，也可以直接向人民法院起诉。

3. 当事人对农村土地承包仲裁机构的仲裁裁决不服的，可以自收到裁决书之日起 30 日内向人民法院起诉。逾期不起诉的，裁决书即发生法律效力。（或协商；或调解；或仲裁；或诉讼）

（四）土地行政争议

1. 此类纠纷是指因相对人对土地行政主管机关或人民政府作出的土地行政处罚等具体行政行为不服而引起的争议纠纷。

2. 土地行政争议，按一般行政复议及行政诉讼程序处理。

第二节　城乡规划法

> **提示**
>
> 本法有被轮空不考的可能。虽于 2015 年 4 月有修改，但对考试影响不大。

（一）适用范围

城乡规划，包括城镇体系规划、城市规划、镇规划、乡规划和村庄规划。城市规划、镇规划分为总体规划和详细规划。详细规划分为控制性详细规划和修建性详细规划。

〔**图示**〕我国城乡规划的体系

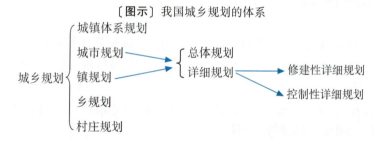

（二）建设用地优先发展项目

1. 城市的建设和发展，应当优先安排基础设施以及公共服务设施的建设。妥善处理新区开发与旧区改建的关系，统筹兼顾进城务工人员生活和周边农村经济社会发展、村民生产与生活的需要。

2. 镇的建设和发展，应当优先安排公共服务设施的建设。即，应当结合农村经济社会发展和产业结构调整，优先安排供水、排水、供电、供气、道路、通信、广播电视等基础设施和学校、卫生院、文化站、幼儿园、福利院等公共服务设施的建设，为周边农村提供服务。

（三）划拨方式建设项目的规划许可

划拨地的规划许可程序：审核建设项目①→建设单位提出建设用地规划许可申请→规划局核发建设用地规划许可证→土地局划拨土地。

具体为：

1. 在城市、镇规划区内以划拨方式提供国有土地使用权的建设项目，经有关部门批准、核准、备案后，建设单位应当向城市、县人民政府城乡规划主管部门提出建设用地规划许可申请，由城市、县人民政府城乡规划主管部门依据控制性详细规划核定建设用地的位置、面积、允许建设的范围，核发建设用地规划许可证。

2. 建设单位在取得建设用地规划许可证后，方可向县级以上地方人民政府土地主管部门申请用地，经县级以上人民政府审批后，由土地主管部门划拨土地。

（四）出让方式建设项目的规划许可

出让地规划许可程序：规划局先规划→和土地局签出让合同→到规划局领建设用地规划许可证→土地局出让土地。

具体为：

1. 在城市、镇规划区内以出让方式提供国有土地使用权的，在国有土地使用权出让前，城市、县人民政府城乡规划主管部门应当依据控制性详细规划，提出出让地块的位置、使用性质、开发强度等规划条件，作为国有土地使用权出让合同的组成部分。

2. 未确定规划条件的地块，不得出让国有土地使用权。

3. 以出让方式取得国有土地使用权的建设项目，在签订国有土地使用权出让合同后，建设单位应当持建设项目的批准、核准、备案文件和国有土地使用权出让合同，向城市、县人民政府城乡规划主管部门领取建设用地规划许可证。

4. 城市、县人民政府城乡规划主管部门不得在建设用地规划许可证中，擅自改变作为国有土地使用权出让合同组成部分的规划条件。

（五）乡村建设规划许可

乡村建设规划许可的程序：建设单位向乡镇政府提出申请→规划局核发乡村建设规划许可证→土地局办理用地审批手续。

具体为：

1. 在乡、村庄规划区内进行乡镇企业、乡村公共设施和公益事业建设的，建设单位或者个人应当向乡、镇人民政府提出申请，由乡、镇人民政府报城市、县人民政府城乡规划主管

---

① 国家机关用地、军事用地，城市基础设施用地、公益事业用地，国家重点扶持的能源、交通、水利等建设项目，其用地可以划拨方式取得。

部门核发乡村建设规划许可证。

2. 在乡、村庄规划区内进行乡镇企业、乡村公共设施和公益事业建设以及农村村民住宅建设，不得占用农用地。

3. 确需占用农用地的，应当依照《土地管理法》有关规定办理农用地转用审批手续后，由城市、县人民政府城乡规划主管部门核发乡村建设规划许可证。

4. 建设单位或者个人在取得乡村建设规划许可证后，方可办理用地审批手续。

（六）临时建设规划管理

1. 在城市、镇规划区内进行临时建设的，应当经城市、县人民政府城乡规划主管部门批准。临时建设影响近期建设规划或者控制性详细规划的实施以及交通、市容、安全等的，不得批准。

2. 临时建设应当在批准的使用期限内自行拆除。

第三节　城市房地产管理法

> **提示注意**
>
> 重点：房地产交易制度，尤其是划拨地上房屋的转让、抵押、租赁。

一、房地产开发

（一）房地产开发企业的设立

1. 设立房地产开发企业，应当向工商行政管理部门申请设立登记。

2. 设立有限责任公司、股份有限公司，从事房地产开发经营的，还应当执行《公司法》的有关规定。

3. 房地产开发企业在领取营业执照后的1个月内，应当到登记机关所在地的县级以上地方人民政府规定的部门备案。

（二）合作开发房地产问题

1. 出让土地使用权。可以依照本法和有关法律、行政法规的规定，作价入股，合资、合作开发经营房地产。

2. 划拨地转让，合同无效可补正。即，土地使用权人未经有批准权的人民政府批准，与受让方订立合同转让划拨土地使用权的，应当认定合同无效。但起诉前经有批准权的人民政府批准办理土地使用权出让手续的，应当认定合同有效。

3. 划拨地合作开发，合同无效可补正。即，土地使用权人未经有批准权的人民政府批准，以划拨土地使用权作为投资与他人订立合同合作开发房地产的，应当认定合同无效。但起诉前已经办理批准手续的，应当认定合同有效。

4. 一方有资质，合同有效。即，合作开发房地产合同的当事人，一方具备房地产开发经营资质的，应当认定合同有效。

5. 合作方均无资质，合同无效可补正。即，当事人双方均不具备房地产开发经营资质的，应当认定合同无效。但起诉前当事人一方已经取得房地产开发经营资质或者已依法合作成立具有房地产开发经营资质的房地产开发企业的，应当认定合同有效。

二、房地产交易★

房地产交易可分为房地产转让、抵押、租赁。

交易原则采取房地一体主义。房地产交易时，房屋的所有权和该房屋占用范围内的土地使用权同时转让、抵押。（房随地走，地随房走）

国家实行房地产成交价格申报制度。房地产权利人转让房地产，应当向县级以上地方人民政府规定的部门如实申报成交价，不得瞒报或者作不实的申报。

房地产转让、抵押，当事人应当办理权属登记。

（一）房地产转让

1. 房地产转让，是指房地产权利人通过买卖、赠与或者其他合法方式将其房地产转移给他人的行为。

2. 房地产转让，应当签订书面转让合同，合同中应当载明土地使用权取得的方式。

3. 划拨土地使用权，转让房地产的条件。

（1）以划拨方式取得土地使用权的，转让房地产时，应当按照国务院规定，报有批准权的人民政府审批。

（2）［类型1. 受让方办理出让手续］即，有批准权的人民政府准予转让的，应当由受让方办理土地使用权出让手续，并依照国家有关规定缴纳土地使用权出让金。

（3）［类型2. 转让方缴纳土地收益］即，以划拨方式取得土地使用权的，转让房地产报批时，有批准权的人民政府按照国务院规定决定可以不办理土地使用权出让手续的，转让方应当按照国务院规定将转让房地产所获收益中的土地收益上缴国家或者作其他处理。

例　关于以划拨方式取得土地使用权的房地产转让时，甲同学认为："不办理土地使用权出让手续的，受让方应缴纳土地使用权转让费，转让方应当按规定将转让房地产所获收益中的土地收益上缴国家。"其主张是否正确？（错误）

4. 出让土地使用权，转让房地产。

（1）转让条件：一金二证一投资。

具体包括：

①按照出让合同约定已经支付全部土地使用权出让金，并取得土地使用权证书。

②按照出让合同约定进行投资开发，属于房屋建设工程的，完成开发投资总额的25%以上，属于成片开发土地的，形成工业用地或者其他建设用地条件。

③转让房地产时房屋已经建成的，还应当持有房屋所有权证书。

（2）房地产转让时，土地使用权出让合同载明的权利义务随之转移。

（3）土地已经使用年限要刨除。即，转让房地产后，其土地使用权的使用年限为原土地使用权出让合同约定的使用年限减去原土地使用者已经使用年限后的剩余年限。

（4）受让人改变土地用途要经同意。即，转让房地产后，受让人改变原土地使用权出让合同约定的土地用途的，必须取得原出让方和市、县人民政府城市规划行政主管部门的同意，签订土地使用权出让合同变更协议或者重新签订土地使用权出让合同，相应调整土地使用权出让金。

5. 禁止转让的房地产。下列房地产不得转让：

（1）以出让方式取得土地使用权的，不符合本法第39条①规定的条件的；（即不符合上述"一金二证一投资"的条件）

（2）司法机关和行政机关依法裁定、决定查封或者其他形式限制房地产权利的；

（3）依法收回土地使用权的；

（4）共有房地产，未经其他共有人书面同意的；

（5）权属有争议的；

（6）未依法登记领取权属证书的。

（二）商品房预售

1. 商品房预售，是指房地产开发商（即预售人）将期房预先出售给购房人（即预购人），由预购人根据预售合同支付房款；在期房竣工验收合格后，交付购房人占有使用，并由预售人负责将房屋所有权及其占用的出让土地使用权转移至预购人名下的房地产买卖形式。

2. 商品房预售的条件。预售人（商品房出卖人）应当符合下列条件：

（1）已交付全部土地使用权出让金，取得土地使用权证书。

（2）持有建设工程规划许可证。

（3）按提供预售的商品房计算，投入开发建设的资金达到工程建设总投资的25%以上，并已经确定施工进度和竣工交付日期。

（4）取得预售许可证明。

①出卖人应向县级以上人民政府房产管理部门办理预售登记，取得商品房预售许可证明。可知，"取得预售许可证明"是预售人的义务。

②出卖人未取得商品房预售许可证明，与买受人订立的商品房预售合同，应当认定无效，但是在起诉前取得商品房预售许可证明的，可以认定有效。

（5）商品房预售合同备案。

①商品房预售人应当按照国家有关规定将预售合同报县级以上人民政府房产管理部门和土地管理部门登记备案。可知，"备案"是预售人的义务。

②当事人以商品房预售合同未按照法律、行政法规规定办理登记备案手续为由，请求确认合同无效的，不予支持。（不备案，不对抗）

（三）商品房买卖合同

1. 一房二卖的处理。

具有下列情形之一，导致商品房买卖合同目的不能实现的，无法取得房屋的买受人可以请求解除合同、返还已付购房款及利息、赔偿损失，并可以请求出卖人承担不超过已付购房款1倍的赔偿责任：

---

① 《城市房地产管理法》第39条：以出让方式取得土地使用权的，转让房地产时，应当符合下列条件：

（一）按照出让合同约定已经支付全部土地使用权出让金，并取得土地使用权证书；

（二）按照出让合同约定进行投资开发，属于房屋建设工程的，完成开发投资总额的25%以上，属于成片开发土地的，形成工业用地或者其他建设用地条件。

转让房地产时房屋已经建成的，还应当持有房屋所有权证书。

（1）商品房买卖合同订立后，出卖人未告知买受人又将该房屋抵押给第三人；

（2）商品房买卖合同订立后，出卖人又将该房屋出卖给第三人。

2. 面积误差的处理。

出卖人交付使用的房屋套内建筑面积或者建筑面积与商品房买卖合同约定面积不符，合同有约定的，按照约定处理；合同没有约定或者约定不明确的，按照以下原则处理：

（1）面积误差比绝对值在 3% 以内（含 3%），按照合同约定的价格据实结算，买受人请求解除合同的，不予支持；

（2）面积误差比绝对值超出 3%，买受人请求解除合同、返还已付购房款及利息的，应予支持。买受人同意继续履行合同，房屋实际面积大于合同约定面积的，面积误差比在 3% 以内（含 3%）部分的房价款由买受人按照约定的价格补足，面积误差比超出 3% 部分的房价款由出卖人承担，所有权归买受人；房屋实际面积小于合同约定面积的，面积误差比在 3% 以内（含 3%）部分的房价款及利息由出卖人返还买受人，面积误差比超过 3% 部分的房价款由出卖人双倍返还买受人。

（四）房地产抵押

房地产抵押，是指抵押人以其合法的房地产以不转移占有的方式向抵押权人提供债务履行担保的行为。债务人不履行债务时，抵押权人有权依法以抵押的房地产拍卖所得的价款优先受偿。

1. 抵押权的设定。

（1）房屋所有权连同该房屋占用范围的土地使用权，可以设定抵押权。

（2）以出让方式取得的土地使用权，可以单独设定抵押权；若该土地上有房屋时，应当将该国有土地上的房屋同时抵押。（房地一体）

（3）以划拨方式取得的土地使用权，不得单独抵押。但如果该土地上有房产，以房产设定抵押时必须同时抵押房屋所占用范围内的划拨土地使用权。（划拨土地使用权+地上房屋，可一同抵押）

2. 抵押权的实现。

（1）划拨地上房地产抵押权的实现：设定房地产抵押权的土地使用权是以划拨方式取得的，依法拍卖该房地产后，应当从拍卖所得的价款中缴纳相当于应缴纳的土地使用权出让金的款额后，抵押权人方可优先受偿。（先保护国家，后保护抵押权人）

（2）（出让）建设用地使用权抵押后，该土地上新增的建筑物不属于抵押财产。该建设用地使用权实现抵押权时，应当将该土地上新增的建筑物与建设用地使用权一并处分，但新增建筑物所得的价款，抵押权人无权优先受偿。（《物权法》第 200 条）

（五）房屋租赁

1. 以营利为目的，房屋所有权人将以划拨方式取得使用权的国有土地上建成的房屋出租的，应当将租金中所含土地收益上缴国家。具体办法由国务院规定。（划拨土地使用权+地上房屋，可一同租赁）

2. 上述出租合同有效，租金归出租方。

3. 上述租金中所含土地收益上缴国家。

第四节 🎧 不动产登记暂行条例

> 📻 **提示注意**
>
> 本节是 2015 年新增法，全面掌握。

一、登记对象、种类、登记机关

（1）	登记对象
登记对象为"不动产"。是指土地、海域以及房屋、林木等定着物。	

地	①集体土地所有权；（国有土地所有权无需登记） ②土地承包经营权； ③建设用地使用权； ④地役权； ⑤宅基地使用权。
房	①房屋等建筑物、构筑物所有权； ②抵押权。
海	海域使用权。
林	森林、林木所有权。

（2）	登记种类×8
不动产的首次登记、变更登记、转移登记、注销登记、更正登记、异议登记、预告登记、查封登记。	

（3）	登记机构
不动产权利人已经依法享有的不动产权利，不因登记机构和登记程序的改变而受到影响。	

一般登记机构	①主管部门—国土资源部。即，国家实行不动产统一登记制度。主管部门是国务院国土资源主管部门。 ②具体机构—不动产登记部门。即，由不动产所在地的县级人民政府不动产登记机构办理。
跨区域的 不动产登记	（先分别办→再协商办→再指定办） 即，跨县级行政区域的不动产登记，由所跨县级行政区域的不动产登记机构分别办理。不能分别办理的，由所跨县级行政区域的不动产登记机构协商办理；协商不成的，由共同的上一级人民政府不动产登记主管部门指定办理。

二、不动产登记簿

（一）不动产登记簿的具体要求

不动产登记簿，是物权归属和内容的根据。不动产物权的设立、变更、转让和消灭，依照法律规定应当登记的，自记载于不动产登记簿时发生效力。

登记事项	不动产的 自然状况	不动产的坐落、界址、空间界限、面积、用途等自然状况。 （保证物权的客体是特定的）
	不动产的 物权状况	（1）不动产权利的主体、类型、内容、来源、期限、权利变化等权属状况。 （2）涉及不动产权利限制、提示的事项。
登记簿 的性质		（1）不动产登记簿由不动产登记机构永久保存。 （2）是物权归属和物权内容的根据。（公示）
登记簿的 形式要求		（1）动产登记簿形式必须统一、唯一、确定。 （2）电子版本为主，纸质为辅。（不动产登记簿应当采用电子介质，暂不具备条件的，可以采用纸质介质） （3）禁止损毁，限制修改。（任何人不得损毁不动产登记簿，除依法予以更正外不得修改登记事项）

（二）登记簿和不动产权属证书的关系①

1. 不动产物权的设立、变更、转让和消灭等合同，除法律另有规定或者合同另有约定外，自合同成立时生效；未办理物权登记的，不影响合同效力。

2. 不动产权属证书，是权利人享有该不动产物权的证明。

3. 不动产权属证书记载的事项，应当与不动产登记簿一致；记载不一致的，除有证据证明不动产登记簿确有错误外，以不动产登记簿为准。

三、不动产的登记程序

（一）申请登记的程序

申请场所	当事人或者其代理人应当到不动产登记机构办公场所申请不动产登记。
撤回申请	不动产登记机构将申请登记事项记载于不动产登记簿前，申请人可以撤回登记申请。
共同申请	因买卖、设定抵押权等申请不动产登记的，应当由当事人双方共同申请。
单方申请×7	属于下列事项之一的，可以由当事人单方申请： （1）尚未登记的不动产首次申请登记的； （2）继承、接受遗赠取得不动产权利的； （3）法院、仲裁委员会生效的法律文书或者人民政府生效的决定等设立、变更、转让、消灭不动产权利的； （4）权利人姓名、名称或者自然状况发生变化，申请变更登记的； （5）不动产灭失或者权利人放弃不动产权利，申请注销登记的； （6）申请更正登记的； （7）申请异议登记的。

---

① 《物权法》第9条：不动产物权的设立、变更、转让和消灭，经依法登记，发生效力；未经登记，不发生效力，但法律另有规定的除外。

依法属于国家所有的自然资源，所有权可以不登记。

《暂行条例》第21条：登记事项自记载于不动产登记簿时完成登记。

不动产登记机构完成登记，应当依法向申请人核发不动产权属证书或者登记证明。

（二）受理登记的程序

1. 不动产登记机构收到不动产登记申请材料，应当分别按照下列情况办理：

是否受理	情形
书面告知受理	登记职责范围内+申请材料全
申请人当场更正+书面告知受理	登记职责范围内+申请材料瑕疵可当场更正
当场书面告知不受理+一次性告知需补正内容	登记职责范围内+申请材料不合要求，无法当场更正
当场书面告知不受理+告知申请人向有登记权的机构申请	登记职责范围外（即，申请登记的不动产不属于本机构登记范围）
推定受理	未当场书面告知申请人不予受理的，视为受理
不予登记	（1）违反法律、行政法规规定的 （2）存在尚未解决的权属争议的 （3）申请登记的不动产权利超过规定期限的
受理后 30 个工作日办结	不动产登记机构应当自受理登记申请之日起 30 个工作日内办结不动产登记手续，法律另有规定的除外

2. 不动产登记受理后的查验、查看、调查。

查验	（1）不动产界址、空间界限、面积等材料→申请登记的不动产状况：是否一致； （2）证明材料、文件→申请登记的内容：是否一致； （3）登记申请是否违反法律、行政法规规定。
实地查看	（1）房屋等建筑物、构筑物所有权首次登记； （2）在建建筑物抵押权登记； （3）因不动产灭失导致的注销登记； （4）不动产登记机构认为需要实地查看的其他情形。
调查	对可能存在权属争议，或者可能涉及他人利害关系的登记申请，不动产登记机构可以向申请人、利害关系人或者有关单位进行调查。

四、登记信息共享与保护

（1）	共享	
不动产登记机构能够通过实时互通共享取得的信息，不得要求不动产登记申请人重复提交。		
横向共享	①	不动产登记有关信息与住房城乡建设、农业、林业、海洋等部门审批信息、交易信息等应当实时互通共享。
	②	国土资源、公安、民政、财政、税务、工商、金融、审计、统计等部门应当加强不动产登记有关信息互通共享。

续表

垂直共享	各级不动产登记机构登记的信息应当纳入统一的不动产登记信息管理基础平台，确保国家、省、市、县四级登记信息的实时共享。
（2）	查询
关系人	权利人、利害关系人可以依法查询、复制不动产登记资料，不动产登记机构应当提供。
国家机关	有关国家机关可以依照法律、行政法规的规定查询、复制与调查处理事项有关的不动产登记资料。

第 8 章 环境保护法

第一节 🎧 环境影响评价法

环境影响评价,是指对规划和建设项目实施后可能造成的环境影响进行分析、预测和评估,提出预防或者减轻不良环境影响的对策和措施,进行跟踪监测的方法与制度。

本法的适用范围

(一) 规划的环境影响评价

	总体规划	专项规划
对象	对其组织编制的土地利用的有关规划,区域、流域、海域的建设、开发利用规划。(一地三域)	对其组织编制的工业、农业、畜牧业、林业、能源、水利、交通、城市建设、旅游、自然资源开发的有关专项规划。(×10)
环评程序	(1) 应当在规划编制过程中组织进行环境影响评价,编写该规划有关环境影响的篇章或者说明。 (2) 未编写有关环境影响的篇章或者说明的规划草案,审批机关不予审批。 (3) 对环境有重大影响的规划实施后,编制机关应当及时组织环境影响的跟踪评价,并将评价结果报告审批机关。	(1) 应当在该专项规划草案上报审批前,组织进行环境影响评价,并向审批该专项规划的机关提出环境影响报告书。 (2) 对环境有重大影响的规划实施后,编制机关应当及时组织环境影响的跟踪评价,并将评价结果报告审批机关。

(二) 建设项目的环境影响评价

1. 分类管理。

国家根据建设项目对环境的影响程度,对建设项目的环境影响评价实行分类管理。

		环评分类管理
(1)	可能造成重大环境影响的建设项目→报告书+全面评价	①应当编制环境影响报告书;① ②对产生的环境影响进行全面评价;

---

① 简单了解:建设项目的环境影响报告书应当包括下列内容:(建设项目+环境保护)(1) 建设项目概况;(2) 建设项目周围环境现状;(3) 建设项目对环境可能造成影响的分析和预测;(4) 环境保护措施及经济、技术论证;(5) 环境影响经济损益分析;(6) 对建设项目实施环境监测的建议;(7) 环境影响评价结论。

续表

		环评分类管理
（1）	可能造成重大环境影响的建设项目→报告书+全面评价	③涉及水土保持的建设项目，还必须有经审批的水土保持方案； ④在对水环境可能造成影响和可能产生环境噪声污染建设项目的环境影响报告书中，应该有该建设项目所在地单位和居民的意见。（水污染、噪声污染）
（2）	可能造成轻度环境影响的建设项目→报告表+专项评价	应当编制环境影响报告表，对产生的环境影响进行分析或者专项评价。
（3）	对环境影响很小的建设项目→登记表	应当填报环境影响登记表。

2. 环评程序。

（1）在可行性研究阶段报批。即，建设项目的环境影响评价报告书、报告表、登记表应在建设项目可行性研究阶段报批。

（2）服务机构无利害关系。即，为建设项目环境影响评价提供技术服务的机构，不得与负责审批建设项目环境影响评价文件的环境保护行政主管部门或者其他有关审批部门存在任何利益关系。

3. 环境部审批–核密跨省。即，环境部负责审批下列建设项目的环境影响评价文件：

（1）核设施、绝密工程等特殊性质的建设项目；

（2）跨省、自治区、直辖市行政区域的建设项目；

（3）由国务院审批的或者由国务院授权有关部门审批的建设项目。

4. 共同的上级审批—影响跨省，有争议。即，

建设项目可能造成跨行政区域的不良环境影响，有关环境保护行政主管部门对该项目的环境影响评价结论有争议的，其环境影响评价文件由共同的上一级环境保护行政主管部门审批。

例 2012年左右，江西省拟在彭泽县境内建帽子山核电站，遭到了邻居安徽省望江县的激烈反对，该厂厂址位于两县交接地带。此即属于会造成跨行政区域不良影响的项目。

（三）规划环评、建设项目环评的关系

二者避免重复环评。即，

1. 建设项目的环境影响评价，应当避免与规划的环境影响评价相重复。

2. 作为一项整体建设项目的规划，按照建设项目进行环境影响评价，不进行规划的环境影响评价。

3. 已经进行了环境影响评价的规划所包含的具体建设项目，其环境影响评价内容建设单位可以简化。

大项目小规划	大规划小项目
（1）建设项目要进行环评 （2）对规划不用环评	（1）规划要进行环评 （2）建设项目要环评，但可简化

第二节 🎧 环境保护法

> 📑 提示
>
> 　　本法于 2015 年修订。重点：环境公益诉讼；环境民事诉讼；环境保护基本制度中新增加部分。

　　环境，是指影响人类生存和发展的各种天然的和经过人工改造的自然因素的总体，包括大气、水、海洋、土地、矿藏、森林、草原、湿地、野生生物、自然遗迹、人文遗迹、自然保护区、风景名胜区、城市和乡村等。每年 6 月 5 日为环境日。

一、环境保护的基本制度★

制度分类	具体内容
环境规划制度	（1）以时间期限：分为短期规划（以 5 年为限）、中期规划（以 15 年为限）、长期规划（以 20 年、30 年、50 年为限）。 （2）按规划的法定效力：分为强制性规划、指导性规划。 （3）按规划的性质：分为污染控制规划、国民经济整体规划、国土利用规划。 　　环境保护规划的内容应当包括生态保护和污染防治的目标、任务、保障措施等，并与主体功能区规划、土地利用总体规划和城乡规划等相衔接。
三同时制度	（1）建设项目主体工程+环保防治污染的设施：同时设计、同时施工、同时投产使用。（包括同时投入试运行、同时竣工验收） （2）防治污染的设施不得擅自拆除或者闲置。
排污收费制度	（1）排污的企业事业单位和其他生产经营者，应当缴纳排污费。 （2）达标排污的，征收排污费；超标排污的应当治理并罚款。 （3）缴纳排污费，不免除排污者负担治理污染、赔偿损失等义务。 （4）排污费专款专用。 （5）征收环境保护税的，不再征收排污费。 （6）超过污染物排放标准或者超过重点污染物排放总量控制指标排放污染物的，县级环保局可以责令其采取限制生产、停产整治等措施；情节严重的，报经有批准权的人民政府批准，责令停业、关闭。
总量控制制度	（1）针对重点污染物排放的地区和流域。 （2）程序：国务院下达重点污染物排放总量控制指标→省级政府分解落实→企业事业单位遵守分解落实到本单位的总量控制指标。 （3）对超过国家重点污染物排放总量控制指标或者未完成国家确定的环境质量目标的地区，省级以上环保局应当暂停审批其新增重点污染物排放总量的建设项目环境影响评价文件。
环境保护许可管理制度	（1）排污许可证。适用范围：水体+大气。 （2）未取得排污许可证的，不得排放污染物。

续表

制度分类	具体内容	
环境质量标准	(1) 环境质量标准，是环境中所允许含有有害物质或因素的最高限额。 (2) 环境质量标准是确认环境是否被污染，以及排污者承担相应民事责任的主要根据。 (3) 分类： ①国标。由环境部制定国家环境质量标准。 ②地标。省级政府对国家环境质量标准中未作规定的项目，可以制定地方环境质量标准；对国家环境质量标准中已作规定的项目，可以制定严于国家环境质量标准的地方环境质量标准。 地方标准报国务院环境保护行政主管部门备案。	二者关系：在我国环保标准体系中，环境质量标准是核心。如，根据国家环境质量标准、国家经济、技术条件，制定国家污染物排放标准。（环境质量标准是基础）
排污标准	(1) 污染物排放标准，是允许排污企业排放污染物或有害环境的能量的最高限额。 (2) 污染物排放标准是认定排污行为是否合法，以及排污者是否承担行政法律责任的主要根据。 (3) 分类： ①国标。环境部制定国家污染物排放标准。 ②地标。省级政府对国家污染物排放标准中未作规定的项目，可以制定地方污染物排放标准；对国家污染物排放标准中已作规定的项目，可以制定严于国家污染物排放标准的地方污染物排放标准。 地方污染物排放标准应当报国务院环境保护主管部门备案。	
环境监测	(1) 县级以上政府应当建立环境污染公共监测预警机制，组织制定预警方案；各类环境质量监测站（点）的设置，应当符合法律法规规定和监测规范的要求。 (2) 监测机构应当使用符合国家标准的监测设备，遵守监测规范。 (3) 监测机构及其负责人对监测数据的真实性和准确性负责。	

制度分类	主体	公开内容
信息公开和公众参与	国务院环境保护主管部门	统一发布国家环境质量、重点污染源监测信息及其他重大环境信息。
	省级以上人民政府环境保护主管部门	定期发布环境状况公报。
	县级以上人民政府环境保护主管部门	(1) 依法公开环境质量、环境监测、突发环境事件以及环境行政许可、行政处罚、排污费的征收和使用情况等信息； (2) 将企业事业单位和其他生产经营者的环境违法信息记入社会诚信档案，及时向社会公布违法者名单。

续表

制度分类	具体内容	
	主体	公开内容
信息公开和公众参与	重点排污单位	如实向社会公开其主要污染物的名称、排放方式、排放浓度和总量、超标排放情况，以及防治污染设施的建设和运行情况，接受社会监督。
	对依法应当编制环境影响报告书的建设项目，建设单位	编制时向可能受影响的公众说明情况，充分征求意见。
	负责审批建设项目环境影响评价文件的部门	收到建设项目环境影响报告书后，除涉及国家秘密和商业秘密的事项外，应当全文公开；发现建设项目未充分征求公众意见的，应当责成建设单位征求公众意见。
跨区域污染防治	国家建立跨区域的重点区域、流域环境污染和生态破坏联合防治协调机制，实行统一规划、统一标准、统一监测、统一的防治措施。	
农村环境综合治理	各级政府应当统筹城乡建设： (1) 污水处理设施及配套管网。 (2) 固体废物的收集、运输和处置等环境卫生设施。 (3) 危险废物集中处置设施、场所以及其他环境保护公共设施，并保障其正常运行。	
	措施： (1) 禁止将不符农用标准和环保标准的固体废物、废水施入农田。 (2) 施用农药、化肥等应采取措施，防止重金属和其他有毒有害物质污染环境。	
生态保护	(1) 红线制度。 　①我国分为：生态功能红线；环境质量红线；资源利用红线。 　②国家在重点生态功能区、生态环境敏感区和脆弱区等区域划定生态保护红线，实行严格保护。（功、敏、脆） (2) 生态保护补偿制度。 　①国家加大对生态保护地区的财政转移支付力度。 　②国家指导受益地区和生态保护地区政府通过协商或者按照市场规则进行生态保护补偿。 (3) 保护生物多样性。 　①开发利用自然资源，应当合理开发，保护生物多样性，保障生态安全，依法制定有关生态保护和恢复治理方案并予以实施。 　②引进外来物种以及研究、开发和利用生物技术，应当采取措施，防止对生物多样性的破坏。（如，"紫色恶魔"凤眼莲，又名水葫芦）①	

---

① 环境部曾公布的 16 种有害外来物种分别为：紫茎泽兰、薇甘菊、空心莲子草、豚草、毒麦、互花米草、飞机草、凤眼莲（水葫芦）、假高粱、蔗扁蛾、湿地松粉蚧、强大小蠹、美国白蛾、非洲大蜗牛、福寿螺、牛蛙。

续表

制度分类	具体内容
政府监管责任	(1) 国家实行环境保护目标责任制和考核评价制度。考核结果应当向社会公开。 (2) 县以上政府应当每年向本级人民代表大会或人大常委会报告环境状况和环境保护目标完成情况，对发生的重大环境事件应当及时向本级人民代表大会常务委员会报告，依法接受监督。 (3) 引咎辞职。 (4) 突发环境事件应急处置工作结束后，有关人民政府应当立即组织评估事件造成的环境影响和损失，并及时将评估结果向社会公布。
行政强制措施	(1) 现场检查。 (2) 查封、扣押。造成或者可能造成严重污染的，县级以上人民政府环境保护主管部门和其他负有环境保护监督管理职责的部门，可以查封、扣押造成污染物排放的设施、设备。

二、环境民事责任 ★

（一）构成要件

《侵权责任法》

第 66 条："因污染环境发生纠纷，污染者应当就法律规定的不承担责任或者减轻责任的情形及其行为与损害之间不存在因果关系承担举证责任。"

第 68 条："因第三人的过错污染环境造成损害的，被侵权人可以向污染者请求赔偿，也可以向第三人请求赔偿。污染者赔偿后，有权向第三人追偿。"

1. 污染者为无过错责任。即，因污染环境造成损害，不论污染者有无过错，污染者应当承担侵权责任。污染者以排污符合国家或者地方污染物排放标准为由主张不承担责任的，人民法院不予支持。

2. 多人致害的处理。

（1）两个以上污染者共同实施污染行为造成损害，污染者承担连带责任。

（2）两个以上污染者分别实施污染行为造成同一损害，每一个污染者的污染行为都足以造成全部损害，被侵权人可请求污染者承担连带责任。

（3）两个以上污染者分别实施污染行为造成同一损害，每一个污染者的污染行为都不足以造成全部损害，被侵权人可请求污染者承担责任。

（4）两个以上污染者分别实施污染行为造成同一损害，部分污染者的污染行为足以造成全部损害，部分污染者的污染行为只造成部分损害，被侵权人可请求足以造成全部损害的污染者与其他污染者就共同造成的损害部分承担连带责任，并对全部损害承担责任的，人民法院应予支持。

3. 第三人致害。

（1）被侵权人可分别或者同时起诉污染者、第三人的，人民法院应予受理。

（2）被侵权人请求第三人承担赔偿责任的，人民法院应当根据第三人的过错程度确定其相应赔偿责任。

（3）**污染者**以第三人的过错污染环境造成损害为由主张**不承担**责任或者减轻责任的，人民法院不予支持。

4. **被侵权人要证明关联性**。即，被侵权人应当提供证明以下事实的证据材料：（1）污染者排放了污染物；（2）被侵权人的损害；（3）污染者排放的污染物或者其次生污染物与损害之间具有关联性。

污染者要证明不存在因果关系。即，污染者举证证明下列情形之一的，人民法院应当认定其污染行为与损害之间不存在因果关系：

（1）排放的污染物没有造成该损害可能的；

（2）排放的可造成该损害的污染物未到达该损害发生地的；

（3）该损害于排放污染物之前已发生的；

（4）其他可以认定污染行为与损害之间**不存在**因果关系的情形。

例 某钢铁集团排污导致大气污染，钢铁集团不能证明不可抗力的存在以及其在灾害情况下及时采取了合理措施，或者不能证明受害人所受的损害不是由自己排放的污染物所致，则该钢铁集团应当承担民事责任。

5. **诉讼时效分 3 年、不受限**。即，

（1）**停止侵害—无时效限制**。即，被侵权人提起诉讼，请求污染者停止侵害、排除妨碍、消除危险的，不受时效期间的限制。

（2）**损害赔偿—3 年**。即，提起环境损害赔偿诉讼的时效期间为 3 年，从当事人知道或者应当知道其受到损害时起计算。

6. 环境行政调解处理不是环境侵权纠纷中的必经程序。

（二）环境公益诉讼

对污染环境、破坏生态，损害社会公共利益的行为，符合下列条件的社会组织可以向人民法院提起诉讼：

1. 依法在设区的市级以上人民政府民政部门登记。

2. 专门从事环境保护公益活动连续 5 年以上且无违法记录。

3. 提起诉讼的社会组织不得通过诉讼牟取经济利益。

三、环境行政责任

1. 环境行政责任的构成要件：

（1）**行为人主观上有过错**；

（2）**行为违法**；

（3）行为产生了危害后果；

（4）违法行为和危害后果之间有因果关系。

其中，第（3）（4）两项不为所有的行政责任的必备要件，只在法律有明确规定时才成为环境行政责任构成的必备要件。

2. **救济措施：或复议或起诉**。

例 甲化工厂和乙造纸厂排放污水，造成某村农作物减产。当地环境主管部门检测认定，甲排污中的有机物超标 3 倍，是农作物减产的原因，乙排污未超标，但其中的悬浮物仍对

农作物减产有一定影响。当地环保局是否可以追究甲厂和乙厂的行政责任？（可追究甲厂的行政责任，因为超标排污；但不可追究乙厂的行政责任，因为乙厂是达标排污）

四、法律责任

（一）按日连续处罚制度

1. 按日连续处罚的前提：

企业事业单位和其他生产经营者违法排放污染物，受到罚款处罚，被责令改正，拒不改正的，依法作出处罚决定的行政机关可以自责令改正之日的次日起，按照原处罚数额按日连续处罚。

2. 罚款金额的确定：

罚款处罚依照有关法律法规按照防治污染设施的运行成本、违法行为造成的直接损失或者违法所得等因素确定的规定执行。

3. 地方性法规可以根据环境保护的实际需要，增加按日连续处罚的违法行为的种类。

（二）移送公安机关的案件

企业事业单位和其他生产经营者有下列行为之一，尚不构成犯罪的，除依照有关法律法规规定予以处罚外，由县级以上人民政府环境保护主管部门或者其他有关部门将案件移送公安机关，对其直接负责的主管人员和其他直接责任人员，处 10 日以上 15 日以下拘留；情节较轻的，处 5 日以上 10 日以下拘留：

1. 建设项目未依法进行环境影响评价，被责令停止建设，拒不执行的；

2. 违反法律规定，未取得排污许可证排放污染物，被责令停止排污，拒不执行的；

3. 通过暗管、渗井、渗坑、灌注或者篡改、伪造监测数据，或者不正常运行防治污染设施等逃避监管的方式违法排放污染物的；

4. 生产、使用国家明令禁止生产、使用的农药，被责令改正，拒不改正的。

知识产权法

📑 提示

　　知识产权部分年均 7 题（10~11 分），但在 2005 年卷四出现一道涉及专利法的案例分析，但难度不大。

　　该学科在司法考试中最大的特点就是"专业性强、细致入微"。复习建议如下：

　　1. 不避难点。纵观近 10 年的知产考题，从不回避难点，从不拒实践中的争点，从未放弃对复杂制度规则的考查。如 2014 年卷三第 62 题："甲创作了一首歌曲《红苹果》……制作成录音制品（CD）出版发行。下列哪些行为属于侵权行为？"该题考点是音乐作品的法定许可，这是著作权领域争论非常激烈，也会影响到《著作权法》修订的一个问题，但很显然，试题并不回避这些争议。

　　2. 抓牢新法。专利法、商标法题量极为有限。但该二法均是近年有大幅度修订的法律，很明显，有限的题量更偏重于考查修订后的新规则。如专利法定赔偿制度、专利新颖性的判断标准、商标先用权规则、商标注册时的"一标多类"、商标侵权、专利善意侵权……如果要走捷径，建议大家重点掌握这两部法律的新增规则。

　　3. 通过例子来记忆法条。因为知识产权法的试题非常灵活，我不建议同学们死背法条，"背多分"在知产部分是行不通的。建议大家多掌握一些小例子，通过记住事例来理解法条。

　　归根结底一句话：知识产权，理解为先。

第 1 章　知识产权概述

（一）特征

知识产权，是指民事主体对特定智力劳动成果依法享有的专有权利。

1. 知识产权客体是智力成果。知识产权的客体不具有物质形态，这是知识产权区别于物权、债权、人身权等民事权利的主要特征。根据《民法通则》，知识产权分为著作权、专利权、商标权，商业秘密权，植物新品种权，集成电路布图设计权，商号权。

2. 知识产权具有专有性。即知识产权的权利主体依法享有独占使用智力成果的权利，他人不得侵犯。从本质上讲，知识产权是一种垄断权。

3. 知识产权具有地域性。是指知识产权只在特定国家或者地区的地域范围内有效，不具有域外效力。一国知识产权如果要获得他国的法律保护，必须依照有关国际条约、双边协议或者互惠原则办理。

4. 知识产权具有时间性。是指知识产权具有法定保护期，超出该保护期后，知识产权权利消灭，智力成果进入公有领域，人们可以自由使用。但是，商标权的期限届满后可通过续展延长保护期；少数知识产权没有时间限制，如，商业秘密。

（二）国际保护的基本原则

1. 国民待遇原则。这是在保护工业产权巴黎公约中首先提出的，在 TRIPs 协定中再次被强调。该原则是指在知识产权的保护上，成员国法律必须给予其他成员国的国民以本国或地区国民所享有的同样待遇。如果是非成员国的国民，在符合一定条件后也可享受国民待遇。

2. 独立保护原则。该原则是指某成员国国民就同一智力成果在其他缔约国（或地区）所获得的法律保护是互相独立的。知识产权在某成员国产生、被宣告无效或终止，并不必然导致该知识产权在其他成员国也产生、被宣告无效或终止。

3. 自动保护原则。该原则仅适用于著作权领域。其含义是作者在享有及行使该成员国国民所享有的著作权时，不需要履行任何手续。注册登记、交纳样本及作版权标记等手续均不能作为著作权产生的条件。（具体内容见下文）

4. 优先权原则。该原则适用于专利权、商标权。优先权是保护工业产权巴黎公约授予缔约国国民最重要的权利之一，TRIPs 协定予以了肯定，解决了外国人在申请专利权、商标权方面因各种原因产生的不公平竞争问题。（具体内容见下文）

5. 最惠国待遇原则。（略）

6. 透明度原则。（略）

（三）我国参加的知识产权国际条约

包括：

1. 与贸易有关的知识产权协定（TRIPs 协定）。TRIPS 协定被认为是涉及面广、保护力度大、制约力强的国际公约。

2. 伯尔尼公约。该公约是著作权领域第一个世界性多边国际条约。

3. 世界版权公约。

4. 巴黎公约。商品商标是受《保护工业产权巴黎公约》优先权保护的唯一标志。该公约中，首次提出"国民待遇原则"。

5. 马德里协定。

6. 专利合作条约。

第2章 著作权

重点:(1)合理使用制度;(2)法定许可制度;(3)作者的著作权人身权;(4)作者的著作权财产权;(5)四类邻接权人的权利;(6)侵权的认定。

难点:邻接权人的权利。

知识结构图

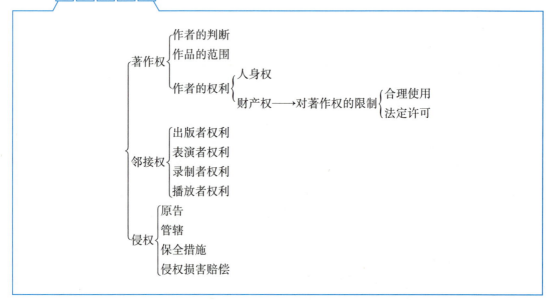

一、适用范围

(一) 中国公民–自动保护

中国公民+作品创作完成→产生著作权。即,中国公民、法人或者其他组织的作品,不论是否发表(发表,是指著作权人自行或者许可他人公之于众的行为),依照本法享有著作权。著作权自作品创作完成之日起产生。说明:不需要满足作品发表、向著作权主管部门申请、出版许可等手续,也和作者的年龄、智力等因素无关。这被称为"自动保护原则"。

例 9岁的张小三写了小说《隐形翅膀》,并将该小说的网络传播权转让给某网站。张小三对小说享有著作权,但网络传播权转让合同无效,因为张小三是无民事行为能力人。

(二) 外国人、无国籍人—区分情形

1. 依据协议或条约受保护。即,外国人、无国籍人的作品,根据其作者所属国或者经常居住地国同中国签订的协议或者共同参加的国际条约享有的著作权,受本法保护。如,美国人奥巴马创作《无畏的希望》,因为美中均为《伯尔尼公约》成员国,该作品可自动获得中

国著作权法的保护。

2. 首先在中国出版受保护。即，外国人、无国籍人的作品，首先在中国境内出版的，其著作权自首次出版之日起受保护。

3. 在成员国出版或同时出版受保护。即，未与中国签订协议或者共同参加国际条约的国家的作者以及无国籍人的作品，（1）首次在中国参加的国际条约的成员国出版的，（2）或者在成员国和非成员国同时出版的，受本法保护。（3）同时出版，是指一个作品在首次出版后30天内在两个或两个以上国家内出版，则该作品应视为同时在几个国家内出版。

二、著作权的客体—作品

（一）概念和特征

作品，是指文学、艺术、科学领域内具有独创性并能以某种有形形式复制的智力成果。特征包括：

1. 具有独创性。其含义有二：

（1）作品系独立创作完成，而非剽窃之作。

（2）作品具有创作性。独创性存在于作品的表达之中，作品中所包含的思想并不要求必须具有独创性。著作权法保护作品的表达，不保护作品所包含的思想或主题。作品的表达是作品形式和作品内容的有机整体。

2. 具有可复制性。即作品必须可以通过某种有形形式复制，从而被他人所感知。如，梦宇头脑中关于春节晚会的创意，不属于作品。

3. 特别注意！淫秽书刊、暴力电影均是作品，只是在我国不得出版传播。《著作权法》第4条规定："著作权人行使著作权，不得违反宪法和法律，不得损害公共利益。国家对作品的出版、传播依法进行监督管理。"

（二）作品的种类

作品的种类包括：

1. 文字作品，是指小说、诗词、散文、论文等以文字形式表现的作品；如，小说《三重门》；

2. 口述作品，是指即兴的演说、授课、法庭辩论等以口头语言形式表现的作品；

3. 音乐作品，是指歌曲、交响乐等能够演唱或者演奏的带词或者不带词的作品。如，《贝多芬c小调第五交响曲》；

4. 戏剧作品，是指话剧、歌剧、地方戏等供舞台演出的作品；

5. 曲艺作品，是指相声、快书、大鼓、评书等以说唱为主要形式表演的作品；

6. 舞蹈作品，是指通过连续的动作、姿势、表情等表现思想情感的作品；

7. 杂技艺术作品；

8. 美术作品，是指绘画、书法、雕塑等以线条、色彩或者其他方式构成的有审美意义的平面或者立体的造型艺术作品；

9. 建筑作品；

10. 摄影作品，是指借助器械在感光材料或者其他介质上记录客观物体形象的艺术作品；

11. 影视作品，电影作品和以类似摄制电影的方法创作的作品，是指摄制在一定介质上，由一系列有伴音或者无伴音的画面组成，并且借助适当装置放映或者以其他方式传播的作品。如，电影《九层妖塔》《捉妖记》；

　　12. 图形作品；

　　13. 模型作品；

　　14. 计算机软件。如，windows software、卡巴斯基杀毒软件；

　　15. 法律、行政法规规定的其他作品。如，民间文学艺术作品。

　　（三）本法不予以保护的对象

　　本法不予保护的对象为：

　　1. 官方文件及其官方译文。如，法律、法规、国家机关的决议、决定、命令和其他具有立法、行政、司法性质的文件及其官方正式译文。

　　2. 时事新闻，是指通过报纸、期刊、广播电台、电视台等媒体报道的单纯事实消息。但传播报道他人采编的时事新闻，应当注明出处。

　　3. 历法、数表、通用表格和公式。这类成果表现形式单一，应成为人类共同财富，不宜被垄断使用。如，电话簿、节目预告表、元素周期表、乘法口诀表等。

三、著作权的主体–作者

　　（一）一般规定

　　1. 创作作品的公民是作者。创作，是指产生文学、艺术和科学作品的智力活动。

　　2. 如无相反证明，在作品上署名的公民、法人或者其他组织为作者。

　　（二）合作作品

　　1. 两人以上合作创作的作品，著作权由合作作者共同享有。

　　2. 没有参加创作的人，不能成为合作作者。是指，为他人创作进行组织工作、提供咨询意见、物质条件，或者进行了其他辅助工作，这些工作均不视为创作。

　　3. 合作作品中著作权的行使：

　　（1）可分割→各自单独享有。即，合作作品可以分割使用的，作者对各自创作的部分可以单独享有著作权，但行使著作权时不得侵犯合作作品整体的著作权。

　　（2）不可分割→共有+可自己实施+可许可他人实施。即，合作作品不可以分割使用的，其著作权由各合作作者共同享有，通过协商一致行使；不能协商一致，又无正当理由的，任何一方不得阻止他方行使除转让以外的其他权利，但是所得收益应当合理分配给所有合作作者。

　　例1　甲乙共同编写《经济法教程》，其中甲写《反垄断法》等几章，乙写《商业银行法》等几章，而且均保留作者各自独立的学术观点。此合作作品即属于"可分割使用"，各作者均单独享有著作权。

　　例2　二人共同创作一幅大型壁画，甲负责勾勒线条，乙负责填充颜色。该壁画为不可分割作品。

　　（三）委托作品

　　1. 有约定依约定，无约定归受托人。即，受委托创作的作品，著作权的归属由委托人和受托人通过合同约定。合同未作明确约定或者没有订立合同的，著作权属于受托人。

　　2. 委托人的权利：在约定范围或委托范围内使用。即，委托作品著作权属于受托人的情形，委托人在约定的使用范围内享有使用作品的权利；双方没有约定使用作品范围的，委托人可以在委托创作的特定目的范围内免费使用该作品。

（四）原件所有权转移的作品

1. 美术等作品原件所有权的转移，是指绘画、书法、雕塑等美术作品的原件可以通过拍卖、买卖等方式转移所有权。

2. 美术等作品原件所有权的转移，不视为作品著作权的转移。

3. 但美术作品原件的展览权，由原件所有人享有。即，原件作品著作权中的一项"展览权"随着所有权转移。

例　麦琪购买了某画家的一幅画。该幅画的展览权不再属于原画家，展览权归属麦琪，因为麦琪是原件所有人，他可以决定是否将该幅画"公之于众"。

（五）影视作品

1. 电影作品，著作权归制片者。即，电影作品和以类似摄制电影的方法创作的作品，著作权由制片者享有。

2. 编剧、导演、摄影、作词、作曲等作者享有署名权，并有权按照与制片者签订的合同获得报酬。（导演是创作组的最高负责人，对艺术负责。但导演并非著作权人，有可能被制片者换掉）

3. 影视作品中的剧本、音乐等可以单独使用的作品的作者有权单独行使其著作权。

（六）演绎作品

1. 演绎作品，又称派生作品，指在已有作品的基础上，经由改编、翻译、注释、整理已有作品而产生的作品。

（1）改编，即改变作品，创作出具有独创性的新作品的行为。

（2）翻译，即将作品从一种语言文字转换成另一种语言文字的行为。

（3）注释，是指对文字作品中的字、词、句进行解释。

（4）整理，是指对内容零散、层次不清的已有文字作品或材料进行条理化、系统化的加工。

2. 演绎作品的著作权，归演绎人。即改编者、翻译者、注释者、整理人享有独立的著作权。

3. 虽然演绎人享有独立著作权，但其行使著作权时不得侵犯原作品的著作权。

4. 对演绎作品的再次使用：双许可，双付费。即，

（1）出版演绎作品。出版改编、翻译、注释、整理、汇编已有作品而产生的作品，应当取得改编、翻译、注释、整理、汇编作品的著作权人和原作品的著作权人许可，并支付报酬。

（2）表演演绎作品。使用改编、翻译、注释、整理已有作品而产生的作品进行演出，应当取得改编、翻译、注释、整理作品的著作权人和原作品的著作权人许可，并支付报酬。

（3）录制演绎作品。录音录像制作者使用改编、翻译、注释、整理已有作品而产生的作品，应当取得改编、翻译、注释、整理作品的著作权人和原作品著作权人许可，并支付报酬。

例　想一想，下列作品哪些属于演绎作品？①《〈红楼梦〉经典诗句评析》；②《哈利波特与魔法石》中文版；③《鬼吹灯之寻龙诀》电影剧本；④《〈左传〉难点词汇释义》。

（提示：①不属于演绎作品，是独立作品；②是演绎作品，翻译；③是演绎作品，改编；

④是演绎作品，注释)

(七) 汇编作品

1. 汇编作品，是指选择或编排若干作品、作品的片段或者不构成作品的数据或者其他材料，并对其内容的选择或者编排体现独创性的作品。

(1) 材料的选择或者编排要体现独创性。

(2) 汇编的材料范围：可以是独立作品，也可以不是作品。如，《现代散文精品汇编》，该书中每一篇散文仍是独立作品；《人物描写经典片段汇编》，该书中汇编的材料是作品片段；《全国农村社会经济典型调查数据汇编》，汇编材料是数据。

2. 汇编作品，其著作权由汇编人独立享有。

3. 汇编人行使著作权时，不得侵犯原作品的著作权。

(八) 遗著

1. 作者死亡后，其著作权中的署名权、修改权和保护作品完整权由作者的继承人或者受遗赠人保护。著作权无人继承又无人受遗赠的，上述权利由著作权行政管理部门保护。

2. 作者死亡后，著作权中的财产权由作者的继承人或者受遗赠人继承。

3. 作者生前未发表的作品，如果作者未明确表示不发表，作者死亡后 50 年内，其发表权可由继承人或者受遗赠人行使；没有继承人又无人受遗赠的，由作品原件的所有人行使。

(九) 职务作品

职务作品，是指公民为完成法人或者其他组织工作任务所创作的作品。可分为：

(1)		一般职务作品
概念：为完成单位工作任务，但未主要利用单位物质技术条件的作品。如，某高校老师甲，为完成工作量撰写的一篇论文。		
行使规则	①	著作权由作者独立享有。
	②	单位有权在业务范围内优先使用。 作品完成 2 年内：a. 未经单位同意，作者不得许可第三人或者其他组织以与单位相同的方式使用该作品；b. 经单位同意，作者许可第三人以与单位使用的相同方式使用作品所获得的报酬，由作者和单位按约定比例分配。
(2)		特殊职务作品
概念： ①主要是利用法人或者其他组织的物质技术条件创作； ②并由法人或者其他组织承担责任； ③限于工程设计图、产品设计图、地图、计算机软件等作品类型； ④法律、行政法规规定或者合同约定著作权由法人或者其他组织享有的职务作品。		
行使规则	①	作者享有署名权；著作权的其他权利，由法人或者其他组织享有。
	②	法人或者其他组织可以给予作者奖励。
(3)		单位作品（该类型目前较少）

续表

概念：由法人或者其他组织主持，代表法人或者其他组织意志创作，并由法人或者其他组织承担责任的作品。	
规则	法人或者其他组织为作者，由单位行使完整的著作权。

（十）作者身份不明的作品

1. 作者身份不明的作品，由作品原件所有人行使除署名权以外的著作权。

2. 作者身份确定后，由作者或者其继承人行使著作权。

（十一）其他

1. 报告讲话，著作权归领导。即，由他人执笔，本人审阅定稿并以本人名义发表的报告、讲话等作品，著作权归报告人或者讲话人享有。著作权人可以支付给执笔人适当的报酬。

2. 自传体作品，著作权归该特定人物。即，自传体作品，有约定的从约定；无约定的，著作权归该特定人物享有，执笔人或者整理人可以要求获得适当报酬。

例　老艺术家麦琪口述自己的人生经历，由梦雨记录，之后形成回忆录《我的一生》，该书的作者是麦琪，即上述"该特定人物＝麦琪"，梦雨是执笔人。"自传体作品"和"人物传记"不同，如，甲创作《居里夫人传》，该人物传记作者为甲，而不是居里夫人。

四、著作权的内容–人身权

著作人身权，是指著作权人基于作品的创作依法享有的以人格利益为内容的权利。它与作者的人身不可分离，一般不能继承、转让，也不能被非法剥夺或成为强制执行中的执行标的。著作人身权分为四类。

（一）发表权

发表权，是指决定作品是否公之于众的权利。具体包括：

1. 公之于众，是指著作权人自行或者经著作权人许可将作品向不特定的人公开，但不以公众知晓为条件。

2. 发表权是一次性权利。作品一旦发表，发表权即行消灭，以后再次使用作品可归入"著作权的使用"，这与发表权无关。

3. 发表方式多种多样，作者可以决定以何种方式公之于众。

（二）署名权

署名权，是指表明作者身份，在作品上署名的权利。具体包括：

1. 作者可决定自己是否在作品上署名；

2. 作者可决定署名的方式，署真名、笔名、网名均可以；

3. 合作作品中，合作作者可决定署名的顺序；

4. 作者可禁止未参加创作的人在作品上署名；

5. 作者可禁止他人假冒署名，即有权禁止他人盗用自己的姓名或笔名在他人作品上署名。

例　麦琪是著名的国画家，甲是美院在校学生，潜心学习麦琪的绘画技巧后，基本能够达到以假乱真的地步。现甲创作一幅国画但在该画上署名"麦琪"。此为侵犯麦琪的署名权。

（三）修改权

修改权，即作者可自行修改或者授权他人修改作品的权利。如，某出版社要更改作者麦琪写的一本小说的结构，则出版社要经过作者麦琪的同意，不能随意修改。

> 📖 **易混淆点　修改权 VS 改编权**
>
> | 修改权 | 改编权 |
> | --- | --- |
> | 是著作权人身权的一项。
如，他人修改作者张三的作品，并没有产生出新作品，该作品的作者仍为张三。 | 是著作权财产权的一项。即改变作品，创作出具有独创性的新作品的权利。
如，编剧甲对剧本享有独立的著作权。 |

（四）保护作品完整权

保护作品完整权，是指保护作品不受歪曲、篡改的权利。如，现实中曾出现的恶搞某部电影，恶搞红色经典小说，这些"歪曲篡改"的恶搞行为即侵犯了原作品的完整权，给原作者带来不良影响，构成侵权。

五、著作权的内容-财产权

著作财产权，是指著作权人依法享有的控制作品的使用并获得财产利益的权利。著作权财产权分为使用权、转让权、许可权。

（一）使用权

1. 复制权。即以印刷、复印、拓印、录音、录像、翻录、翻拍等方式将作品制作一份或者多份的权利。

2. 发行权。即以出售或者赠与方式向公众提供作品的原件或者复制件的权利。（复制权+发行权＝出版。该两项权利主要针对出版社）

3. 出租权。即有偿许可他人临时使用电影作品和以类似摄制电影的方法创作的作品、计算机软件的权利，计算机软件不是出租的主要标的的除外。

（1）仅限于电影作品、计算机软件。即，只有电影作品、计算机软件的作者，才有权阻止他人未经许可的出租行为。其他类型的作品作者没有"出租权"。

例　张三是一本图书的作者，图书为文字作品，非"电影作品、计算机软件作品"，所以张三没有出租权，也就是他人正当购买张三的图书后，可自由出租，不构成侵犯张三的出租权。

（2）计算机软件不是出租的主要标的的除外。

例　张三出差到上海，入住酒店后要租赁一台电脑使用。现酒店的电脑中安装了360杀毒软件，但酒店出租给张三的标的物是"电脑"，酒店出租并非以"杀毒软件"为主要标的。此时，酒店没有侵犯360杀毒软件作者的出租权。

4. 展览权。即公开陈列美术作品、摄影作品的原件或者复制件的权利。（该项权利要结合一个知识点："美术等作品原件所有权的转移，不视为作品著作权的转移，但美术作品原件的展览权由原件所有人享有"）

5. 表演权。即公开表演作品，以及用各种手段公开播送作品的表演的权利。

（1）依据表演主体，表演可以分为：

①演艺人表演；

②机械装置表演（机械表演、间接表演）。

（2）侵权方式之一：公开表演作品。如，张三创作了一首歌曲，李四未经张三许可，即在商业晚会上演唱该歌曲，李四构成侵权。

（3）侵权方式之二：公开播送（即机械表演）。如，酒店、咖啡馆等经营性单位未经许可播放背景音乐即侵犯音乐作品作者的机械表演权。

6. 放映权。即通过放映机、幻灯机等技术设备公开再现美术、摄影、电影和以类似摄制电影的方法创作的作品等的权利。

7. 广播权。即以无线方式公开广播或者传播作品，以有线传播或者转播的方式向公众传播广播的作品，以及通过扩音器或者其他传送符号、声音、图像的类似工具向公众传播广播的作品的权利。（注意！下文"播放者权"是广播电台电视台的权利；"广播权"是作者的权利）

8. 信息网络传播权。即以有线或者无线方式向公众提供作品，使公众可以在其个人选定的时间和地点获得作品的权利。

9. 摄制权。即以摄制电影或者以类似摄制电影的方法将作品固定在载体上的权利。

10. 改编权。即改变作品，创作出具有独创性的新作品的权利。

例　①张三创作小说《青春》，张三对该小说享有"改编权"。李四要将该小说改编为电影剧本，需经过张三许可，否则李四构成侵权。②但是李四若未经张三许可，擅自将小说改编为剧本《青春》后，李四对电影剧本《青春》独立享有著作权，李四的行为属于"演绎"，电影剧本《青春》为独立的演绎作品。但李四要对原作者张三承担侵权责任。

11. 翻译权。即将作品从一种语言文字转换成另一种语言文字的权利。

12. 汇编权。即将作品或者作品的片段通过选择或者编排，汇集成新作品的权利。

（二）许可权

许可使用权，是指著作权人依法享有的许可他人在一定地域范围、一定期间使用作品并获得报酬的权利。

1. 可以许可的权利，只能是著作权中的"财产权"。

2. 一般情况：使用他人作品，应当同著作权人订立许可使用合同。

3. 例外情况：下文符合"合理使用""法定许可使用"情形时，无需作者许可。

4. 许可使用合同包括下列主要内容：

（1）许可使用的权利种类。

专有使用权的内容由合同约定，合同没有约定或者约定不明的，视为被许可人有权排除包括著作权人在内的任何人以同样的方式使用作品；除合同另有约定外，被许可人许可第三人行使同一权利，必须取得著作权人的许可。（无约定，推定为专有许可使用）

（2）许可使用的地域范围、期间。

（3）付酬标准和办法。

（4）违约责任。

（5）双方认为需要约定的其他内容。

（三）转让权

1. 著作人身权不能转让。只有著作权中的财产权可以转让。

2. 著作财产权转让时，可以转让使用权中的一项或多项或全部权利。

3. 著作权转让的限制。即在不可分割使用的合作作品中，任何一方不得阻止他方行使除转让以外的其他权利，但是所得收益应当合理分配给所有合作作者。

（四）获得报酬权（略）

六、合理使用制度★

（一）概念和特征

合理使用，是指根据法律的明文规定，不必征得著作权人同意而无偿使用他人已发表作品的行为。其特征为：

1. 必须基于法律的明文规定。即下述 12 种情形。

2. 只针对已经发表的作品。使用他人未发表的作品必须征得著作权人同意。

3. 不必征得著作权人许可，且无偿使用他人作品。（不许可，不付费）

4. 不得影响该作品的正常使用，也不得损害著作权人的合法利益。

（二）合理使用的法定情形

（1）在下列情况下使用作品，可以不经著作权人许可，不向其支付报酬，但应当指明作者姓名、作品名称，并且不得侵犯著作权人依照本法享有的其他权利。		
（2）并且下列法定情况使用作品时，适用于对出版者、表演者、录音录像制作者、广播电台、电视台的权利的限制。		
个人	为个人学习、研究或者欣赏，使用他人已经发表的作品。	
媒体	（1）	（时事新闻）为报道时事新闻，在报纸、期刊、广播电台、电视台等媒体中不可避免地再现或者引用已经发表的作品；
	（2）	（政经宗）报纸、期刊、广播电台、电视台等媒体刊登或者播放其他报纸、期刊、广播电台、电视台等媒体已经发表的关于政治、经济、宗教问题的时事性文章，但作者声明不许刊登、播放的除外；
	（3）	（公众集会）报纸、期刊、广播电台、电视台等媒体刊登或者播放在公众集会上发表的讲话，但作者声明不许刊登、播放的除外。
公务	国家机关为执行公务在合理范围内使用已经发表的作品。	
公益	（1）	（学校）为学校课堂教学或者科学研究，翻译或者少量复制已经发表的作品，供教学或者科研人员使用，但不得出版发行；
	（2）	（五馆）图书馆、档案馆、纪念馆、博物馆、美术馆等为陈列或者保存版本的需要，复制本馆收藏的作品；
	（3）	（汉译少）将中国公民、法人或者其他组织已经发表的以汉语言文字创作的作品翻译成少数民族语言文字作品在国内出版发行；
	（4）	将已经发表的作品改成盲文出版。

续表

免费表演	免费表演已经发表的作品，该表演未向公众收取费用，也未向表演者支付报酬。（注意！不同于"义演"）
机械复制	（1）对设置或者陈列在室外公共场所的艺术作品进行临摹、绘画、摄影、录像； （2）上述艺术作品的临摹人、绘画人、摄影人、录像人，可以对其成果以合理的方式和范围再行使用，不构成侵权。
适当引用	为介绍、评论某一作品或者说明某一问题，在作品中适当引用他人已经发表的作品。

七、法定许可使用

法定许可使用，是指依照法律的明文规定，不经著作权人同意有偿使用他人已经发表作品的行为。"法定许可"主要是作品传播者的使用行为，本法具体包括下列情形：（不许可，要付费）

1.（教科书）为实施九年制义务教育和国家教育规划而编写出版教科书，除作者事先声明不许使用的外，可以不经著作权人许可，在教科书中汇编已经发表的作品片段或者短小的文字作品、音乐作品或者单幅的美术作品、摄影作品，但应当按照规定支付报酬，指明作者姓名、作品名称，并且不得侵犯著作权人依照本法享有的其他权利。

2.（报刊+转载摘编）作品刊登后，除著作权人声明不得转载、摘编的外，其他报刊可以转载或者作为文摘、资料刊登，但应当按照规定向著作权人支付报酬。

（1）只有"报纸、期刊"的出版者享有法定许可权。

（2）转载，是指报纸、期刊登载其他报刊已发表作品的行为。转载未注明被转载作品的作者和最初登载的报刊出处的，应当承担消除影响、赔礼道歉等民事责任。

（3）只有作者明确声明不得转载、摘编的，其他报刊才不可转载、摘编。因此，只要作者没有明确声明，其他报刊转载、摘编时，不需要作者同意，也不需要原刊登作品的出版者同意。

例　张三在《北京晚报》上刊发一篇小散文，现北京晚报社声明"未经本报社许可，不得转载"。之后《文摘》杂志转载了上述张三已发表的散文。则，《文摘》杂志是否可以转载该文章？（可以。只有张三明确声明"未经作者许可不得转载"，才会对《文摘》有约束力，北京晚报社的声明对《文摘》没有约束力）

3. 录制者的法定许可+音乐作品。（见下文）

4. 播放者的法定许可+已发表作品。（见下文）

5. 播放者的法定许可+录音制品。（见下文）

八、著作权的保护期限

著作权的保护具有"时间性"，也就是具有法定保护期。

1. 作者的署名权、修改权、保护作品完整权的保护期不受限制。（不含人身权中的"发表权"）

2. 公民作品：终身+死后 50 年年底。

（1）其发表权、财产权权利的保护期为作者终生及其死亡后 50 年，截止于作者死亡后第 50 年的 12 月 31 日。合作作品，截止于最后死亡的作者死亡后第 50 年的 12 月 31 日。

（2）此处"作品"，是指文字作品、美术作品、音乐作品等类型，不包括电影作品、摄影作品。

3. 单位作品、职务作品：发表+50 年年底。

（1）其发表权、财产权权利的保护期为 50 年，截止于作品首次发表后第 50 年的 12 月 31 日。

（2）但作品自创作完成后 50 年内未发表的，本法不再保护。

4. 影视作品、摄影作品：发表+50 年年底。

（1）其发表权、财产权权利的保护期为 50 年，截止于作品首次发表后第 50 年的 12 月 31 日。如，某电影作品的作者是麦琪，保护期仍是"发表+50 年年底"，不适用公民作品"终身+死后 50 年年底"的规定。

（2）但作品自创作完成后 50 年内未发表的，本法不再保护。

九、邻接权

邻接权，是指作品传播者对在传播作品过程中产生的劳动成果依法享有的专有权利，又称为作品传播者权或与著作权有关的权益。我国《著作权法》赋予出版者、表演者、录制者、播放者以邻接权。

邻接权和著作权的关系：

著作权是作者的权利；邻接权是传播者的权利。

著作权是基础，没有作品就谈不上作品的传播，就没有传播者的权利。

（一）出版者

1. 享有专有出版权。即，图书出版者对著作权人交付出版的作品，按照合同约定享有的专有出版权受法律保护，他人不得出版该作品。

2. 享有修改权。报社、期刊社可以对作品做文字性修改、删节。对内容的修改，应当经作者许可。（仅限于文字性修改）

3. 图书的重印和再版。

（1）图书出版者重印、再版作品的，应当通知著作权人，并支付报酬。

（2）图书脱销后，图书出版者拒绝重印、再版的，著作权人有权终止合同。

（3）图书脱销，是指著作权人寄给图书出版者的两份订单在 6 个月内未能得到履行。

4. 出版演绎作品：双许可、双付费。即，出版改编、翻译、注释、整理、汇编已有作品而产生的作品，应当取得改编、翻译、注释、整理、汇编作品的著作权人和原作品的著作权人许可，并支付报酬。

5. 出版者的法定许可。（略）

（二）表演者★

1. 表演者，包括演员、演出单位或者其他表演文学、艺术作品的人。表演者权的客体是指表演活动，即通过演员的声音、表情、动作公开再现作品或演奏作品。

2. 表演者的义务。

（1）表演者要获得作者许可。即，使用他人作品演出，表演者应当取得著作权人许可，并支付报酬。(否则，会侵犯作者的"表演权")

(2) 表演演绎作品：双许可、双付费。即，使用改编、翻译、注释、整理已有作品而产生的作品进行演出，应当取得改编、翻译、注释、整理作品的著作权人和原作品的著作权人许可，并支付报酬。

3. 表演者的权利。表演者对其表演享有下列权利：

(1) 表明表演者身份。

(2) 保护表演形象不受歪曲。

(3) 许可他人从现场直播和公开传送其现场表演，并获得报酬。此时，被许可人使用作品，还应当取得著作权人许可，并支付报酬。如，某市音乐广播电台要现场直播著名歌星梦雨的独唱演唱会，此时音乐台除了要取得梦雨（表演者）的许可，还要取得歌词、歌曲作者（著作权人）许可，并向表演者和著作权人支付报酬。

(4) 许可他人录音录像，并获得报酬。此时，被许可人使用作品，还应当取得著作权人许可，并支付报酬。

(5) 许可他人复制、发行录有其表演的录音录像制品，并获得报酬。此时，被许可人使用作品，还应当取得著作权人许可，并支付报酬。

(6) 许可他人通过信息网络向公众传播其表演，并获得报酬。此时，被许可人使用作品，还应当取得著作权人许可，并支付报酬。

〔图示〕被许可人使用作品

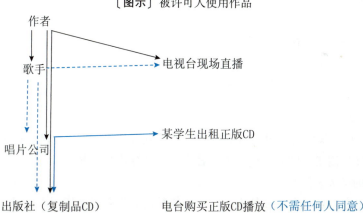

(三) 录音录像制作者★★

1. 录制者权的主体，包括录音制作者和录像制作者。

(1) 录音制品，是指任何声音的原始录制品。如，CD 音乐盘。

(2) 录像制品，是指电影作品和以类似摄制电影的方法创作的作品以外的任何有伴音或无伴音的连续相关形象的原始录制品。

> **易混淆点**　录像制品 VS 电影作品
> ①电影作品属于作品，是指摄制在一定介质上，由一系列有伴音或者无伴音的画面组成，并且借助适当装置放映或者以其他方式传播的作品。
> ②录像制品（是制品不是作品）的创新性低于作品。（制作≠创作）

2. 录制者的义务。

（1）使用他人作品制作录音录像制品，应当取得著作权人许可，并支付报酬。

例　北方唱片公司（录音制作人）录制一首单曲，该首歌是张三作词作曲，由李四演唱。北方唱片公司在录制时，要取得张三的许可，因为张三是"著作权人"。

（2）录音录像制作者制作录音录像制品，应当同表演者订立合同，并支付报酬。

（3）录制演绎作品：双许可、双付费。即，录音录像制作者使用改编、翻译、注释、整理已有作品而产生的作品，应当取得改编、翻译、注释、整理作品的著作权人和原作品著作权人许可，并支付报酬。

3. 录制者的法定许可。即，录音制作者使用他人已经合法录制为录音制品的音乐作品制作录音制品，可以不经著作权人许可，但应当按照规定支付报酬；著作权人声明不许使用的不得使用。

4. 录制者的许可权。即，

（1）录音录像制作者对其制作的录音录像制品，享有许可他人复制、发行、出租、通过信息网络向公众传播并获得报酬的权利；权利的保护期为 50 年，截止于该制品首次制作完成后第 50 年的 12 月 31 日。

（2）被许可人复制、发行、通过信息网络向公众传播录音录像制品，还应当取得著作权人、表演者许可，并支付报酬。

〔图示〕出租行为

（四）播放者

播放者权，是广播电台、电视台的权利，其权利客体是"广播信号"；不要和著作财产权中的"广播权"混淆，广播权是作者的著作权，其客体是作品。

1. 播放者的义务。

（1）广播电台、电视台播放他人未发表的作品，应当取得著作权人许可，并支付报酬。

（2）电视台播放他人的电影作品和以类似摄制电影的方法创作的作品、录像制品，应当取得制片者或者录像制作者许可，并支付报酬；播放他人的录像制品，还应当取得著作权人许可，并支付报酬。

2. 广播电台、电视台的法定许可。

（1）播放他人已发表的作品（注意！不包括影视作品），可以不经著作权人许可，但应当支付报酬。（不许可，要付费）

（2）播放已经出版的录音制品（注意！对录像制品不适用），可以不经著作权人许可，但应当支付报酬。当事人另有约定的除外。具体办法由国务院规定。（不许可，要付费）

例　某市音乐电台购买一张正版 CD 盘后，在节目中播放该 CD 盘中的歌曲，该音乐电台可以不经著作权人许可，但应当支付报酬。

3. 播放者的权利：禁止未经许可的转播+录制+复制。即，广播电台、电视台有权禁止未经其许可的下列行为：

（1）禁止将其播放的广播、电视转播；

（2）禁止将其播放的广播、电视录制在音像载体上；

（3）禁止复制音像载体；

（4）强调！个人学习、研究或者欣赏，将其播放的广播、电视录制在音像载体上以及复制音像载体，是合理使用，而非侵权行为。

4. 体育赛事中的邻接权问题。

（1）体育赛事并非作品；运动员不为"表演者"。

（2）体育赛事中的表演活动，如，现场助兴表演的演员，属于"表演者"，受本法保护。

（3）广播电台、电视台对体育赛事的转播形成的"广播信号"，属于本法保护范围。

〔图示〕播放者的义务

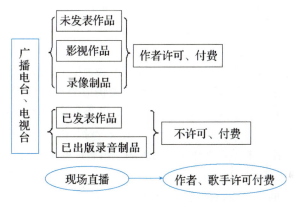

十、侵权诉讼

（一）当事人

1. 著作权人或其继承人，可以为当事人。

2. 著作权管理组织可以作为当事人。即，著作权人和与著作权有关的权利人可以授权著作权集体管理组织行使著作权或者与著作权有关的权利。著作权集体管理组织被授权后，可以自己的名义为著作权人和与著作权有关的权利人主张权利，并可以作为当事人进行涉及著作权或者与著作权有关的权利的诉讼、仲裁活动。

3. 著作权转让后，受让人可以为当事人。

（二）诉讼时效

1. 侵犯著作权的诉讼时效为2年，自著作权人知道或者应当知道侵权行为之日起计算。

2. 权利人超过2年起诉的，如果侵权行为在起诉时仍在持续，在该著作权保护期内，人民法院应当判决被告停止侵权行为；侵权损害赔偿数额应当自权利人向人民法院起诉之日起向前推算2年计算。

例　著作权人甲于2010年1月1日知道侵权行为，但直到2015年1月1日才起诉，此时，在著作权保护期内，侵权行为仍在继续，那么，法院仍应当判决被告停止侵权行为，并自2013年1月1日起计算侵权损害赔偿数额。

（三）管辖（略）

（四）保全措施

1. 诉前责令停止有关行为（临时禁令、诉前禁令）。申请诉前责令停止有关行为的，必须提交相关证据和担保。

2. 诉前财产保全。可以在起诉前向人民法院申请采取财产保全的措施。

3. 诉前证据保全。即为制止侵权行为，在证据可能灭失或者以后难以取得的情况下，著作权人或者与著作权有关的权利人可以在起诉前向人民法院申请保全证据。

（五）举证责任★

《著作权法》第53条："复制品的出版者、制作者不能证明其出版、制作有合法授权的，复制品的发行者或者电影作品或者以类似摄制电影的方法创作的作品、计算机软件、录音录像制品的复制品的出租者不能证明其发行、出租的复制品有合法来源的，应当承担法律责任。"

1. 所尽合理注意义务情况，由出版者等承担举证责任。即，出版者、制作者应当对其出版、制作有合法授权承担举证责任，发行者、出租者应当对其发行或者出租的复制品有合法来源承担举证责任。

2. 出版者等的侵权责任，为无过错原则。即，出版者尽了合理注意义务，著作权人也无证据证明出版者应当知道其出版涉及侵权的，出版者仍应当承担侵权责任，包括停止侵权、返还其侵权所得利润。但由于出版者无过错，此时出版者无需赔偿。

3. 出版者等的赔偿责任，为过错原则。即，出版者对其出版行为的授权、稿件来源和署名、所编辑出版物的内容等未尽到合理注意义务的，出版社要承担赔偿责任。

（六）侵权的法律责任

1. 有下列侵权行为的，应当根据情况，承担停止侵害、消除影响、赔礼道歉、赔偿损失等民事责任：

（1）未经著作权人许可，发表其作品的；

（2）未经合作作者许可，将与他人合作创作的作品当作自己单独创作的作品发表的；

（3）没有参加创作，为谋取个人名利，在他人作品上署名的；

（4）歪曲、篡改他人作品的；

（5）剽窃他人作品的；

（6）未经著作权人许可，以展览、摄制电影和以类似摄制电影的方法使用作品，或者以改编、翻译、注释等方式使用作品的，本法另有规定的除外；

（7）使用他人作品，应当支付报酬而未支付的；

（8）未经电影作品和以类似摄制电影的方法创作的作品、计算机软件、录音录像制品的著作权人或者与著作权有关的权利人许可，出租其作品或者录音录像制品的，本法另有规定的除外；

（9）未经出版者许可，使用其出版的图书、期刊的版式设计的；

（10）未经表演者许可，从现场直播或者公开传送其现场表演，或者录制其表演的；

（11）其他侵犯著作权以及与著作权有关的权益的行为。

2. 有下列侵权行为的，应当根据情况，承担停止侵害、消除影响、赔礼道歉、赔偿损失等民事责任；同时损害公共利益的，可以由著作权行政管理部门责令停止侵权行为，没收违法所得，没收、销毁侵权复制品，并可处以罚款；情节严重的，著作权行政管理部门还可以没收主要用于制作侵权复制品的材料、工具、设备等；构成犯罪的，依法追究刑事责任：

（1）未经著作权人许可，复制、发行、表演、放映、广播、汇编、通过信息网络向公众传播其作品的，本法另有规定的除外；

（2）出版他人享有专有出版权的图书的；

（3）未经表演者许可，复制、发行录有其表演的录音录像制品，或者通过信息网络向公众传播其表演的，本法另有规定的除外；

（4）未经录音录像制作者许可，复制、发行、通过信息网络向公众传播其制作的录音录像制品的，本法另有规定的除外；

（5）未经许可，播放或者复制广播、电视的，本法另有规定的除外；

（6）未经著作权人或者与著作权有关的权利人许可，故意避开或者破坏权利人为其作品、录音录像制品等采取的保护著作权或者与著作权有关的权利的技术措施的，法律、行政法规另有规定的除外；

（7）未经著作权人或者与著作权有关的权利人许可，故意删除或者改变作品、录音录像制品等的权利管理电子信息的，法律、行政法规另有规定的除外；

（8）制作、出售假冒他人署名的作品的。

（七）侵权损害赔偿

按顺序赔偿：实际损失→侵权利益→法院判决。

第1顺序：依实际损失给予赔偿。

第2顺序：实际损失难以计算的，可以按照侵权人的违法所得给予赔偿。赔偿数额还应当包括权利人为制止侵权行为所支付的合理开支，如，调查取证的合理费用、律师费等。

第3顺序：按前述方法难以确定时，由法院根据当事人的请求或依职权在50万元以下酌情判决。

十一、计算机软件的著作权

1. 软件著作权的客体是计算机软件，它由程序和文档组成。对软件著作权的保护，不延及开发软件所用的思想、处理过程、操作方法或者数学概念等。

2. 软件著作权自软件开发完成之日起产生。除法律另有规定外，软件著作权属于软件开发者，即实际组织开发、直接进行开发，并对开发完成的软件承担责任的法人或者其他组织；或者依靠自己具有的条件独立完成软件开发，并对软件承担责任的自然人。如无相反证据，在软件上署名的自然人、法人或者其他组织为开发者。

3. 软件著作权的限制。为了学习和研究软件内含的设计思想和原理，通过安装、显示、传输或者存储软件等方式使用软件的，可以不经软件著作权人许可，不向其支付报酬。

4. 未经软件著作权人许可的下列行为为侵权：

（1）复制或者部分复制著作权人的软件的；

（2）向公众发行、出租、通过信息网络传播著作权人的软件的；

（3）故意避开或者破坏著作权人为保护其软件著作权而采取的技术措施的；

（4）故意删除或者改变软件权利管理电子信息的；

（5）转让或者许可他人行使著作权人的软件著作权的。

5. 盗版软件问题。

（1）商业使用盗版软件，构成侵权并赔偿。即，计算机软件用户未经许可或者超过许可范围商业使用计算机软件的，依据著作权法第48条第（一）项、《计算机软件保护条例》第24条第1款第（一）项的规定承担民事责任。

（2）个人使用盗版软件构成侵权。即，软件的复制品持有人不知道也没有合理理由应当知道该软件是侵权复制品的，不承担赔偿责任；但是，应当停止使用、销毁该侵权复制品。如果停止使用并销毁该侵权复制品将给复制品使用人造成重大损失的，复制品使用人可以在向软件著作权人支付合理费用后继续使用。

第 3 章　专利权

重点：（1）专利侵权的认定；（2）不视为专利侵权的行为；
（3）专利侵权诉讼；（4）专利申请的原则。

知识结构图

专利权
- 授权条件
  - 新颖性
  - 创造性
  - 实用性
- 专利申请
  - 专利申请权人
  - 申请原则
    - 先申请原则
    - 优先权原则
    - 禁止重复授权原则
    - 形式法定原则
  - 申请的审查
    - 初审
    - 实审
    - 授权/驳回
    - 复审
- 专利无效
- 专利强制许可
  - 不实施时的强制许可
  - 公共利益需要的强制许可
  - 从属专利的强制许可
- 专利侵权
  - 侵权的认定
    - 主观因素
    - 客观侵害行为
    - 善意侵权
  - 不视为侵权
    - 现有技术抗辩
    - 专利耗尽原则
    - 先用权原则
    - 非商业使用原则
    - 临时过境原则
- 专利侵权诉讼
  - 诉讼时效/管辖/保全措施/损害赔偿顺序
  - 许可合同
    - 独占许可
    - 排他许可
    - 普通许可

一、适用范围

（一）专利权的客体

专利权的客体，是指依法应授予专利的发明创造。包括发明、实用新型和外观设计三种。

发明	发明，是指对产品、方法或者其改进所提出的新的技术方案。发明必须是一种技术方案，通常是自然科学领域的智力成果。	
	（1）	产品发明。是关于新产品或新物质的发明。如，发明的白炽灯。
	（2）	方法发明。是指为解决某特定技术问题而采用的手段和步骤的发明。如，生产白炽灯的方法可以申请方法专利。
	（3）	改进发明。是对已有的产品发明或方法发明所作出的实质性革新的技术方案。如，给白炽灯填充惰性气体，质量和寿命都有明显提高，可以申请改进发明。
实用新型	是指对产品的形状、构造或者其结合所提出的适于实用的新的技术方案。实用新型专利只保护产品。如，新型凸轮、新型刀具等。	
外观设计	又称为工业产品外观设计，是指对产品的形状、图案或者其结合以及色彩与形状、图案的结合所作出的富有美感并适于工业应用的新设计。	

（二）不授予专利权的对象

1. 违法发明创造→不授予。对违反法律、社会公德或者妨害公共利益的发明创造，不授予专利权。如，用于赌博的设备、机器或工具，吸毒的器具等。

2. 非法遗传资源再形成的发明创造→不授予。即，对违反法律、行政法规的规定获取或者利用遗传资源，并依赖该遗传资源完成的发明创造，不授予专利权。

3. 科学发现，不授予专利权。发明≠发现。如，科学家发现的 DNA 的排序。

4. 两个方法，不授予专利权。即，

（1）智力活动的规则和方法。如，交通规则、语言语法、速算法或口诀、心理测验方法、各种游戏、娱乐的规则和方法等。

（2）疾病的诊断和治疗方法。如，诊脉法、心理疗法、按摩、为预防疾病而实施的各种免疫方法等。但是药品或医疗器械可以申请专利。

5. 两个物质，不授予专利权。即，

（1）动物和植物品种。①动植物品种本身不能授予专利；②但是对于动植物品种的生产方法，可以授予专利权。如，杂交水稻的方法属于农业技术方案，可授予专利权。

（2）用原子核变换方法获得的物质，不授予专利权。

6. 起标识作用的设计，不授予。即，对平面印刷品的图案、色彩或者二者的结合作出的主要起标识作用的设计，不授权专利权。

二、专利权的主体

1. 发明人或设计人，为专利权人。

（1）发明人（设计人）只可为自然人，不能是单位、集体或课题组等。但专利权人可以是单位。

（2）发明人（设计人）无需具有民事行为能力。因为发明创造是事实行为。

（3）在一项发明创造过程中，只负责组织工作的人、为物质技术条件的利用提供方便的人或者从事其他辅助工作的人，不是发明人或者设计人。

2. **受让人，为专利权人**。

（1）他人可以通过专利转让合同或者继承成为专利权人。

（2）受让人虽然是专利权人，但不因受让而成为发明人（设计人）。

（3）发明人或者设计人也不因专利转让而丧失特定的人身权利。

3. **职务发明**。

		专利权归属	
第一类	执行本单位的任务所完成的发明创造。		（1）职务发明创造，申请专利的权利属于该单位；申请被批准后，该单位为专利权人。
（1）	在本职工作中作出的发明创造。		（2）发明人、设计人有下列权利：①署名权；②有权在其专利产品或者该产品包装上标明专利标记和专利号；③获得报酬权。
（2）	履行本单位交付的本职工作之外的任务所作出的发明创造。		（3）利用本单位的物质技术条件所完成的发明创造，单位与发明人或者设计人订有合同，对申请专利的权利和专利权的归属作出约定的，从其约定。
（3）	退休、调离原单位后，或者劳动人事关系终止后1年内作出的，与其在原单位承担的本职工作或者原单位分配的任务有关的发明创造。		
第二类	主要利用本单位的物质技术条件所完成的发明创造。		
本单位的物质技术条件，是指本单位的资金、设备、零部件、原材料或者不对外公开的技术资料等。			

4. **委托发明**。委托发明，是指一个单位或者个人接受其他单位或者个人委托所完成的发明创造。

（1）**有约定从约定，无约定归受托人**。即，除另有协议的以外，申请专利的权利属于完成的单位或者个人；

（2）**委托人可免费实施、优先受让**。即，研究开发人（即受托人）取得专利权的，委托人可以免费实施该专利；研究开发人转让专利申请权的，委托人享有以同等条件优先受让的权利。

5. **合作发明**。是指两个以上单位或个人合作完成的发明创造。

（1）	合作发明中专利权的申请
有约定	合作发明中，专利申请权人、专利权人的确定均是"有约定的从约定"。
无约定	合作开发完成的发明创造，除当事人另有约定的以外，申请专利的权利属于合作开发的当事人共有。
	①当事人一方转让其共有的专利申请权的，其他各方享有以同等条件优先受让的权利。
	②合作开发的当事人一方声明放弃其共有的专利申请权的，可以由另一方单独申请或者由其他各方共同申请。申请人取得专利权的，放弃专利申请权的一方可以免费实施该专利。
	③合作开发的当事人一方不同意申请专利的，另一方或者其他各方不得申请专利。
（2）	合作发明中专利权的行使
有约定	专利申请权或者专利权的共有人，对权利的行使有约定的，从其约定。

续表

无约定	没有约定的，共有人可以单独实施或者以普通许可方式许可他人实施该专利；许可他人实施该专利的，收取的使用费应当在共有人之间分配。
全体同意	除上述情形外，行使共有的专利申请权或者专利权应当取得全体共有人的同意。

三、专利的授权条件

(一) 发明、实用新型专利的授权条件★

授予专利权的发明和实用新型，应当具备新颖性、创造性和实用性。

1. 新颖性，是指申请专利的发明或者实用新型，必须不同于现有技术，同时还不得出现抵触申请。要点包括：

(1) 该发明或者实用新型不属于现有技术。

①现有技术，是指申请日以前在国内外为公众所知的技术。

②技术公开的方式有三种：出版物公开；使用公开；其他方式的公开。

③ "不视为丧失新颖性的公开"。即，申请专利的发明创造在申请日以前 6 个月内①，有下列情形之一的，不丧失新颖性：a. 在中国政府主办或者承认的国际展览会上首次展出的；b. 在规定的学术会议或者技术会议上首次发表的；c. 他人未经申请人同意而泄露其内容的。

(2) 无抵触申请。即，没有任何单位或者个人就同样的发明或者实用新型在申请日以前向国务院专利行政部门提出过申请，并记载在申请日以后公布的专利申请文件或者公告的专利文件中。

2. 创造性，是指与现有技术相比，该发明具有突出的实质性特点和显著的进步，该实用新型具有实质性特点和进步。

3. 实用性，是指该发明或者实用新型能够制造或者使用，并且能够产生积极效果。

(二) 外观设计专利的授权条件

1. 新颖性。即，授予专利权的外观设计，应当不属于现有设计；也没有任何单位或者个人就同样的外观设计在申请日以前向国务院专利行政部门提出过申请，并记载在申请日以后公告的专利文件中。要点包括：

(1) 现有设计，是指申请日以前在国内外为公众所知的设计。

(2) "相近似的外观设计"包括以下几种情况：

①形状、图案、色彩近似，产品相同；

②形状、图案、色彩相同，产品近似；

③形状、图案、色彩近似，产品也近似。

(3) 该设计不与他人合法权利相冲突。这里的在先权利包括了商标权、著作权、肖像权、知名商品特有包装装潢使用权等。

---

① 此处 "6 个月" 的期限计算：(1) 各种期限的第 1 日不计算在内；(2) 期限以年或者月计算的，以其最后 1 月的相应日为期限届满日；(3) 期限届满日是法定节假日的，以节假日后的第 1 个工作日为期限届满日。

（4）该外观设计与现有设计或者现有设计特征的组合相比，应当具有明显区别。

2. 授予专利权的外观设计必须适于工业应用。即能够在工业上批量生产。

3. 富有美感。

四、专利的申请程序

（一）申请日期

1. 专利申请日，为收到日/寄出日。即，国务院专利行政部门收到专利申请文件之日为申请日。如果申请文件是邮寄的，以寄出的邮戳日为申请日。

2. 授予前可撤回。即，申请人可以在被授予专利权之前随时撤回其专利申请。

3. 申请人可以对其专利申请文件进行修改。但是：

（1）对发明和实用新型专利申请文件的修改不得超出原说明书和权利要求书记载的范围。

（2）对外观设计专利申请文件的修改不得超出原图片或者照片表示的范围。

4. 专利申请权和专利权可以转让。

（1）转让专利申请权或者专利权的，当事人应当订立书面合同，并向国务院专利行政部门登记，由国务院专利行政部门予以公告。

（2）专利申请权或者专利权的转让自登记之日起生效。

（二）专利申请的原则

1. 先申请原则。两个以上的申请人分别就同样的发明创造申请专利的，专利权授予最先申请的人。（先到先得）

2. 禁止重复授权原则。包括：

（1）授予一种专利权。即，同样的发明创造只能授予一项专利权。

（2）同人同日可申请两种。即，同一申请人同日对同样的发明创造既申请实用新型专利又申请发明专利，先获得的实用新型专利权尚未终止，且申请人声明放弃该实用新型专利权的，可以授予发明专利权。

（3）分别说明，一并公告。即，申请人应当在申请时分别说明对同样的发明创造已申请了另一专利；未作说明的，依照同样的发明创造只能授予一项专利权的规定处理。国务院专利行政部门公告授予实用新型专利权，应当公告申请人已同时申请了发明专利的说明。

（4）申请人不同意放弃的，国务院专利行政部门应当驳回该发明专利申请；申请人期满未答复的，视为撤回该发明专利申请。

3. 优先权原则。

（1）优先权，是指在一个缔约成员国提出发明专利、实用新型、外观设计或商标注册申请的申请人，又在规定期限内就同样的注册申请再向其他成员国提出同样内容的申请的，可以享有申请日期优先的权利。优先权原则主要是为了解决外国人在申请专利权、商标权方面所产生的不公平竞争问题。

例　甲公司 2015 年 1 月 1 日就某项技术向美国专利局提出专利申请，在 2015 年 9 月 1 日，甲公司就同一项技术又向中国专利局提出专利申请。在满足优先权条件后，虽然 9 月 1 日是甲公司向中国提出的实际日期，但视为 1 月 1 日是甲公司向中国提出的申请日期。也就是，向某成员国第一次申请的日期，视为向其他成员国实际申请的日期。

（2）**国际优先权**：发明、实用新型、外观设计均享有。

申请人自发明或者实用新型在外国第一次提出专利申请之日起 12 个月内，或者自外观设计在外国第一次提出专利申请之日起 6 个月内，又在中国就相同主题提出专利申请的，依照该外国同中国签订的协议或者共同参加的国际条约，或者依照相互承认优先权的原则，可以享有优先权。

（3）**国内优先权**：发明、实用新型。

申请人自发明或者实用新型在中国第一次提出专利申请之日起 12 个月内，又向国务院专利行政部门就相同主题提出专利申请的，可以享有优先权。

（4）申请人要求优先权的，应当在申请的时候提出书面声明，并且在 3 个月内提交第一次提出的专利申请文件的副本；未提出书面声明或者逾期未提交专利申请文件副本的，视为未要求优先权。

4. **单一性原则**。

（1）一件发明或者实用新型专利申请应当限于一项发明或者实用新型。属于一个总的发明构思的两项以上的发明或者实用新型，可以作为一件申请提出。

（2）一件外观设计专利申请应当限于一项外观设计。同一产品两项以上的相似外观设计，或者用于同一类别并且成套出售或者使用的产品的两项以上外观设计，可以作为一件申请提出。

5. **形式法定原则**。是指申请专利的各种手续，都应当以书面形式或者国家知识产权局专利局规定的其他形式办理。

（三）专利申请的审批程序

1. **发明申请的审批程序**：早期公开，延迟审查。

审查时间	（1）	**初步审查**。国务院专利行政部门收到发明专利申请后，经初步审查认为符合要求的，自申请日起满 18 个月，即行公布。国务院专利行政部门可以根据申请人的请求早日公布其申请。
	（2）	**实质审查**。发明专利申请自申请日起 3 年内，国务院专利行政部门可以根据申请人随时提出的请求，对其申请进行实质审查；申请人无正当理由逾期不请求实质审查的，该申请即被视为撤回。国务院专利行政部门认为必要的时候，可以自行对发明专利申请进行实质审查。
审查后处理	（1）	符合规定的，授予发明专利权。发给发明专利证书，同时予以登记和公告。发明专利权自公告之日起生效。
	（2）	不符合规定的： ①**陈述意见或修改**。即，进行实质审查后，专利局认为不符合规定的，应当通知申请人，要求其在指定的期限内陈述意见，或者对其申请进行修改；无正当理由逾期不答复的，该申请即被视为撤回。 ②**驳回专利申请**。即，发明专利申请经申请人陈述意见或者进行修改后，国务院专利行政部门仍然认为不符合规定的，应当予以驳回。

续表

复审程序	（1）复议前置。即，专利申请人对国务院专利行政部门驳回申请的决定不服的，可以自收到通知之日起3个月内，向专利复审委员会请求复审。专利复审委员会复审后，作出决定，并通知专利申请人。
	（2）诉讼。即，专利申请人对专利复审委员会的复审决定不服的，可以自收到通知之日起3个月内向法院起诉。

〔图示〕发明审批程序

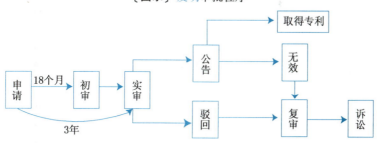

2. 发明的临时保护制度。是指发明申请公布后至专利权授予前，使用该发明的应支付适当的使用费。（公布至公告期间，为临时保护期）

（1）对于在发明专利申请公布后至专利权授予前使用发明而未支付适当费用的纠纷，专利权人应当在专利权被授予之后，请求管理专利工作的部门调解，或直接向人民法院起诉。

（2）临时保护期使用该发明未支付适当使用费的，专利权人要求支付使用费的诉讼时效为2年，自专利权人得知或者应当得知他人使用其发明之日起计算；但是，专利权人于专利权授予之日前即已得知或者应当得知的，自专利权授予之日起计算。

（3）临时保护期内，他人实施制造、销售、进口行为，并向权利人支付适当费用的，临时保护期内已制造、销售、进口的产品不视为侵权产品，其后续的使用、销售、许诺销售不构成侵权行为。〔《专利权纠纷解释（二）》第18条第3款〕

3. 实用新型和外观设计专利权的审批程序：初步审查。（很少考查）

（1）实用新型和外观设计专利申请经初步审查没有发现驳回理由的，由国务院专利行政部门作出授予实用新型专利权或者外观设计专利权的决定，发给相应的专利证书，同时予以登记和公告。

（2）实用新型专利权和外观设计专利权自公告之日起生效。

（四）专利权的期限

1. 发明专利权的期限为20年，实用新型专利权和外观设计专利权的期限为10年，均自申请日起计算。

2. 该申请日不适用优先权原则。参见《专利法实施细则》第11条第1款："除专利法第28条①和第42条②规定的情形外，专利法所称申请日，有优先权的，指优先权日。"

---

① 《专利法》第28条：国务院专利行政部门收到专利申请文件之日为申请日。如果申请文件是邮寄的，以寄出的邮戳日为申请日。

② 《专利法》第42条：发明专利权的期限为20年，实用新型专利权和外观设计专利权的期限为10年，均自申请日起计算。

例 甲公司 2015 年 1 月 1 日就某项技术向美国专利局提出专利申请，在 2015 年 9 月 1 日，甲公司就同一项技术又向中国专利局提出专利申请。在满足优先权条件后，1 月 1 日是甲公司向中国提出的申请日。但甲公司被中国授权后，其专利权期限（20 年/10 年）自 9 月 1 日起算。

五、专利权的无效★

1. **任何人可向专复请求无效**。即，自国务院专利行政部门公告授予专利权之日起，任何单位或者个人认为该专利权的授予不符合本法有关规定的，可以请求专利复审委员会宣告该专利权无效。

2. **复审委前置**。即，对专利复审委员会宣告专利权无效或者维持专利权的决定不服的，可以自收到通知之日起 3 个月内向人民法院起诉。人民法院应当通知无效宣告请求程序的对方当事人作为第三人参加诉讼。

3. **专利权被认定无效的后果：自始无效，不追溯**。即，

（1）宣告无效的专利权视为自始即不存在。

（2）宣告专利权无效的决定，对在宣告专利权无效前人民法院作出并已执行的专利侵权的判决、调解书，已经履行或者强制执行的专利侵权纠纷处理决定，以及已经履行的专利实施许可合同和专利权转让合同，不具有追溯力。

（3）但是因专利权人的**恶意**给他人造成的损失，应当给予赔偿。依照前款规定不返还专利侵权赔偿金、专利使用费、专利权转让费，**明显违反公平原则的**，应当全部或者部分返还。

六、专利实施的强制许可

强制许可，又称为非自愿许可，是指国务院专利行政部门依照法律规定，不经专利权人的同意，直接许可具备实施条件的申请者（即非专利权人）实施发明或实用新型专利的一种行政措施。①

专利强制许可仅适用于发明和实用新型，不包括外观设计专利。我国将强制许可分为三类：

（一）滥用专利权的强制许可

有下列情形之一的，国务院专利行政部门根据具备实施条件的单位或者个人的申请，可以给予实施发明专利或者实用新型专利的强制许可：

1. **专利权人不实施：申请满 4 年+授权满 3 年+请求被拒**。

（1）专利权人自专利权被授予之日起满 3 年且自提出专利申请之日起满 4 年，无正当理由未实施或者未充分实施其专利的；

（2）申请强制许可的单位或个人应当提供证据，证明其以合理的条件请求专利权人许可其实施专利，但未能在合理的时间内获得许可；

（3）该项强制许可的实施应当主要为了供应国内市场。

---

① 《保护工业产权巴黎公约》第 5 条规定，该公约所有成员国都应有权通过立法规定专利强制许可。该措施的目的是防止专利权人的绝对垄断，是行政措施。

2. 专利权人行使专利权的行为被依法认定为垄断行为，为消除或者减少该行为对竞争产生的不利影响的。

（二）根据公共利益需要的强制许可

1. 根据公共利益需要的强制许可，是指在国家出现**紧急状态或者非常情况时**，或者为了**公共利益的目的**，国务院专利行政部门可以给予实施发明专利或者实用新型专利的强制许可。该项强制许可的实施应当主要为了供应国内市场。

2. 根据公共健康需要的强制许可，是指为了公共健康目的，对取得**专利权的药品**，国务院专利行政部门可以**给予制造并将其出口**到符合中华人民共和国参加的有关国际条约规定的国家或者地区的强制许可。

（三）从属专利的强制许可①

1. **基础专利—从属专利**。即，一项取得专利权的发明或者实用新型比之前已经取得专利权的发明或者实用新型具有显著经济意义的重大技术进步，其实施又有赖于前一发明或者实用新型的实施。

2. 从属专利的强制许可，要符合：

（1）**实施人请求，但未获许可**。即，申请强制许可的单位或者个人（从属专利权人）应当提供证据，证明其以合理的条件请求专利权人许可其实施专利，但未能在合理的时间内获得许可。

（2）**实施人向专利部门提出申请**。即，国务院专利行政部门根据后一专利权人（从属专利权人）的申请，可以给予实施前一发明或者实用新型（基础专利）的强制许可。从属专利权人未经协议许可（如，专利实施许可合同）实施基础专利，又没有取得实施基础专利强制许可的情况下，法院会判定构成侵权。

（3）**特别注意**！在依照规定给予从属专利权人实施强制许可的情形下，国务院专利行政部门根据前一专利权人（基础专利权人）的申请，也可以给予实施后一发明或者实用新型（从属专利）的强制许可。

（4）该项强制许可的实施应当主要为了供应国内市场。

〔图示〕

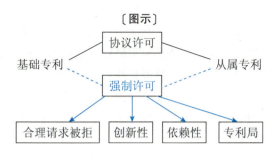

---

① 《专利法》没有对"从属专利"专门下定义。北京高院《专利侵权判定若干问题的意见（试行）》第121条规定：从属专利，又称改进专利。指一项专利技术的技术方案包括了前一有效专利，即基本专利的必要技术特征，它的实施必然会落入前一专利的保护范围或者覆盖前一专利的技术特征，它的实施也必然有赖于前一专利技术的实施。从属专利的形式主要有：（1）在原有产品专利技术特征的基础上，增加了新的技术特征。（2）在原有产品专利技术特征的基础上，发现了原来未曾发现的新的用途。（3）在原有方法专利技术方案的基础上，发现了新的未曾发现的新的用途。

（四）对强制许可实施人的限制

1. 取得实施强制许可的单位或者个人不享有独占的实施权，并且无权允许他人实施。

2. 取得实施强制许可的单位或者个人应当付给专利权人合理的使用费。

3. 专利权人和取得实施强制许可的单位或者个人对国务院专利行政部门关于实施强制许可的使用费的裁决不服的，可以自收到通知之日起 3 个月内向法院起诉。

七、专利侵权行为★

（一）专利权的保护范围

1. 发明或实用新型专利权的保护范围，以其权利要求的内容为准。说明书及附图可以用于解释其权利要求。

2. 外观设计专利权的保护范围，以表示在图片或者照片中的该外观设计专利产品为准。

3. 权利人在一审法庭辩论终结前变更其主张的权利要求的，人民法院应当准许。

4. 权利人主张以从属权利要求确定专利权保护范围的，人民法院应当以该从属权利要求记载的附加技术特征及其引用的权利要求记载的技术特征，确定专利权的保护范围。

（二）专利侵权行为

专利侵权行为，是指在专利权有效期限内，行为人未经专利权人许可又无法律依据，以营利为目的实施他人专利的行为。（无合同依据，无强制许可，均为侵权）

认定专利侵权需要满足下列条件：

1. 必须是有效的专利，即在专利权有效期间内。实施专利授权以前的技术、已经被宣告无效、被专利权人放弃的专利或者专利权期限届满的技术，不构成侵权行为。

2. 主观上，以生产经营为目的，非生产经营目的的实施行为，不构成侵权。

3. 必须有侵害行为，即行为人在客观上实施了侵害他人专利的行为。具体包括：①

（1）制造行为。（略）

（2）使用发明、实用新型专利产品的行为。（注意！不含外观设计）

①将侵犯发明或者实用新型专利权的产品作为零部件，制造另一产品的，应当认定为使用发明、实用新型专利产品的行为。

②使用（即使是生产经营目的的使用）他人外观设计专利产品的行为，不会侵犯外观设计专利权。将侵犯外观设计专利权的产品作为零部件，制造另一产品并销售的，应当认定属于侵犯他人外观设计专利权的销售行为，但侵犯外观设计专利权的产品在该另一产品中仅具有技术功能的除外。

（3）许诺销售行为。许诺销售，是指以做广告、在商店橱窗中陈列或者在展销会上展出等方式作出销售商品的意思表示。

（4）销售行为。产品买卖合同依法成立的，人民法院应当认定属于销售。

---

① 《专利法》第 11 条：发明和实用新型专利权被授予后，除本法另有规定的以外，任何单位或者个人未经专利权人许可，都不得实施其专利，即不得为生产经营目的制造、使用、许诺销售、销售、进口其专利产品，或者使用其专利方法以及使用、许诺销售、销售、进口依照该专利方法直接获得的产品。

外观设计专利权被授予后，任何单位或者个人未经专利权人许可，都不得实施其专利，即不得为生产经营目的制造、许诺销售、销售、进口其外观设计专利产品。

（5）进口行为。（略）

（6）使用专利方法以及使用、许诺销售、销售、进口依照该专利方法直接获得的产品的行为。

①依照专利方法直接获得的产品，是指使用专利方法获得的原始产品。

②对于将上述原始产品进一步加工、处理而获得后续产品的行为，应当认定为使用依照该专利方法直接获得的产品的行为，属于侵犯专利方法的行为。

③但是，对于将依照专利方法直接获得的产品进一步加工、处理而获得的后续产品，进行再加工、处理的，法院应当认定不属于"使用依照该专利方法直接获得的产品"。（对后续产品的再加工处理→不构成侵权）

4. 合法来源抗辩：善意侵权仍为侵权→善意使用者不停止使用。即，

（1）为生产经营目的的使用、许诺销售或者销售不知道是未经专利权人许可而制造并售出的专利侵权产品，能证明该产品合法来源的，不承担赔偿责任。

（2）"能证明该产品合法来源的"，说明使用人、销售人、许诺销售人主观是善意的，但仍然构成侵权，只是不承担赔偿责任。"合法来源"，是指通过合法的销售渠道、通常的买卖合同等正常商业方式取得产品。对于合法来源，使用者、许诺销售者或者销售者应当提供符合交易习惯的相关证据。

（3）"不能证明该产品合法来源的"，则构成侵权并且要承担赔偿责任。

（4）对于权利人请求停止使用、许诺销售、销售行为的主张，法院应予支持。

（5）但被诉侵权产品的使用者举证证明其已支付该产品的合理对价的除外。

5. 间接侵权行为。具体包括：

（1）帮助行为。明知有关产品系专门用于实施专利的材料、设备、零部件、中间物等，未经专利权人许可，为生产经营目的将该产品提供给他人实施了侵犯专利权的行为，权利人主张该提供者的行为属于《侵权责任法》第9条规定的帮助他人实施侵权行为的，人民法院应予支持。

（2）教唆行为。明知有关产品、方法被授予专利权，未经专利权人许可，为生产经营目的积极诱导他人实施了侵犯专利权的行为，权利人主张该诱导者的行为属于侵权责任法第9条规定的教唆他人实施侵权行为的，人民法院应予支持。

例1 张某在不知情的情况下，从正规渠道购买并销售了一批不知道是未经专利权人王某许可而制造的专利产品。想一想，张某的行为是否构成侵权？（是侵权）

例2 行为人知道有关产品系只能用于实施特定发明或者实用新型专利的原材料、中间产品、零部件、设备等，仍然将其提供给第三人以实施侵犯专利权的行为，或者行为人为第三人制造侵权产品提供模具或机械设备等辅助行为，权利人主张该行为人和第三人承担连带民事责任的，法院应当支持（共同侵权）；该第三人实施侵权行为不是出于生产经营目的的，权利人主张该行为人承担民事责任的，法院应当支持。

（三）不视为专利侵权的情况

1. 现有技术抗辩。

是指在专利侵权纠纷中，被控侵权人有证据证明其实施的技术或者设计属于现有技术或者现有设计的，不构成侵犯专利权。

（1）存在三方：专利技术方案-被控侵权技术-被引证的已有技术方案。

（2）在专利侵权诉讼中，被控侵权人提供证据，证明被控侵权物（产品或方法）与一项已有技术等同，则被告的行为不构成侵犯原告的专利权。

（3）用现有技术进行侵权抗辩时，该现有技术应当是一项在专利申请日前已有的、单独的技术方案，或者该领域普通技术人员认为是已有技术的显而易见的简单组合成的技术方案。

2. 专利耗尽原则。是指专利权的效力以其在市场上第一次行使权利为限，不得无限期延伸，包括专利使用权耗尽、专利销售权耗尽。即，专利产品或者依照专利方法直接获得的产品，由专利权人或者经其许可的单位、个人售出后，使用、许诺销售、销售、进口该产品的，不视为侵犯专利权。

3. 先用权原则。是指在专利申请日前已经制造相同产品、使用相同方法或者已经作好制造、使用的必要准备，并且仅在原有范围内继续制造、使用的，不视为侵犯专利权。

（1）有下列情形之一的，应当认定属于"已经作好制造、使用的必要准备"：第一，已经完成实施发明创造所必需的主要技术图纸或者工艺文件；第二，已经制造或者购买实施发明创造所必需的主要设备或者原材料。

（2）"原有范围"，包括专利申请日前已有的生产规模以及利用已有的生产设备或者根据已有的生产准备可以达到的生产规模。

4. 临时过境原则。是指临时通过中国领陆、领水、领空的外国运输工具，依照其所属国同中国签订的协议或者共同参加的国际条约，或者依照互惠原则，为运输工具自身需要而在其装置和设备中使用有关专利的，不视为侵犯专利权。

5. 非商业使用原则。是指专为科学研究和实验而使用有关专利的，不视为侵犯专利权。

6. 行政审批的需要。是指为提供行政审批所需要的信息，制造、使用、进口专利药品或者专利医疗器械的，以及专门为其制造、进口专利药品或者专利医疗器械的，不视为侵犯专利权。

7. 禁止反悔原则。专利申请人、专利权人在专利授权或者无效宣告程序中，通过对权利要求、说明书的修改或者意见陈述而放弃的技术方案，权利人在侵犯专利权纠纷案件中又将其纳入专利权保护范围的，人民法院不予支持。（《关于审理侵犯专利权纠纷案件应用法律若干问题的解释》第6条）

8. 全面覆盖原则。

（1）全面覆盖原则，指被诉侵权技术方案包含与权利要求记载的全部技术特征相同或者等同的技术特征的，人民法院应当认定其落入专利权的保护范围。（是侵权）

（2）被诉侵权技术方案的技术特征与权利要求记载的全部技术特征相比，缺少权利要求记载的一个以上的技术特征，或者有一个以上技术特征不相同也不等同的，人民法院应当认定其没有落入专利权的保护范围。（不是侵权）

（3）被控侵权物（产品或方法）在利用专利权利要求中的全部必要技术特征的基础上，又增加了新的技术特征，仍落入专利权的保护范围。（是侵权）

（4）被控侵权物（产品或方法）对在先专利技术而言是改进的技术方案，并且获得了专利权，则属于从属专利。未经在先专利权人许可，实施从属专利也覆盖了在先专利权的保护范围。（是侵权）

例　甲公司拥有一项汽车仪表盘的发明专利，其权利要求记载的必要技术特征可以分解为 a+

b+c+d 共四项。乙公司制造四种仪表盘，其必要技术特征可以作四种分解，甲公司与乙公司的必要技术特征所代表的字母相同，表明其相应的必要技术特征相同或等同。

①如果乙公司仪表盘的必要技术特征分解为 a+b+c+d+e，则是侵权；

②如果乙公司仪表盘的必要技术特征分解为 a+b+c，则不是侵权。

八、专利侵权诉讼★

（一）先行裁驳、另行起诉

1. 权利人在专利侵权诉讼中主张的权利要求被专利复审委员会宣告无效的，审理侵犯专利权纠纷案件的人民法院可以裁定驳回权利人基于该无效权利要求的起诉。（无需等待行政诉讼的最终结果）

2. 有证据证明宣告上述权利要求无效的决定被生效的行政判决撤销的，权利人可以另行起诉。

3. 专利权人另行起诉的，诉讼时效期间自行政判决书送达之日起计算。

（二）原告

掌握独占许可、排他许可、普通许可合同纠纷中，被许可人的诉讼地位。

分类	概念	被许可人的诉讼地位
独占许可合同	是指在合同约定的时间和地域范围内，知识产权权利人（许可人）只授权一家被许可人使用其智力成果，许可人和任何第三人均不享有使用权	被许可人可以单独起诉侵犯知识产权的行为
排他许可合同	是指在合同约定的时间和地域范围内，知识产权权利人（许可人）只授权一家被许可人使用其智力成果，许可人保留对该智力成果的使用权，但任何其他第三人均不享有使用权	被许可人在知识产权权利人不起诉的情况下，可以代位起诉，也可以共同起诉
普通许可合同	是指在合同约定的时间和地域内，知识产权权利人（许可人）授权多家被许可人使用其智力成果，且许可人自己也保留对该智力成果的使用权	（1）一般地，普通许可合同中的被许可人，不享有起诉权 （2）但是，如果普通许可合同的被许可人和权利人在许可合同中明确约定被许可人可以单独起诉，或者经权利人书面授权单独提起诉讼的，人民法院应当受理

（三）诉讼时效

1. 侵犯专利权的诉讼时效为 2 年，自专利权人或者利害关系人知道或者应当知道侵权行为之日起计算。

2. 权利人超过 2 年起诉的，如果侵权行为在起诉时仍在继续，在该项专利权有效期内，人民法院应当判决被告停止侵权行为，侵权损害赔偿数额应当自权利人向人民法院起诉之日起向前推算 2 年计算。（超 2 年，还继续，仍有效）

3. 发明专利申请公布后至公告前（临时保护期）使用该发明未支付适当使用费的，专利权人要求支付使用费的诉讼时效为 2 年，自专利权人得知或者应当得知他人使用其发明之日起计算；但是，专利权人于专利权授予之日前即已得知或者应当得知的，自专利权授予之日起计算。

（四）管辖

专利纠纷第一审案件的管辖权如下：

1. 中院。即，各省、自治区、直辖市人民政府所在地的中级人民法院和最高人民法院指定的中级人民法院管辖。

2. 基层法院。即，最高人民法院根据实际情况，可以指定基层人民法院管辖第一审专利纠纷案件。（2013 年 4 月 15 日施行）

3. 北京、上海、广州设立知识产权法院。（2014 年 11 月 3 日施行，管辖具体规定参见民诉法）。北京市、上海市各中级人民法院和广州市中级人民法院不再受理知识产权民事和行政案件。

（五）举证责任分配问题

1. 证据妨碍的排除规则。权利人因被侵权所受到的实际损失难以确定的，人民法院应当依照专利法第 65 条第 1 款①的规定，要求权利人对侵权人因侵权所获得的利益进行举证；在权利人已经提供侵权人所获利益的初步证据，而与专利侵权行为相关的账簿、资料主要由侵权人掌握的情况下，人民法院可以责令侵权人提供该账簿、资料；侵权人无正当理由拒不提供或者提供虚假的账簿、资料的，人民法院可以根据权利人的主张和提供的证据认定侵权人因侵权所获得的利益。

2. 制造方法的发明专利，由被控侵权人承担举证责任。即，专利侵权纠纷涉及新产品制造方法的发明专利的，制造同样产品的单位或者个人应当提供其产品制造方法不同于专利方法的证明。

（六）法律责任

侵犯知识产权行为应承担的民事责任形式主要有停止侵害、消除影响、赔礼道歉和赔偿损失等。

1. 停止侵害行为。

（1）被告构成对专利权的侵犯，权利人请求判令其停止侵权行为的，人民法院应予支持。

（2）但基于国家利益、公共利益的考量，法院可以不判令被告停止被诉行为，而判令其支付相应的合理费用。

（3）善意侵权人在支付合理对价情况下可继续使用。即，为生产经营目的使用、许诺销售或者销售不知道是未经专利权人许可而制造并售出的专利侵权产品，且举证证明该产品合法来源的，对于权利人请求停止上述使用、许诺销售、销售行为的主张，人民法院应予支

---

① 《专利法》第 65 条第 1 款：侵犯专利权的赔偿数额按照权利人因被侵权所受到的实际损失确定；实际损失难以确定的，可以按照侵权人因侵权所获得的利益确定。权利人的损失或者侵权人获得的利益难以确定的，参照该专利许可使用费的倍数合理确定。赔偿数额还应当包括权利人为制止侵权行为所支付的合理开支。

持，但被诉侵权产品的使用者举证证明其已支付该产品的合理对价的除外。

2. 赔偿损失。

（1）赔偿额依顺序确定：实际损失→侵权利益→许可费倍数→法定 1 万 ~ 100 万。

第 1 顺序：按照权利人因被侵权所受到的实际损失确定。

第 2 顺序：实际损失难以确定的，可以按照侵权人因侵权所获得的利益确定。

第 3 顺序：权利人的损失或者侵权人获得的利益难以确定的，参照该专利许可使用费的倍数合理确定。

第 4 顺序：法定赔偿。即，权利人的损失、侵权人获得的利益和专利许可使用费均难以确定的，法院可以根据专利权的类型、侵权行为的性质和情节等因素，确定给予 1 万元以上 100 万元以下的赔偿。

（2）赔偿数额还应当包括权利人为制止侵权行为所支付的合理开支。

（3）权利人、侵权人依法约定专利侵权的赔偿数额或者赔偿计算方法，并在专利侵权诉讼中主张依据该约定确定赔偿数额的，法院应予支持。

（七）诉前保全措施（同著作权、商标权）

1. 诉前责令停止有关行为。又称为临时禁令、诉前禁令。知识产权权利人或者利害关系人有证据证明他人已在实施或者即将实施侵犯其著作权、商标权或专利权的行为，如不及时制止，将会使其合法权益受到难以弥补的损害，可以在起诉前向人民法院申请责令停止有关行为的措施。申请诉前责令停止有关行为的，必须提交相关证据和担保。

2. 诉前财产保全。可以在起诉前向人民法院申请采取财产保全的措施。

3. 诉前证据保全。即为制止侵权行为，在证据可能灭失或者以后难以取得的情况下，专利权人可以在起诉前向人民法院申请保全证据。

第 **4** 章　　　　商 标 权

本法年均 2 题。重点：（1）商标侵权的认定；（2）驰名商标制度；（3）商标注册的程序；（4）商标撤销；（5）商标无效。

知 识 结 构 图

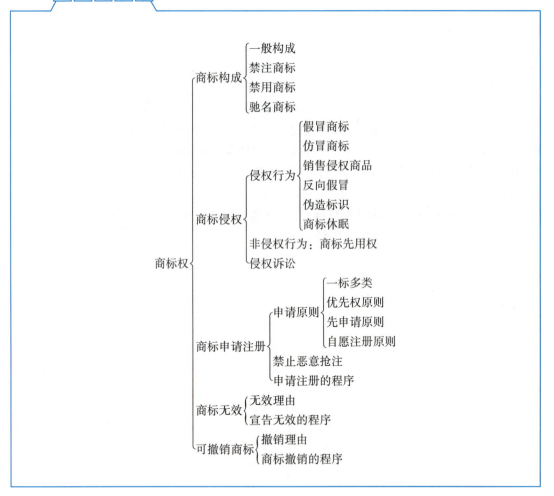

商标权 {
- 商标构成 {
  - 一般构成
  - 禁注商标
  - 禁用商标
  - 驰名商标
}
- 商标侵权 {
  - 侵权行为 {
    - 假冒商标
    - 仿冒商标
    - 销售侵权商品
    - 反向假冒
    - 伪造标识
    - 商标休眠
  }
  - 非侵权行为：商标先用权
  - 侵权诉讼
}
- 商标申请注册 {
  - 申请原则 {
    - 一标多类
    - 优先权原则
    - 先申请原则
    - 自愿注册原则
  }
  - 禁止恶意抢注
  - 申请注册的程序
}
- 商标无效 {
  - 无效理由
  - 宣告无效的程序
}
- 可撤销商标 {
  - 撤销理由
  - 商标撤销的程序
}
}

　　商标俗称牌子，是一种商业识别标志。商标最基本的功能就是识别商品或服务的来源，区别相同商品或服务的不同经营者。

一、注册商标的构成

（一）概念和分类

1. 概念。注册商标，是指经商标局核准注册的商标。商标注册人享有商标专用权，受到

《商标法》保护。我国未采用"强制注册"，目前必须使用注册商标的商品只有烟草制品，包括卷烟、雪茄烟和有包装的烟丝。

2. 注册商标的分类。

（1）**商品商标**。如，"海尔""长虹"。

（2）**服务商标**。如，"小土豆"餐饮服务注册商标。

（3）**集体商标**。是指以团体、协会或者其他组织名义注册，供该组织成员在商事活动中使用，以表明使用者在该组织中的成员资格的标志。如，邮电、铁路标志。

（4）证明商标。是指由对某种商品或者服务具有监督能力的组织所控制，而由该组织以外的单位或者个人使用于其商品或者服务，用以证明该商品或者服务的原产地、原料、制造方法、质量或者其他特定品质的标志。如，绿色食品标志、纯羊毛标志。

　　①纯羊毛标识·证明商标　　　②我国铁路标识·集体商标

（二）注册商标的构成条件

1. <u>应当具备法定的构成要素</u>。任何能够将自然人、法人或者其他组织的商品与他人的商品区别开的标志，包括文字、图形、字母、数字、三维标志、颜色组合和声音等，以及上述要素的组合，均可以作为商标申请注册。（我国目前气味、动态商标尚不能注册）

2. <u>应当有显著特征，便于识别</u>。包括：

（1）标志本身具有显著特征。如，可口可乐。

（2）通过使用获得显著特征。如，五粮液。

3. 商标注册人有权标明"注册商标"或者注册标记。如，Ⓡ注。

（三）注册商标的禁止条件

注册商标的标志不应当具有下列情形：

第一类	禁止注册并禁止使用
（1）	侵犯他人在先权利或合法利益
	下列情形，禁止注册并禁止使用： ①未经授权，代理人或者代表人以自己的名义将被代理人或者被代表人的商标进行注册，被代理人或者被代表人提出异议的，不予注册并禁止使用； ②申请商标注册不得损害他人现有的在先权利；（如，外观设计专利权、著作权、姓名权、肖像权、商号权） ③不得复制、摹仿或者翻译他人的驰名商标。
（2）	特定标志

续表

	下列情形，不得作为商标注册并禁止使用： ①同中华人民共和国的国家名称、国旗、国徽、国歌、军旗、军徽、军歌、勋章等相同或者近似的，以及同中央国家机关的名称、标志、所在地特定地点的名称或者标志性建筑物的名称、图形相同的； ②同外国的国家名称、国旗、国徽、军旗等相同或者近似的，但经该国政府同意的除外； ③同政府间国际组织的名称、旗帜、徽记等相同或者近似的，但经该组织同意或者不易误导公众的除外； ④与表明实施控制、予以保证的官方标志、检验印记相同或者近似的，但经授权的除外； ⑤同"红十字"、"红新月"的名称、标志相同或者近似的。
（3）	**违反公序良俗的标志**
	下列情形，不得作为商标注册并禁止使用： ①带有民族歧视性的； ②带有欺骗性，容易使公众对商品的质量等特点或者产地产生误认的； ③有害于社会主义道德风尚或者有其他不良影响的。
（4）	**特殊地名**
	①县级以上行政区划的地名或者公众知晓的外国地名，不得作为商标注册并禁止使用。但是，地名具有其他含义或者作为集体商标、证明商标组成部分的除外；如，射阳大米、阜宁大米、潍坊风筝等； ②已经注册的使用地名的商标继续有效。
第二类	**不得作为商标注册，但可作为"未注册商标"使用**
（1）	①仅有本商品的通用名称、图形、型号的；（如，"闪盘"移动存储设备。"闪盘"不可注册商标） ②仅直接表示商品的质量、主要原料、功能、用途、重量、数量及其他特点的； ③以三维标志申请注册商标的，仅由商品自身的性质产生的形状、为获得技术效果而需有的商品形状或者使商品具有实质性价值的形状，不得注册； ④其他缺乏显著特征的。
（2）	**使用他人未注册商标+明知**
	就同一种商品或者类似商品申请注册的商标与他人在先使用的未注册商标相同或者近似，申请人与该他人具有合同、业务往来关系或者其他关系而明知该他人商标存在，该他人提出异议的，不予注册。

二、驰名商标★

（一）驰名商标的认定

1. 驰名商标，是指在中国境内为相关公众广为知晓的商标。

2. 驰名商标≠注册商标。注册商标，是经商标局核准注册的商标。驰名商标不一定是注册商标。

3. 认定驰名商标应当考虑下列因素：

（1）相关公众对该商标的知晓程度；

（2）该商标使用的持续时间；

（3）该商标的任何宣传工作的持续时间、程度和地理范围；

（4）该商标作为驰名商标受保护的记录；

（5）该商标驰名的其他因素。

4. "驰名商标"作为案件事实。即，驰名商标应当根据当事人的请求，作为处理涉及商标案件需要认定的事实进行认定。意为在涉及驰名商标保护的民事纠纷案件中，人民法院对于商标驰名的认定，仅作为案件事实和判决理由，不写入判决主文；以调解方式审结的，在调解书中对商标驰名的事实不予认定。

5. 认定驰名商标的主体。

（1）商标局认定。即，在商标注册审查、工商行政管理部门查处商标违法案件过程中，商标局根据审查、处理案件的需要，可以对商标驰名情况作出认定。

（2）商标评审委员会认定。即，在商标争议处理过程中，商标评审委员会根据处理案件的需要，可以对商标驰名情况作出认定。

（3）法院司法认定。即，在商标民事、行政案件审理过程中，最高人民法院指定的人民法院根据审理案件的需要，可以对商标驰名情况作出认定。

6. 驰名商标禁止用于宣传。即，生产、经营者不得将"驰名商标"字样用于商品、商品包装或者容器上，或者用于广告宣传、展览以及其他商业活动中。

（二）驰名商标的保护

1. 对未注册的驰名商标的保护：相似+不注册并禁用。即，就相同或者类似商品申请注册的商标是复制、摹仿或者翻译他人未在中国注册的驰名商标，容易导致混淆的，不予注册并禁止使用。

（1）"未注册驰名商标"的持有人毕竟没有获得商标专用权，因而不享有损害赔偿请求权。所以，保护措施只包括禁注禁用，没有赔偿。《最高人民法院关于审理商标民事纠纷案件适用法律若干问题的解释》第2条规定，复制、摹仿、翻译他人未在中国注册的驰名商标或其主要部分，在相同或者类似商品上作为商标使用，容易导致混淆的，应当承担停止侵害的民事法律责任。

（2）"容易导致混淆"，是指足以使相关公众对使用驰名商标和被诉商标的商品来源产生误认，或者足以使相关公众认为使用驰名商标和被诉商标的经营者之间具有许可使用、关联企业关系等特定联系的。

2. 对已经注册的驰名商标的保护：全面保护+禁注禁用。即，就不相同或者不相类似商品申请注册的商标是复制、摹仿或者翻译他人已经在中国注册的驰名商标，误导公众，致使该驰名商标注册人的利益可能受到损害的，不予注册并禁止使用。

（1）保护范围扩大到"不相同或者不相类似商品"。

（2）保护措施既包括禁注禁用，还包括赔偿。

（3）"误导公众"，是指足以使相关公众认为被诉商标与驰名商标具有相当程度的联系，而减弱驰名商标的显著性、贬损驰名商标的市场声誉，或者不正当利用驰名商标的市场声誉的。

3. 其他保护措施。

（1）对恶意注册的，驰名商标所有人不受 5 年的时间限制。

（2）将他人注册商标、未注册的驰名商标作为企业名称中的字号使用，误导公众，构成不正当竞争行为的，依照《反不正当竞争法》处理。

（3）商标所有人认为他人将其驰名商标作为企业名称登记，可能欺骗公众或者对公众造成误解的，可以向企业名称登记主管机关申请撤销该企业名称登记。企业名称登记主管机关应当依照《企业名称登记管理规定》处理。

三、商标权的内容

商标权，从内容上看，包括专用权、禁止权、许可权、转让权、续展权和标示权等。

（一）专用权

1. 注册商标的专用权，以核准注册的商标和核定使用的商品为限。

2. 注册商标的有效期是 10 年，自核准注册之日起计算。

（二）转让权

1. 共同申请。即，转让注册商标的，转让人和受让人应当签订转让协议，并共同向商标局提出申请。受让人应当保证使用该注册商标的商品质量。

2. 联合商标、防护商标，一并转让。即，转让注册商标的，商标注册人对其在同一种商品上注册的近似的商标，或者在类似商品上注册的相同或者近似的商标，应当一并转让。

3. 转让注册商标经核准后，予以公告。受让人自公告之日起享有商标专用权。

4. 对容易导致混淆或者有其他不良影响的转让，商标局不予核准，书面通知申请人并说明理由。

5. 转让不破许可。即，注册商标的转让不影响转让前已经生效的商标使用许可合同的效力，但商标使用许可合同另有约定的除外。

> 📖 **易混淆点**　著作权转让 VS 专利权转让 VS 商标权转让

转让权利类别	要点
著作权	（1）著作人身权不能转让，只有著作财产权可以转让。 （2）合作作品不可以分割使用，不能协商一致，又无正当理由的，任何一方不得阻止他方行使除转让以外的其他权利。
专利权	（1）转让专利申请权或者专利权的，当事人应当订立书面合同。 （2）专利申请权或者专利权的转让自登记之日起生效。
商标权	（1）共同提出申请。 （2）一并转让。 （3）受让人自公告之日起享有商标专用权。

（三）许可权

1. 商标注册人可以通过签订商标使用许可合同，许可他人使用其注册商标。

（1）商标使用，是指将商标用于商品、商品包装或者容器以及商品交易文书上，或者将商标用于广告宣传、展览以及其他商业活动中，用于识别商品来源的行为。

（2）商标许可合同，分为独占许可合同、排他许可合同、普通许可合同。（与专利权许可相同）

2. 许可人有监督权和监督的义务。即，许可人应当监督被许可人使用其注册商标的商品质量。许可他人使用其注册商标的，许可人应当将其商标使用许可报商标局备案，由商标局公告。商标使用许可未经备案不得对抗善意第三人。

（1）商标许可合同由许可人报商标局备案。无需"共同申请"。（和商标转让不同）

（2）商标许可合同若未经备案的，不影响该合同的效力，但不得对抗善意第三人。

3. 表明被许可人信息。即，被许可人应当保证使用该注册商标的商品质量。经许可使用他人注册商标的，必须在使用该注册商标的商品上标明被许可人的名称和商品产地。

（四）续展权

1. 注册商标有效期满，需要继续使用的，商标注册人应当在期满前12个月内按照规定办理续展手续。

2. 在此期间未能办理的，可以给予6个月的宽展期。

3. 每次续展注册的有效期为10年，自该商标上一届有效期满次日起计算。

4. 期满未办理续展手续的，注销其注册商标。

四、商标侵权行为

（一）商标侵权行为的认定★

（1）注册商标的专用权，以核准注册的商标和核定使用的商品为限。（商标+商品）
（2）有下列行为之一的，均属侵犯注册商标专用权：

侵权行为	具体规定
假冒	（商品同+商标同）即，未经商标注册人的许可，在同一种商品上使用与其注册商标相同的商标的。
仿冒	（近似+易混淆）即，未经商标注册人的许可，在同一种商品上使用与其注册商标近似的商标，或者在类似商品上使用与其注册商标相同或者近似的商标，容易导致混淆的。 可分解为：①相同商品+类似商标；②类似商品+相同商标；③类似商品+类似商标。
售假货	（售假）即，销售侵犯注册商标专用权的商品的。 不管行为人主观上是否有过错，只要实施了销售侵犯注册商标专用权的商品的行为，都构成侵权。 行为人主观上是善意时，是侵权，但可免除其赔偿责任。 注意! "使用"假冒商标商品，不构成侵权。

续表

侵权行为	具体规定
造售假标	即，伪造、擅自制造他人注册商标标识或者销售伪造、擅自制造的注册商标标识的行为。
反向假冒	即，未经商标注册人同意，更换其注册商标并将该更换商标的商品又投入市场的。 反向假冒行为包括两个要件：①擅自更换；②再销售。 如，甲公司在纸手帕等纸制产品上注册了"茉莉花"文字及图形商标。现戊公司购买甲公司的"茉莉花"纸手帕后，将"茉莉花"改为"山茶花"重新包装后销售。戊为"反向假冒"。
帮助行为	①故意为侵犯他人商标专用权行为提供便利条件，帮助他人实施侵犯商标专用权的行为。 ②为侵犯他人商标专用权提供仓储、运输、邮寄、印制、隐匿、经营场所、网络商品交易平台等，属于"为侵犯他人注册商标专用权行为提供便利条件"。
其他损害	①在同一种或者类似商品上，将与他人注册商标相同或者近似的标志作为商品名称或者商品装潢使用，误导公众的。 ②复制、摹仿或者翻译他人注册的驰名商标或其主要部分在不相同或者不相类似商品上作为商标使用，误导公众，致使该驰名商标注册人的利益可能受到损害的。 ③将与他人注册商标相同或者相近似的文字注册为域名，并且通过该域名进行相关商品交易的电子商务，容易使相关公众产生误认的。
善意侵权	即，销售不知道是侵犯注册商标专用权的商品，能证明该商品是自己合法取得并说明提供者的，不承担赔偿责任。 ①是侵权，侵权的认定为无过错。 ②不赔偿，赔偿采取过错认定。
商标休眠	即，注册商标专用权人请求赔偿，被控侵权人以注册商标专用权人未使用注册商标提出抗辩的，人民法院可以要求注册商标专用权人提供此前3年内实际使用该注册商标的证据。注册商标专用权人不能证明此前3年内实际使用过该注册商标，也不能证明因侵权行为受到其他损失的，被控侵权人不承担赔偿责任。

（二）不视为商标侵权的行为

1. 商标的合理使用，不构成侵权。

（1）注册商标中含有的本商品的通用名称、图形、型号，或者直接表示商品的质量、主要原料、功能、用途、重量、数量及其他特点，或者含有的地名，注册商标专用权人无权禁止他人正当使用。

（2）三维标志注册商标中，含有的商品自身的性质产生的形状、为获得技术效果而需有的商品形状或者使商品具有实质性价值的形状，注册商标专用权人无权禁止他人正当使用。

2. 商标的先用权，不构成侵权。

即，商标注册人申请商标注册前，他人已经在同一种商品或者类似商品上先于商标注册人使用与注册商标相同或者近似并有一定影响的商标的，注册商标专用权人无权禁止该使用人在原使用范围内继续使用该商标，但可以要求其附加适当区别标识。

（三）商标侵权诉讼

1. 独占许可、排他许可、普通许可合同纠纷中，被许可人的诉讼地位。（和专利法规定相同，略）

2. 证据妨碍的排除规则。法院为确定赔偿数额，在权利人已经尽力举证，而与侵权行为相关的账簿、资料主要由侵权人掌握的情况下，可以责令侵权人提供与侵权行为相关的账簿、资料；侵权人不提供或者提供虚假的账簿、资料的，法院可以参考权利人的主张和提供的证据判定赔偿数额。

3. 侵犯商标专用权的赔偿数额。

（1）计算时要依顺序确定：实际损失→侵权利益→许可费倍数→法定。

第 1 顺序：实际损失。即，侵犯商标专用权的赔偿数额，按照权利人因被侵权所受到的实际损失确定。

第 2 顺序：实际损失难以确定的，可以按照侵权人因侵权所获得的利益确定。

第 3 顺序：权利人的损失或者侵权人获得的利益难以确定的，参照该商标许可使用费的倍数合理确定。对恶意侵犯商标专用权，情节严重的，可以在按照上述方法确定数额的 1 倍以上 3 倍以下确定赔偿数额。

第 4 顺序：法定赔偿（300 万）。即，权利人因被侵权所受到的实际损失、侵权人因侵权所获得的利益、注册商标许可使用费难以确定的，由法院根据侵权行为的情节判决给予 300 万元以下的赔偿。

（2）赔偿数额还应当包括权利人为制止侵权行为所支付的合理开支。

4. 保全措施。

（1）可在起诉前向法院申请采取责令停止有关行为和财产保全的措施。

（2）为制止侵权行为，在证据可能灭失或者以后难以取得的情况下，商标注册人或者利害关系人可以依法在起诉前向人民法院申请保全证据。

五、商标注册的程序

（一）商标注册的原则

1. 自愿注册原则，是指商标使用人是否申请商标注册取决于自己的意愿。

（1）商标注册人对其注册商标享有专用权，受法律保护。

（2）未经注册的商标，可以在生产服务中使用，但其使用人不享有专用权，无权禁止他人在同种或类似商品上使用与其商标相同或近似的商标，但驰名商标除外。

2. 一标多类申请。

（1）商标注册申请人应当按规定的商品分类表①填报使用商标的商品类别和商品名称，提出注册申请。商标注册申请等有关文件，可以以书面方式或者数据电文方式提出。

---

① 我国自 2012 年 1 月 1 日起执行《商标注册用商品和服务国际分类（第 10 版）》。该分类表共包括 45 类，其中商品 34 类，服务项目 11 类，共包含 1 万多个商品和服务项目。

（2）商标注册申请人可以通过一份申请就<u>多个类别</u>的商品申请注册同一商标。

3. <u>优先权原则</u>。

（1）国际优先权。

①<u>条件：同一人同一商标 6 个月+申请+协议等</u>。即，商标注册申请人，自其商标在外国第一次提出商标注册申请之日起<u>6 个月</u>内，又在中国就相同商品以同一商标提出商标注册<u>申请</u>的，依照该外国同中国签订的<u>协议</u>或者共同参加的<u>国际条约</u>，或者按照<u>相互承认</u>优先权的原则，可以享有优先权。

②<u>程序：书面声明+3 个月</u>。即，商标注册申请人，要求国际优先权的，应当在提出商标注册申请的时候<u>提出书面声明</u>，并且在<u>3 个月内</u>提交第一次提出的商标注册申请文件的副本；未提出书面声明或者逾期未提交商标注册申请文件副本的，视为未要求优先权。

（2）国内优先权。

①商标在中国政府主办的或者承认的国际展览会展出的商品上首次使用的，自该商品展出之日起 6 个月内，该商标的注册申请人可以享有优先权。

②商标注册申请人，要求国内优先权的，应当在提出商标注册申请的时候<u>提出书面声明</u>，并且在<u>3 个月内</u>提交展出其商品的展览会名称、在展出商品上使用该商标的证据、展出日期等证明文件；未提出书面声明或者逾期未提交证明文件的，视为未要求优先权。

4. <u>申请在先原则</u>。

（1）<u>先到者先得</u>。即，两个或者两个以上的商标注册申请人，在同一种商品或者类似商品上，以相同或者近似的商标申请注册的，初步审定并公告申请在先的商标。

（2）<u>使用在先</u>。即，同一天申请的，初步审定并公告使用在先的商标。驳回其他人的申请，不予公告。

5. <u>重新申请事项</u>。

（1）注册商标需要在核定使用范围之外的商品上取得商标专用权的，应当另行提出注册申请。

（2）注册商标需要改变其标志的，应当重新提出注册申请。

例 另行提出注册申请：①在不同类别的商品上使用一件商标；（防护商标，如，可口可乐）②在同一类别的不同商品上注册几个相同或近似的商标。（联合商标，其中的某个商标闲置不用，不致被撤销。由于联合商标相互近似的整体作用，因此，联合商标不得跨类分割使用或转让。如，娃哈哈）

6. <u>变更申请事项</u>：注册商标需要变更注册人的名义、地址或者其他注册事项的，应当提出变更申请。

（二）商标注册申请的代理制度

1. <u>中国人可自行选择</u>。即，中国人或者中国企业申请商标注册或者办理其他商标事宜，可以自行办理，也可以委托依法设立的商标代理机构办理。

2. <u>外国人只能委托代理机构办理</u>。即，外国人或者外国企业在中国申请商标注册的，要符合：

（1）应当按其所属国和我国签订的协议或者共同参加的国际条约办理，或者按对等原则办理；

（2）应当委托依法设立的商标代理机构办理。

3. 商标代理机构。

（1）未经授权，代理人或者代表人以自己的名义将被代理人或者被代表人的商标进行注册，被代理人或者被代表人提出异议的，不予注册并禁止使用。

（2）对在代理过程中知悉的被代理人的商业秘密，负有保密义务。

（3）委托人申请注册的商标可能存在不得注册情形的，商标代理机构应当明确告知委托人。如，禁用禁注的标志，代理机构应当告知。

（4）商标代理机构知道或者应当知道委托人申请注册的商标，属于本法第 15 条和第 32 条①规定情形的，不得接受其委托。

（5）商标代理机构除对其代理服务申请商标注册外，不得申请注册其他商标。

（三）商标注册的审查和核准

〔**图示**〕商标注册核准程序

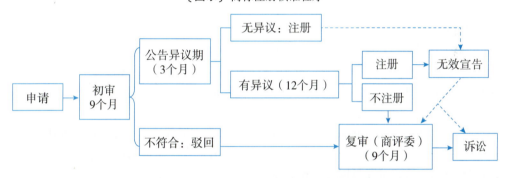

1. 对申请注册的商标，商标局应当自收到商标注册申请文件之日起 9 个月内审查完毕。

2. 商标局初审结果。

初审	要点
结果 1	（1）符合规定的，商标局予以初步审定公告。 （2）公告异议期为 3 个月。（见下文）
结果 2	下列情况，商标局驳回申请： （1）申请注册的商标，凡不符合本法有关规定或者同他人在同一种商品或者类似商品上已经注册的或者初步审定的商标相同或者近似的，由商标局驳回申请，不予公告。 （2）两个或者两个以上的商标注册申请人，在同一种商品或者类似商品上，以相同或者近似的商标申请注册的，初步审定并公告申请在先的商标；同一天申请的，初步审定并公告使用在先的商标，驳回其他人的申请，不予公告。

① 《商标法》第 15 条：未经授权，代理人或者代表人以自己的名义将被代理人或者被代表人的商标进行注册，被代理人或者被代表人提出异议的，不予注册并禁止使用。

就同一种商品或者类似商品申请注册的商标与他人在先使用的未注册商标相同或者近似，申请人与该他人具有前款规定以外的合同、业务往来关系或者其他关系而明知该他人商标存在，该他人提出异议的，不予注册。

《商标法》第 32 条：申请商标注册不得损害他人现有的在先权利，也不得以不正当手段抢先注册他人已经使用并有一定影响的商标。

续表

初审	要点
结果2	驳回申请的救济程序： （1）商标局应当书面通知商标注册申请人。 （2）申请人不服的，可以自收到通知之日起 15 日内向商标评审委员会申请复审。 （3）商标评审委员会应当自收到申请之日起 9 个月内做出决定，并书面通知申请人。有特殊情况需要延长的，经国务院工商行政管理部门批准，可以延长 3 个月。（9 个月 +3 个月） （4）当事人对商标评审委员会的决定不服的，可以自收到通知之日起 30 日内向法院起诉。（评审委前置）

3. 初审公告异议期。

（1）对初步审定公告的商标，公告异议期为"自公告之日起 3 个月内"。

（2）上述异议期内，在先权利人、利害关系人认为违反本法第 13 条第 2 款和第 3 款、第 15 条、第 16 条第 1 款、第 30 条、第 31 条、第 32 条①规定的，可以向商标局提出异议。

（3）上述异议期内，任何人认为违反本法第 10 条、第 11 条、第 12 条②规定的，可以向商标局提出异议。

4. 对初步审定公告的商标提出异议的，商标局应当听取异议人和被异议人陈述事实和理由，经调查核实后，自公告期满之日起 12 个月内做出是否准予注册的决定，并书面通知异议人和被异议人。特殊情况可以延长 6 个月。

异议不成立	异议成立
（1）商标局作出准予注册决定的，发给商标注册证，并予公告。 （2）异议人不服的，可以向商标评审委员会请求宣告该注册商标无效。	（1）商标局作出不予注册决定，被异议人不服的，可以自收到通知之日起 15 日内向商标评审委员会申请复审。 （2）商标评审委员会应当自收到申请之日起 12 个月内做出复审决定，并书面通知异议人和被异议人。有特殊情况需要延长的，经国务院工商行政管理部门批准，可以延长 6 个月。 （3）被异议人对商标评审委员会的决定不服的，可以自收到通知之日起 30 日内向人民法院起诉。 （4）法院应当通知异议人作为第三人参加诉讼。

5. 下列情况，商标准予注册，取得专用权。

（1）公告期满无异议的，予以核准注册，发给商标注册证，并予公告。

（2）经审查异议不成立而准予注册的商标，商标注册申请人取得商标专用权的时间自初

---

① 《商标法》第 13 条，侵犯驰名商标权；第 15 条，无权代理注册商标；第 16 条，侵犯地理标志；第 30 条，利害关系人认为应当驳回但未驳回；第 31 条，违反申请在先原则；第 32 条，申请商标注册损害他人现有的在先权利，或者以不正当手段抢先注册他人已经使用并有一定影响的商标。

② 《商标法》第 10 条，不得作为商标使用的特定标志；第 11 条，缺乏显著特征不得作为商标注册的标志；第 12 条，不得注册的三维标志。

步审定公告 3 个月期满之日起计算。

6. 自该商标公告期满之日起至准予注册决定做出前，对他人在同一种或者类似商品上使用与该商标相同或者近似的标志的行为不具有追溯力；但是，因该使用人的恶意给商标注册人造成的损失，应当给予赔偿。

六、商标权的消灭

（一）注册商标的注销

在下列情况下，商标局可以注销注册商标：

1. 注册商标法定期限届满，未续展和续展未获批准的。

2. 商标注册人申请注销其注册商标或者注销其商标在部分指定商品上的注册的，该注册商标专用权或者该注册商标专用权在该部分指定商品上的效力自商标局收到其注销申请之日起终止。

3. 商标注册人死亡或者终止，自死亡或者终止之日起 1 年期满，该注册商标没有办理转移手续的，任何人可以向商标局申请注销该注册商标。注册商标因商标注册人死亡或者终止而被注销的，该注册商标专用权自商标注册人死亡或者终止之日起终止。

（二）注册商标的无效宣告

无效宣告，是指已经注册的商标，在商标权存续期间出现法定事由，由商标局或者商标评审委员会宣告该注册商标无效，这是弥补商标注册工作失误的一种重要制度。

1. 商标无效的理由。

	［第 1 类］禁注禁用标志，但不涉及侵害他人民事权益	［第 2 类］注册商标侵害他人民事权益
具体理由	（1）已经注册的商标，违反商标法第 10 条、第 11 条、第 12 条规定的。① （2）或者是以欺骗手段或者其他不正当手段取得注册的。	已经注册的商标，违反商标法第 13 条第 2 款和第 3 款、第 15 条、第 16 条第 1 款、第 30 条、第 31 条、第 32 条②规定的。
程序	（1）由商标局宣告该注册商标无效→当事人对商标局的决定不服的，可向商标评审委员会申请复审→当事人对商标评审委员会的决定不服的，可以向法院起诉。	（1）自商标注册之日起 5 年内，在先权利人或者利害关系人可以请求商标评审委员会宣告该注册商标无效→当事人对商标评审委员会的裁定不服的→可以向法院起诉。

① 第 10 条，不得作为商标使用的特定标志；第 11 条，缺乏显著特征不得作为商标注册的标志；第 12 条，不得注册的三维标志。

② 第 13 条，侵犯驰名商标权；第 15 条，无权代理注册商标；第 16 条，侵犯地理标志；第 30 条，利害关系人认为应当驳回但未驳回；第 31 条，违反申请在先原则；第 32 条，申请商标注册损害他人现有的在先权利，或者以不正当手段抢先注册他人已经使用并有一定影响的商标。

续表

［第1类］禁注禁用标志，但不涉及侵害他人民事权益	［第2类］注册商标侵害他人民事权益
程序	（2）其他单位或者个人可以请求商标评审委员会宣告该注册商标无效→对商标评审委员会的决定不服的→可以向法院起诉。	（2）对恶意注册的，驰名商标所有人不受5年的时间限制。 （3）商标评审委员会在对无效宣告请求进行审查的过程中，所涉及的在先权利的确定必须以人民法院正在审理或者行政机关正在处理的另一案件的结果为依据的，可以中止审查。中止原因消除后，应当恢复审查程序。

2. 商标无效的后果。

（1）自始无效。即，宣告无效的注册商标，由商标局予以公告，该注册商标专用权视为自始即不存在。

（2）1年内类似商标不核准。即，自宣告无效之日起1年内，商标局对与该商标相同或者近似的商标注册申请，不予核准。

（3）不具有追溯力。即，宣告注册商标无效的决定或者裁定，对宣告无效前人民法院做出并已执行的商标侵权案件的判决、裁定、调解书和工商行政管理部门做出并已执行的商标侵权案件的处理决定以及已经履行的商标转让或者使用许可合同不具有追溯力。但是，因商标注册人的恶意给他人造成的损失，应当给予赔偿。

（4）依照上述规定不返还商标侵权赔偿金、商标转让费、商标使用费，但是，明显违反公平原则的，应当全部或者部分返还。

例 甲公司在食品上注册"乡巴佬"商标后，与乙公司签订转让合同，获5万元转让费。合同履行后，乙公司起诉丙公司在食品上使用"乡巴佬"商标的侵权行为。法院作出侵权认定的判决书刚生效，"乡巴佬"注册商标就因有"不良影响"被宣告无效。想一想，下列处理是否正确？①宣告"乡巴佬"商标无效的裁定对侵权判决不具有追溯力；②丙公司可以将"乡巴佬"商标作为未注册商标继续使用。

（①错误。该判决书刚生效，说明"尚未执行"，所以商标无效裁定具有追溯力。②错误。该标志为禁用标志，不得继续使用）

（三）注册商标的撤销

1. 商标被撤销的理由：商标使用不当。

2. 商标的使用，是指将商标用于商品、商品包装或者容器以及商品交易文书上，或者将商标用于广告宣传、展览以及其他商业活动中，用于识别商品来源的行为。

3. 商标的使用不当，是指商标注册人在使用注册商标的过程中：

（1）自行改变注册商标；

（2）自行改变注册人名义、地址或者其他注册事项；

（3）或者商标休眠。（见下表）

4. 商标撤销的程序。

	[第1类] 擅自改变注册事项	[第2类] 商标休眠
撤销理由	商标注册人在使用注册商标的过程中，自行改变注册商标、注册人名义、地址或者其他注册事项的。	注册商标成为其核定使用的商品的通用名称或者没有正当理由连续3年不使用的。
撤销程序	(1) 由地方工商行政管理部门责令限期改正；期满不改正的，由商标局撤销其注册商标。 (2) 对商标局撤销或者不予撤销注册商标的决定，当事人不服的，可以自收到通知之日起15日内向商标评审委员会申请复审。 (3) 商标评审委员会应当自收到申请之日起9个月内做出决定，并书面通知当事人。有特殊情况需要延长的，经国务院工商行政管理部门批准，可以延长3个月。 (4) 当事人对商标评审委员会的决定不服的，可以自收到通知之日起30日内向人民法院起诉。(评审委前置)	(1) 任何单位或者个人可以向商标局申请撤销该注册商标。 (2) 商标局应当自收到申请之日起9个月内做出决定。有特殊情况需要延长的，经国务院工商行政管理部门批准，可以延长3个月。(9个月+3个月) (3) 对商标局撤销或者不予撤销注册商标的决定，当事人不服的，可以自收到通知之日起15日内向商标评审委员会申请复审。 (4) 商标评审委员会应当自收到申请之日起9个月内做出决定，并书面通知当事人。有特殊情况需要延长的，经国务院工商行政管理部门批准，可以延长3个月。 (5) 当事人对商标评审委员会的决定不服的，可以自收到通知之日起30日内向人民法院起诉。(评审委前置)

5. 商标撤销的后果。

(1) 商标权向后终止。即，被撤销的注册商标，由商标局予以公告，该注册商标专用权自公告之日起终止。

(2) 1年内类似商标不核准。即，注册商标被撤销、被宣告无效或者期满不再续展的，自撤销、宣告无效或者注销之日起1年内，商标局对与该商标相同或者近似的商标注册申请，不予核准。

📖 **易混淆点** 商标无效 VS 商标撤销

	商标无效	商标撤销
理由不同	(1) 属于禁注禁用标志。违背道德风尚或者有其他不良影响、缺乏显著特征等。 (2) 以欺骗手段或者其他不正当手段取得注册的。 (3) 商标侵犯了他人的在先权利。如，侵犯了驰名商标、地理标志等。	(1) 自行改变注册商标、注册人名义、地址或者其他注册事项的。 (2) 成为其核定使用的商品的通用名称的，或没有正当理由连续3年不使用的。
机关不同	宣告商标无效的机关，或者是商标局，或者是商评委。	撤销商标的机关，均是商标局。

续表

	商标无效	商标撤销
程序不同	(1) 商标局依职权宣告无效→向商评委申请复审→向法院起诉。 (2) 其他单位或个人→请求商标评审委员会宣告无效→向法院起诉。	商标局依职权或依申请撤销→向商标评审委员会申请复审→向法院起诉。
相同点	自撤销、宣告无效或者注销之日起 1 年内，商标局对与该商标相同或者近似的商标注册申请，不予核准。	

图书在版编目（ＣＩＰ）数据

厚大讲义.理论卷.商经法/鄢梦萱，刘安琪编著.—北京：中国政法大学出版社，2016.10
ISBN 978-7-5620-7085-6

Ⅰ.①厚… Ⅱ.①鄢… ②刘… Ⅲ.①商法－中国－资格考试－自学参考资料②经济法－中国－资格考试－自学参考资料 Ⅳ.①D92

中国版本图书馆 CIP 数据核字(2016)第 266051 号

出 版 者	中国政法大学出版社
地　　址	北京市海淀区西土城路 25 号
邮寄地址	北京 100088 信箱 8034 分箱　邮编 100088
网　　址	http://www.cuplpress.com（网络实名：中国政法大学出版社）
电　　话	010-58908285(总编室) 58908433（编辑部） 58908334(邮购部)
承　　印	三河市华润印刷有限公司
开　　本	787mm×1092mm　1/16
印　　张	21
字　　数	510 千字
版　　次	2016 年 10 月第 1 版
印　　次	2016 年 10 月第 1 次印刷
定　　价	61.00 元

北京厚大司考面授课程教学计划

班次		授课时间	课时	标准学费（元）	阶段性优惠价格							
					阶段特惠1	阶段特惠2	阶段特惠3	阶段特惠4	阶段特惠5	阶段特惠6	阶段特惠7	阶段特惠8
					11.8前	11.9–12.8	12.9–1.8	1.9–3.8	3.9–4.8	4.9–5.8	5.9–6.8	6.9–7.8
大成系列	大成私塾班	3.12–9.9	182天	150000	限额招生5人，量身打造保姆式教学方案，一对一全程跟踪辅导							
	大成尊享班	3.12–9.9	182天	65800	2017年1月1日前报名包住宿费（四人间），2017意外未过，2018免费重读（不含住宿费）限额招生32人							
	大成VIP班	3.12–9.9	182天	43800	29800	30800	32800	34800	36800	无优惠	无优惠	无优惠
	大成保过班	4.10–9.9	153天	25800	16800	17800	18800	19800	20800	无优惠	无优惠	无优惠
	大成集训班	5.15–9.9	118天	21800	14800	15800	16800	17800	18800	19800	无优惠	无优惠
	大成精英班	6.10–9.9	92天	17800	12080	12580	13080	13580	14080	14580	15080	无优惠
精品系列	精品通关班	3.11–9.9	98天	12800	8980	9480	9980	10580	11180	无优惠	无优惠	无优惠
	精品全程班	7.6–9.9	66天	9780	6880	7380	7880	8380	8680	8980	9280	无优惠
暑期学生系列	大学生通关班	3.11–9.9	98天	12800	8980	9480	9980	10580	11180	无优惠	无优惠	无优惠
	大学生全程班	7.6–9.9	66天	9780	6880	7380	7880	8380	8680	8980	9280	无优惠
周末系列	周末全程班	3.11–9.9	58天	9780	6880	7380	7880	8380	8880	无优惠	无优惠	无优惠
	周末精英班	3.11–8.20	51天	7780	5080	5480	5880	6280	6680	无优惠	无优惠	无优惠
冲刺系列	高分卷四班	8.31	1天	1080	700	750	800	850	900	无优惠	无优惠	无优惠
	点睛冲刺班	9.2–9.9	8天	4580	2980	3280	3480	3680	3880	4080	4280	无优惠

优惠措施：

1. 各期阶段性优惠政策生效要件为：在各阶段优惠期内成功办理报名手续并交齐全款，未在阶段优惠截止时间内交齐全款，按交齐全款的时间阶段优惠。
2. 2–5人以上团报（含2人），每人各优惠100元；5人以上（含5人），每人各优惠200元。
3. 2017年面授学员报名之日即可成为厚大司考注册会员，享受厚大司考专业网络辅导，并享受4009-900-600全程跟进指导服务。

北京联系方式：

报名地址：北京市海淀区苏州街20号银丰大厦2号楼2层

咨询热线：4009-900-600转1

上海厚大司考面授课程教学计划

班次		授课时间	学费（元）	班次特色
大成系列	至尊班	3.15–9.5	69800	专属自修小教室，小班辅导、大班面授。追求100%过关，高强度、多轮次系统学习，专辅团队盯人辅导，追求一次性高分过关的首选。
	大成保过班	3.15–9.5	36800	超长课时保证，多轮次深入学习，业界名师悉心面授，包含厚大最高含金量点睛班，追求高通过率。签订保过协议，如2017年不过关，第二年免费重读大成集训班。
	大成长训班	3.15–9.5	26800	超长课时保证，多轮次深入学习，业界名师悉心面授，包含厚大最高含金量点睛班，追求高通过率。
	大成集训班	5.18–9.5	19800	教学内容系统、全面、精确、深入，包含厚大最高含金量点睛班，追求高通过率。
	大成精英班	5.18–8.28	15800	教学内容系统、全面、精确、深入。
轩成系列	轩成集训班	6.22–9.5	13800	完整剖析司法考试各科理论知识体系，全面提高应试解题能力，包含厚大最高含金量点睛班。
	轩成精英班	6.22–8.28	10800	复习关键时间，对知识点梳理并详解，层层深入，快速提高应试能力。卷一、卷四全方位提高分值。
周末系列	周末长训班	3.11–6.18（周末） 7.7–9.5（脱产）	13580	专为破釜沉舟的社会考生量身定制的课程，工作、学习两不耽误，包括含金量最高的点睛班。
	系统强化班	3.11–6.18	4980	独家体系，构建各部门法系统理论体系，适合在职考生。
	周末精英班	3.11–8.20	6980	系统强化，模考串讲，司法考试重点热点疑难点，全覆盖，适合在职考生。
	周末全程班	3.11–9.5	9880	系统强化，模考串讲，司法考试重点热点疑难点，全覆盖，包含点睛课程，在职考生的首选。
	周末保过班	3.11–9.5	12800	全程系统讲解、查漏补缺，不过关第二年免学费重读周末精英班。
暑期系列	暑期特训班	8.10–9.5	5980	为计划自学的学生制定的王牌班次，真题与押题相结合。
	暑期精英班	7.7–8.28	7980	个性化教学，全面弥补法学教育与司法考试实务之间的距离。
	暑期全程班	7.7–9.5	9780	全程系统讲解、循环教学，含最高含金量最高时效的冲刺点睛班。
	暑期保过班	7.7–9.5	12800	签协议，如2017年不过关，第二年免学费重读暑期精英班。
冲刺	点睛冲刺班	8.29–9.5	4580	厚大王牌热卖班次，仅八天将司考绝密信息一网打尽。

优惠措施：

1. 2016年11月30日前报名可享不低于7折优惠；保过模式班次无优惠。

2. 三人以上（含）团报每人优惠100元；五人以上团报优惠200元；十人以上团报优惠300元；老学员推荐报名优惠100元。

3. 报名之日起即可享受厚大400+专业导学师指导司考复习。

联系方式： 【上海市区】上海市闸北区汉中路158号汉中广场1214室　　联系电话：021-61070881、61070880

　　　　　　【松江分部】上海市松江大学城文汇路1128弄121室　　　　联系电话：15800916552、021-67663517

　　　　　　【青浦分部】上海市青浦区上海政法学院 厚大岗亭　　　　　联系电话：15800915916

上海至尊班学费政策

【优惠模式】（住宿条件：公寓式，独立卫浴、配备空调）

　　　　　10月31日前报名，学费40000元，赠送2人间住宿；11月30日前报名，学费45000元，赠送2人间住宿；

　　　　　12月31日前报名，学费50000元，赠送2人间住宿；2月1日前报名，学费55000元，赠送4人间住宿；

　　　　　3月1日前报名，学费60000元，赠送4人间住宿；

【退费模式】学费69800元（住宿自理），签订协议，如2017年司法考试未能过关，学校退学费30000元。

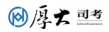

南京、杭州厚大司考面授课程教学计划

班次		授课时间	学费（元）	班次特色
周末系列	周末长训班	3.18-6.25（周末） 7.9-9.5（脱产）	12880	专为破釜沉舟的社会考生量身定制的课程，工作、学习两不耽误，包括含金量最高的点睛班。
	系统强化班	3.18-6.25	4980	独家体系，构建各部门法系统理论体系，适合在职考生。
	周末全程班	3.18-9.5	9880	系统强化，模考串讲，司法考试重点热点疑难点，全覆盖，包含点睛课程，在职考生的首选。
	周末保过班	3.11-9.5	12800	全程系统讲解、查漏补缺，不过关第二年免学费重读周末精英班。
暑期系列	暑期特训班	8.10-9.5	5980	为计划自学的学生制定的王牌班次，真题与押题相结合。
	暑期精英班	7.9-8.28	7980	个性化教学，全面弥补法学教育与司法考试实务之间的距离。
	周末精英班	3.18-8.27	6980	系统强化，模考串讲，司法考试重点热点疑难点，全覆盖，适合在职考生。
	暑期全程班	7.9-9.5	9280	全程系统讲解、循环教学，含最高含金量最高时效的冲刺点睛班。
	暑期保过班	7.9-9.5	11800	签协议，如2017年不过关，第二年免学费重读暑期精英班。
冲刺	点睛冲刺班	8.29-9.5	4580	厚大王牌热卖班次，仅八天将司考绝密信息一网打尽。

优惠措施：
1. 2016年11月30日前报名可享不低于7折优惠；保过模式班次无优惠。
2. 三人以上（含）团报每人优惠100元；五人以上团报优惠200元；十人以上团报优惠300元；老学员推荐报名优惠100元。
3. 报名之日起即可享受厚大400+专业导学师指导司考复习。

联系方式：【南京分校】南京市鼓楼区汉中路108号金轮大厦10C2室　　联系电话：025-84721211、18351884770
【杭州分校】杭州下沙经济技术开发区2号大街515号智慧谷大厦1009室
　　　　　　联系电话：0571-28187005、28187006、18367168868

苏州、扬州厚大司考面授课程教学计划

班次		授课时间	学费（元）	班次特色
暑期系列	暑期特训班	8.10-9.5	5980	为计划自学的学生制定的王牌班次，真题与押题相结合。
	暑期精英班	7.10-8.27	7280	个性化教学，全面弥补法学教育与司法考试实务之间的距离。
	暑期全程班（苏州）	7.10-9.5	8880	全程系统讲解、循环教学，含最高含金量最高时效的冲刺点睛班。
	暑期全程班（扬州）	7.10-8.27（扬州） 8.29-9.5（南京）	8880	全程系统讲解、循环教学，含最高含金量最高时效的冲刺点睛班。
冲刺	点睛冲刺班	8.29-9.5	4580	厚大王牌热卖班次，仅八天将司考绝密信息一网打尽。

优惠措施：
1. 班次优惠政策请及时咨询苏州、扬州分校招生老师，报名越早，优惠幅度越大。
2. 三人以上（含）团报每人优惠100元；五人以上团报优惠200元；十人以上团报优惠300元；老学员推荐报名优惠100元。
3. 报名之日起即可享受厚大400+专业导学师指导司考复习。

联系方式：
【苏州分校】江苏省苏州市姑苏区苏州大学王健法学院模拟中庭厚大办公室　　联系电话：15921103926　0512-67709313
【扬州分校】江苏省扬州市华扬西路198号扬州大学扬子津校区笃行楼330室　　联系电话：15921103927　0514-87936896

广州、深圳厚大司考面授课程教学计划

班次		授课时间	课时	原价（元）	阶段性优惠价格				班次特色	赠送配套图书
					2016年12.10前	1.20前	2.20前	3.20前		
大成系列	至尊班	3.11-9.5	150天	69800	41800	46800	51800	56800	超长课时，行业一线名师主讲并亲临辅导，军事化管理，限额招生，报名即开始一对一盯人辅导！	学习包（内含52本图书资料）
	大成集训班	5.15-9.5	118天	19800	14300	15800	16800	17800	小班化授课，教学内容系统、全面、精确、深入，赠送厚大最高含金量点睛班，追求90%以上通过率	
	大成精英班	5.15-8.28	106天	16800	13300	13800	14800	15800	教学内容系统、全面、精确、深入	
	精品突破班	7.1-9.5	67天	11800	9300	9800	10300	10800	系统讲授各知识点、重难疑点、答题技巧、解题思路和方法	
周末系列	超级系统强化班	3.11-6.19	192课时	4680	3880	4080	4380	已开课	民法、刑法讲授6天、行政法讲授4天，独家体系，构建各部门法系统理论体系	厚大讲义模拟试题
	周末精英班	3.11-8.21	320课时	8580	6980	7280	7680	已开课	系统强化，真题专题，模考串讲	学习包（内含52本图书资料）
	周末特训班	6.24-9.5	192课时	7980	7280	7380	7480	7780	真题演练，真题讲解，高含金量冲刺点睛	
	周末全程班	3.11-9.5	464课时	10800	7800	8800	9800	已开课	系统强化，真题专题，模考串讲，高分卷四，点睛冲刺	
	周末保过班	3.11-9.5	464课时	12800	无优惠				全日制法学本科毕业（含应届），全程系统讲解、查缺补漏，不过第二年免学费重读周末精英班	
大学生系列	大学生精英班	7.10-8.28	50天	8580	7380	7980	8280	8480	个性化教学，全面弥补法学教育与司法考试实务之间的距离	学习包（内含52本图书资料）
	大学生全程班	7.7-9.5	60天	9980	8580	9180	9580	9780	全程系统讲解、循环教学，含最高含金量最高时效的冲刺点睛班	
	大三保过班	7.7-9.5	60天		11800				签协议，2017年不过，第二年免学费重读大学生精英班	
	大学生通关班	3.11-6.18（周末）7.10-8.28	72天	12800	10300	11000	11800	已开课	为基础薄弱学员专设班次，连续两次系统讲解，夯实基础；再进行真题强化，把握命题思路，实现一次过关	
	大学生私塾保过班	3.11-6.18（周末）7.7-9.5	84天	19800	16800	17800	18800	已开课	为在校大学生高端定制，8位导学师全程跟踪辅导1名学员。课程多重复合授课，深度透析重疑难点，含高含金量点睛班，基础薄弱考生司考通关不再愁，追求100%通过率！限额招生30名签协议，2017年不过，第二年免学费重读大学生全程班	
冲刺系列	高分卷四班	8.28	1天	1080	980	1000	1080	1080	卷四突破119，司考通关不再愁	卷四119
	厚大点睛班	9.1-9.8	8天	4580	3880	4080	4380	4480	厚大王牌热卖班次，仅八天将司考绝密信息一网打尽	点睛密题

优惠措施：1. 三人以上（包括三人）团报每人优惠100元，五人以上团报每人优惠200元。
2. 报名之日起可成为厚大司考注册会员，享受厚大司考强大网络资源辅导服务。
3. 报名之日起即享受400+专业导学师跟踪指导司考复习。

联系方式：【广州】报名地址：广州市天河区龙口东路19号广东法官学院1楼
咨询热线：4009-900-600 020-87595663 85588201　司考QQ交流群：157578937 167764800
汇款账户：杭州厚大教育咨询有限公司广州分公司　账号：721166754700
开户银行：中国银行股份有限公司广州蓄能大厦支行
【深圳】报名地址：深圳市福田区兴华大厦A座10E
咨询热线：4009-900-600 0755-33098301 33098307　司考QQ交流群：185676607
汇款账户：杭州厚大教育咨询有限公司深圳分公司　账号：44250100003200000216
开户银行：中国建设银行深圳振华支行

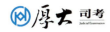
厚大免费网络课堂课程安排

基础先修阶段　☆新版改良——入门介绍及框架体系梳理

教学内容	对各部门法进行入门介绍，勾勒各学科的内容框架结构、阐明讲授思路、介绍学习方法、阐析基本理论、梳理考试规律。
教学目标	让学生能清楚知道各学科内容的框架结构，对学科建立脉络清晰的宏观体系。能清楚把握司法考试"考什么，怎么考"，能深刻领会各部门法"怎么讲、怎么学"。

	部门法	授课教师	课时（天）	部门法	授课教师	课时（天）	配套资料	上传时间
课程安排	刑法	蔡雅奇	2天	刑诉	向高甲	2天	基础先修讲义	10月20日左右开始陆续上传
		乐毅	2天		左宁	2天		
	民法	张翔	2天	商经	鄢梦萱	2天		
		段波	2天		刘安琪	2天		
	行政	黄韦博	2天	三国	殷敏	2天		
		舒扬	2天					
	民诉	郭翔	2天	理论	白斌	2天		
		刘鹏飞	2天		高晖云	2天		

超级系统强化阶段　☆新版改良——主讲各科主要内容，全面学习和掌握各科知识点

教学内容	系统讲解各科的主要内容及核心内容。围绕各学科内容的框架体系，将基本理论进行详细讲解，结合案例分析帮助大家理解并掌握知识。
教学目标	让学生领悟各学科的精髓，掌握重点难点，具备应试能力。

	部门法	授课教师	课时（天）	部门法	授课教师	课时（天）	配套资料	上传时间
课程安排	刑法	蔡雅奇	7天	刑诉	向高甲	4天	理论卷讲义	3月20日左右开始陆续上传
		乐毅	7天		左宁	4天		
	民法	张翔	7天	商经知产	鄢梦萱	4+1天		
		段波	7天		刘安琪	4+1天		
	行政	黄韦博	4天	三国	殷敏	4天		
		舒扬	4天					
	民诉	郭翔	4天	理论	白斌	5天		
		刘鹏飞	4天		高晖云	5天		
	刑法	柏浪涛	7天	《柏浪涛讲刑法》				
	民法	李仁玉	6天	《李仁玉讲民法》				

实务演练阶段　☆新版改良——让学生将所学知识灵活运用，轻松应战。

教学内容	对各科知识点进行巩固，反复演练。
教学目标	使学生能够将所学知识灵活运用，学会举一反三，轻松应战。

	部门法	授课教师	课时（天）	部门法	授课教师	课时（天）	配套资料	上传时间
课程安排	刑法	蔡雅奇	2天	刑诉	向高甲	2天	实务演练卷讲义	5月15日左右开始陆续上传
		乐毅	2天		左宁	2天		
	民法	张翔	2天	商经	鄢梦萱	2天		
		段波	2天		刘安琪	2天		
	行政	黄韦博	2天	三国	殷敏	2天		
		舒扬	2天					
	民诉	郭翔	2天	理论	白斌	2天		
		刘鹏飞	2天		高晖云	2天		

真题阶段 ☆重者恒重——司考怎么考，通过剖析真题来掌握司考真谛

教学内容	对历年经典真题进行归类讲解，归纳考试重点、剖析命题陷阱、掌握司考方向等，一方面巩固课程内容，另一方面使学生领悟司考真谛。								
教学目标	使学生深刻领悟司考考什么，怎么考，培养司考真题解题技巧，领会未来考题，领悟司考真谛。								
课程安排	部门法	授课教师	课时（天）	部门法	授课教师	课时（天）	配套资料		上传时间
	刑法	蔡雅奇	2天	刑诉	向高甲	2天	真题卷讲义		5月底开始陆续上传
		乐毅	2天		左宁	2天			
	民法	张翔	2天	商经	鄢梦萱	2天			
		段波	2天		刘安琪	2天			
	行政	黄韦博	2天	三国	殷敏	2天			
		舒扬	2天						
	民诉	郭翔	2天	理论	白斌	2天			
		刘鹏飞	2天		高晖云	2天			
	刑法	柏浪涛	2天	《柏浪涛讲刑法》				

119必背阶段 ☆新版改良——考前必背的精华提炼总结

教学内容	临考之前，将各科进行精华总结，提炼各科核心，将"重中之重"、"2017年浓缩版必背考点"进行总结提炼与讲授。								
教学目标	在临考之前，帮学生归纳总结，去粗取精，提高核心内容学习效果，提升应试能力。								
课程安排	部门法	授课教师	课时（天）	部门法	授课教师	课时（天）	配套资料		上传时间
	刑法	蔡雅奇	4天	刑诉	向高甲	3天	119必背卷讲义		6月底开始陆续上传
		乐毅	4天		左宁	3天			
	民法	张翔	4天	商经	鄢梦萱	3.5天			
		段波	4天		刘安琪	3.5天			
	行政	黄韦博	3天	三国	殷敏	3天			
		舒扬	3天						
	民诉	郭翔	3天	理论	白斌	3天			
		刘鹏飞	3天		高晖云	3天			

案例突破阶段 ☆亮点新增——考前冲刺，轻松应战。

教学内容	考前冲刺。带领学生进行高仿真模拟训练，以题带点，以点带面，在考前迅速对知识进行查漏补缺，提升做题破题能力。								
教学目标	迅速对知识查漏补缺，提升做题应试能力。								
课程安排	部门法	授课教师	课时（天）	部门法	授课教师	课时（天）	配套资料		上传时间
	刑法	蔡雅奇	2天	刑诉	向高甲	2天	案例突破卷讲义		8月中旬开始陆续上传
		乐毅	2天		左宁	2天			
	民法	张翔	2天	商经	鄢梦萱	2天			
		段波	2天		刘安琪	2天			
	行政	黄韦博	2天	三国	殷敏	2天			
		舒扬	2天						
	民诉	郭翔	2天	理论	白斌	2天			
		刘鹏飞	2天		高晖云	2天			